Kindheit – Bildung – Erziehung. Philosophische Perspektiven

Reihe herausgegeben von

Johannes Drerup, Institut für Allgemeine Erziehungswissenschaft und Berufspädagogik, Technische Universität Dortmund, Dortmund, Deutschland

Franziska Felder, Institut für Erziehungswissenschaft, Universität Zürich, Zürich, Schweiz

Veronika Magyar-Haas, Departement für Erziehungs- und Bildungswissenschaften, Université de Fribourg, Fribourg, Schweiz

Gottfried Schweiger, Zentrum für Ethik und Armutsforschung, Universität Salzburg, Salzburg, Österreich

In der Reihe „Kindheit– Bildung – Erziehung: Philosophische Perspektiven" erscheinen Monographien und Sammelbände, die sich mit philosophischen Debatten über Fragen der Kindheit, der Bildung und der Erziehung beschäftigen. Thematisiert werden etwa Problematiken der theoretischen Konzeptualisierung, der Legitimation und Gewährleistung von Erziehung und Bildung in (post-)modernen Gesellschaften genauso wie aktuelle Kontroversen über normativ relevante Unterscheidungen zwischen Kindern und Erwachsenen, über spezifische Güter der Kindheit und über das Verhältnis von Eltern- und Kinderrechten in und außerhalb von liberalen Demokratien. Die Reihe richtet sich an Interessierte aus der Erziehungs- und Bildungsphilosophie, den Childhood Studies, der Philosophie der Kindheit und aus weiteren philosophischen Disziplinen (z. B. Politische Philosophie), die sich mit den genannten Themen- und Problemfeldern beschäftigen.

In the series „Childhood and Education. Philosophical Perspectives" monographs and edited volumes are published that deal with philosophical debates about childhood and education. Topics include philosophical questions and problems concerning the conceptualization, justification and the practice of education in (post-)modern societies, as well as controversies over normatively relevant distinctions between children and adults, the specific goods of childhood, and the relation between the rights of children and parents in and beyond liberal democracies. The series addresses scholars from the philosophy of education, childhood studies, philosophy of childhood as well as from other philosophical disciplines (e.g. political philosophy), who are interested in the aforementioned topics and issues.

Gunter Graf · Gottfried Schweiger

Ethik der körperlichen Integrität von Kindern

Gerechtigkeit und Kindeswohl in Wohlstandsgesellschaften

1682

J.B. METZLER

Gunter Graf
Salzburg, Österreich

Gottfried Schweiger
Zentrum für Ethik und Armutsforschung,
Universität Salzburg
Salzburg, Österreich

ISSN 2662-5040 ISSN 2662-5059 (electronic)
Kindheit – Bildung – Erziehung. Philosophische Perspektiven
ISBN 978-3-031-75276-6 ISBN 978-3-031-75277-3 (eBook)
https://doi.org/10.1007/978-3-031-75277-3

Dieses Buch ist eine Übersetzung des Originals in Englisch „Ethics and the Endangerment of Children's Bodies" von Gunter Graf und Gottfried Schweiger, publiziert durch Springer Nature Switzerland AG im Jahr 2017. Die Übersetzung erfolgte mit Hilfe von künstlicher Intelligenz (maschinelle Übersetzung). Eine anschließende Überarbeitung im Satzbetrieb erfolgte vor allem in inhaltlicher Hinsicht, so dass sich das Buch stilistisch anders lesen wird als eine herkömmliche Übersetzung. Springer Nature arbeitet kontinuierlich an der Weiterentwicklung von Werkzeugen für die Produktion von Büchern und an den damit verbundenen Technologien zur Unterstützung der Autoren.

Die Deutsche Nationalbibliothek verzeichnet diese Publikation in der Deutschen Nationalbibliografie; detaillierte bibliografische Daten sind im Internet über https://portal.dnb.de abrufbar.

Coverabbildung: welcomeinside (iStock)

Planung/Lektorat: Franziska Remeika
J.B. Metzler ist ein Imprint der eingetragenen Gesellschaft Springer Nature Switzerland AG und ist ein Teil von Springer Nature.
Die Anschrift der Gesellschaft ist: Gewerbestrasse 11, 6330 Cham, Switzerland

Danksagung

Wir freuen uns sehr, dass nun eine deutsche Übersetzung unseres Buches vorliegt. Wir danken unseren Kolleg:innen mit denen wir unsere Ideen und Argumente diskutiert haben und die uns geholfen haben, ein besseres Buch zu schreiben. Insbesondere möchten wir unserer ehemaligen Kollegin Mar Cabezas für ihre Unterstützung, ihre Hilfe, ihre Gedanken und ihre Ermutigung danken. Ohne sie wäre dieses Buch nicht möglich gewesen. Wir möchten auch unseren damaligen Heimatinstitutionen danken, dem Zentrum für Ethik und Armutsforschung an der Universität Salzburg und dem internationalen Forschungszentrum für soziale und ethische Fragen (ifz). Wir danken auch den Gutachter:innen des Originalmanuskripts, die uns hilfreiches Feedback gegeben haben. Weiterhin danken wir dem Österreichischen Wissenschaftsfonds (FWF) für die Finanzierung unseres Forschungsprojekts „Soziale Gerechtigkeit und Kinderarmut" (P 26480). Obwohl die Themen in diesem Buch den Fokus auf Kinderarmut erweitern, sehen wir es als natürlichen Teil dieses Projekts, nicht nur weil Armut ein wichtiger sozialer Faktor für die Verletzung der körperlichen Integrität von Kindern ist. Wir möchten auch Palgrave Macmillan, Grace Jackson und Brendan George, danken, die dieses Projekt unterstützt haben. Wir danken schließlich David Kiep für die Durchsicht des Manuskripts und dem J.B. Metzler Verlag dafür, dass die deutsche Übersetzung dieses Buches erscheinen kann.

Inhaltsverzeichnis

1 Einführung

Dieses Buch befasst sich mit der Gefährdung der körperlichen Integrität von Kindern in wohlhabenden Gesellschaften. Es zielt darauf ab, Ungerechtigkeiten, die die körperliche Integrität von Kindern bedrohen, zu analysieren und anzugehen und die daraus resultierenden gesellschaftlichen Verantwortlichkeiten zu diskutieren. Die körperliche Integrität von Kindern ist ein wichtiger Bestandteil ihres physischen und mentalen Wohlergehens und Wohlentwickelns.[1] Sie kann jedoch durch verschiedene Bedrohungen während der Kindheit schwer verletzt werden. Die körperliche Integrität von Kindern ist besonders gefährdet. Körperliche Schäden beeinträchtigen nicht nur kurz- und langfristig ihre physische Gesundheit, sondern können auch psychische Schäden verursachen und zu Verzerrungen in der Entwicklung des Selbst führen. In diesem Buch werden diese Verletzungen der körperlichen Integrität von Kindern umfassend untersucht und kritisiert, mit dem Ziel, unser Verständnis davon als Formen der Ungerechtigkeit und somit als moralische Schäden zu vertiefen. Es ist daher ein philosophisches Buch über Ethik mit einem normativen Umfang und keine quantitative wissenschaftliche Literatur, die eigene empirische Daten präsentiert. In dieser Einführung werden wir zwei Fragen beantworten, bevor wir einen kurzen Überblick über die Struktur dieses Buches geben. Die Fragen sind: Was sind unsere Ziele und was wollen wir erreichen? Wie gehen wir vor, um sie zu erreichen?

1.1 Die Ziele und der Umfang dieses Buches

Unser Buch konzentriert sich auf Ethik und daher ist unser Hauptziel ein ethisches: Wir wollen klären, was moralisch falsch an der Verletzung der körperlichen Integrität von Kindern ist, wie sie heute in wohlhabenden Gesellschaften

[1] Wir werden beide Begriffe im nächsten Kapitel definieren.

G. Graf und G. Schweiger, *Ethik der körperlichen Integrität von Kindern,* Kindheit – Bildung – Erziehung. Philosophische Perspektiven,
https://doi.org/10.1007/978-3-031-75277-3_1

geschieht. Dies ist ein sehr breites Untersuchungsfeld, und daher haben wir beschlossen, unsere Diskussionen um spezifische Beispiele von Verletzungen zu fokussieren. Wir haben diese Beispiele in drei Themenbereiche gruppiert: Essen, Sexualität und Gewalt. Im Bereich Essen werden wir uns auf Fettleibigkeit und Essstörungen konzentrieren, im Bereich Sexualität auf Sexualisierung und sexuellen Missbrauch, und schließlich im Bereich Gewalt auf körperlichen Missbrauch und Gewalt zwischen Kindern. Wir sind uns bewusst, dass diese Themen nur eine kleine Auswahl innerhalb des breiten Feldes der Ungerechtigkeiten darstellen, denen Kinder heute ausgesetzt sind. Wir haben diese Themen ausgewählt, um genügend Raum zu haben, sie im Detail zu untersuchen – unser Ziel für Tiefe – aber auch, um ein Spektrum der Bedrohungen der körperlichen Integrität abzudecken, denen Kinder ausgesetzt sind – unser Ziel für Breite. Mit unserer Auswahl treffen wir keine Bewertung hinsichtlich der Schwere dieser Verletzungen, in dem Sinne, dass wir sie als schwerwiegender ansehen als beispielsweise Kinderarmut. Wie wir jedoch zeigen werden, stellen alle ausgewählten Themen in sich selbst schwere Ungerechtigkeiten dar, da sie die körperliche Integrität von Kindern verletzen und langanhaltende Auswirkungen auf ihr Wohlergehen haben. Das macht sie zu lohnenswerten Themen für eine gründliche ethische Bewertung, mit einem starken Fokus auf Gegenmaßnahmen, um Kinder vor ihnen zu schützen. Wir gehen davon aus, dass die meisten Leser:innen zustimmen werden, dass Fettleibigkeit und Essstörungen, die Sexualisierung der Kindheit und sexueller Missbrauch sowie körperlicher Missbrauch und Gewalt zwischen Kindern alle ein moralisches Problem darstellen und dass wir als Individuen und als Gesellschaften etwas dagegen tun sollten. Warum also ein Buch über etwas schreiben, bei dem wir fast universelle Zustimmung finden? Hätten wir uns nicht auf moralische Dilemmata konzentrieren sollen, die die Meinungen spalten, oder auf Themen, die in der Literatur unterrepräsentiert sind und die den Menschen weniger wichtig sind?

Unsere Antwort ist zweigeteilt: Der erste Teil bezieht sich auf die Tatsache, dass es trotz der universellen Zustimmung, dass diese Verletzungen der körperlichen Integrität von Kindern unmoralisch sind, einen philosophischen Bedarf gibt, dieses allgemeine Verständnis zu untermauern. Dies ist besonders wichtig, da wir feststellen, dass die Antworten schwieriger werden, je genauer man die Einzelheiten betrachtet. Auch innerhalb des moralischen Konsenses über die körperliche Integrität von Kindern finden wir viele fragwürdige Annahmen, zum Beispiel über die Natur der Kindheit, den Wert der Familie und die Aufgaben des Staates. Eine philosophische, in diesem Fall ethische, Untersuchung gräbt tiefer in den menschlichen Instinkt und zielt darauf ab, ein kohärentes und detailliertes Argument dafür zu präsentieren, warum diese Themen Verletzungen der körperlichen Integrität darstellen und welche moralischen Verantwortlichkeiten daraus folgen. Der zweite Teil unserer Antwort besteht darin, dass insbesondere in Bezug auf die Verantwortlichkeiten und Verpflichtungen, die mit diesen Ungerechtigkeiten einhergehen, sowohl in der Öffentlichkeit als auch unter Politiker:innen (und Philosoph:innen) Uneinigkeit herrscht. Ja, die meisten werden zustimmen, dass ein Kind, das sexuell missbraucht wird, Unrecht erleidet, aber was folgt daraus? Die meisten werden zustimmen, dass der:die Täter:in bestraft werden sollte, aber welche weiteren Ansprüche hat das Kind? Hat der Staat die Verpflichtung, das Kind zu entschädigen und es sein ganzes Leben lang zu unterstützen? Darüber hinaus sind die Ursachen umstritten: Können wir wirklich behaupten, dass Kindesmissbrauch von der gesellschaftlichen Umgebung, in der er stattfindet, losgelöst ist? Welche Präventionsverantwortlichkeiten gibt es? Wie balancieren wir solche Präventionsmaßnahmen mit anderen Werten wie der Privatsphäre? Zu sagen, dass die Verletzung der körperlichen Integrität von Kindern moralisch falsch ist, ist nur der erste Teil der Antwort, die wir geben müssen, und die Probleme gehen darüber hinaus. Im Laufe dieses Buches werden wir zeigen, dass wohlhabende Gesellschaften Kinder in vielerlei Hinsicht im Stich lassen, und dies kann nicht nur dem anomalen Fehlverhalten von Einzelpersonen zugeschrieben werden – vielmehr sind es die Gesellschaft, der Staat und seine Institutionen, die Kinder in großem Maßstab im Stich lassen. Ein weiteres Thema, das uns interessiert, ist die kritische Untersuchung der moralischen Paniken, die die körperliche Integrität von Kindern in modernen wohlhabenden Gesellschaften umgeben.

Eine ethische Bewertung jeglicher Art erfordert das Vorhandensein eines ethischen Rahmens, der auf normativer Argumentation basiert. Solche Argumentation unterscheidet sich von allen anderen wissenschaftlichen Untersuchungen in Bezug auf ihre Beziehung zur realen Welt. Wie Onora O'Neill – sowie viele andere – ausreichend argumentiert hat, ist die normative Theorie an der Welt interessiert, weil sie sie verändern und nicht erklären oder verstehen will (O'Neill 2009). Darüber hinaus kann die Welt für alle anderen wissenschaftlichen Untersuchungen verwendet werden, um zugrunde liegende Annahmen und Theoreme zu testen, was für normative Prinzipien nicht möglich ist. Solche Prinzipien werden nicht falsifiziert, wenn die Welt anders ist. Dennoch ist die Beziehung zwischen ethischer Theorie und der realen Welt keine Einbahnstraße, in der wir nur versuchen müssen, die reale Welt an die Prinzipien anzupassen, die wir in der ethischen Theorie aufstellen. Wir glauben, dass Philosophen die „reale Welt" – und die Einschränkungen, die sie auf Handlungen legt – insbesondere innerhalb der ethischen Theorie berücksichtigen sollten. Wir sollten Theorien anstreben, die zur „realen Welt" passen. Das wollen wir mit unserem ethischen Rahmen erreichen.

Unser Rahmenwerk ist der Fähigkeitenansatz, und innerhalb dieses Rahmens werden wir für eine partielle Theorie der Gerechtigkeit für Kinder argumentieren (Schweiger und Graf 2015). Wir werden alle notwendigen Details im nächsten Kapitel klären und hier nur eine kurze Übersicht geben. Wir verstehen die partielle Theorie der Gerechtigkeit als ein Werkzeug, um Ungerechtigkeiten im Leben von Kindern zu erkennen, und sie kann uns Anleitungen geben, wie wir auf diese Ungerechtigkeiten reagieren sollten. Denn es ist weder notwendig noch tatsächlich möglich, dass die Theorie alle Antworten auf alle Fragen hat, was Gerechtigkeit für Kinder fordert. Zusammengefasst sind wir nur daran interessiert, was wir wissen müssen, um mit den aktuellen Problemen umzugehen, was in erster Linie bedeutet, wie körperliche Integrität Teil der Gerechtigkeit für Kinder ist und wie sie aus einer Fähigkeits-Perspektive konzeptualisiert werden sollte. Dies führt uns zu einem weiteren wichtigen Punkt, den die Leser:innen im Hinterkopf behalten sollten: Dies ist ein Ethik-Buch, das darauf abzielt, Diskussionen über normative Theorie mit der Bewertung realer Probleme in Einklang zu bringen. Aufgrund dessen können wir unserer normativen Theorie nicht so viel Raum widmen, wie man vielleicht hoffen würde. Dies ist ein notwendiger Kompromiss, der in allen Unternehmungen der angewandten Ethik vorhanden ist, sei es in der Bioethik, der Wirtschaftsethik oder der politischen Philosophie. Die ethische Theorie, die wir in diesem Buch präsentieren, ist zugegebenermaßen in Bezug auf Breite und Tiefe unvollständig im Vergleich zu einer ethischen Theorie, die über Hunderte von Seiten in einem Buch dargelegt wird, das sich ausschließlich dieser Aufgabe widmet. Dennoch hoffen wir, dass zumindest alle zentralen Behauptungen unseres ethischen Rahmens durch die Argumente, die wir vorbringen werden, gestützt werden, und wir behaupten nicht, die Theorie vollständig ausgearbeitet zu haben. Ein Hauptziel dieses Buches ist es, die Debatte über den Fähigkeitenansatz als eine Theorie der Gerechtigkeit für Kinder zu fördern, in Fortsetzung unserer früheren Arbeit in unserem Buch über Kinderarmut. Dies ist besonders wichtig, da es wenig, wenn überhaupt, ethische Literatur über die körperliche Integrität von Kindern als Teil der Gerechtigkeit für Kinder innerhalb des Fähigkeitenansatz oder im Allgemeinen gibt. Auf diese Weise hoffen wir, unser Verständnis dieser äußerst wichtigen Dimensionen des Wohlergehens und der Wohlentwicklung von Kindern zu verbessern und zu zeigen, dass wir bei der Gestaltung unserer Theorien der Gerechtigkeit für Kinder vorsichtig sein müssen.

Zusammenfassend ist das Ziel dieses Buches, aus ethischer Sicht die Verletzung der körperlichen Integrität von Kindern zu untersuchen, mit einem Fokus auf die Themen Essen, Sexualität und Gewalt. Wir streben an, Schlussfolgerungen zu ziehen, die für die Politikgestaltung und für die Handlungen wichtiger Akteure im Leben dieser Kinder relevant sind. Dies stellt das dritte Ziel dieses Buches dar, das wir mit anderen teilen, die vor uns versucht haben, Ethik auf die „reale Welt" anzuwenden, wie Jonathan Wolff und Avner De-Shalit in ihrem Buch über Benachteiligung (Wolff und de-Shalit 2007). Wie sie unserer Meinung nach zu Recht feststellen, kann und sollte die Aufgabe der angewandten Ethik – oder der politischen Philosophie – nicht darin bestehen, nur abstrakte Prinzipien zu formulieren. Stattdessen argumentieren sie, dass man Theorien so formulieren oder anwenden sollte, dass sie etwas Nützliches über die „reale Welt" aussagen können, indem sie moralische Grundlagen auf aktuelle soziale Probleme anwenden. Wir glauben, dass Ethiker:innen sich nicht damit zufriedengeben sollten, nur zu benennen, was in der Welt falsch ist, sondern auch versuchen sollten, unser Verständnis darüber zu verbessern, wie wir die Dinge zum Besseren verändern könnten. Dieses Ziel bringt bestimmte Hindernisse mit sich: Offensichtlich hängt solcher Rat in hohem Maße von dem Problem ab, das angegangen werden muss. Wenn jemand das Lügen untersucht und zu dem Schluss kommt, dass es moralisch falsch ist zu lügen, könnte eine Ebene des Rates einfach darin bestehen, zu sagen, dass niemand lügen sollte. Diese Schlussfolgerung ist sehr allgemein und reduktionistisch. Eine andere Ethikerin untersucht einen klinischen Fall, zum Beispiel ob ein schwer krankes Kind seine eigene Behandlung beenden darf oder nicht. Ihr Rat könnte sein, diesem speziellen Kind zu erlauben, diese Entscheidung zu treffen, und sie könnte dies vor dem Ethikkomitee der Klinik argumentieren oder den beteiligten Ärzt:innen, Richter:innen und Eltern Ratschläge geben. Basierend auf diesem Fall könnte die Ethikerin auch versuchen, allgemeinere Schlussfolgerungen für alle schwer kranken Kinder zu ziehen und Richtlinien zu entwerfen, wie zukünftige Fälle zu handhaben sind, oder sogar vorschlagen, wie die Gesetze ihre Erkenntnisse zu diesem Thema einbeziehen sollten. Es gibt also viele verschiedene Ebenen, auf denen solcher Rat gegeben werden kann, und viele verschiedene potenzielle Akteure können beteiligt sein. Der politische Rat, den wir geben wollen, ist größtenteils auf einer allgemeinen Ebene und nicht kontextspezifisch, obwohl wir eine hochentwickelte, wohlhabende Gesellschaft voraussetzen, die nicht durch Krieg und Armut gelähmt ist und eine gut funktionierende Verwaltung und ein gefestigtes politisches System hat. Aber wir werden uns auch mit anderen relevanten Akteuren der Gerechtigkeit befassen, wie wir sie nennen. Tatsächlich besteht eine unserer Hauptaufgaben darin, eine vernünftige Systematisierung der potenziellen Akteure der Gerechtigkeit zu geben und zu bestimmen, wie Verantwortlichkeiten ihnen zugeordnet werden können.

Eine große Schwierigkeit im Bereich der Ethik besteht darin, dass die meisten Ethiker:innen keine direkte Verbindung zu denjenigen haben, die für die Probleme, über die sie nachdenken, relevant sind. Einige arbeiten direkt mit medizinischem Personal oder Entscheidungsträger:innen zusammen, aber die meisten tun dies nicht, insbesondere wenn ihr Fachgebiet sich mit der Gestaltung unserer sozialen und politischen Institutionen befasst. Dies ist auch eine Schwierigkeit, der wir uns selbst stellen müssen. Weder sind wir Politiker:innen, noch beraten wir welche in einem bestimmten Land. Für wen schreiben wir dieses Buch also? Gibt es eine vernünftige Hoffnung, dass Politiker:innen es lesen werden? Wir haben keine falschen Hoffnungen und glauben, dass Politiker:innen unser Buch lesen und die Politik ändern und die Welt zu einem besseren Ort für Kinder machen werden. Wir vermuten nicht nur, dass Politiker:innen selten Philosophie-Bücher lesen, sondern selbst wenn sie es tun, werden ihre Politiken wahrscheinlich mehr von Parteimechanismen, Meinungsumfragen und Lobbygruppen beeinflusst. Aus diesem Grund richten wir unseren Fokus nicht auf einen bestimmten politischen Kontext oder eine Gesetzgebung. Wir analysieren nicht im Detail die Unterschiede zwischen Deutschland, Frankreich und den Vereinigten Staaten. Wir beabsichtigen auch nicht, neue Gesetze zu entwerfen, noch werden wir Richtlinien für Sozialarbeiter:innen oder medizinisches Personal vorschlagen. Das ist nicht der Ansatz unserer Untersuchung. Wenn es der Fall wäre, dass wir nur ein sehr spezifisches Problem abdecken könnten, müssten wir viel mehr Literatur und Gesetzgebungen untersuchen und auch den politischen Prozess detailliert beschreiben, der die Veränderung umsetzen könnte. Unser Ziel ist viel bescheidener und, wie wir glauben, auch näher an dem, was Philosoph:innen am besten können. Wir wollen allgemeine Richtlinien geben, wie Verantwortlichkeiten verteilt werden sollten und auf welcher ethischen Grundlage Politiken entworfen werden sollten. Wir haben bereits gesagt, dass wir uns auf wohlhabende Gesellschaften konzentrieren werden, was ein Sammelbegriff ist, und dass wir wissenschaftliche Hinweise aus verschiedenen Ländern und in Bezug auf verschiedene Altersgruppen diskutieren werden. Basierend darauf werden wir zu allgemeinen ethischen Schlussfolgerungen kommen, die zur Gestaltung von Politiken verwendet werden können und sollten, aber wir werden sie nicht selbst entwerfen. Dieser Prozess benötigt mehr Input, als wir liefern können, und – ein weiterer ethisch wichtiger Punkt – erfordert auch eine demokratische öffentliche Diskussion, die unserer Meinung nach Kinder in viel größerem Maße einbeziehen sollte als heute (Lansdown 2001).

Schließlich möchten wir etwas über die Themen dieses Buches sagen, um Kinder und ihre Eigenschaften zu diskutieren. Wie wir später ausführlicher darlegen werden, ist das Konzept der Kindheit umstritten und weit davon entfernt, eine einfache biologische Kategorie zu sein. Dies spiegelt sich auch im gesamten Buch wider, in dem wir kritisch über Vorstellungen von Unschuld oder Inkompetenz reflektieren, die oft Kindern zugeschrieben werden. Im Allgemeinen ist unser Verständnis von Kindern, um die Bevölkerung einzugrenzen, mit der wir uns in diesem Buch befassen, ein pragmatisches, und wir folgen der Erklärung der Vereinten Nationen über die Rechte des Kindes, die besagt, dass ein Kind jede geborene Person unter achtzehn Jahren ist. Damit schließen wir Personen aus, die noch nicht geboren sind, obwohl wir uns bewusst sind, dass es mehrere Probleme im Zusammenhang mit ihrer körperlichen Integrität gibt, insbesondere da diese so eng mit der körperlichen Integrität der Mutter verflochten ist. Und wir erkennen auch an, dass wir es mit einer sehr heterogenen Gruppe von Menschen zu tun haben, einschließlich Kleinkindern, die mehr oder weniger vollständig von ihren Betreuer:innen abhängig sind, sowie Teenagern, die aktive Gestalter:innen ihres Lebens mit einer breiten Palette von Kompetenzen sind. Darüber hinaus haben die Themen, die wir untersuchen werden, auch eine starke Geschlechterdimension, derer wir uns bewusst sind und die wir reflektieren werden: Mädchen werden häufiger und auf andere Weise Opfer als Jungen. Der Druck der Sexualisierung, Schlankheit oder Schönheit ist für Jungen und Mädchen unterschiedlich, auch wenn nicht nur Mädchen betroffen sind. Ebenso beeinflusst die Art und Weise, wie Gewalt Mädchen betrifft und wie Mädchen sich selbst als potenzielle Opfer wahrnehmen, während sie aufwachsen, auch die körperliche Integrität von Mädchen. Wir werden untersuchen, wie geschlechtssensible Dimensionen eingeführt werden können, um einerseits geschlechtsspezifische Verletzungen der körperlichen Integrität von Jungen, Mädchen und intersexuellen Kindern zu erfassen und andererseits die Rechte der Kinder in konkrete Politiken zum Schutz und zur Sicherung ihrer spezifischen Bedürfnisse und Verwundbarkeiten zu übersetzen.

1.2 Die Methodik dieses Buches

Dies führt uns zur zweiten Frage dieser Einführung: Wie gehen wir in diesem Buch vor, was ist unsere Methodik? Wie planen wir, die dargelegten Ziele zu erreichen? Wir wollen mit dem ethischen Rahmen beginnen, den wir bereits erwähnt haben. Es gibt einige Streitigkeiten im Bereich der angewandten Ethik, ob fertige Theorien auf ein Problem oder eine Frage angewendet werden sollten oder ob es besser wäre, die Frage zu betrachten und die ethische Theorie im Verlauf zu entwickeln. Da wir unseren ethischen Rahmen skizzieren werden, bevor wir die Themen ansprechen, glauben wir, dass es gute Gründe gegen solche Bottom-up-„Anti-Theorie"-Ansätze gibt, zumindest in ihren extremen Formen. Es erscheint uns unplausibel, dass ethische Bewertungen sozialer Probleme wie häusliche Gewalt und Vernachlässigung ohne eine normative Theorie im Hintergrund vorgenommen werden können, die uns sagt, was wir Kindern überhaupt schulden. Die Aufgabe eines solchen ethischen Rahmens besteht darin, uns Orientierung und Rechtfertigung für die evaluativen Aussagen zu geben, die wir machen. Das bedeutet nicht, dass ein solcher ethischer Rahmen nicht kontextsensitiv sein muss und dass der Prozess seiner Anwendung auf ein soziales Problem ohne Schwierigkeiten verläuft. Im Gegenteil, es gibt einige Schwierigkeiten, denen wir begegnen, aber sie sollten uns nicht zu dem Schluss verleiten, dass wir überhaupt keine Theorie brauchen. Wir wollen diesen normativen Rahmen auf die Fragen anwenden, die wir beantworten wollen; zum Beispiel: Was ist ungerecht an kindlicher Fettleibigkeit? Wen sollten wir verantwortlich machen? Wie sollten unsere Politiken diesbezüglich aussehen? Offensichtlich bedeutet dies, das Terrain der reinen Ethik zu verlassen oder, anders ausgedrückt, unsere ethischen Überlegungen mit Wissen über die „reale Welt" zu verbinden, insbesondere über die Probleme, die uns interessieren. Kindliche Fettleibigkeit existiert hauptsächlich in wohlhabenden Gesellschaften, und das vielfältige Wissen, das wir heute über ihre Ursachen, Auswirkungen und die besten Wege zu ihrer Prävention und Behandlung haben, ist nicht philosophischer Natur. Es ist nichts, was wir aus den Ethikbüchern, die wir lesen, und aus der Reflexion über Ethik, wie wir es gelernt haben, erfahren können. Dies ist Wissen, das wir außerhalb unseres Fachgebiets sammeln, auf das wir angewiesen sind, dass es von anderen Forscher:innen produziert wird, die sich auf solche Fragen spezialisiert haben. Jeder ethische Ansatz zu praktischen Problemen benötigt solches extern abgeleitetes Wissen. Wenn Sie etwas Nützliches in der medizinischen Ethik sagen wollen, benötigen Sie einige Kenntnisse über Medizin, wahrscheinlich medizinisches Recht, und, was besonders wichtig ist, Sie müssen spezifizieren, ob Sie etwas über einen bestimmten Fall, eine Reihe von Fällen oder eine allgemeine Regel sagen wollen. Unsere Untersuchung befindet sich nicht auf der Ebene des individuellen Falls und daher werden wir im Verlauf dieses Buches keine solchen individuellen Fälle diskutieren, wie es beispielsweise in der medizinischen Ethik üblich ist. Unser normativer Rahmen ist eine partielle Theorie der Gerechtigkeit, die sich für die Regelung von Regeln und Institutionen interessiert und nicht für individuelles Verhalten und Handeln. Wir werden dies später weiter diskutieren; jetzt möchten wir uns auf die Frage konzentrieren, welchen Zugang wir als Philosoph:innen zu den Problemen haben, die wir diskutieren wollen. Wir wollen mit der Unterscheidung der drei Arten von Wissen beginnen, die man über ein soziales Problem haben kann: Wissen aus erster Hand, Wissen aus zweiter Hand und Wissen aus dritter Hand (Sedmak 2013). Wissen aus erster Hand ist einfach alles, was eine Person weiß, weil sie es aus erster Hand erlebt hat. Zum Beispiel hat einer der Autoren dieses Buches Wissen aus erster Hand darüber, Vater zu sein, und der andere hat Wissen aus erster Hand darüber, das Finale einer Fußball-Europameisterschaft besucht zu haben. Wissen aus zweiter Hand ist die Art von Wissen, die wir erlangen, wenn uns jemand, den wir kennen, von etwas erzählt, das diese Person erlebt hat. Es ist dialogisch. Der Autor dieses Buches, der nicht bei diesem Fußballspiel war, hat dieses Wissen erlangt, weil er die Geschichte gehört hat. Schließlich wollen wir Wissen aus dritter Hand als Wissen charakterisieren, das darauf abzielt, den subjektiven Faktor so weit wie möglich zu eliminieren. Es zielt auf Objektivität ab. Wissen aus zweiter Hand und Wissen aus dritter Hand sind einander näher als Wissen aus erster Hand, da sie beide externe Quellen sind, aber sie unterscheiden sich nicht nur im Grad. Wissen aus zweiter Hand hängt von der Anerkennung und dem Wunsch ab, den anderen zu verstehen, wie er oder sie sich fühlte, wie er oder sie eine Situation erlebte, wie er oder sie sie interpretierte. Ob das Fußballspiel großartig oder langweilig war, ob es etwas war, das die Person wieder tun möchte, und so weiter. Dies sind die Aspekte des Wissens aus zweiter Hand, die für die Perspektive aus dritter Hand unwichtig sind, die auf eine Objektivität abzielt, die in Bezug auf solche subjektiven Erfahrungen wie Langeweile oder Aufregung nicht erreicht werden kann.

Nachdem wir diese Unterscheidung zwischen verschiedenen Wissensarten getroffen haben, wird deutlich, dass die Ethik all diese nutzen kann. Ein:e Philosoph:in kann Probleme diskutieren, die er oder sie aus erster Hand kennt, über die er oder sie Bescheid weiß, weil ein:e Freund:in oder Verwandte:r darüber gesprochen hat, und er oder sie kann auch über Probleme nachdenken, die er oder sie nur aus einer dritten, weniger subjektiven Quelle wie den Nachrichten oder einem wissenschaftlichen Artikel kennt. Für Fragen der Sozialethik oder Gerechtigkeit ist eine besondere Form des Wissens aus dritter Hand von großem Interesse: wissenschaftliche Erkenntnisse. Dies ist von Interesse, weil wissenschaftliche Erkenntnisse über die Welt vertrauenswürdig und zuverlässig sind, und das ist etwas, das wir suchen. Wir wollen diesen Punkt veranschaulichen: Wir leben in einer Welt, in der globale Armut ein massives Problem darstellt. Was wir über globale Armut wissen, ist, dass sie den Tod von Millionen von Menschen verursacht und auf verschiedene Weise für Hunderte von Millionen von Menschen schädlich ist. Es ist diese Art von Wissen, die wir nur aus wissenschaftlicher Forschung sammeln können; wir können weder persönlich sehen, wie viele Menschen weltweit arm sind, noch können wir davon von anderen erzählt bekommen (nur wenn sie sich selbst auf Wissen aus dritter Hand in Form von wissenschaftlichen Daten beziehen). Das ethische Urteil, das wir über globale Armut fällen, hängt stark von solchem Wissen über das Ausmaß, die Ursachen und die Auswirkungen der Armut ab. Wenn eine Studie zeigt, dass Handelsabkommen eine der Hauptursachen für globale Armut sind, gibt uns dies guten Grund, Handelsabkommen zu kritisieren und aus ethischer Sicht ihre Änderung zu fordern. Aber wenn wissenschaftliche Erkenntnisse zeigen würde, dass die bestehenden Handelsabkommen zugunsten der Armen sind und andere Ursachen für die Verbreitung der globalen Armut verantwortlich sind, müssten wir unsere Schlussfolgerung überdenken und andere politische Ratschläge anbieten. Dasselbe gilt für das ethische Urteil über die gute oder schlechte Natur der Armut selbst. Wenn hypothetisch eine neue Studie herauskäme und beweisen würde, dass Armut keine Auswirkungen auf die Gesundheit hat – in Wirklichkeit wissen wir mit Sicherheit, dass sie es hat – würde dies ein großes ethisches Anliegen beseitigen. Der Punkt, den wir machen wollen, ist dieser: Angewandte Ethik muss eine zuverlässige Quelle und Zugang zu den sozialen Problemen haben, die sie diskutiert, und auf der Ebene der Sozialethik und Gerechtigkeit bedeutet dies, Zugang zu Wissen über das Ausmaß, die Ursachen und die Auswirkungen des betreffenden Problems zu haben und wie es in die Regeln und Institutionen dieses sozialen Kontexts eingebettet ist.

In diesem Buch werden wir uns daher hauptsächlich auf Wissen aus dritter Hand stützen. Wir werden Studien aus der Medizin, Psychologie und den Sozialwissenschaften diskutieren, die uns Wissen über die betreffenden sozialen Probleme liefern. Wir als Philosoph:innen verlassen uns auf dieses Wissen und können es nicht selbst produzieren, aber es ist auch nicht unsere Aufgabe, dies zu tun. Wir betrachten dieses interdisziplinäre Engagement als eine machbare und produktive Arbeitsteilung zwischen den Wissenschaften und der Philosophie. Dies hat jedoch auch seinen Preis. Ein Aspekt davon ist, dass wir von dem abhängig sind, was bereits erforscht wurde. Die meisten Forschungen, auf die wir uns in dieser Studie stützen, wurden auch nicht aus Perspektive des Fähigkeitenansatz (Robeyns 2006) unternommen. Darüber hinaus müssen wir das Problem der Unsicherheit berücksichtigen, im Sinne von Unschlüssigkeit und im Sinne von Fehlbarkeit.

Es wäre einfacher, viele Fragen innerhalb der Ethik zu beantworten, wenn es keine Unsicherheiten im Wissen über unsere Welt gäbe. Wir möchten zwei wichtige Arten von Unsicherheit unterscheiden, mit denen wir umgehen müssen. Erstens ist das Wissen, das von den Sozialwissenschaften und auch der Medizin und Psychologie produziert wird, oft unschlüssig und umstritten. Dies hat mit den vielen verschiedenen Variablen zu tun, mit denen Wissenschaftler umgehen müssen, und mit der Komplexität des Problems. Betrachten Sie zum Beispiel Fettleibigkeit im Kindesalter, ein Thema, das wir im nächsten Kapitel dieses Buches viel ausführlicher untersuchen werden. Selbst heute gibt es kein allgemein geteiltes Wissen über die Gründe, warum einige Kinder fettleibig werden und andere nicht, und welche vollständigen Auswirkungen die Fettleibigkeit im Kindesalter hat. Es gibt einige Hinweise darauf, dass die Auswirkungen hart und negativ sind, aber es gibt auch Studien, die nur schwache Auswirkungen feststellen. Es ist bekannt, dass eine einzelne Studie nur einen Bruchteil des Wissens darstellt, das benötigt wird, um ein Phänomen wie Fettleibigkeit im Kindesalter vollständig zu verstehen und wie es behandelt werden sollte. Aus diesem Grund suchen Mediziner:innen nach Erkenntnissen, indem sie viele verschiedene Studien durch Meta-Analysen zusammenstellen. Diese Technik ist sicherlich ein fruchtbarer Weg, um Unsicherheiten zu begrenzen, aber selbst Meta-Analysen können sie nicht vollständig beseitigen: Sie sind nur so gut wie die zugrunde liegende Forschung, die analysiert wird, und es gibt einen gewissen Spielraum für Fehler bei der Erstellung von Meta-Analysen und bei der Interpretation der Heterogenität innerhalb der analysierten Daten. Tabus über Themen wie die Sexualität von Kindern sind nicht nur im täglichen Leben, sondern auch in der Forschung präsent und können zu Wissenslücken führen. Darüber hinaus gibt es Forschungstrends, die dazu neigen, sich auf spezifische Fragen zu konzentrieren und andere Bereiche außer Acht zu lassen. Außerdem, obwohl dieses Problem für unseren Ansatz hier nicht so relevant ist, ist die Verbindung zwischen klinischer Praxis und wissenschaftlichen Erkenntnissen oft unordentlich und nicht geradlinig (Greenhalgh et al. 2014).

Eine zweite Art von Unsicherheit, der wir in der angewandten Ethik begegnen, ist die Identifikation und Erklärung der Ursachen bestimmter sozialer Phänomene. In den Sozialwissenschaften gibt es viele verschiedene Erklärungen für Phänomene wie Gewalt in Familien, das unterschiedliche Verhalten von Mädchen und Jungen oder das Vorhandensein von Kinderarmut. In all diesen Fällen können wir davon ausgehen, dass viele Faktoren (soziale, wirtschaftliche, politische, kulturelle…) eine Rolle spielen, die schwer zu entwirren sind und sich auch ständig im Wandel befinden. Solche Faktoren beeinflussen zwar das Individuum, bestimmen jedoch meist nicht sein Verhalten oder seine Überzeugungen. Wir wissen, dass die meisten Kinder, die in Armut leben, auch als Erwachsene arm sein werden, aber einige entkommen dieser Armut, und oft kennen wir die genauen Gründe für diese Unterschiede nicht. Dies macht es schwierig, eine bestimmte Lebenssituation eines Kindes zu bewerten und auch politische Empfehlungen zu formulieren. Wissenschaftliche Forschung kann dazu beitragen, Unsicherheiten in dieser Hinsicht zu begrenzen, indem sie uns verbessertes Wissen liefert, aber einige Grauzonen und unbeantwortete Fragen werden immer bleiben – und einige Menschen wie Lisa Herzog argumentieren, dass diese Grauzonen aus ethischen Gründen bestehen bleiben sollten, weil die Produktion dieses Wissens intrusive Forschung in das Leben vieler, möglicherweise aller, Menschen erfordern würde (Herzog 2012).

Zusammenfassend müssen wir mit einer Unsicherheit umgehen, die in gewissem Maße in allem Wissen über die Welt eingebaut ist und daher auch in allen wissenschaftlichen Erkenntnissen über die Phänomene, die uns interessieren, vorhanden ist. Jedes Stück dieses Wissens ist potenziell fehlbar und kann sich als falsch herausstellen. Wir wollen oder müssen keine bestimmte Position zu den zugrunde liegenden erkenntnistheoretischen Fragen einnehmen, aber die meisten würden uns zustimmen, dass zumindest ein Teil des Wissens, das wir jetzt über das Leben von Kindern in den Bereichen Ernährung, Sexualität und Gewalt haben, fehlbar ist und wahrscheinlich revidiert wird, wenn die Forschung fortschreitet. Es ist sicherlich möglich, dass andere, hoffentlich bessere Konzepte der kindlichen Entwicklung entstehen und dass wir viel besser verstehen werden, wie zum Beispiel Kinderarmut die Gehirnentwicklung beeinflusst und welche Auswirkungen dies im späteren Leben haben kann. Wir müssen möglicherweise auch unser derzeitiges Verständnis der besten Behandlungen für Missbrauchsopfer revidieren, da sich das medizinische Wissen verbessern wird. Und wir könnten auch an einen Punkt gelangen, an dem wir genauer eingrenzen können, wie Geschlechterrollen in den Medien das Leben von Kindern beeinflussen, oder vielleicht werden wir lernen, dass wir diesen Einfluss überschätzt haben. In dieser Hinsicht ist auch die angewandte Ethik fehlbar, obwohl dies nicht für alle ihre Aspekte gleichermaßen zutrifft. Wir haben bereits kurz die Beziehung zwischen normativer Theorie und der realen Welt – und damit auch unseren wissenschaftlichen Erkenntnissen über die reale Welt – diskutiert und festgestellt, dass es eine dialektische Beziehung zwischen ihnen gibt. Die normative Theorie bleibt nicht unberührt, wenn sich das empirische Wissen ändert, aber es kann auch nicht erwartet werden, dass sie falsifiziert werden kann, wie es bei einer empirischen Theorie der Fall ist. Der dramatischste Einfluss wird auf der Ebene der Anwendung der normativen Theorie auf die sozialen Phänomene und auf der Ebene der politischen Empfehlungen stattfinden. Wenn wir die Lebensmittelindustrie dafür kritisieren, Kinder durch Werbung dazu zu verleiten, ungesundes Essen zu konsumieren, müssen wir diese Kritik anpassen, sobald die Beweislage darauf hindeutet, dass dieses Essen entweder überhaupt nicht ungesund ist oder dass die Werbung keinen Einfluss auf die Essenswahl der Kinder hat. Dann müssen wir unsere Kritik verschieben, während die normative Grundannahme, dass Kinder nicht dazu verleitet werden sollten, ungesundes Essen zu konsumieren, weiterhin besteht.

Wir möchten kurz darlegen, wie wir in jedem Kapitel vorgehen werden. Wir werden einem dreistufigen Prozess folgen, der darauf abzielt, diese Fragen zu beantworten: (1) Was wissen wir über das Problem, seine Ursachen, sein Ausmaß und seine Tiefe? Dafür werden wir einen gründlichen Überblick über das Thema geben und seine Konzeptualisierung sowie Unsicherheiten innerhalb der Forschung diskutieren. Wir möchten verstehen, was wir darüber wissen, aber wir werden auch nicht davor zurückschrecken, dieses Wissen bereits zu interpretieren und mit anderen möglichen Erklärungen zu verknüpfen, die in der Struktur wohlhabender Gesellschaften zu finden sind. (2) Welche ethischen Fragen sind beteiligt und wie beeinflussen diese die körperliche Integrität, das Wohlergehen und die Wohlentwicklung von Kindern? Wie wir darlegen werden, hat die körperliche Integrität von Kindern viele Dimensionen wie Gesundheit, Handlungsfähigkeit und positive Selbstbeziehungen, und wir untersuchen, wie das betreffende Problem sie beeinflusst. Wir möchten verstehen, was es mit Kindern macht, und wir werden auch versuchen, unsere Schlussfolgerungen nach Geschlecht und Alter so gut wie möglich zu differenzieren. Für diesen Schritt werden wir auch unser Konzept der körperlichen Integrität und unser ethisches Rahmenwerk nach Bedarf verfeinern. (3) Wie sollte die Gesellschaft und der Staat reagieren? Dieser Schritt des Prozesses erfordert auch eine erneute Verknüpfung unseres ethischen Rahmens mit empirischer Forschung und anderer Forschung zu politischen Reaktionen, um festzustellen, wie das betreffende Problem angegangen oder verhindert werden sollte. Jedes Mal streben wir eine gründliche Analyse der verschiedenen beteiligten Akteure und ihrer Verantwortung in Bezug auf die betroffenen Kinder an.

Der letzte Punkt, den wir bezüglich der Anwendung unseres ethischen Rahmens auf Fragen der Ungerechtigkeit im Leben von Kindern ansprechen möchten, betrifft die Kontextsensitivität dieses Rahmens, die notwendig ist, um Ungerechtigkeiten zu erkennen und sie richtig zu bewerten. Wir haben bereits festgestellt, dass die Beziehung zwischen ethischer Theorie und der „realen Welt" keine Einbahnstraße ist und dass wir auch die „reale Welt" bei der Gestaltung des ethischen Rahmens selbst berücksichtigen müssen. Aber was bedeutet das? Zwei Aspekte sind hier wichtig: Der erste ist, dass die ethische Theorie, die wir im nächsten Kapitel darlegen werden, realistisch sein und so viel Wissen über die „reale Welt" einbeziehen soll, wie nötig ist. Da es sich immer noch um eine Theorie auf einer eher abstrakten Ebene handelt, die sich zu diesem Zeitpunkt nicht mit einem konkreten Problem befasst, ist der Input der „realen Welt" auf dieser Ebene begrenzt. Wir streben auch keine vollständige Theorie der Gerechtigkeit für Kinder an, sondern nur eine partielle, das heißt eine, die die grundlegenden Prinzipien festlegt, aber genügend Raum für spätere Spezifikationen lässt (Nussbaum 2011). Diese spätere Spezifikation ist der zweite Aspekt, der für uns wichtig ist. Es impliziert, dass wir unseren ethischen Rahmen in jedem Kapitel weiterentwickeln und Drittpersonenwissen über das jeweilige Thema anwenden und interpretieren werden, um weitere Klarheit zu erlangen. Wir werden das Konzept der körperlichen Integrität im nächsten Kapitel untersuchen und argumentieren, wie es auf der allgemeinen Ebene zusammengesetzt ist, aber wir werden es weiter differenzieren und in den folgenden Kapiteln mehr Details liefern, zum Beispiel wie sexuelle Handlungsfähigkeit eine wichtige Dimension der körperlichen Integrität ist oder die Wahl über das eigene Essverhalten zu haben. In dieser Hinsicht ist unser Ansatz keine „hohe ethische Theorie", sondern eine Theorie auf mittlerer Ebene. Damit wollen wir ein tieferes Verständnis unseres allgemeinen Anspruchs vermitteln, dass, wenn die körperliche Integrität von Kindern verletzt wird, diese Ungerechtigkeit oft zu einem korrosiven Nachteil führt, der viele andere Dimensionen des Wohlergehens und der Wohlentwicklung von Kindern im gesamten Lebensverlauf negativ beeinflusst.

Zusammenfassend müssen wir zunächst das Problem identifizieren, wie es sich durch wissenschaftliche Erkenntnisse, politische oder öffentliche Debatten oder die Artikulation der Opfer darstellt. Dann müssen die damit verbundenen ethischen Fragen identifiziert und geklärt werden. Welche Art von ethisch relevantem Schaden wird Kindern zugefügt und wie bedroht er ihr Wohlergehen/Wohlentwickeln und ihre körperliche Integrität? Dazu ist es notwendig, genügend Raum für die Spezifikation der relevanten Fähigkeiten zu schaffen, um eine solide Benchmark bereitzustellen. In diesem Sinne ist unser Ansatz problemorientiert und offen dafür, den normativen Rahmen bei Bedarf anzupassen. Schließlich erfordert die dritte Aufgabe, dass die verantwortlichen Akteure identifiziert werden sowie die moralischen Verpflichtungen, die ihnen aufgrund der Kriterien ihrer Beteiligung am Problem, ihrer Rolle bei dessen Verursachung und ihres Potenzials zur Verwirklichung von Gerechtigkeit für die bedrohten Kinder zugeschrieben werden sollten.

1.3 Überblick über das Buch

Der Fokus unseres Buches liegt auf der ethischen, gerechtigkeitsbasierten Bewertung von drei Hauptbereichen, die verschiedene ernsthafte Bedrohungen und Gefahren betreffen, die die Fähigkeit der körperlichen Integrität von Kindern in wohlhabenden Gesellschaften gefährden, nämlich: (1) Körper und Ernährung, (2) Körper und Sexualität und (3) Körper und Gewalt. Alle haben einzigartige Merkmale sowie unterschiedliche Auswirkungen auf das Leben von Kindern und den Schaden, den sie verursachen. Unsere Anwendung des Fähigkeitenansatzes auf all diese Themen ist entlang von drei Fragen strukturiert, die wir in jedem Kapitel explizit behandeln werden: (a) Was sind die Ursachen, das Ausmaß und die Tiefe des Problems? (b) Welche ethischen Fragen sind involviert und wie verletzt die betreffende Bedrohung die körperliche Integrität von Kindern in ihren drei Dimensionen Gesundheit, Handlungsfähigkeit und Selbstbeziehungen? (c) Wie sollten bestimmte Gerechtigkeitsakteure, insbesondere der Staat, reagieren? Wir zielen daher darauf ab, das verfügbare theoretische und empirische Wissen zu diesen Themen mit einer gründlichen ethischen Analyse zu kombinieren. Dieses Buch umfasst sechs Kapitel.

Im zweiten Kapitel stellen wir unseren normativen Rahmen vor, der eine (partielle) Theorie der Gerechtigkeit für Kinder auf der Grundlage des Fähigkeitenansatzes ist. Wir werden uns mit Fragen der Besonderheit von Kindern befassen, die sie von Erwachsenen unterscheiden, und somit die Kindheit als Entwicklungsphase, insbesondere der Autonomie und der erhöhten Verletzlichkeit, untersuchen. Dann werden wir für bestimmte Modifikationen des Fähigkeitenansatzes argumentieren, um besser für Kinder geeignet zu sein, und uns auf das Konzept der sich entwickelnden Fähigkeiten für diese Aufgabe konzentrieren. Da die körperliche Integrität im Mittelpunkt dieses Buches steht, werden wir dieses Konzept weiter als eine Reihe von Fähigkeiten untersuchen, die Gesundheit, Handlungsfähigkeit und Selbstbeziehungen umfassen. Wir werden auch die Frage des Geschlechts in Bezug auf die körperliche Integrität untersuchen, die im gesamten Buch präsent sein wird. Schließlich werden wir das Konzept der Gerechtigkeitsakteure für Kinder und wie Verantwortlichkeiten ihnen zugeschrieben werden können, basierend auf verschiedenen Gründen, erkunden. Wir werden hier weitgehend dem sozialen Verbindungsmodell von Iris Young folgen, in dem sie Kausalität, Macht, Profit und Interesse sowie vernünftige Gründe unterscheidet, um einen Akteur verantwortlich zu halten.

In Kapitel drei wird die Thematik der Gefährdung der körperlichen Integrität von Kindern im Kontext von Essen und Ernährung erörtert. Im ersten Teil des Kapitels werden wir die verfügbaren wissenschaftliche Hinweise für kindliche Adipositas beschreiben und ihre Auswirkungen auf die Gesundheit, Handlungsfähigkeit und Selbstbeziehungen der betroffenen Kinder diskutieren. Wir werden zeigen, dass kindliche Adipositas mit vielen Nachteilen verbunden ist, die teilweise aus der „Natur" der Krankheit, aber in erheblichem Maße auch aus der sozialen Wahrnehmung von fettleibigen und übergewichtigen Kindern und den damit verbundenen Stigmata resultieren. Dann werden wir uns der Rolle der Familie und des Staates zuwenden und zeigen, dass es gute Gründe gibt, beide als die Hauptakteure der Gerechtigkeit mit geteilten und verflochtenen Verantwortlichkeiten in Bezug auf fettleibige Kinder zu sehen. Im Mittelpunkt des zweiten Teils des Abschnitts stehen Essstörungen mit einem Fokus auf Anorexia Nervosa, Bulimia Nervosa und Binge-Eating-Störung, die viele schädliche Auswirkungen auf die körperliche Integrität von Kindern in all ihren Dimensionen haben. Wir werden die soziale Einbettung dieser Zustände diskutieren und einen Gerechtigkeitsakteur im Detail ansprechen: die Medien.

Das vierte Kapitel befasst sich mit kindlicher Sexualität als Teil ihrer körperlichen Integrität. Da die Sexualität von Kindern ein hoch umstrittenes und tabuisiertes Thema ist, werden wir zunächst wissenschaftliche Erkenntnisse über die sexuelle Handlungsfähigkeit von Kindern und deren Entwicklung und Veränderung im Laufe der Zeit untersuchen. Dann werden wir uns auf zwei verschiedene Bedrohungen für die körperliche Integrität von Kindern konzentrieren: die Sexualisierung der Kindheit und sexuellen Missbrauch. Während das erste auf gesellschaftlicher und kultureller Ebene angesiedelt ist und sich mit Themen wie dem negativen Einfluss der Medien, der allgegenwärtigen Verfügbarkeit von Pornografie oder der Werbung für unrealistische Körperideale befasst, ist das zweite Thema des sexuellen Missbrauchs auf der zwischenmenschlichen Ebene angesiedelt, obwohl soziale Faktoren auch für sein Verständnis und seine ethische Kritik wichtig sind.

In Kapitel fünf werden wir unsere Aufmerksamkeit auf das Thema Gewalt richten und uns auf körperlichen Missbrauch konzentrieren, der hauptsächlich innerhalb der Familie auftritt, und Gewalt zwischen Gleichaltrigen, die in Freizeiteinrichtungen, in der Öffentlichkeit und insbesondere in Schulen stattfindet. Wir werden argumentieren, dass beide problematisch sind, oft nicht in erster Linie wegen der körperlichen Verletzungen, sondern wegen der Auswirkungen auf die Handlungsfähigkeit und Selbstbeziehungen der Kinder. Missbrauch und andere Formen von Gewalt haben negative Auswirkungen auf das Selbstvertrauen und Selbstwertgefühl von Kindern und setzen einen Kreislauf von Angst und Furcht in Gang, der zu internalisierendem und externalisierendem Verhalten führen kann.

Im letzten Kapitel werden wir sieben Schlussfolgerungen basierend auf unserer Forschung und unseren Erkenntnissen ziehen. Wir werden argumentieren, dass gerechtigkeitsbasierte und gerechtigkeitsorientierte Politikgestaltung auf mehrere Schwierigkeiten stößt, aufgrund von Meinungsverschiedenheiten über ethische Argumente sowie Unsicherheiten in den empirischen Erkenntnissen. Die verschiedenen Dimensionen der Fähigkeit der körperlichen Integrität von Kindern und die unterschiedlichen und sich verändernden Bedrohungen, denen Kinder ausgesetzt sind, erfordern einen vielschichtigen und multilateralen Ansatz zu ihrem Schutz, der Eltern und den Staat umfassen muss. Schließlich ist es notwendig anzuerkennen, dass die körperliche Integrität von Kindern nur eine Dimension ist, die für ihr Wohlergehen und ihre Wohlentwicklung wichtig ist. Der Schutz der körperlichen Integrität ist somit ein Teil des Puzzles.

Literatur

Alanen, Leena. 2005a. Women's Studies/Childhood Studies: Parallels, Links and Perspectives. In *Children Taken Seriously—In Theory, Policy and Practice*, Hrsg. Jan Mason and Toby Fattore, 31–45. London and Philadelphia: Jessica Kingsley Publishers.

Greenhalgh, Trisha, Jeremy Howick, und Neal Maskrey. 2014. Evidence Based Medicine: A Movement in Crisis? *BMJ* 348: g3725. 10.1136/bmj.g3725.

Herzog, Lisa. 2012. Ideal and Non-Ideal Theory and the Problem of Knowledge: Ideal and Non-Ideal Theory and Knowledge. *Journal of Applied Philosophy* 29(4): 271–288. 10.1111/j.1468-5930.2012.00577.x.

James, Allison, und Alan Prout. 2005a. A New Paradigm for the Sociology of Childhood? Provenance, Promise and Problems. In *Constructing and Reconstructing Childhood*, 2. Aufl, Hrsg. Allison James and Alan Prout, 7–32. Contemporary Issues in the Sociological Study of Childhood. London; Washington, DC: Falmer Press.

Lansdown, Gerison. 2001. Promoting Children's Participation in Democratic Decision-Making. *Innocenti Insight*. Florence: UNICEF International Child Development Centre.

Mayall, Berry. 2002a. *Towards a Sociology for Childhood: Thinking from Children's Lives*. Buckingham; Philadelphia: Open University Press.

Nussbaum, Martha. 2011. *Creating Capabilities: The Human Development Approach*, 1. Aufl. Cambridge, MA/London: Belknap Press of Harvard University Press.

O'Neill, Onora. 2009. Applied Ethics: Naturalism, Normativity and Public Policy. *Journal of Applied Philosophy* 26(3): 219–230. 10.1111/j.1468-5930.2009.00446.x.

Qvortrup, Jens. 2005a. A Voice for Children in Statistical and Social Accounting: A Plea for Children's Right to Be Heard. In *Constructing and Reconstructing Childhood*, 2. Aufl., Hrsg. Allison James and Alan Prout, 83–103. Falmer Press.

Robeyns, Ingrid. 2006. The Capability Approach in Practice. *The Journal of Political Philosophy* 14(3): 351–376. 10.1111/j.1467-9760.2006.00263.x.

Schweiger, Gottfried, und Gunter Graf. 2015. *A Philosophical Examination of Social Justice and Child Poverty*, 1. Aufl. Basingstoke: Palgrave Macmillan http://www.palgraveconnect.com/doifinder/10.1057/9781137426024.

Sedmak, Clemens. 2013. "Sollen Sie Doch Kuchen Essen". Wissen von Armut. In *Armut Und Wissen. Reproduktion Und Linderung von Armut in Schule Und Wissenschaft*, 1. Aufl, Hrsg. Helmut P. Gaisbauer, Elisabeth Kapferer, Andreas Koch, und Clemens Sedmak, 177–197. Wiesbaden: VS Verlag für Sozialwissenschaften. http://link.springer.com/10.1007/978-3-658-01862-7_8.

Wolff, Jonathan, und Avner de-Shalit. 2007. *Disadvantage*, 1. Aufl. Oxford Political Theory. Oxford/New York, NY: Oxford University Press.

2 Körperliche Integrität von Kindern: Gerechtigkeit und Wohlbefinden von Kindern in wohlhabenden Gesellschaften

Für eine ethische Bewertung der Situation von Kindern in wohlhabenden Gesellschaften, die wir in diesem Buch vornehmen, muss im Hintergrund eine ethische Theorie vorhanden sein. Ethik, wie wir sie verstehen, ist die Disziplin, die darüber nachdenkt, systematisiert, verteidigt und empfiehlt, was moralisch gut oder schlecht, richtig oder falsch und gerecht oder ungerecht ist. Als solche umfasst sie viele Zweige und Unterdisziplinen mit einer Vielzahl von Theorien auf verschiedenen Ebenen. Einige von ihnen konzentrieren sich hauptsächlich auf Individuen und interessieren sich dafür, wie sie unter bestimmten Umständen handeln sollten. Andere hingegen stellen die soziale oder politische Ebene in den Mittelpunkt und befassen sich mehr damit, wie dieser breitere Kontext, der das Individuum übersteigt, für die moralischen Ergebnisse in einer Gesellschaft relevant ist. In diesem Buch können wir nicht alle verfügbaren Theorien diskutieren und eine detaillierte Darstellung von ihnen geben, noch können wir hoffen, die weitreichenden philosophischen Streitigkeiten, die zwischen ihnen bestehen, zu lösen. Vielmehr möchten wir einen bestimmten Ansatz verwenden, den wir für unsere Zwecke als besonders nützlich erachten: den Fähigkeitenansatz, wie er von Amartya Sen (1980, 1992, 2009) und Martha Nussbaum (2000, 2011) entwickelt wurde. Er ist zu einem der führenden normativen Rahmenwerke für das Nachdenken über Gerechtigkeit, Entwicklung und Ungleichheit geworden und gehört daher zu den Theorien, die eher auf der sozialen und politischen als auf der individuellen Ebene operieren. Dies ist auch die Perspektive, die wir für das, was wir erreichen möchten, für angemessen halten, da wir uns weniger für individuelle Fehlverhalten interessieren, sondern mehr für die Frage, wie moralische Herausforderungen auf gesellschaftlicher Ebene erscheinen und was getan werden kann, um sie durch die Änderung sozialer Institutionen oder politischer Maßnahmen anzugehen.

Während der Fähigkeitenansatz, wie die meisten anderen ethischen Theorien und Gerechtigkeitstheorien, in Bezug auf Erwachsene entwickelt wurde, auf die sich die meisten Literaturquellen noch konzentrieren, gab es vielversprechende

G. Graf und G. Schweiger, *Ethik der körperlichen Integrität von Kindern,* Kindheit – Bildung – Erziehung. Philosophische Perspektiven,
https://doi.org/10.1007/978-3-031-75277-3_2

Versuche, ihn sowohl auf theoretischer als auch auf praktischer Ebene an die Situation von Kindern anzupassen (Biggeri et al. 2011; Dixon und Nussbaum 2012; Schweiger und Graf 2015). Diese Versuche haben gezeigt, dass der Ansatz in dieser Hinsicht erhebliches Potenzial bietet und konkreter die konzeptionelle Grundlage für die Formulierung von gerechtigkeitsbasierten Ansprüchen von Kindern liefern kann. Kurz gesagt besteht der zentrale Anspruch eines Fähigkeitenansatz zur Gerechtigkeit für Kinder, wie wir ihn hier vorschlagen, darin, dass jedes Kind ein Anrecht auf Wohlergehen und Wohlentwickeln hat – Konzepte, die in erster Linie über die Begriffe von (sich entwickelnden) Funktionsweisen und Fähigkeiten erfasst werden müssen. In diesem Kapitel werden wir diesen Anspruch näher erläutern. Dazu wird es notwendig sein, den Begriff der Kindheit zu erforschen, die Konzepte der (sich entwickelnden) Funktionsweisen und der Fähigkeiten auszuarbeiten sowie zu kommentieren, wie sie im Fall von Kindern ausgewählt werden sollten. Erst dann werden wir die sich entwickelnde Fähigkeitvorstellen können, die im Zentrum unseres Ansatzes steht und uns im Verlauf dieses Buches bei unseren Bewertungen leiten wird, nämlich die der körperlichen Integrität. Wir werden das Kapitel mit einer Skizze unserer Verantwortungstheorie abschließen, die in den folgenden Kapiteln weiter verfeinert und angewendet wird.

Bevor wir uns den Details unserer Theorie zuwenden, wollen wir kurz die Frage beantworten, um welche Art von theoretischem Rahmen es sich beim Fähigkeitenansatz, wie wir ihn verstehen, handelt und wo er in der aktuellen einflussreichen Debatte über ideale und nicht-ideale Theorien in der politischen Philosophie einzuordnen ist. Dabei wollen wir keine allgemeine Bewertung des theoretischen Standings des Fähigkeitenansatz vornehmen, der in verschiedenen Versionen diskutiert wird und schwer unter nur einer Überschrift zu klassifizieren ist. Vielmehr sind die folgenden Überlegungen spezifisch für unsere Nutzung des Ansatzes, die weder mit Nussbaums noch mit Sens Formulierung identisch ist.

In den letzten Jahren hat das Interesse politischer Philosoph:innen zugenommen, die Methoden zu hinterfragen, die sie zur Konstruktion ihrer Theorien und zur Entwicklung von Empfehlungen und Vorschriften verwenden. Insbesondere gab es eine intensive und noch andauernde Debatte darüber, wie abstraktes philosophisches Theoretisieren mit der „realen Welt" verbunden ist und wie es in der Lage ist, politische Maßnahmen zu leiten, die die Welt zu einem besseren Ort machen. Im Einklang mit dem Ziel dieses Buches sind diese Debatten relevant, da wir eine ethische Analyse einiger der Bedrohungen anbieten, denen Kinder derzeit in der „realen Welt" ausgesetzt sind. Diese sind nicht in philosophischen Gedankenexperimenten konstruiert, sondern treten tatsächlich in unseren Gesellschaften auf. Es ist daher entscheidend, einen ethischen Rahmen zu haben, der unseren Zwecken entspricht und diesen Problemen nahe genug ist, um zu ihrem Verständnis und ihrer Bewertung beizutragen sowie Lösungen für sie zu entwickeln. Die Diskussion über das Thema ideale *vs.* nicht-ideale Theorien ist komplex und es gibt sicherlich verschiedene Möglichkeiten, wie die Unterschiede zwischen ihnen verstanden werden können. Einige Unterscheidungen, die Laura Valentini getroffen hat, sind jedoch besonders hilfreich, um die Diskussion zu strukturieren, die wir verwenden werden, um zu klären, wo unser eigener Ansatz angesiedelt ist (Valentini 2012). Laut Valentini gibt es mindestens drei verschiedene Bedeutungen der Begriffe „ideal“ und „nicht-ideal“, die in aktuellen Diskussionen von Bedeutung sind, und wir möchten unseren Ansatz kurz auf jede von ihnen beziehen.

Wir wollen mit der ersten Bedeutung beginnen, in Bezug auf die ideale *vs.* nicht-ideale Debatte, wie von Valentini diskutiert. Aus dieser Perspektive ist das zentrale Konzept die Einhaltung. Für Rawls ist die ideale Theorie so konzipiert, dass sie auf der Annahme basiert, dass „[E]veryone is presumed to act justly and to do his part in upholding institutions“ (Rawls 1971, 8).[1] Er geht nicht ausführlich auf das Problem ein, was in denFällen getan werden sollte, in denen die vollständige Einhaltung nicht erreicht wird—Umstände,die zur nicht-idealen Theorie gehören und in denen die Verantwortlichkeiten der Gerechtigkeitsakteur:innenmöglicherweise nicht leicht aus der idealen Theorie abgeleitet werden können (Miller 2011). Die Probleme, die wir im Verlauf unseres Buchesuntersuchen, treten typischerweise in Kontexten auf, in denen die vollständige Einhaltung nichterfüllt ist—tatsächlich sind viele von ihnen das Ergebnis ungerechten Verhaltens oderVernachlässigung seitens eines oder mehrerer Gerechtigkeitsakteur:innen. Es wird daher notwendigsein, mit einer Darstellung der Verantwortlichkeiten zu arbeiten, die auf das spezifische Problem angewendetwerden muss und das verfügbare empirische Wissen berücksichtigt. Wir arbeiten also nicht miteinem „Meisterprinzip“, das uns die Antwort für alle Situationen gibt, die wir untersuchen,sondern versuchen stattdessen zu spezifizieren, was von bestimmten Gerechtigkeitsakteur:innen imrelevanten Bereich *vernünftigerweise* verlangt werden kann.Später in diesem Kapitel erklären wir unsere Darstellung der Verantwortlichkeiten ausführlicher.Wichtig ist zunächst, dass unser Ansatz klar im „nicht-idealen Bereich“ liegt, wenn mandie Debatte aus der Perspektive der Einhaltung betrachtet. Die zweite Bedeutung in Bezug auf dieideale Theorie im Vergleich zur nicht-idealen Theorie bezieht sich auf den Unterschied zwischenutopischen und (mehr oder weniger) realistischen Theorien. Während die zuvor diskutierteBedeutung auf dem Begriff der Einhaltung basierte, ist hier der wesentliche Begriff dieMachbarkeit. In diesem Sinne befassen sich ideale Theorien nicht oder nur in sehr geringem Maßemit Machbarkeitsbeschränkungen für Prinzipien der Gerechtigkeit. Philosophen wie G. A. Cohen verteidigen beispielsweise dieAnsicht, dass „the question for political philosophy is not what we should do but what we should think, even when what we should think makes no practical difference“ (Cohen 2003, 243). Es ist eine „reine“ Theorie, die losgelöst von den sozialen Übeln und Ungerechtigkeiten entwickelt wird, denen wirin unseren Gesellschaften begegnen. Nicht-ideale realistische Theorien betonen hingegen, dassMachbarkeitsbeschränkungen eingeführt werden müssen, um den Komplexitäten der Ungerechtigkeitengerecht zu werden, wie sie tatsächlich auftreten, da nur dann Vorschriften wahrscheinlichwirksam

[1]Laut Rawls arbeitet die ideale Theoriebildung mit der zusätzlichen Annahme, dass natürliche und historische Bedingungen günstig sind (Rawls 1971, 110). Diese zweite Annahme ist jedoch hier nicht so zentral und wird vernachlässigt.

sind. Auch hier ist unser Ansatz in dieser Hinsicht näher an nicht-idealen oder-realistischen Theorien, da unser Ziel darin besteht, jene Bedrohungen der Kindheit zudiskutieren, die dem aktuellen Zustand unserer Gesellschaften nahekommen. Es ist jedoch auchwichtig, dass einige normative Hintergrundannahmen in unsere Theorie integriert werden. Wenndieses Element fehlt oder zu schwach ist, verliert eine ethische Theorie ihren „Biss" und läuftGefahr, den *status quo* zu akzeptieren oder sogar zurechtfertigen. Aus diesem Grund müssen nicht-ideale Theorien mit einigen normativen Annahmen undThesen arbeiten, weshalb wir in diesem Kapitel bald einige Kriterien und Prinzipieneinführen werden, die als normative Ankerpunkte in unserer Theorie dienen. In diesem Sinnekombiniert unser Ansatz eine kasuistische Perspektive (*bottom-up*)mit einer prinzipiellen (*top-down*). Sie ermöglichen es uns,aktuelle soziale Phänomene zu bewerten und Vorschriften auf kontextsensitive Weise zu machen,wobei normative Ideale und Realitätsbeschränkungen ausbalanciert werden. Dies führt uns zurdritten Perspektive, aus der die ideale/nicht-ideale Debatte betrachtet werden kann: dass idealeTheorien als „Endzustandstheorien" beschrieben werden können, während nicht-ideale Theorien als „Übergangstheorien" charakterisiert werden können. Endzustandstheorien, wie John Rawls esausdrückte, definieren ein Ziel, ein Ziel, das es wert ist, als Gesellschaft angestrebt zuwerden (Rawls 1999, 90). Nicht-ideale Theoriehingegen „asks how this longterm goal might be achieved, or worked toward, ususally in gradual steps. It looks for policies and course of action that are morally permissible and politically possible as well as likely to be effective" (Rawls 1999, 89). Rawls geht immer noch davon aus, dass dieVorstellung eines wünschenswerten Endzustands eine Voraussetzung für den Übergang ist, eineAnnahme, die beispielsweise von Amartya Sen kritisiert wurde (Sen 2009). Wir möchten nicht auf die Komplexität dieser Diskussion eingehen, die nochandauert (z. B. Simmons 2010; Wiens 2012). Wie jedoch deutlich wird, ist unser Ansatz eher einÜbergangs- als ein Endzustandsansatz. Die normativen Annahmen, die wir treffen, dienen dazu, Ungerechtigkeiten zu identifizieren und zu kritisieren, denen Kinder ausgesetzt sind. Dafür wirdes jedoch nicht notwendig sein, den Endzustand, den wir im Sinn haben, *imDetail* zu beschreiben. Stattdessen werden einige eher abstrakte Konzepte undPrinzipien, die „unterwegs" und in enger Beziehung zum Kontext und Thema, auf das sie angewendetwerden, spezifiziert werden, ausreichen, um uns in unserer Analyse zu leiten. Zusammenfassendsehen wir den Fähigkeitenansatzals eine Theorie, die in allen drei Bedeutungen näher an der nicht-idealen als an der idealenTheoriebildung liegt. Es ist in erster Linie ein Werkzeug, um über „realweltliche"Ungerechtigkeiten nachzudenken und Leitlinien zur Verbesserung anzubieten. Dabei müssen jedochnormative Annahmen getroffen werden, die an den Kontext angepasst werden müssen, auf den sieangewendet werden. In jedem Fall ist es wichtig anzuerkennen, dass das normative Denken, das wirin diesem Buch durchführen, die Funktion hat, den *status quo*zu verbessern, indem neue Wege vorgeschlagen werden, um einerseits das soziale Bewusstsein fürdie Bedrohungen der Kindheit zu schärfen und andererseits die Effizienz der beteiligtenGerechtigkeitsakteur:innen zu erhöhen. Praktische Beschränkungen sind wichtig anzuerkennen, umwirksame Politiken zu entwickeln, aber sie dürfen nicht die

Tatsache untergraben, dass estypischerweise Raum gibt, die Welt zu einem besseren Ort zu machen. In diesem Sinne ist unserAnsatz mit einer bestimmten Vision verbunden, und deshalb könnten einige es vorziehen, ihn als „mittlere Ebene" anstatt als vollständig nicht-ideale Theorie zu bezeichnen. Aber wir wollennun einen Schritt weiter gehen und das Konzept der Kindheit mit seinen Komplexitäten undverschiedenen Bedeutungen analysieren.

2.1 Das Konzept der Kindheit

In diesem Buch beschäftigen wir uns mit der Gefährdung der körperlichen Integrität von Kindern in wohlhabenden Gesellschaften. Wir müssen daher unsere normative Theorie so konstruieren, dass sie unserer Hauptzielgruppe, den Kindern, gerecht wird. In Übereinstimmung mit wahrscheinlich dem einflussreichsten politischen Dokument über Kinder, der Konvention der Vereinten Nationen (UN) über die Rechte des Kindes (UN 1989), werden wir Kinder als Personen zwischen 0 und 18 Jahren verstehen. Eine solche pragmatische Definition kann jedoch nur der Ausgangspunkt für unsere Diskussionen sein, da die multidisziplinäre Forschung der letzten Jahrzehnte zeigt, dass das Konzept der Kindheit kein einfaches ist. Es kann aus einer Vielzahl von Perspektiven betrachtet werden und sollte nicht auf biologische und psychologische Faktoren reduziert werden. In der Philosophie werden diese Vielfalt der Kindheit nicht immer ernst genommen, während eine gewisse Tendenz besteht, den normativen Status von Kindern mit eher simplistischen Konzepten der Kindheit zu diskutieren. Für die Zwecke dieses Buches ist es jedoch entscheidend, tiefer zu graben und die soziale Eingebundenheit der Kindheit und ihre Heterogenität anzuerkennen. Nur dann wird es möglich sein, die Gefährdungen der körperlichen Integrität von Kindern in angemessenem Umfang zu analysieren.

Es gibt zwei wesentliche Punkte, die wir hier ansprechen möchten. Erstens möchten wir darauf hinweisen, dass Kindheit in einem wichtigen Sinne sozial konstruiert ist und dass eine normative Analyse der Gefährdung der körperlichen Integrität von Kindern sich dieser Konstruktionen sowie der vielen normativen, kulturellen und sozialen Annahmen, die im Begriff der Kindheit implizit sind, bewusst sein muss. Zweitens werden wir jedoch die Ansicht verteidigen, dass es bestimmte moralisch relevante Merkmale gibt, die einen besonderen moralischen Status von Kindern im Vergleich zu Erwachsenen rechtfertigen können. Wir werden argumentieren, dass die Begriffe Verletzlichkeit und Autonomie hier von besonderer Relevanz sind. Insbesondere ist Verletzlichkeitmit Risiken der Fehlinterpretation und ideologischen Missbrauchs verbunden, die in der soziologischen Literatur ausführlich diskutiert wurden (z. B. James und Prout 2005; Meyer 2007), aber in der philosophischen Literatur über Kinder kaum anerkannt werden (Graf 2015). Dennoch ist es ein Begriff, der erhebliches normatives Gewicht hat und, wenn er richtig interpretiert wird, dazu beiträgt, den besonderen Status von Kindern zu rechtfertigen.

Wir wollen mit der sozialen Konstruktion der Kindheit beginnen. Wie von vielen Forscher:innen hervorgehoben, variieren die Normen und Werte, die mit den frühen Jahren des menschlichen Lebens verbunden sind, stark zwischen verschiedenen Kulturen und im Laufe der Geschichte. Kindheit sollte daher am besten als ein kulturell veränderbarer interpretativer Rahmen für das Verständnis einer bestimmten Lebensperiode charakterisiert werden (James und Prout 2005, 8). Ähnlich wie die Unterscheidung zwischen Geschlecht und Gender, wie sie von der feministischen Theorie eingeführt wurde, ist es wichtig anzuerkennen, dass biologische Fakten allein die sozialen Rollen, die Kindern zugeschrieben werden, nicht angemessen erklären können. Tatsächlich zeigt die empirische Forschung, dass in verschiedenen Gesellschaften eine Vielzahl von manchmal widersprüchlichen Vorstellungen von Kindheit zu finden ist. Sie unterscheiden sich in ihrer Einschätzung, wann die Kindheit beginnt und endet, wie sie unterteilt werden sollte und welche Dimensionen relevant sind, um sie von der Erwachsenenwelt zu unterscheiden (Qvortrup 2005a). Darüber hinaus gibt es unterschiedliche Einschätzungen darüber, was aus moralischer Sicht für Kinder angemessen ist. Um ein Beispiel zu geben: Je nach jeweiliger Gesellschaft und kulturellem Kontext reicht die moralische Bewertung von arbeitenden Kindern von inakzeptabel bis hin zu einer Pflicht, die Kinder erfüllen sollten. Diese Erkenntnis über die starke soziale Komponente in jeder Vorstellung von Kindheit impliziert ein weiteres Merkmal: Die Art und Weise, wie Kinder in einer bestimmten Gesellschaft gesehen und behandelt werden, ist veränderbar. Soziale Beziehungen und die damit verbundenen Normen und Werte sind nicht ein für alle Mal durch biologische und psychologische Gesetze festgelegt, sondern können auf einer anderen Grundlage neu konstituiert oder, wie es in der Literatur oft heißt, durch verschiedene Kanäle des sozialen Wandels rekonstruiert werden. In modernen wohlhabenden Gesellschaften gibt es nun einige wichtige Diskurse, die bei der Konstruktion der Kindheit eine Rolle spielen und unser Verständnis von Kindern sowie die Rechtfertigung sozialer Praktiken in Bezug auf sie prägen. Eine Analyse dieses Themas zeigt, dass hier eine Vielzahl von Diskursen relevant ist: unter anderem der Diskurs des Bösen, der Diskurs der Unschuld, der Diskurs der Rechte, der Diskurs der Bedürftigkeit und der Diskurs der Romantisierung der Kindheit (James et al. 1998; Moore 2015).

Wie Anneke Meyer argumentiert, ist die Vorherrschaft eines bestimmten Diskurses mit verschiedenen sozialen Problemen verbunden (Meyer 2007). Um ein Beispiel zu geben: Wenn Kinder Opfer von Verbrechen sind, dominiert der Diskurs der Unschuld, während der Diskurs des Bösen tendenziell eingesetzt wird, wenn Kinder die Täter:innen sind (Kitzinger 2005; Valentine 1996). Innerhalb dieser Diagnose ist es auch wichtig, den Kontext und die Gefahr der Vereinfachung zu betonen, da die Literatur darauf hinweist, dass Gewalt gegen Kinder oft ignoriert wird und insbesondere ältere Kinder Gefahr laufen, mit Opferbeschuldigungsargumenten konfrontiert zu werden. Tatsächlich herrscht in vielen politischen Kontexten die Sprache der Rechte oder Bedürfnisse vor, was auf noch mehr Diskurse hinweist. Man muss daher vorsichtig mit allgemeinen Einschätzungen der sozialen Konstruktion(en) der Kindheit sein, da immer die Notwendigkeit besteht, zu kontextualisieren, auch innerhalb derselben Gesellschaft. Der oben erwähnte Diskurs über die Unschuld und Verletzlichkeitvon Kindern wurde jedoch häufig als besonders stark und aus soziologischer Sicht in den letzten Jahrzehnten ständig kritisiert und mit der Idee in Verbindung gebracht, dass er Kinder als Gruppe schwächt und zu einem ungerechtfertigt niedrigen sozialen Status führt. Autoren wie Berry Mayall oder Leena Alanen haben Erkenntnisse aus dem Feminismus und der Geschlechterforschung aufgegriffen und auf den Fall der Kinder angewendet (Mayall 2002; Alanen 2005). Sie charakterisieren Kinder beispielsweise als „a minority social group, whose wrongs need righting" (Mayall 2002, 9) und argumentieren, dass die Marginalisierung von Kindern oft auf sehr ähnliche Weise gerechtfertigt wird wie die von Frauen, jedoch auf der Grundlage, dass die Generation das Geschlecht als Achse der Unterscheidung in einer ungleichen Machtbeziehung ersetzt hat. Fragilität, Verletzlichkeit, ein Mangel an Stärke und Unterlegenheit in Wissen und Arbeitsfähigkeiten, so argumentieren sie, sind in beiden Fällen Kategorien, die die Abhängigkeit dieser Gruppen von einer anderen, dominanten Gruppe rechtfertigen. Kurz gesagt, wir werden Argumente vorbringen, dass diese Analogie zwischen Frauen und Kindern nicht in allen Aspekten zutrifft, da es Unterschiede zwischen Kindern und anderen gesellschaftlich marginalisierten Gruppen gibt. Wir wollen jedoch feststellen, dass Kinder in den wohlhabenden Gesellschaften, mit denen wir uns befassen, kaum die Möglichkeit haben, sich auf einer aggregierten, gesellschaftlichen und politischen Ebene zu organisieren (Qvortrup 2005b, 84), was für kleine Kinder leicht verständlich ist, aber weitgehend auch für ältere Kinder gilt, die möglicherweise die Kompetenzen für eine stärkere politische Partizipation haben. Auch wenn es in den letzten 30 Jahren Veränderungen gegeben hat, werden die Interessen der Kinder in den meisten Fällen immer noch nicht von ihnen selbst, sondern von Erwachsenen, die für sie sprechen, vertreten und verteidigt (Mayall 1994). Besonders in der Schule, einer der wichtigsten Institutionen im Leben eines Kindes, sind ungleiche Machtverhältnisse offensichtlich – nicht nur zwischen einer bestimmten Klasse und ihren Lehrer:innen, sondern allgemeiner, da die Institution als Ganzes Standards der Normalität und Entwicklung setzt, die von den Schüler:innen nicht in Frage gestellt werden können (Mayall 1994, 3). Empirische Untersuchungen zeigen auch, dass Kinder „see themselves as a group vis-à-vis the adult group, and as a group whose rights are both neglected and rejected" (Mayall 2002, 21), was von fast jeder Altersgruppe, von Fünfjährigen bis zu Jugendlichen, anerkannt wird (Axford 2012, 6; Mayall 2002, 136). Darüber hinaus weisen die schlechte Qualität einiger Dienstleistungen für Kinder und die anhaltende Verbreitung von Kinderarmut auf die schwache soziale Position von Kindern hin (Schweiger und Graf 2015). Aber diese Nachteile, so wird manchmal in der soziologischen Literatur über Kinder argumentiert, werden in erster Linie durch die Art und Weise verursacht, wie wir unsere Gesellschaft organisieren, einschließlich der vorherrschenden Normen, und nicht durch die „natürliche Inkompetenz" der Kinder.

In mancher Hinsicht stimmen wir der skizzierten Analyse über die soziale Konstruktion der Kindheit und einige ihrer problematischen Implikationen für den sozialen Status von Kindern in modernen wohlhabenden Gesellschaften zu. Es ist sicherlich wahr, dass allgemeine Diskurse über Unschuld und Verwundbarkeit zu einer ungerechtfertigten Machtlosigkeit und Unterdrückung von Kindern führen können, was vermieden werden sollte. Aus ethischer Sicht gibt es jedoch Merkmale von Kindern, die moralisch bedeutsam sind und einige Formen des Paternalismus ihnen gegenüber rechtfertigen. Tatsächlich führen einige – moralisch relevante – Merkmale von Kindern zu einem besonderen moralischen Status[2] ,der sie von anderen sozialen Gruppen unterscheidet, denen nicht gleiche Rechte gewährtwerden. Es gibt sicherlich Erkenntnisse aus der Geschlechter- und Minderheitenforschung, diehelfen, die soziale Position von Kindern zu verstehen und Ungerechtigkeiten zuidentifizieren, denen sie ausgesetzt sind. Gleichzeitig gibt es jedoch große Unterschiedezwischen dem, was zum Beispiel an Paternalismus gegenüber Frauen falsch ist, im Vergleich zuPaternalismus gegenüber Kindern, obwohl die Unrechtmäßigkeit von Unterdrückung und Dominanzgegen beide Gruppen gemeinsame Schlüsselfaktoren hat. Wie diese moralisch relevantenMerkmale von Kindern in soziale Regeln und Normen übersetzt werden sollten, hängt vomjeweiligen Kontext ab, und es gibt Raum für eine Vielzahl von Ergebnissen. Dennoch ist eswichtig anzuerkennen, dass Kinder nicht einfach kleine Erwachsene sind; tatsächlich gibt esgute *moralische Gründe*[3] , um Unterschiede zwischen Kindheit undErwachsenenalter zu konstruieren, die sich in den Institutionen, Normen und Gesetzen einerGesellschaft widerspiegeln. Diese Gründe müssen jedoch immer in den Kontext gestellt,daraufhin überprüft werden, was sie tatsächlich implizieren, und dürfen nicht missbrauchtwerden, um eine Interpretation zu verfolgen, die Kindern keine Stimme gibt oder einebedingungslose „Herrschaft" der Erwachsenen über sie bedeutet. Vielmehr betonen sie diegroße Verantwortung, die Erwachsene und die Gesellschaft insgesamt gegenüber Kindern undihrem Wohlergehen und ihrer Wohlentwicklung haben.

Wir möchten vorschlagen, dass es zwei Hauptmerkmale von Kindern gibt, die in diesem Zusammenhang besonders wichtig sind: Verletzlichkeit und (ein Mangel an) Autonomie. Diese beiden Merkmale werden in der philosophischen Literatur über Kinder[4] prominent diskutiert und beziehen sich auch invielerlei Hinsicht auf andere wichtige Überlegungen, die zu einem besonderen Status vonKindern beitragen, wie ihr Potenzial, ihre Fähigkeiten zu entwickeln, oder das Fehlenbestimmter Kompetenzen – Merkmale, die wir aus der Perspektive von Verletzlichkeit undAutonomie ansprechen möchten. Verletzlichkeit und (ein Mangel an)

[2] Obwohl wir nicht den Raum haben, um auf die Debatte über die Vielfalt und den Umfang eines naturalistischen Fehlschlusses einzugehen, kann eine gute Studie in Curry (2006) gefunden werden.

[3] Da sich dieses Buch auf angewandte Ethik konzentriert, können wir keine detaillierte Darstellung der aktuellen metaethischen Debatten über moralische Gründe (externe und interne) und Relativismus bieten. Einige gute Studien zu diesem Thema sind jedoch (Korsgaard 1993; McDowell 1995; Williams 1985).

[4] Es gibt viele Fragen in Bezug auf die Verletzlichkeit und Autonomie von Kindern, die wir nur sehr kurz ansprechen können, da sie sich vom Hauptfokus dieses Buches unterscheiden.

Autonomie sind auch in vielerlei Hinsichtmiteinander verbunden, und es ist möglich, letztere nur als einen Aspekt der ersteren undnicht als eine andere, ebenso wichtige Kategorie zu diskutieren (Giesinger 2007). Wir werden sie jedoch getrennt analysieren. DerHauptgrund dafür ist kein grundlegendes konzeptionelles Missverständnis mit dem geradeerwähnten Ansatz von Giesinger. Vielmehr wird das Thema Autonomie in der philosophischen Literatur über Kinder und ihrenmoralischen Status weitgehend ohne expliziten oder nur vagen Bezug auf den Begriff der Verletzlichkeit diskutiert.Indem wir die beiden Konzepte in unseren Analysen trennen, wollen wir dieser Tatsachegerecht werden und die unterschiedlichen Implikationen betonen, die sie haben, obwohl auchklar wird, dass sie in vielerlei Hinsicht miteinander verbunden sind. Beginnen wir mit derDiskussion über die besondere Verletzlichkeit von Kindern.

Wie aus dem Vorstehenden deutlich geworden sein sollte, sind wir uns der Gefahren bewusst, die sich hinter dem Konzept der Verletzlichkeit verbergen und wissen auf welch vielfältige Weise es verwendet werden kann, um die Position von Kindern mehr als nötig zu schwächen. Gleichzeitig ist es ein Schlüsselkonzept, um die ethische Argumentation über Kinder richtig zu verstehen. Kinder sind – als Gruppe und im Durchschnitt – verwundbarer als Erwachsene. Das bedeutet nicht, dass jedes Kind in dieser Hinsicht von jedem Erwachsenen abweicht, sondern dass Vergleiche zwischen Mitgliedern dieser Gruppen *typischerweise und im Durchschnitt* zu diesem Ergebnis führen, was aus philosophischer Sicht eine allgemeine Unterscheidung dieser Gruppen und die soziale Institution der Kindheit rechtfertigt. Beachten Sie jedoch, dass wir hier nicht sagen, dass die Frage einer gerechtfertigten Altersgrenze bereits geklärt ist. Es könnte gute Gründe geben, eine andere als die in den meisten wohlhabenden Ländern akzeptierte Altersgrenze von 18 Jahren festzulegen; tatsächlich könnte es sogar Gründe geben, sie je nach sozialen und kulturellen Umständen oder Entwicklungen zu modifizieren. Darüber hinaus müssen für Kinder als Gruppe weitere Unterscheidungen getroffen werden, da sich Kinder allmählich entwickeln und sich somit dem moralischen Status von Erwachsenen immer mehr annähern. Dennoch schlagen wir vor, dass Überlegungen zur Verletzlichkeitim Allgemeinen eine Trennung zwischen Kindern und Erwachsenen rechtfertigen und dass das Alter von 18 Jahren eine gute Annäherung zu sein scheint, zumindest für die entwickelten Länder, die wir in diesem Buch im Auge haben, was sich in unserer Verwendung einer Definition von Kindern widerspiegelt, die im Einklang mit der UN-Kinderrechtskonvention steht.

Es ist wichtig anzuerkennen, dass Verletzlichkeit ein wesentliches Merkmal jedes Menschen ist, und dies ist auch ein sehr wichtiger Ausgangspunkt für den Fähigkeitenansatz (Nussbaum 2006). Niemand ist absolut sicher davor, verletzt zu werden oder Schaden an Körper, Geist oder sozialer Stellung zu erleiden. Kinder jedoch haben eine besondere Verletzlichkeit, die über die hinausgeht, die sie mit allen anderen teilen.[5]Diese besondere Verletzlichkeitist besonders auffällig in den

[5] Kinder sind nicht die einzige Gruppe mit einer besonderen Verletzlichkeit, obwohl sie, wie Martha Nussbaum anmerkt, einige, aber sicherlich nicht alle Merkmale mit Menschen mit Be-

ersten Lebensjahren eines Kindes, obwohl sie imEntwicklungsprozess allmählich an Kraft verliert. Erstens sind ihre Körper typischerweisekleiner und schwächer als die von Erwachsenen. Daher haben sie größere Schwierigkeiten, sichvor Gefahren zu schützen, und sind nicht in der Lage, die Belastungen zu ertragen, die fürErwachsene im Allgemeinen kein Problem darstellen. Es gibt viele Formen von körperlicherGewalt und Belastungen, die für Erwachsene kein wirkliches Problem darstellen, aber fürKinder schwerwiegende oder sogar tödliche Folgen haben können – denken Sie nur an das Syndromdes misshandelten Kindes oder den Einfluss, den äußere Faktoren wie giftige Chemikalien inder Umwelt auf die körperliche Entwicklung von Kindern haben können (Landrigan und Goldman 2011). Zweitens ist der psychologische Zustand vonKindern im Allgemeinen empfindlicher im Vergleich zu dem von Erwachsenen. Die Kindheit istentscheidend für die Entwicklung des Selbst und der eigenen Persönlichkeit, während negativeErfahrungen in dieser Phase wahrscheinlich bleibenden Schaden verursachen. Als Beispiel gibtes Hinweise darauf, dass frühe Bindungssicherheit mit Maßnahmen im Zusammenhang mitemotionaler Gesundheit, Selbstwertgefühl, Handlungsfähigkeit und Selbstbewusstsein,positivem Affekt, Ich-Stabilität und sozialer Kompetenz in Interaktionen mit Gleichaltrigen,Lehrer:innen, Lagerbetreuer:innen, romantischen Partner:innen und anderen in Verbindung steht (Thompson 2007). Kinder, die nicht in der Lage sind, sichereBindungen zu entwickeln, sind daher in Schlüsselbereichen des mentalen und emotionalenWohlergehens benachteiligt und in dieser Hinsicht extrem verletzlich. Drittens sind Kindersozial verletzlich. Diese Form der Verletzlichkeit rührt teilweise von ihren besonderen Bedürfnissen,Unfähigkeiten und den anderen Formen der Verletzlichkeit her, die wir gerade erwähnt haben.Es gibt jedoch viele andere Einflüsse, die Kinder sozial verletzlich machen und mit der Artund Weise zusammenhängen, wie die Kindheit in modernen Gesellschaften gestaltet ist.Wirtschaftliche, rechtliche und politische Institutionen sind durch Normen strukturiert, dieKinder anders behandeln als Erwachsene. Kinder haben einen begrenzten Zugang zumArbeitsmarkt, es gibt unterschiedliche Rechte, die für sie gelten, insbesondere in Bezug aufAutonomierechte, während ihre politische Teilhabe ebenfalls eingeschränkt ist. Einerseitsgibt es gute Gründe für viele dieser Unterschiede, die beispielsweise mit Schutz und Bildungverbunden sind. Angesichts der unreifen und sich entwickelnden Natur von Kindern ist esvernünftig, eine geschützte Phase am Anfang des Lebens jedes Menschen zu haben, in der dieEntwicklung unterstützt wird und in der die volle Verantwortung und Haftung für die eigenenHandlungen noch nicht übernommen werden muss. Mit anderen Worten, soziale Verletzlichkeitensind mit dem Wesen der Kinder – ihrer Natur, wenn man so will – verflochten, und sie treten auchin einer Gesellschaft auf, die

hinderungen teilen (Dixon und Nussbaum 2012). Ein wichtiger Unterschied zwischen Kindern und behinderten Personen ist, dass die Phase der Kindheit eine Entwicklungsphase ist, die normalerweise zu einem Stadium der gesunden Erwachsenen führt, während Menschen mit Behinderungen in den meisten Fällen keine solche Entwicklungsphase vor sich haben.

ihre Institutionen im besten Interesse des Kindes gestaltet.Andererseits können diese Unterschiede Kinder machtlos machen. Wenn ein Kind nicht arbeitenund sein eigenes Einkommen verdienen darf, ist es von anderen (typischerweise seinen Eltern) abhängig, und wenn diejenigen,von denen es abhängig ist, nicht für es sorgen können, gibt es nicht viel, was es tun kann,um Armut zu vermeiden. Ebenso verstärkt der unterschiedliche rechtliche Status von Kindernihre Machtlosigkeit. Kinder haben andere gesetzliche Rechte als Erwachsene und imAllgemeinen haben Elternweitreichende Befugnisse, das Leben ihrer Kinder zu kontrollieren und zu gestalten. InSituationen, in denen Eltern nicht im besten Interesse des Kindes handeln, machen dieseAsymmetrien es Kindern sicherlich schwer, rechtliche Ansprüche gegen ihre Elterndurchzusetzen, aufgrund der Natur der Kinder- und Elternrechte und der Funktionsweise desRechtssystems. Zusammenfassend machen soziale Verletzlichkeiten Kinder in vielen Aspektenmachtlos; es wäre jedoch kurzsichtig und moralisch fragwürdig zu argumentieren, dass es einwertvolles Ziel sei, soziale Reformen anzustreben, die die oben genannten Unterschiedezwischen Kindern und Erwachsenen abschaffen. Aufgrund der besonderen Verletzlichkeiten vonKindern ist es vernünftig, Kindheit und Erwachsenenalter als Lebensphasen zu konstruieren,die von unterschiedlichen Normen und Regeln bestimmt werden, die wiederum in sozialenInstitutionen reflektiert werden.

Wenden wir uns nun dem Mangel an Autonomie bei Kindern zu und wie sich dies auf ihren besonderen moralischen Status auswirkt.[6] Diemeisten normativen Theorien, einschließlich des Fähigkeitenansatzes, sind sich einig, dassAutonomie von erheblichem Wert im Leben einer Person ist, während eines der wichtigsten-Ziele der Gesellschaft darin besteht, sicherzustellen, dass alle ein Leben führen können, wie siees für angemessen halten. Tatsächlich ist die Achtung einer Person eng mit der Achtung ihrerEntscheidungen und ihrer Lebensweise verbunden, ohne paternalistisch einzugreifen. Es wirdjedoch allgemein angenommen, dass autonome Entscheidungen und Handlungen bestimmteVoraussetzungen haben. David Archard schlägt zum Beispiel vor, dass Autonomie aus mindestens drei Elementen besteht:Rationalität, Reife und Unabhängigkeit, die in einem bestimmten Maße erfüllt sein müssen,damit eine Person als autonom angesehen werden kann (Archard 2004, 93). In anderen Ansätzen zur Autonomie spielen zusätzliche Merkmale einewichtige Rolle: zum Beispiel die Fähigkeit einer Person, wirklich freiwillige Willensakteauszuführen oder die Fähigkeit zur reflektierten oder moralischen Handlungsfähigkeit zubesitzen (Franklin-Hall 2013). Nach dergängigen philosophischen Ansicht fehlen Kindern diese Eigenschaften oder Kompetenzen, undfolglich ist es gerechtfertigt, ihnen die Fähigkeit zu verweigern, Entscheidungen für sichselbst zu treffen und danach zu handeln; sie sind nicht in der Lage, ihr Ver-

[6] Ohne Zweifel ist Autonomie das am meisten erforschte Thema in der philosophischen Literatur über Kinder. Es hat sich ein gewisser Konsens herausgebildet, dass Kinder weder völlig an Autonomie fehlen noch auf dem gleichen Niveau wie Erwachsene autonom sind. Wiederum unterscheiden sich Kinder stark in ihrer Autonomie, die selbst ein sich entwickelndes Merkmal ist. Viele Aspekte werden in Archard und Macleod (2002) und Bagattini (2014) diskutiert.

halten effektivdurch Vernunft und moralische Überlegungen zu steuern, was bedeutet, dass siepaternalistisch behandelt werden können, ohne sie zu missachten. Wir wollen diesesArgument bezüglich des Mangels an Autonomiebei Kindern weiter untersuchen, indem wir drei spezifische Punkte ansprechen.

Zunächst ist das Argument, dass Kindern bestimmte Fähigkeiten und Kompetenzen fehlen, die notwendig sind, um als autonome Akteur:innen eingestuft zu werden, sicherlich überzeugend, wenn wir uns junge Kinder ansehen. In den ersten Lebensjahren ist es sicherlich nicht der Fall, dass die Voraussetzungen für Autonomie erfüllt sind. Ihre kognitiven und emotionalen Fähigkeiten sowie ihre Präferenzstrukturen benötigen Zeit zur Entwicklung, und erst mit einem gewissen Maß an Reife ist es vernünftig, ihnen einen eigenen Willen zuzuschreiben; zum Beispiel kann ein Kleinkind nicht einfach über seine Lebensziele, die besten Wege zu deren Verwirklichung und die Werte im Hintergrund seiner Entscheidungen nachdenken. Allerdings sind nicht alle Kinder Kleinkinder. Tatsächlich ist die Kategorie der Kinder eine äußerst heterogene, die aus Individuen besteht, die sich in den für die Autonomie relevanten Kompetenzen unterscheiden. Die Kindheitsperiode ist durch dynamische Entwicklungen in allen relevanten Kategorien (sei es physisch, mental, emotional oder sozial) gekennzeichnet, und daher ist es notwendig, Kindern unterschiedliche Freiheitsgrade zu gewähren, während sie älter werden. Tatsächlich impliziert die Moral sicherlich, dass Kinder unterschiedlichen Alters und Reifegrads unterschiedlich behandelt werden müssen in Bezug darauf, was sie frei tun dürfen. Ein Kleinkind erfordert eine andere Berücksichtigung als ein:e Teenager:in; in der Tat ist es demütigend oder erniedrigend, wenn diese Unterschiede nicht ausreichend anerkannt werden. Die Frage, welche Arten von Freiheit Kindern gewährt werden sollten, kann daher nicht allgemein beantwortet werden; vielmehr muss das Alter und die Reife des Kindes berücksichtigt werden. Eine andere Unterscheidung innerhalb des Konzepts der Autonomie ist jedoch hilfreicher für dieses spezielle Thema: die zwischen der lokalen und globalen Autonomie von Kindern (Franklin-Hall 2013). Lokale Autonomie bezieht sich auf individuelle Entscheidungen und Handlungen, während globale Autonomie als die Fähigkeit verstanden wird, zu bestimmen, welche Art von Leben jemand führen möchte oder wie sie ihr Leben insgesamt lenkt. Selbst junge Kinder sind in der Lage, in bestimmten Bereichen ihres Lebens Entscheidungen zu treffen, zum Beispiel wenn sie zwischen verschiedenen Spielen wählen, die sie spielen möchten, sodass es entscheidend ist, ihnen genügend Raum für solche Entscheidungen zu geben. Ihnen diese lokale Autonomie zu gewähren, bedeutet, ihre Handlungsfähigkeit zu respektieren und ihnen zusätzlich die Möglichkeit zu geben, ihre Fähigkeiten als Wähler zu üben. Gleichzeitig können ihre Handlungen in einem vernünftigen Maß kontrolliert werden, um Risiken zu vermeiden, die entstehen, wenn Wahlmöglichkeiten nicht auf bestimmte Bereiche beschränkt sind, die den Kompetenzen und Erfahrungen des Kindes angemessen sind. Globale Autonomie ist anders. In diesem Zusammenhang geht es wirklich um die Wahl der Person, ein Leben zu führen, das sie aus gutem Grund schätzt. Natürlich setzt dies weitaus anspruchsvollere Fähigkeiten voraus als mehrere Varianten lokaler Autonomie, während es klar ist, dass junge Kinder in diesem Sinne nicht als autonom bezeichnet werden können. Durch die Ausübung ihrer lokalen Autonomie, die in unterschiedlichen Komplexitätsgraden erfolgen kann, verbessern Kinder jedoch ihre Fähigkeiten in Bezug auf globale Autonomie, die ihnen schließlich im Erwachsenenalter gewährt wird.

Zweitens gibt es sicherlich Kinder, insbesondere ältere, die mindestens genauso kompetent sind wie viele Erwachsene, wenn es um die Merkmale geht, die typischerweise als relevant für Autonomieangesehen werden. Bedeutet dies, dass ihnen die gleichen autonomen Rechte wie Erwachsenen gewährt werden müssen? An diesem Punkt ist die philosophische Diskussion umstritten. Einerseits scheint es, dass Differenzierungen basierend auf dem Alter aus moralischer Sicht willkürlich und schwer zu verteidigen sind. Wenn zum Beispiel gezeigt werden kann – etwa durch einen Test –, dass ein Kind die gleichen relevanten autonomen Kompetenzen wie ein Erwachsener besitzt, könnte argumentiert werden, dass es die gleichen Freiheiten genießen sollte. Andererseits wurden interessante Argumente vorgebracht, dass die Kindheit als Lebensphase ihren eigenen Wert und ihre eigene Funktion hat, die in gewissem Maße die paternalistische Behandlung von Kindern rechtfertigt, selbst wenn sie das gleiche Kompetenzniveau wie Erwachsene haben, die wir nicht paternalistisch behandeln (Franklin-Hall 2013; J. Anderson und Claassen 2012). Anderson und Claassen führen beispielsweise den Begriff eines „Regimes der Kindheit" ein, das eine komplexe Reihe von Normen und Praktiken, institutionellen Arrangements, Leitidealen usw. umfasst, die den Status des Kindes bestimmen. Im modernen Regime der Kindheit, das in westlichen Gesellschaften vorherrscht, sind wesentliche Aspekte eine Orientierung an autonomer Entwicklung, begrenzte Haftung für Kinder und elterliche Aufsichtspflichten. Die Phase der Kindheit sollte daher als geschützte Lebensphase angesehen werden, mit Lernmöglichkeiten, in der man von anderen geleitet wird und nicht vollständig für seine Handlungen und Entscheidungen verantwortlich ist. Mit dem Übergang von der Kindheit zum Erwachsenenalter kommen andere Normen und Leitprinzipien ins Spiel, einschließlich der Tatsache, dass man nun ein autonomes Wesen ist, das seinen eigenen Lebensweg bestimmt. In jedem Fall ist der Punkt, dass es für eine Gesellschaft und ihre Mitglieder wertvoll ist, diese unterschiedlichen „Regime" zu haben, die von verschiedenen Regeln regiert werden, die im Wesentlichen jeden auf das Leben als autonomes Wesen vorbereiten und durch die Autonomietatsächlich gelebt wird.

Aber warum sollte die Zugehörigkeit zu einem dieser Regime durch eine Altersgrenze und nicht durch einen Kompetenztest bestimmt werden? Abgesehen davon, dass die etablierten Gründe, dass solche Tests schwer durchzuführen, unzuverlässig oder wahrscheinlich voreingenommen wären (Archard 2004, 85–90), liefern Anderson und Claassen einige weitere Argumente zugunsten einer festen Altersgrenze, die das Ende der Kindheit und den Beginn des Erwachsenenalters markiert, was gleichbedeutend damit ist, kompetenten Kindern eine erwachsenenähnliche Autonomie zu verweigern: (a) es trägt zu stabilen Erwartungen in Bezug auf die Eltern-Kind-Beziehung bei und gibt stabilisierende Bezugspunkte für den ohnehin schon komplexen Prozess, eine:n Teenager:in auf dem Weg zum Erwachsenen zu begleiten; (b) es vermeidet das Risiko, dass das Bestehen eines solchen Tests zu einem Wettbewerb wird, der für viele Kinder Druck und für diejenigen, die den Test nicht bestehen, Gefühle des Versagens schafft, was zu all den negativen Konsequenzen führt, die Peer-Beziehungen kennzeichnen; und (c) es wirkt gegen Ungleichheit, da es wahrscheinlich ist, dass Kinder aus stabilen und wohlhabenden Familienhintergründen im Durchschnitt häufiger für einen früheren Übergang von der Kindheit ins Erwachsenenalter qualifiziert wären. Wir glauben, dass Anderson und Claassen mit ihren „Regimen der Kindheit" ein wichtiges Konzept in die Diskussion einführen. Später werden wir sehen, dass einige Bedrohungen, die wir in diesem Buch diskutieren, wie Essstörungen, für Teenager am relevantesten sind, die manchmal ein hohes Kompetenzniveau haben. Die Idee der Kindheit als besonderer sozialer Status unterstützt jedoch die Auffassung, dass einige Gerechtigkeitsakteur:innen eine moralische Pflicht haben, einzugreifen, selbst wenn diese Pflicht im Fall von Erwachsenen möglicherweise nicht besteht.

Abschließend rechtfertigt und fordert die besondere Verletzlichkeit von Kindern sowie ihre Erfahrung als Wesen in einem Prozess der Entwicklung von Autonomie bestimmte Arten von Paternalismus gegenüber Kindern. Wie bereits erwähnt, birgt ein solcher Ansatz Gefahren von Fehlinterpretationen und Missbrauch, aber Kinder sind immer noch keine kleinen Erwachsenen und eine normative Theorie muss dies anerkennen. Gleichzeitig muss betont werden, dass die Handlungsfähigkeit von Kindern und ihre Standpunkte wertgeschätzt werden müssen. Wie Harry Brighouse argumentiert hat, sind die Ansichten von Kindern wertvoll, um zu bestimmen, was in ihrem besten Interesse ist, und daher schreibt er ihnen eine beratende Funktion zu. Er verweigert ihnen jedoch das Recht, autoritativ darüber zu entscheiden, was tatsächlich das Beste für sie ist (Brighouse 2003). Wir stimmen dieser Analyse zu, möchten jedoch zwei zusätzliche Punkte anmerken. Erstens sollte im Prozess des Erwachsenwerdens und aufgrund der zunehmenden Kompetenzen des Kindes die beratende Funktion ihrer Ansichten ebenfalls an Bedeutung gewinnen; was Teenager mit ihrem Leben machen möchten, ist von großer Bedeutung und darf nicht leichtfertig von ihren Eltern oder anderen Autoritäten übergangen werden. Zweitens sollten wir Kindern unabhängig von jeder rein instrumentellen Begründung ein Recht auf Gehör gewähren. Jede Person, die einen Standpunkt hat, sollte das Recht haben, ihn zu äußern, unabhängig von rein instrumentellen Gründen (Archard und Skivenes 2009).

Die besondere Verletzlichkeit und der Mangel an Autonomie, die Kinder erfahren, bilden den Hintergrund für weitere Fragen zu ihren Rechten und Pflichten sowie zu den Rechten und Pflichten ihrer Betreuer:innen, des Staates und anderer Akteur:innen in ihrem Leben (zum Beispiel Archard 2004; Brighouse und Swift 2014; Macleod 2007). In den folgenden Abschnitten dieses Kapitels werden wir versuchen, eine Theorie der Gerechtigkeit für Kinder basierend auf dem Fähigkeitenansatz zu skizzieren, mit einem Fokus auf die Fähigkeit der körperlichen Integrität, die einige dieser Fragen beantwortet.

2.2 Der Fähigkeitenansatz und Kinder

Einfach ausgedrückt, ist der grundlegende Anspruch eines Fähigkeitenansatzes zur Gerechtigkeit für Kinder, wie wir ihn verteidigen, dass jedes Kind Anspruch auf Wohlergehen und Wohlentwickeln hat, Begriffe, die am besten über die sich entwickelnden Fähigkeiten eines Kindes erfasst werden. Da wir – wie die meisten anderen auch – den Fähigkeitenansatz als einen Menschenrechtsansatz verstehen (Dixon und Nussbaum 2012), können wir dies mit der Sprache der Rechte anders ausdrücken: Alle Kinder haben ein Recht auf Wohlergehen und Wohlentwickeln, was sich in Rechten auf all jene Fähigkeiten übersetzt, die zentrale Aspekte dieses Rechts sind. Um diesen Anspruch zu erklären, werden wir zunächst den Fähigkeitenansatz auf allgemeiner Ebene kurz vorstellen und uns dann den notwendigen Anpassungen zuwenden, die vorgenommen werden müssen, um Gerechtigkeit den besonderen Merkmalen von Kindern zu bringen.

Wahrscheinlich das zentralste Merkmal des Fähigkeitenansatzes, wie in der Literatur diskutiert, ist die Forderung, dass menschliche Fähigkeiten die zentrale Kategorie für die Bewertung und Beurteilung der Position einer Person in der Gesellschaft sind. Aber was sind Fähigkeiten? Wie Nussbaum es formulierte, sind sie die Antworten auf die Frage "What is this person able to do and to be?" (Nussbaum 2011, 20). Mit anderen Worten, Fähigkeiten sind am besten als die effektiven Möglichkeiten einer Person zu verstehen, die Handlungen und Aktivitäten zu unternehmen, die sie ausführen möchte, und eine Identität zu etablieren, die ihren Idealen und Bestrebungen entspricht (Robeyns 2005, 95). Typischerweise wird im Fähigkeitenansatz diese Grundidee durch eine andere konzeptionelle Kategorie ausgedrückt: Funktionsweisen. Funktionsweisen sind die verschiedenen Aktivitäten und Zustände, die das Leben einer Person ausmachen – die „Tätigkeiten" und „Seinsweisen", die ein Mensch genießt. Als solche reichen sie von eher trivialen Aktivitäten, wie das Ansehen von Werbespots oder das Spazierengehen, bis hin zu grundlegenden Aspekten des Wohlergehens, wie gesund zu sein, ausreichend ernährt zu sein, eine Unterkunft zu haben oder am Gemeinschaftsleben teilzunehmen. Funktionsweisen hängen von Gütern und Ressourcen ab, sollten aber von diesen unterschieden werden. Um ein Beispiel zu geben: Wenn eine Person ausreichend ernährt sein soll, benötigt sie sicherlich die richtige Menge und Art von Nahrung (die betreffende Ressource), aber in diesem Zustand zu sein (die Funktionsweise zu haben) bezieht sich auf etwas anderes. In diesem Fall wurde die Ressource bereits in einen direkten Aspekt des Lebens einer Person umgewandelt, der nicht darauf reduziert werden kann, ein paar Gemüse und Früchte zu besitzen. Mit diesem konzeptionellen Hintergrund kann das Haben einer Fähigkeit anders ausgedrückt werden. Es bedeutet, nicht nur theoretisch, sondern unter Berücksichtigung des sozialen und politischen Umfelds sowie des physischen und psychischen Zustands einer Person funktionsfähig zu sein; Fähigkeiten sind reale Freiheiten, auf bestimmte Weise zu funktionieren, wobei sowohl die Eigenschaften des Individuums als auch der Kontext, in dem es eingebettet ist, berücksichtigt werden. Es gibt drei zusätzliche Punkte, die wir in Bezug auf die Begriffe

Funktionsweisen und Fähigkeiten ansprechen möchten. Erstens sind Fähigkeiten eng mit der Wahlfreiheit verbunden, während Funktionsweisen sich auf bereits realisierte „Seinsweisen" und „Tätigkeiten" beziehen. Einer Person eine Fähigkeit zu garantieren, ist daher grundlegend anders, als ihr eine Funktionsweise zu garantieren. Während es bei der Gewährung einer Fähigkeit nur darum geht, die Bedingungen zu schaffen, unter denen eine bestimmte Wahl möglich ist (die von der Person abgelehnt werden kann), bedeutet es bei der Gewährung einer Funktionsweise, so zu kontrollieren, dass ein bestimmter Aspekt ihres Lebens tatsächlich realisiert wird; die Wahl und der Wille der betreffenden Person werden nicht berücksichtigt. Zweitens ist es generell wichtig, die Funktionsweisen und Fähigkeiten einer Person in Bezug auf ihre Vernetzung zu betrachten. Oft muss die Wahl einer Funktionsweise (und die Realisierung einer Fähigkeit) auf Kosten einer anderen erfolgen, und es ist wichtig, diese Komplexität in die Analyse einzubeziehen. Aber wenn man auch die Funktionsweisen einer Person betrachtet, ist es entscheidend, eine Vielzahl von Dimensionen einzubeziehen, um das „vollständige Bild" zu erhalten. Drittens gibt es viele verschiedene Faktoren, die beeinflussen, wie eine Person die ihr zur Verfügung stehenden Güter für ihre eigenen Zwecke nutzen kann. Diese sogenannten „Umwandlungsfaktoren" können persönlich (z. B. Stoffwechsel, körperliche Verfassung und Intelligenz), sozial (z. B. öffentliche Politik, soziale Normen, diskriminierende Praktiken und Geschlechterrollen) oder umweltbedingt (z. B. Klima und geografische Lage) sein und betonen die Komplexität der Beziehung zwischen Gütern und individuellen Funktionsweisen (Robeyns 2005, 99).

Natürlich muss ein Fähigkeitenansatz für Kinder das Besondere an ihnen berücksichtigen und die im vorherigen Abschnitt erwähnten Herausforderungen angehen; am wichtigsten ist, dass Kinder sich entwickeln, aber noch nicht vollständig autonome Akteur:innen sind und als solche besondere Verletzlichkeiten besitzen. Unserer Ansicht nach ist der beste Weg, diese Besonderheiten von Kindern zu integrieren, ihr Wohlergehen und Wohlentwickeln als Maßstab der Gerechtigkeit zu betrachten. Bevor wir diese Konzepte untersuchen, müssen wir eine Stellungnahme zur Frage der Wahl und Freiheit als Teil einer Theorie der Gerechtigkeit für Kinder abgeben.

Die meisten Autor:innen, die am Fähigkeitenansatz arbeiten, messen der Wahlfreiheit einen sehr hohen Wert bei. Sie argumentieren, dass es als Staat nicht gerechtfertigt werden kann, Menschen zu bestimmten Verwirklichungen zu zwingen, während der Respekt vor Personen und ihren Weltanschauungen verlangt, dass ihnen eine breite Palette von Wahlmöglichkeiten gewährt wird, ohne die Entscheidung für sie zu treffen, welche Art von Leben sie realisieren wollen (Nussbaum 2011, 26; Sen 1999). Innerhalb des Ansatzes gibt es einige Streitigkeiten darüber, wie weit diese Interpretation von Freiheit im Falle von Erwachsenen reichen sollte und ob es einige Kontexte gibt, in denen es vernünftig ist, Verwirklichungen den Fähigkeiten vorzuziehen (Arneson 2000; Wolff und de-Shalit 2007). Die allgemeine Bedeutung der Freiheit für das Leben eines Erwachsenen wird jedoch kaum jemals in Frage gestellt, und wir stimmen dieser Diagnose voll und ganz zu, ohne sie hier begründen zu können. Im Hinblick auf Kinder muss dieser Anspruch jedoch modifiziert werden. In Übereinstimmung mit dem, was wir bisher argumentiert haben, gibt es gute Gründe, den Fokus von Fähigkeiten auf Verwirklichungen zu verlagern. Die Hauptgründe dafür sind die fehlenden Kompetenzen der Kinder in Bezug auf Autonomie, ihre besondere Verletzlichkeit und die herausragende Rolle, die so viele Verwirklichungen in der Entwicklung spielen. Diese Gründe begrenzen, wie viel Freiheit und Wahlmöglichkeiten ihnen gegeben werden sollten, wobei ihre Ansichten hauptsächlich beratend und nicht autoritativ sind (Archard und Skivenes 2009; Brighouse 2003). Dieser Anspruch muss jedoch modifiziert werden, um für alle Kinder angemessen zu sein, da sie eine äußerst heterogene Gruppe darstellen. Erstens entwickeln sich die autonomen Kompetenzen der Kinder im Laufe der Kindheit allmählich, bis sie eine Position erreichen, in der sie in der Lage sind, autonom zu handeln. Im Laufe der Zeit wird daher der Aspekt der Freiheit im Leben des Kindes immer wichtiger, während ihre Entscheidungen und Handlungen in Bezug auf ihre normative Bedeutung zunehmen. Zwei Erkenntnisse aus dem obigen Abschnitt stehen in direktem Zusammenhang mit dieser Aussage. Erstens nehmen Kinder von klein auf an ihrer eigenen Entwicklung teil und haben Wünsche, Bedürfnisse und Vorlieben, die ihnen wichtig sind und über verschiedene Kanäle zum Ausdruck gebracht werden. Sie besitzen daher *einige* der für autonome Entscheidungen notwendigen Kompetenzen, sodass es entscheidend ist, ihnen Möglichkeiten zu geben, in begrenzten und geschützten Weisen eigene Ideen zu wählen und umzusetzen. Diese Freiheiten beziehen sich jedoch nur auf einige Bereiche und spezifische Kontexte (was wir als „lokale Autonomie" bezeichnet haben), die nicht mit der Erlaubnis verwechselt werden sollten, ihr Leben umfassend und langfristig zu gestalten. Zweitens scheint es selbst für sehr kompetente Kinder vernünftig zu sein, darauf zu bestehen, dass es mehr Einschränkungen für ihre Handlungen und Entscheidungen geben sollte als für Erwachsene, sowie darauf zu bestehen, dass sie die wichtigsten Verwirklichungen realisieren, die ihr Wohlergehen und Wohlentwickeln ausmachen. Als Kinder sind sie an die Regeln eines Kindheitsregimes gebunden (J. Anderson und Claassen 2012), das mit einigen Einschränkungen der Freiheit einhergeht, ihnen jedoch mehr Raum und Unterstützung bei der Entwicklung von Autonomie bietet, allerdings mit weniger Verantwortlichkeiten im Vergleich zu Erwachsenen. Dieser Punkt ist für dieses Buch wichtig. Einige der Herausforderungen, die wir analysieren, betreffen hauptsächlich ältere Kinder, die oft Kompetenzen für Autonomie haben, die denen von Erwachsenen vergleichbar sind. Dennoch werden wir einige Maßnahmen vorschlagen, um ihnen entgegenzuwirken, die einige als übermäßig paternalistisch ansehen könnten, wenn sie sich an Erwachsene richten würden, die jedoch von einer Theorie impliziert werden, die das Wohlergehen und Wohlentwickeln von Kindern – manchmal auf Kosten der Einschränkung ihrer Autonomie – ernst nimmt.

Der Mangel an Autonomie und die besondere Verletzlichkeit von Kindern spiegeln sich auch in den Zielen der Gerechtigkeit für Kinder wider, nämlich Wohlergehen und Wohlentwickeln. Andere Vertreter:innen des Fähigkeitenansatzes haben mehr Wert auf weitere normative Konzepte gelegt, wie Würde (Nussbaum 2006) oder politische Gleichheit (E. Anderson 2010), aber wir werden argumentieren, dass Wohlergehenund Wohlentwickelnbesser geeignet sind, die Besonderheit der Kindheit zu erfassen, obwohl Würde ein wichtiger Aspekt ist. Wir wollen mit einigen Bemerkungen beginnen, wie wir diese Konzepte verstehen möchten, die durch die aktuelle interdisziplinäre Forschung zu diesem Thema informiert sind und zu unserem Verständnis der Kindheit im vorherigen Abschnitt passen (Ben-Arieh et al. 2014; McAuley und Rose 2010). Zunächst einmal ist das Wohlergehen *der Kinder* ein multidimensionales Konzept, das verschiedene Aspekte und Facetten umfasst. Es kann daher nicht mit rein subjektivem Wohlergehenidentifiziert werden, sondern hat eine starke objektive Komponente – es bezieht sich auch auf Güter oder Zustände einer Person, die als wertvoll erachtet werden, ohne die Sichtweise oder Gefühle der Person zu berücksichtigen. Dies ist wichtig, da Kinder typischerweise nicht reif genug sind, um ihre eigene Situation zu bewerten, sodass es Bedarf an einigen unabhängigen Kriterien gibt, die durch externe Erkenntnisse gestützt werden. Dieser Aspekt von Wohlergehen und Wohlentwickeln steht in direktem Zusammenhang mit unseren Überlegungen zum besonderen moralischen Status von Kindern, den wir im Zusammenhang mit Verletzlichkeit und Autonomie ausgearbeitet haben. Kinder, als sich entwickelnde Wesen, sollten nicht als vollständig autonome Akteur:innen gesehen werden, da sie besondere Arten von Schutz benötigen, die sich in der Art und Weise widerspiegeln müssen, wie ihr Wohlergehenund Wohlentwickelnkonzeptualisiert werden.

Darüber hinaus ist es mittlerweile weithin anerkannt, dass das Wohlergehen von Kindern nur vollständig erfasst werden kann, wenn der weitere soziale Kontext des Kindes berücksichtigt wird; in diesem Sinne ist es keine individualistische Vorstellung. Vielmehr wird es im Sinne eines „ökologischen Ansatzes" erforscht und konzeptualisiert, der sich auf die komplexen Beziehungen zwischen dem einzelnen Kind und den verschiedenen sozialen Sphären und Schichten, denen es angehört, bezieht (Aldgate (2010) und Bronfenbrenner (1979)). Die Familie, Gleichaltrige, Nachbarschaft und Schule sowie die verschiedenen sozialen Institutionen einer Gesellschaft und deren Kultur sind mit dem Wohlergehen von Kindern verflochten und müssen berücksichtigt werden. Wohlergehen bezieht sich auf den tatsächlichen Zustand, in dem sich ein Kind befindet. Kinder sind auch sich entwickelnde Wesen und befinden sich ständig in einem Übergangsprozess von einem Zustand in einen anderen; typischerweise werden sie zu autonomen Erwachsenen heranwachsen. Es ist daher entscheidend, nicht nur ausschließlich auf den aktuellen Moment zu fokussieren, sondern auch in die Zukunft zu blicken; hier ist der Begriff des *Wohlentwickelns* von zentraler Bedeutung. Er bezieht sich auf viele Übergänge im Leben des Kindes und deren fortlaufenden Entwicklungsprozess. Natürlich ist Wohlentwickeln eine Eigenschaft, die in verschiedenen zeitlichen Phasen betrachtet werden kann; es kann sich beispielsweise auf den Übergang von einem zweijährigen Kind zu einem fünfjährigen Kind beziehen, was eine Grundlage bietet, um zu bewerten, ob dieser erfolgreich verlaufen ist. Was wir jedoch für unsere partielle Gerechtigkeitstheorie besonders wichtig halten, ist der Übergang von der Kindheit zum Erwachsenenalter. Es ist wichtig, dass Kinder zu Erwachsenen heranwachsen, die Wohlergehen genießen, während die Perspektive des Wohlentwickeln ebenfalls auf diese Entwicklung fokussiert. Dies bedeutet nicht, dass die Entwicklung einer Person abgeschlossen ist, sobald sie das Erwachsenenalter erreicht. In dieser Lebensphase gibt es weitere Veränderungen, sodass der Begriff des Wohlentwickeln relevant bleibt. Allerdings sind die Entwicklungen und Übergänge während der Kindheit viel intensiver, und die Art und Weise, wie sie geschehen, hat sehr wahrscheinlich einen enormen Einfluss auf den weiteren Lebensverlauf, was sie besonders wichtig macht. Aus der Perspektive des Wohlentwickeln von Kindern möchten wir diesen Punkt betonen.

Aber kann das Wohlergehenund Wohlentwickeln von Kindern, das den Grundstein ihrer Rechte als gerechtigkeitsbasierte Ansprüche bildet, angemessen im Sinne der zentralen Konzepte des Fähigkeitenansatz, nämlich Funktionsweisen, Fähigkeiten und Umwandlungsfaktoren, verstanden werden? Sie ermöglichen sicherlich eine multidimensionale Konzeptualisierung des Wohlergehen, aber in den meisten Arbeiten zu diesem Ansatz werden sie als eher statische Konzepte verwendet, was es schwierig macht, das Besondere an Kindern zu erfassen. Es gibt jedoch bereits einige konzeptionelle Arbeiten innerhalb des Ansatzes, die in die richtige Richtung weisen. Der Begriff der sich entwickelnde Fähigkeiten ist hier besonders hilfreich. Mit diesem Konzept können wir die Dynamik der menschlichen Entwicklung beschreiben und die komplexe Bildung der Funktion und Fähigkeiten eines Kindes sowie in der Folge deren Wohlergehenund Wohlentwickelnklären. Dieses Konzept hat seine Wurzeln in ähnlichen Überlegungen zu den „evolving capabilities" von Mario Biggeri (Ballet et al. 2011) und den „evolving capacities" von Garry Lansdown et al. (2005).

Wir wollen unser Verständnis dieser sich entwickelnde Fähigkeiten als Hauptkategorie zur Konzeptualisierung von Wohlergehen und Wohlentwickeln sowie zur Definition dessen, was Kindern als Frage der Gerechtigkeit zusteht, durch drei Beobachtungen vertiefen. Erstens dienen sich entwickelnde Fähigkeitendazu, den Umstand auszudrücken, dass die Funktionsweisen und die Möglichkeiten von Kindern sich aufgrund einer Vielzahl von Umwandlungsfaktoren ständig ändern. Einerseits entwickeln sich Kinder selbst ständig in ihren kognitiven, emotionalen, physischen und sozialen Fähigkeiten, was impliziert, dass die für sie relevanten „Seins- und Tätigkeitsweisen" sich ebenfalls ändern. Vermutlich ist das Leben eines zweijährigen Kindes völlig anders als das eines 15-jährigen Kindes, sodass der Hauptgrund für die unterschiedlichen Entwicklungsstufen am besten als interner Umwandlungsfaktor klassifiziert wird. Andererseits gibt es viele Umwandlungsfaktoren, die sich auf Gründe beziehen, die außerhalb des Kindes liegen. sich entwickelnde Fähigkeitenhängen in hohem Maße vom sozialen Kontext ab, in dem sich das Kind befindet. Dies bezieht sich beispielsweise auf die Betreuer:innen oder andere Bezugspersonen und die Art und Weise, wie sie das Kind in seinem Wohlergehenund Wohlentwickeln unterstützen. Es bezieht sich auch auf die soziale Einbettung der Kindheit sowie auf die damit verbundenen Normen und institutionellen Arrangements. Was Kinder tun, sein und werden können, wird durch den größeren sozialen Kontext und den Platz, den eine Gesellschaft ihren Kindern einräumt, geprägt.

Zweitens stellen sich entwickelnde Fähigkeiten explizit die Verbindung zwischen verschiedenen Zuständen des Wohlergehen(oder umgekehrt des Unwohlseins) im Laufe der Zeit her und wie sie sich gegenseitig beeinflussen. Mit anderen Worten, sie betrachten die Situation von Kindern immer aus der Perspektive sowohl des Wohlergehens als auch des Wohlentwickelns und wie diese miteinander verknüpft sind. Dies ist wichtig, da viele Funktionsweisen und Fähigkeiten stark miteinander verknüpft sind und oft aufeinander aufbauen. Hier ist der Begriff der sich entwickelnden Fähigkeitenhilfreich, weil er hilft, die Interaktionen und Rückkopplungsschleifen umfassend zu verstehen und sowohl positive als auch negative Effekte zu identifizieren. Oft führt Wohlergehen zu einem bestimmten Zeitpunkt zu Wohlergehen später, während Unwohlsein dazu neigt, sich im Laufe der Zeit zu verstärken, was es schwierig macht, daraus zu entkommen. An diesem Punkt verbinden sich sich entwickelnde Funktionsweisen gut mit der Arbeit von Wolff und De-Shalit. Sie argumentieren überzeugend, dass ein wichtiger Aspekt von Gerechtigkeit darin besteht, genau die Dimensionen des Wohlergehen einer Person zu sichern, von denen bekannt ist, dass sie positive Effekte auf andere Dimensionen haben, und diejenigen zu eliminieren, die zu weiteren Nachteilen führen (Wolff und de-Shalit 2007). Der Begriff der „fruchtbaren Funktionsweisen" ist hier besonders wichtig. Fruchtbare Funktionsweisen „spread their good eff ects over several categories either directly or by reducing risk to the other functionings" (Wolff und de-Shalit 2007, 122) und werden daher als der beste Ausgangspunkt für die Einleitung sozialen Wandels angesehen. Wenn spezifische fruchtbare Funktionsweisen gefördert und korrosive Nachteile beseitigt werden, ist dies ein sehr effektiver und effizienter Weg, Ungleichheiten zu bekämpfen und Ungerechtigkeiten zu reduzieren. Indem wir fruchtbare Funktionsweisen mit sich entwickelnden Fähigkeiten verbinden, möchten wir *die zeitliche Dimension* der Fruchtbarkeit betonen. Ihre Bedeutung rührt nicht nur daher, dass sie andere Dimensionen des Wohlergehenbeeinflussen, sondern vielleicht noch wichtiger, dass sie auch dazu neigen, Wohlergehen im Laufe der Zeit zu fördern oder, mit anderen Worten, Wohlentwickeln.

Drittens betonen sich entwickelnde Fähigkeiten die Bedeutung von *Funktionsweisen* für das Wohlergehen und Wohlentwickeln von Kindern. Kinder entwickeln sich in einem komplexen Prozess, der sich im Laufe der Zeit entfaltet und in dem neue Funktionsweisen sowie Fähigkeiten entstehen. Die Verwirklichung vieler Funktionsweisen ist eine Voraussetzung für diesen Prozess; nur wenn sie erreicht werden, können Funktionsweisen oder Fähigkeiten höherer Ordnung entstehen. Nehmen wir zum Beispiel die Fähigkeit zur politischen Teilhabe, eine Fähigkeit, die in vielen Gesellschaften auf der ganzen Welt geschätzt wird. Eine solche Fähigkeit erfordert typischerweise unter anderem ein gewisses Maß an Bildung, Mobilität, Gesundheit und Selbstrespekt. Diese Funktionsweisen entstehen nicht aus dem Nichts; sie haben eine Geschichte im Leben der Person und werden typischerweise in der Kindheit entwickelt. Wenn die richtige Zeit, sie zu erlernen, verstreicht, ist es oft äußerst schwierig, sie zu erreichen, und in einigen Fällen sogar unmöglich. Nehmen wir das Erlernen einer Sprache, das zweifellos ein wichtiger Teil der Bildung einer Person ist, als Beispiel. Es gibt Hinweise darauf, dass normales Sprachenlernen nur möglich ist, wenn die Sprachentwicklung früh im Leben stattfindet, während Kinder, die eine erste oder zweite Sprache später lernen, nicht in der Lage sind, das gleiche Niveau zu erreichen (Friedmann und Rusou 2015; Newport 1990).

Dies führt zu einer wichtigen terminologischen Frage: Wir haben gesehen, dass die Kategorie der *Funktionsweisen* hauptsächlich geeignet ist, das Wohlergehen und Wohlentwickeln von kleinen Kindern zu konzeptualisieren, während *Fähigkeiten* die richtige Wahl für ältere Kinder sein werden, da sie widerspiegeln, dass Kinder ihre eigenen Entscheidungen treffen und bereits erhebliche – wenn auch noch begrenzte – Freiheiten haben sollten. In diesem Buch werden wir jedoch typischerweise den Begriff der Fähigkeiten verwenden, wenn wir uns auf das Wohlergehenund Wohlentwickeln von Kindern auf einer allgemeinen Ebene beziehen, anstatt zwischen Kindern zu unterscheiden, die noch nicht reif genug sind, um Fähigkeiten zu haben, und denen, die bereits das entsprechende Kompetenzniveau erreicht haben. Dafür haben wir zwei Gründe. Einerseits ist die Entscheidung darüber, ob ein Kind Anspruch auf Funktionsweisen oder Fähigkeiten hat, eine sehr komplexe; tatsächlich können wir nicht jeden Fall mit dem notwendigen Detailgrad untersuchen. Andererseits sind die meisten Fähigkeiten und Funktionsweisen, einschließlich derjenigen, auf die wir uns in diesem Buch konzentrieren (körperliche Integrität), multidimensional und gebündelt, was bedeutet, dass sie immer gleichzeitig Funktionsweisen und Fähigkeiten beinhalten.

2.3 Die sich entwickelnde Fähigkeit der körperlichen Integrität

Bisher haben wir den Fähigkeitenansatz und seine Anwendbarkeit auf Kinder in eher allgemeinen Begriffen erklärt und das Konzept der sich entwickelnden Fähigkeiten eingeführt, das hilft, die Dynamik der kindlichen Entwicklung zu erklären. Das Wohlergehen und Wohlentwickeln von Kindern besteht aus einer Vielzahl von Dimensionen, und es gibt eine umfangreiche Diskussion darüber, wie man sie auswählt und ob es möglich ist, eine abschließende Aufzählung der wichtigen Aspekte zu erstellen. In Bezug auf den Fähigkeitenansatz wurde diese Diskussion von Mario Biggeri und seinen Kollegen geprägt, die eine Liste der wichtigsten Dimensionen des kindlichen Wohlergehen entwickelt haben. Diese Liste ist das Ergebnis empirischer Forschung, die im Einklang mit den im Fähigkeitenansatz diskutierten Methoden durchgeführt wurde und von normativen Konzepten wie der Kinderrechtskonvention oder Martha Nussbaums Liste zentraler menschlicher Fähigkeiten informiert wurde (Biggeri und Mehrotra 2011). Sie ist daher in die breitere Debatte über Listen von Fähigkeiten, ihre Vorzüge und ihre Einschränkungen eingebettet (Alkire 2002; Nussbaum 2003; Robeyns 2003; Sen 2004). Wir möchten diese Debatten nicht im Detail bewerten, was sicherlich für eine vollständige Theorie der Gerechtigkeit für Kinder notwendig wäre. Stattdessen nehmen wir einen pragmatischen Ansatz und konzentrieren uns auf eine spezifische Fähigkeit, die im Mittelpunkt unserer normativen Analyse der zentralen Bedrohungen für Kinder in wohlhabenden Gesellschaften stehen wird: körperliche Integrität. Wir verwenden daher eine *partielle* Theorie der Gerechtigkeit und werden unsere normativen Bewertungen aus der Perspektive der körperlichen Integrität vornehmen. Einerseits bedeutet dies, dass wir nicht in der Lage sein werden, die Herausforderungen, die uns interessieren, in jedem Detail vollständig zu untersuchen, ebenso wenig wie die, die mit allen Aspekten des Wohlergehens und Wohlentwickelns von Kindern zusammenhängen. Wir erkennen diese Einschränkung an, ebenso wie die Existenz anderer Fähigkeiten, die unser Verständnis der Probleme und ihrer Kritik erweitern können. Andererseits ist die körperliche Integrität von Kindern ein so grundlegendes Element dessen, was Kindern als Frage der Gerechtigkeit zusteht, dass bereits viel erreicht sein wird, wenn gezeigt werden kann, wie diese Fähigkeit von den Phänomenen, die wir analysieren, betroffen ist. Unsere Untersuchung wird daher nicht vollständig sein, und es werden weitere Untersuchungen erforderlich sein, um ihre Schäden im Detail zu klären. Aber wir werden in der Lage sein, wertvolle und aufschlussreiche moralische Einblicke in einige der Gefahren zu bieten, denen Kinder heute ausgesetzt sind.

Ein guter Ausgangspunkt für eine Analyse der körperlichen Integrität ist Nussbaums Liste zentraler menschlicher Fähigkeiten, die im Allgemeinen ein Bezugspunkt für die Diskussion wertvoller Fähigkeiten im Fähigkeitenansatz ist. Wie wir oben dargelegt haben, möchten wir nicht mit einer vollständigen Liste von Fähigkeiten arbeiten, die für alle Zwecke dienen kann, sondern bevorzugen einen stärker kontextualisierten Ansatz, der sich auf bestimmte Ungerechtigkeiten, Kontexte oder Gruppen konzentriert und uns hilft herauszufinden, was wir wissen müssen, um das betreffende Problem zu kritisieren, zu bewerten, zu analysieren oder zu verbessern (Robeyns 2006; Schweiger und Graf 2015; Sen 2009). Wir verzichten daher auch darauf, Nussbaums universelle Liste einfach anzuwenden; wir sehen sie jedoch als wichtigen Anreiz für weitere Diskussionen und Anwendungen. körperliche Integritätist ein Punkt auf dieser Liste und wird wie folgt charakterisiert: „Bodily Integrity—Being able to move freely from place to place, to be secure against violent assault, including sexual assault and domestic violence, having opportunities for sexual satisfaction and for choices in matters of reproduction“ (Nussbaum 2011, 33). In einer anderen Version der Liste war der Satz „ having one’s bodily boundaries treated as sovereign“ zu finden, zusammen mit dem Begriff „child abuse“; jedoch sind sie im Laufe der Jahre verschwunden (Nussbaum 2000, 78). Wir möchten uns nicht mit dieser Entwicklung in Nussbaums Formulierung der Liste beschäftigen oder nach den Gründen für diese leichte Umformulierung suchen. Vielmehr sind drei Beobachtungen zu machen, die direkt relevant für unsere Definition des Konzepts in Bezug auf Kinder sind. Erstens ist körperliche Integritätein multidimensionales Konzept, das über körperliche Schäden oder Verletzungen hinausgeht. Es bezieht sich auf die Bewegungsfreiheit und die Entscheidungen, die man über seinen Körper treffen möchte, einschließlich sexueller Beziehungen. Es hat daher auch eine aktive Komponente; es ist kein passives Konzept. Diese Dimensionen, die Teil von Nussbaums Konzept der körperlichen Integritätsind, bleiben irgendwie vage. Sie sind jedoch sicherlich mit Handlungsfähigkeit und Autonomie verbunden, die für die vorgenannte aktive Komponente verantwortlich sind, während es auch vernünftig ist anzunehmen, dass man eine gesunde Beziehung zu seinem eigenen Körper und Selbst haben muss. Die Beziehung zwischen körperlicher Integrität und (körperlicher und geistiger) Gesundheit, die Nussbaum als unterschiedliche Punkte auf ihrer Liste sieht, wird nicht weiter spezifiziert, auch wenn es schwierig ist, die erstere ohne die letztere vollständig zu erfassen. Diese wenigen Bemerkungen zeigen bereits, dass körperliche Integritätin Nussbaums Definition sicherlich untertheoretisiert ist. Zweitens ist körperliche Integrität für Nussbaum ein sehr grundlegendes Konzept, das aufgrund fortlaufender Argumente wahrscheinlich nicht von ihrer Liste zentraler menschlicher Fähigkeiten verschwinden wird. Grundsätzlich ist Nussbaum offen dafür, ihre Liste zu ändern, wenn es gute Gründe dafür gibt (auch wenn sie dafür kritisiert wurde, wenig oder unzureichende Kriterien zu geben, wann eine solche Änderung angemessen ist). Einige Punkte sieht sie jedoch als sicherer an als andere. körperliche Integrität ist ein solcher Punkt, der aus ihrer Sicht bisher die stärkste Unterstützung genießt, da er „seems to be a fixed point in our considered judgments of goodness" (Nussbaum 2000, 77). Drittens, und das ist die größte Schwäche für unsere Zwecke, ist ihre Definition der körperlichen Integrität weitgehend erwachsenenorientiert; sie betont daher stark die Bedeutung der autonomen Wahl und Kontrolle darüber. Anders ausgedrückt, sie erklärt nicht, was das Konzept für Kinder, ihre besonderen Verwundbarkeiten und ihren Mangel an Autonomie impliziert. Einige der von ihr gegebenen Merkmale sind sicherlich bereits für Kinder relevant, zum Beispiel wenn es darum geht, sicher vor Übergriffen oder Gewalt zu sein. Andere sind viel schwieriger zu beurteilen, zum Beispiel im Fall von sexuellen Entscheidungen, die Kindern angeboten werden, sowie ihrer Bewegungsfreiheit. Hier scheinen Einschränkungen und Begrenzungen ratsam zu sein – es gibt sogar eine Pflicht dazu – aber sie implizieren nicht, dass die körperliche Integrität verletzt wird. Es scheint daher, dass die Merkmale, die Kinder von Erwachsenen unterscheiden, implizieren, dass die körperliche Integrität von Kindern ebenfalls angepasst werden muss.

Basierend auf diesen Beobachtungen, wollen wir nun den Begriff der körperlichen Integrität für Kinder genauer betrachten. In Übereinstimmung mit Nussbaums Argumentation möchten wir vorschlagen, dass dies eine multidimensionale Fähigkeit ist, die nicht einfach auf das Fehlen eines Eingriffs reduziert werden kann, auch wenn dies ein wesentlicher Bestandteil davon ist. Körperliche Integrität bezieht sich darauf, Kontrolle über den eigenen Körper zu haben sowie eine gesunde Beziehung zu ihm zu haben, was es zu einem viel umfassenderen Begriff als reine physische Integrität macht. Für uns und Nussbaum ist körperliche Integrität also nicht nur ein passives und negatives Konzept des Schutzes vor verschiedenen Schäden, sondern auch ein aktives und positives Konzept, das impliziert, dass Kinder aktive Akteur:innen ihres eigenen Lebens sind und aus diesem Grund ihre Körper funktionieren und sie Kontrolle über sie haben müssen. Gleichzeitig sind sie sich entwickelnde Akteur:innen mit sich entwickelnden Fähigkeiten sowie spezifischen körperlichen, psychologischen und sozialen Verwundbarkeiten. Dies impliziert, dass diese aktiven Komponenten im Einklang mit dem Alter und der Reife des Kindes geleitet werden müssen. Die Rechte der Kinder über ihre Körper unterscheiden sich von den Rechten, die Erwachsene haben. Sie sind immer mit einem Lernprozess verbunden, der darauf abzielt, Autonomie und Wohlentwickeln zu entwickeln. Es ist wahr, dass bei älteren Kindern die Grenze manchmal verschwimmt, sodass es schwierig ist zu beurteilen, wie viel Freiheit ihnen über ihre Körper gewährt werden sollte. Solange sie Teil eines Kindheitsregimes sind – und wir haben gesehen, dass es gute Gründe gibt, ihre Teilnahme daran zu beenden, normalerweise durch Erreichen einer Altersgrenze – sind mehr Schutz und daher Paternalismus gerechtfertigt als bei Erwachsenen. Um die multidimensionale Natur der körperlichen Integrität und ihre aktiven Facetten zu verstehen, ist es lehrreich, mindestens drei miteinander verbundene Dimensionen davon zu unterscheiden: Gesundheit, Handlungsfähigkeit und positive Selbstbeziehungen. Nur wenn Kinder gesund sind, Handlungsfähigkeit über ihre Körper haben und eine positive Beziehung zu ihrem eigenen Körper haben, können sie körperliche Integrität als Fähigkeit oder Funktionsweise haben. Diese drei Dimensionen spiegeln eine komplexe Natur wider und es gibt mittlerweile eine beträchtliche Menge an Literatur darüber aus verschiedenen Disziplinen, die wiederum ihren Weg in den Fähigkeitenansatz gefunden hat. Indem wir auf Gesundheit, Handlungsfähigkeit und positive Selbstbeziehungen verweisen, versuchen wir, den Begriff der körperlichen Integrität von Kindern zu klären und drei grundlegende Aspekte davon auf einer eher allgemeinen Ebene zu erfassen. Diese Dimensionen werden im Laufe dieses Buches weiter spezifiziert und mit Blick auf die Phänomene, die wir analysieren werden. Handlungsfähigkeit in Bezug auf Sexualität nimmt unterschiedliche Formen an und ist auf unterschiedliche Weise bedroht im Vergleich zur Handlungsfähigkeit im Kontext von Essen oder Gewalt, zum Beispiel. Unser Ansatz, der in engem Dialog mit den empirischen Wissenschaften arbeitet, versucht, diese Tatsache zu erfassen und diese drei Dimensionen zu kontextualisieren, um eine ethische Kritik zu formulieren, die sich auf die Praxis bezieht. Aber sind Gesundheit, Handlungsfähigkeit und positive Selbstbeziehungen alles, was für die körperliche Integrität von Kindern zählt? Hier wollen wir keine endgültige Stellungnahme zu dieser Frage abgeben. Wir sind überzeugt, dass diese drei Dimensionen grundlegend dafür sind und seinen Kern bilden. Wenn es jedoch gute Argumente gibt, weitere Fähigkeiten einzubeziehen, um die körperliche Integrität von Kindern vollständig zu bestimmen, sind wir dafür offen. Für die Zwecke dieses Buches verfolgen wir diese Denkweise jedoch nicht weiter. Ist dies eine Schwäche unseres Ansatzes? Ja und nein. Ja, weil ein vollständiger ethischer Vertrag alles betrachten müsste, was für die Gefährdung der körperlichen Integrität von Kindern wichtig ist, und daher auch ein Argument für eine erschöpfende Liste von Fähigkeiten als Teil der körperlichen Integrität von Kindern liefern müsste. Nein, weil ein solcher vollständiger Bericht nicht unser Ziel ist und auch nicht etwas, das in einem Buch erreicht werden kann. Vielmehr verfolgen wir den Ansatz, dass Verletzungen einiger grundlegender Aspekte der körperlichen Integrität von Kindern bereits eine starke ethische Kritik ermöglichen, die moralische Verpflichtungen impliziert und den Anspruch erhebt, dass etwas getan werden muss, um Kinder und ihre Körper zu schützen. Und zu diesem Zweck halten wir es für ausreichend, sich auf Gesundheit, Handlungsfähigkeit und positive Selbstbeziehungen zu konzentrieren, auch wenn es möglicherweise zusätzliche Aspekte gibt, die von Bedeutung sind.

Wir wollen kurz erklären, wie wir diese Konzepte verstehen wollen. Wenn es um Gesundheit geht, gibt es eher enge und medizinisch fokussierte Definitionen, die Gesundheit einfach als Abwesenheit von Krankheit identifizieren und bei denen der Begriff der Krankheit „encompasses all the conditions that are seen as a deviation from a 'normal' or 'natural' life course or physiological functioning of a human being" (Venkatapuram 2013, 272). Aber es gibt auch alternative Auffassungen des Begriffs, die im Wesentlichen die Fähigkeit betreffen, mit dem täglichen Leben zurechtzukommen und die die Umgebung eines Individuums viel stärker berücksichtigen als die zuvor genannten medizinischen Definitionen (Nordenfelt 1995; Venkatapuram 2013). Im Rahmen unseres Begriffs der körperlichen Integrität-für Kinder schlagen wir vor, dass ein breites Verständnis von Gesundheit das angemessene ist, was bedeutet, dass es sich darauf beziehen muss, was ein Kind in seiner Umgebung tun und sein kann und wie es seine Entwicklung beeinflusst – es ist mehr als die „normale" oder standardisierte Funktionsweise des Organismus. Dies impliziert, dass die Gesundheit von Kindern nicht sauber von ihrer Handlungsfähigkeit und sich entwickelnden Autonomie oder dem sozialen Kontext, in dem sie eingebettet ist, getrennt werden kann. Ein gesundes Kind ist eines, das die physischen, mentalen und sozialen Bedingungen hat, um ein gutes Leben zu führen und an seinem Entwicklungsprozess teilzunehmen, wobei immer seine Kompetenzen und Reife berücksichtigt werden. Gesundheit in einem so breiten Verständnis kann gemäß dem Fähigkeitenansatz definiert werden, was die Fähigkeit bedeutet, wertvolle Funktionalitäten und Fähigkeiten zu erreichen, was impliziert, dass alle notwendigen Umwandlungsfaktoren ebenfalls gewährleistet sein müssen (Venkatapuram 2011). Die Handlungsfähigkeit von Kindern ist für ihre Gesundheit wichtig und in vielerlei Hinsicht eng damit verbunden, oft auf positive und fördernde Weise. Aber Kinder können sicherlich Entscheidungen treffen und auch Verhaltensweisen zeigen, die gefährlich sind und ihre Gesundheit bedrohen. Hier ist es wieder wichtig zu betonen, dass ihre besonderen Merkmale aus moralischer Sicht Implikationen haben. Ihr Mangel an Autonomie und ihre Verwundbarkeiten rechtfertigen die Forderung, dass viele gesundheitsbezogene Funktionalitäten das Ziel für sie sind, während ihre Entscheidungen und Handlungen eingeschränkt werden sollten, wenn ihre Gesundheit gefährdet ist. Schlechte Gesundheit führt typischerweise zu vielen anderen Problemen im Leben eines Kindes – es kann als korrosiver Nachteil bezeichnet werden und sollte daher vermieden werden (Schweiger und Graf 2015; Wolff und de-Shalit 2007). Die Gesundheiteines Kindes hat physische Aspekte, sodass die körperlichen Verwundbarkeiten von Kindern, die wir bereits besprochen haben, wichtig zu erkennen sind. Ihre Körper sind schwächer und benötigen oft mehr Schutz und Unterstützung, um gesund zu bleiben und sich angemessen zu entwickeln. Die mentale Seite der kindlichen Gesundheit ist ebenso wichtig. Geistig gesund zu sein, ist die Grundlage für viele wertvolle Fähigkeiten, während ein Mangel daran oft mindestens genauso korrosiv ist wie Formen der physischen schlechten Gesundheit. Hier wird deutlich, dass Gesundheit nicht nur eng mit Handlungsfähigkeit verbunden ist, sondern auch mit positiven Selbstbeziehungen von Kindern, die die beiden weiteren Fähigkeiten sind, die wir als Teile unseres Konzepts der körperlichen Integrität beschreiben werden. Einen gesunden Geist zu haben, bedeutet typischerweise, sich selbst als wertvolle Person zu sehen und Vertrauen in die eigenen Fähigkeiten zu haben, Merkmale, die wir bei der Diskussion über positive Selbstbeziehungen sowie die Rolle, die sie in Bezug auf die körperliche Integrität von Kindern spielen, ansprechen werden.

Wie erwähnt, sind wir einem breiten Begriff der kindlichen Gesundheit zugeneigt, der der Art und Weise entspricht, wie Gesundheit im Rahmen des Fähigkeitenansatzes untersucht wurde. Im Laufe dieses Buches werden wir jedoch häufig auf Studien zur kindlichen Gesundheit verweisen, die auf einem eher engen und medizinisch orientierten Gesundheitsbegriff basieren, da sie weit verbreitet sind und einen wesentlichen Teil des Wissens liefern, das wir zu diesem Thema haben. Trotz ihrer Einschränkungen weisen sie auf wichtige Aspekte der kindlichen Gesundheit und deren Zusammenhang mit ihrer körperlichen Integritäthin. Typischerweise wird die körperliche Integrität von Kindern im traditionellen medizinischen Sinne negativ durch Krankheiten beeinflusst, auch wenn eine genauere Analyse berücksichtigen sollte, wie sie ihre täglichen Aktivitäten und Lebensperspektiven beeinflussen.

Handlungsfähigkeit, wie wir sie hier verstehen, ist die Fähigkeit, für sich selbst Entscheidungen zu treffen, diese umzusetzen und sich selbst oder andere Personen und Gegenstände, die einem wichtig sind, zu schützen. Handlungsfähigkeit steht daher in Zusammenhang mit bestimmten kognitiven, emotionalen und psychologischen Merkmalen, die der:dem Akteur:in und ihrer:seiner Fähigkeit, seine Umwelt und die darin befindlichen Personen zu beeinflussen, zugehören. Als solche geschieht sie innerhalb einer Interaktion zwischen Faktoren, die sowohl intern als auch extern zur Person sind, von denen beide berücksichtigt werden müssen, wenn die Handlungsfähigkeit bewertet wird. Viele Jahre lang wurden Kinder hauptsächlich als „zukünftige Akteur:innen" konzipiert, während ihre Handlungsfähigkeit vernachlässigt oder nicht ernst genommen wurde. Mittlerweile ist die Forschung jedoch sehr klar, dass Kinder von einem sehr frühen Alter an als Akteur:innen charakterisiert werden müssen, während ihre besonderen Verwundbarkeiten nicht so interpretiert werden dürfen, dass dieses Merkmal vernachlässigt oder nicht ernst genommen wird. Kinder haben ihre eigenen spezifischen Standpunkte, nehmen aktiv an ihrer Umwelt teil, übernehmen komplexe soziale Rollen und handeln, um sich selbst und Menschen, die ihnen wichtig sind, zu schützen. Kinder sind keine passiven Empfänger von Fürsorge, sondern (Mit-)Autoren ihres Lebens und ihrer Entwicklung. Trotz dieser Merkmale, die in der Forschung und politischen Philosophie lange vernachlässigt wurden, ist es wichtig anzuerkennen, dass die Handlungsfähigkeit von Kindern sich im Laufe ihrer Entwicklung allmählich verändert, Veränderungen, die aus normativer Sicht relevant sind. Wie oben erwähnt, ist Handlungsfähigkeit mit Merkmalen verbunden, die sowohl intern als auch extern zum Kind sind, wobei sich beide typischerweise während der Kindheit ständig ändern, was dazu führt, dass Kinder zunehmend in der Lage sind, autonom zu handeln. Ihre kognitiven und rationalen Fähigkeiten werden stärker, sie entwickeln ein stabiles Selbstbewusstsein und sammeln mehr Erfahrung, was alles dazu beiträgt, wie sie handeln und Veränderungen in der Welt bewirken können, zusammen mit den sozialen und rechtlichen Normen, die für sie gelten. Sie erhalten mehr Rechte auf Freiheit, eine stärkere politische Stimme und betreten den Arbeitsmarkt, was wiederum ihre Unabhängigkeit und folglich ihre Handlungsfähigkeit verbessert. All dies steht im Zusammenhang mit dem, was wir zuvor über die Rolle und den Wert von Autonomie in der Kindheit diskutiert haben. Insbesondere müssen Kindern Freiheiten gewährt werden, die ihrem Alter und ihrer Reife in einer Vielzahl von Belangen angemessen sind, während ihr Wohlergehen und Wohlentwickeln in verschiedenen Bereichen ebenfalls berücksichtigt werden müssen, wobei die Bedeutung ihrer Freiheiten mit den potenziell schädlichen Auswirkungen, die „schlechte" Entscheidungen für sie haben können, in Einklang gebracht werden muss. Eine sehr ähnliche Darstellung der Handlungsfähigkeit von Kindern wurde von Nussbaum und Dixon in ihren Analysen der Kinderrechte aus der Perspektive des Fähigkeitenansatzes gegeben:

> The idea of agency has a central role to play in the CA [capability approach]: the CA sees people as striving agents, and in contrast to approaches that aim only at the satisfaction of preferences, it aims at supporting the growth of agency and practical reason. This emphasis on agency , under a CA, further means that children should be afforded the maximum scope for decisional, freedom consistent with their actual—or potential—capacity for rational and reasoned forms of choice, or judgment. For adolescents in particular, this may mean recognizing a range of rights to sexual and reproductive choice, religious choice, and choices regarding custody. In many cases, it will also mean granting at least certain decisional rights to younger children. . (Dixon und Nussbaum 2012, 559–560 Fußnoten weggelassen)

Wir stimmen dieser Charakterisierung der Handlungsfähigkeit von Kindern und ihren normativen Implikationen weitgehend zu, möchten sie jedoch mit dem zuvor Gesagten über ein Regime der Kindheit verbinden. Dies ernst zu nehmen bedeutet, dass es nicht immer dazu führt, dass Kindern der *maximale* Spielraum für Entscheidungsfreiheit eingeräumt wird, der mit ihren vernünftigen Formen der Wahl vereinbar ist; vielmehr gibt es einige zusätzliche Überlegungen, die berücksichtigt werden sollten, wenn es um Einschränkungen der Freiheiten von Kindern geht. Wie wir argumentiert haben, gibt es Gründe, kompetente Personen gleich, aber unterschiedlich zu behandeln, basierend darauf, dass der eine ein Kind und der andere ein Erwachsener ist. Mit anderen Worten, es ist vernünftig, (auch älteren) Kindern die volle globale Autonomie zu verweigern, bis sie das Regime der Kindheit verlassen und ins Erwachsenenalter eintreten, ohne dass dies zur Folge hat, dass sie sich als Teil einer unterdrückten Gruppe klassifizieren.

Es gibt zwei weitere Dimensionen der Handlungsfähigkeit, die wir unterscheiden möchten, da sie uns helfen, die Handlungsfähigkeit von Kindern besser zu verstehen: kurzfristige Handlungsfähigkeit und langfristige Handlungsfähigkeit. Kurzfristige Handlungsfähigkeit ist die Fähigkeit, in einer bestimmten Situation Entscheidungen zu treffen und zu handeln. In diesem Sinne nutzen bereits junge Kinder ihre Handlungsfähigkeit, zum Beispiel wenn sie sich entscheiden, ein bestimmtes Spiel zu spielen oder Süßigkeiten statt Obst oder Müsliriegel zu essen. Langfristige Handlungsfähigkeithingegen setzt die Fähigkeit voraus, Pläne zu schmieden und über einen längeren Zeitraum als Akteur:in zu handeln. Dafür benötigen sie eine ausreichend stabile Präferenzstruktur, während sie sich mit den Zielen und Projekten ihrer zukünftigen Selbst identifizieren müssen – ihre Handlungsfähigkeit muss zeitlich erweitert sein. Langfristige Handlungsfähigkeit ist daher schwieriger zu erreichen und bietet Gründe, Kinder als „besondere Akteur:innen" zu sehen, nicht im Sinne eines völligen Mangels an Handlungsfähigkeit, sondern in dem Sinne, dass sie typischerweise eine andere Form hat (Noggle 2002). Diese Unterscheidung zeigt einige Ähnlichkeiten mit der von Franklin-Hall zwischen globaler und lokaler Autonomie, obwohl sie einen stärkeren Schwerpunkt auf die zeitliche Dimension legt (Franklin-Hall 2013). Kinder entwickeln eine unverzerrte körperliche Integritätals Teil ihres individuellen Selbst, sowohl durch die Verwirklichung ihrer kurzfristigen Handlungsfähigkeit als auch durch den Aufbau und die Verbesserung ihrer langfristigen Handlungsfähigkeit – sie sollten die Kontrolle über ihren Körper erlangen, wie sie ihn aussehen und sich bewegen lassen wollen und was er tun soll.

Die dritte wichtige Funktionsweise der körperlichen Integrität von Kindern ist das Vorhandensein positiver Selbstbeziehungen. Basierend auf der Arbeit von Axel Honneth unterscheiden wir drei verschiedene positive Selbstbeziehungen: Selbstrespekt, Selbstwertgefühl und Selbstvertrauen/Selbstbewusstsein (Honneth 1996). Selbstbewusstsein beschreibt das Vertrauen in sich selbst (und in den eigenen Körper und Geist) sowie in die unmittelbare Umgebung. Selbstrespekt beschreibt die Sicht auf sich selbst in Bezug auf Würde und moralischen Wert, während Selbstwertgefühl das Gefühl beschreibt, ein besonderes und wertvolles Mitglied einer größeren Gemeinschaft zu sein, im Hinblick auf die eigenen Eigenschaften und Beiträge. Sie bilden die Grundlage dafür, wie Menschen sich selbst als würdige Individuen verstehen, mit einer Reflexivität darüber, wie sie ihr Leben führen sollen. Darüber hinaus ist das Selbst eines Individuums eng mit ihrem Körper verbunden und verflochten. Positive Selbstbeziehungenimplizieren, den eigenen Körper als wertvollen Teil von sich selbst zu sehen und eine Beziehung zu ihm zu haben. Dies erfordert typischerweise, dass die Person in ausreichendem Maße die Kontrolle über ihren Körper hat und sich nicht für ihn schämt. Positive Selbstbeziehungen, als Teil der körperlichen Integrität von Kindern, weisen auf den normativen Kern der Person hin, der ihre Selbstverwirklichung als körperliches Wesen ist. Während es in der Sozialphilosophie wenig Literatur über die Rolle gibt, die positive Selbstbeziehungen in einer normativen Theorie für Kinder spielen sollten, sind die Erkenntnisse der psychologischen und sozialwissenschaftlichen Forschung eindeutig, dass Kinder auf angemessene Weise anerkannt werden müssen, um Selbstrespekt und Selbstwertgefühl von früh an zu entwickeln und sinnvoll zu erleben (Thompson 2007). Kinder sind moralische Wesen und Rechteinhaber; sie leisten wertvolle Beiträge zur Gesellschaft und müssen für das anerkannt werden, was sie sind (Thomas 2012). Diese letzten Bemerkungen weisen auf ein weiteres Merkmal positiver Selbstbeziehungen von Kindern hin. Einerseits sind positive Selbstbeziehungen für Kinder als Kinder wichtig. Kindheit ist, wie wir argumentieren, nicht nur als Vorbereitungsphase für das Erwachsenenalter wichtig, sondern auch wertvoll, sodass eine gute Beziehung zu sich selbst und zu seinem Körper in dieser Hinsicht entscheidend ist. Das Wohlergehen von Kindern wird stark beeinträchtigt, wenn sie Probleme im Zusammenhang mit ihren Selbstbeziehungen erleben; Demütigung, Scham und erniedrigende Behandlung verletzen Kinder ebenso wie Erwachsene tief. Sicherlich ist der Körper in dieser Hinsicht eine zentrale Kategorie. Andererseits sind positive Selbstbeziehungeninstrumentell wertvoll. Ohne sie ist es unwahrscheinlich, dass Kinder zu gesunden und autonomen Erwachsenen heranwachsen, die später in der Lage sind, positiv zu sich selbst und zu ihren Körpern zu stehen.

Es gibt zwei weitere Aspekte der körperlichen Integrität, die ausdrücklich erwähnt werden sollten. Erstens müssen alle drei ihrer Aspekte – Gesundheit, Handlungsfähigkeit und positive Selbstbeziehungen – dynamisch betrachtet und im Rahmen sich entwickelnder Fähigkeiten interpretiert werden. Sie ändern sich schnell während der Kindheit und müssen immer im Verhältnis zum Alter, zur Reife und zum sozialen Kontext des Kindes verstanden werden. Während alle drei Dimensionen immer präsent sind, muss ihr genauer Inhalt während des Entwicklungsprozesses angepasst werden, wobei die Umwandlungsfaktoren, die sie ins Leben rufen, ebenfalls stark variieren können. Um ein Beispiel zu geben: Für die Bildung positiver Selbstbeziehungen sind sichere Bindungen zu einer Bezugsperson zu Beginn des Lebens eines Kindes entscheidend; später werden Peer-Beziehungen bedeutender und sind typischerweise ein wesentlicher Bestandteil des Selbstrespekts, Selbstwertgefühls und Selbstvertrauens eines Kindes. Zweitens sind alle drei Dimensionen der körperlichen Integrität eng miteinander verknüpft. Zum Beispiel wird ein Kind mit positiven SelbstbeziehungenVertrauen in sich selbst und seine Fähigkeiten haben und daher viel selbstbewusster als Akteur:in sein als ein Kind, das sich wertlos und unsicher fühlt. Dies wiederum steht im Zusammenhang mit verschiedenen Gesundheitsproblemen. Die Verbindung zwischen positiven Selbstbeziehungen und psychischer Gesundheit ist besonders eng, ein Faktum, das durch viele empirische Studien, die wir bezüglich der Bedrohungen der körperlichen Integrität analysieren, untermauert wird.

Bisher haben wir die körperliche Integrität von Kindern als ein multidimensionales Konzept eingeführt, das einen wesentlichen Teil des Wohlergehens und der Wohlentwicklung von Kindern widerspiegelt und dadurch etwas, worauf Kinder als eine Frage der Gerechtigkeit Anspruch haben. Für die Ziele des Buches ist es jedoch auch notwendig, es als ein kontext- und gendersensibles Konzept zu sehen, und als solches möchten wir es in unseren Analysen verwenden. körperliche Integrität wird stark durch kulturelle, soziale und politische Faktoren sowie wirtschaftliche Rahmenbedingungen und Glaubenssysteme moduliert, während es auch Fakten und Werte kombiniert. Da körperliche Integrität auch Selbstanerkennung, Autonomie und psychische Gesundheit umfasst und nicht nur biologische Entwicklungsphasen, kann das, was als Verletzung der körperlichen Integrität einer Person empfunden wird, variieren – selbst wenn es nur in einem graduellen und nicht in einem radikalen Sinne ist – von Kultur zu Kultur und auch in Bezug auf das Geschlecht.

Kinder zeigen einige Unterschiede in ihrer Entwicklung, dem Alter des Erreichens der Reife und so weiter. Aus diesem Grund ist es entscheidend, Verallgemeinerungen über die „Kindheit" zu vermeiden, insbesondere in Bezug auf ihre sexuelle und reproduktive Gesundheit, wo die Negation vieler konkreter Unterschiede dramatisch sein kann. Dennoch werden sie immer noch übersehen. Um ein Beispiel zu geben: Jungen, Mädchen und intersexuelle Kinder können sich in bestimmten biologischen Merkmalen und psychologischen Eigenschaften und Bedürfnissen unterscheiden – sicherlich auch aufgrund der soziokulturellen Einflüsse und Erwartungen – , die für ihr Wohlergehen und ihre Wohlentwicklung relevant sind (Cowie 2012; Greene 2015). Wie die meisten Theorien der Gerechtigkeitist der Fähigkeitenansatz nicht speziell für Erwachsene oder Kinder, Frauen oder Männer – oder Mädchen und Jungen, in Bezug auf die Rechte der Kinder – konzipiert. Vielmehr zielt er darauf ab, die Rechte aller Menschen zu erweitern und die Grundlage für Gerechtigkeit in allen Dimensionen zu schaffen, nicht ausschließlich, aber sicherlich einschließlich der Gerechtigkeit zwischen Frauen und Männern. Aus diesem Grund ist Geschlechtersensibilität wichtig und muss integriert werden, trotz der Existenz unscharfer konzeptioneller Grenzen.

Aus sozialer und kultureller Sicht können wir viele geschlechtsspezifische Ungerechtigkeiten unter Kindern finden, die angegangen werden müssen. Solche Verletzungen der körperlichen Integrität, die das Wohlergehen und die Wohlentwicklung von Mädchen gefährden, umfassen Zwangsheirat, Genitalverstümmelung, Menschenhandel, Missbrauch und Ausbeutung, insbesondere in Zeiten von Konflikten und Kriegen (siehe zum Beispiel Bunting 2005; Rafferty 2013; Sauer und Neubauer 2014). Auf solche Probleme aufmerksam zu machen, bedeutet nicht, dass Jungen keine Opfer von Ungerechtigkeiten sind. Wir möchten jedoch hervorheben, dass zahlreiche Erkenntnisse darauf hindeuten, dass Mädchen anfälliger für bestimmte Ungerechtigkeiten in Bezug auf ihre körperliche Integrität sind als männliche Kinder und daher häufiger Opfer werden. „Girls suffer considerably more sexual violence than boys, and their greater vulnerability to violence in many settings is in large part a product of the influence of gender-based power relations within society. At the same time, boys are more likely to be the victims of homicide" (Pinheiro 2006, 7). Tatsächlich erleiden sie oft eine doppelte Viktimisierung, da sie in zweifacher Hinsicht besonders verletzlich sind: weil sie Kinder sind und weil sie weiblich sind (Taefi 2009).

Ein geschlechtssensibles Konzept der körperlichen Integrität ermöglicht es uns daher, normative Vorschläge zu machen, die berücksichtigen, dass das, was für Jungen funktioniert, möglicherweise nicht für Mädchen funktioniert oder umgekehrt. Darüber hinaus kann selbst in wohlhabenden Ländern das, was für einige Mädchen funktioniert, für andere, die in einem anderen Kontext leben oder unterschiedliche Bedürfnisse haben, nicht funktionieren.

Denken Sie zum Beispiel an die körperliche Integrität homosexueller Mädchen in wohlhabenden Ländern, die vor anderen und größeren Herausforderungen stehen als heterosexuelle Mädchen. Dies bedeutet einerseits, dass jede Politik, die Gerechtigkeit für Kinder umsetzen will, sich kritisch mit den aktuellen Geschlechterrollen und -normen auseinandersetzen muss, von denen einige Jungen gegenüber Mädchen oder heterosexuelle Kinder gegenüber homosexuellen Kindern bevorzugen. Andererseits wird die Stärkung der Kinder durch den ausreichenden Schutz ihrer körperlichen Integrität keine nachhaltigen Veränderungen bewirken, wenn sie nicht von vielen gesellschaftlichen Veränderungen in verschiedenen Kontexten begleitet wird, einschließlich Veränderungen in den Einstellungen und Verhaltensweisen derjenigen Akteur:innen, die entscheidend für die Gewährung von Gerechtigkeit für Kinder sind. Kinder befinden sich noch im Prozess der Entwicklung der Fähigkeiten, autonome Entscheidungen zu treffen, und benötigen in vielen wichtigen Bereichen ihres Lebens die Unterstützung und Anleitung anderer, was auch ihr Selbstverständnis als Mädchen, Jungen oder intersexuelle Personen und die damit verbundenen Normen und Rollen umfasst. Darüber hinaus ist es aus unserer Sicht, basierend auf dem Fähigkeitenansatz, klar, dass alle Kinder Anspruch auf all jene Fähigkeiten haben, die sie für ihr Wohlergehen und ihre Wohlentwicklung benötigen, unabhängig von den persönlichen, religiösen oder anderen kulturellen Gründen der Betreuer:innen, die die Verwirklichung dieser Fähigkeiten einschränken könnten. Tatsächlich ist das Kind und nicht eine bestimmte Religion oder Tradition das Subjekt der Gerechtigkeit. Im Namen des Schutzes einiger kultureller Unterschiede oder im Namen des Rechts einer bestimmten Tradition zu existieren, kann die Fähigkeit der Kinder zur körperlichen Integrität und damit ihre individuellen Rechte durch Gewalt, Unterwerfung und Objektivierung stark eingeschränkt werden. Hier steht die Fähigkeit zur körperlichen Integrität und damit zur Gerechtigkeit auf der Seite dieser Kinder und stellt sie über Kultur und Traditionen. Genitalverstümmelung, Traditionen der jugendlichen Heirat oder das erwartete Verhalten weiblicher Jugendlicher sind nur einige Beispiele in diese Richtung. Im gesamten Buch werden wir daher darauf achten, dass die Fähigkeit der Kinder zur körperlichen Integrität weder beschnitten noch reduziert werden kann, um Traditionen, soziokulturelle Vorurteile und kontextuelle Unterschiede zu berücksichtigen.

Der Fähigkeitenansatzist tatsächlich geeignet, um diese Probleme anzugehen. Er bietet einen normativen Rahmen zur Analyse der Lebensbedingungen, des Wohlergehens und der Wohlentwicklung von Kindern und in welchen Dimensionen ihre körperliche Integrität verletzt wird. Darüber hinaus ist er geschlechtssensibel (Nussbaum 2000) gegenüber den besonderen Bedürfnissen von Mädchen und den Bedrohungen, denen sie in der heutigen Welt ausgesetzt sind. Infolgedessen kann er die Umsetzung von Politiken leiten, die helfen, diese Ungerechtigkeiten zu überwinden, da er den Schwerpunkt auf die Verwirklichung dieser Fähigkeiten, die Handlungsfähigkeit und die Wahlmöglichkeiten legt, um sicherzustellen, dass die körperliche Integrität aller Mädchen und Jungen nicht patriarchalisch falsch konzeptualisiert wird, was die Handlungsfähigkeit der Mädchen über ihre Körper einschränkt und sie den Wünschen von Jungen und Männern unterordnet. Vielmehr hilft er zu erkennen, wie Mädchen selbst Anspruch auf eine Stimme haben und entsprechend ihren Fähigkeiten gestärkt werden können, und darüber hinaus, wie eine Vielzahl von Mädchenstimmen gefunden werden kann.

Wir wollen nun diesen Abschnitt mit einigen weiteren Bemerkungen abschließen, warum es gerechtfertigt ist, der körperlichen Integrität von Kindern einen so wichtigen Platz in unserer Theorie einzuräumen. Im Wesentlichen sehen wir dafür drei Gründe. Erstens ist die körperliche Integrität fruchtbar für eine Vielzahl anderer Funktionen und Fähigkeiten. Nachdem wir das Konzept der Fruchtbarkeit oben eingeführt haben, ist es wichtig, es sowohl aus der Perspektive des aktuellen Wohlergehens des Kindes als auch ihrer Wohlentwicklung zu betrachten, was den Aspekt der Fruchtbarkeit über die Zeit betont. Es ist sehr vernünftig anzunehmen, dass körperliche Integrität in beiden Sinnen fruchtbar ist: Sie unterstützt andere Dimensionen des Wohlergehens, zum Beispiel in Bezug auf Bildung oder soziale Inklusion. Ein Kind mit körperlicher Integrität, wie wir sie definiert haben, wird wahrscheinlich in der Schule gut abschneiden und gute Beziehungen zu anderen aufbauen. Aber vielleicht noch wichtiger ist, dass die positiven Auswirkungen der körperlichen Integrität sehr wahrscheinlich über die Zeit anhalten und den gesamten Lebensverlauf beeinflussen werden. Nehmen wir wieder Bildung und soziale Inklusion als Beispiele, so bedeutet dies, dass das Kind sehr gute Chancen hat, zu einem produktiven und aktiven, wenn auch kritischen, Mitglied der Gemeinschaft heranzuwachsen, das in der Lage ist, ein Leben zu führen, das es aus gutem Grund wertschätzt, und auf verschiedenen Ebenen der Gesellschaft teilzunehmen. Andererseits, wenn die körperliche Integrität eines Kindes beschädigt ist, werden die negativen Auswirkungen höchstwahrscheinlich katastrophal sein; oder, im Einklang mit der oben im Zusammenhang mit Gesundheit eingeführten Terminologie, haben wir es hier mit einem immens korrosiven Nachteil zu tun. Defizite in allen drei Dimensionen der körperlichen Integrität – Gesundheit, Handlungsfähigkeit und positive Selbstbeziehungen – werden es einem Kind extrem schwer machen, ein Leben in Wohlergehen und Wohlentwicklung zu führen. Vielmehr werden solche Nachteile sich negativ auf praktisch alle sich entwickelnden Fähigkeiten auswirken, die man sich vorstellen kann. Bleiben wir bei dem Beispiel Bildung und soziale Inklusion, so wird ein Kind, das Schaden an seiner körperlichen Integrität erlitten hat, wahrscheinlich in verschiedenen Aspekten in der Schule Schwierigkeiten haben, einschließlich seiner Leistung und seiner schulischen Erfolge. Dies wird dem Kind langfristig Nachteile bringen und es ihm erschweren, auf dem Arbeitsmarkt erfolgreich zu sein, was wiederum oft zu sozialer Ausgrenzung führt. Die genauen Kausalitäten von Fruchtbarkeit und Korrosivität als Teil der körperlichen Integrität sind oft schwer zu entwirren; tatsächlich gibt es sicherlich Unterschiede in Bezug auf Gesundheit, Handlungsfähigkeit und positive Selbstbeziehungen, die an sich komplex sind.

Jedoch sollte im Allgemeinen sein enormer Einfluss auf das Wohlergehen und Wohlentwickeln von Kindern ihm einen besonderen Platz in jeder Gerechtigkeitstheorie einräumen. Wir haben bereits gesehen, dass Wolff und De-Shalit vorschlagen, dass die Fruchtbarkeit oder Korrosivität einer (fehlenden) Fähigkeit einen sehr guten Grund dafür liefert, warum sie in sozialpolitischen Fragen priorisiert werden sollte. In Bezug auf Kinder und den zeitlichen Aspekt der Fruchtbarkeit und Korrosivität wird dieses Argument noch stärker. Nussbaum und Dixon leiten daraus ein sogenanntes Kosten-Nutzen-Prinzip ab, das zusammen mit einem Verletzlichkeitsprinzip die Grundlage ihres Arguments bildet, warum es gerechtfertigt sein kann, die Rechte von Kindern gegenüber den Rechten von Erwachsenen zu priorisieren, zumindest in einigen Bereichen (Dixon und Nussbaum 2012). Kosten-Nutzen bedeutet oft, dass es möglich sein wird, eine große Menge an Schaden für Kinder mit Interventionen während der Kindheit zu verhindern, die überhaupt nicht kostspielig sind und als Grundlage für Wohlergehen und Wohlentwickeln während ihres gesamten Lebens dienen.

Das Argument der Kosten-Nutzen-Effizienz wird oft auch auf die Fähigkeit der körperlichen Integritätvon Kindern angewendet. Indem der Staat ihre körperliche und geistige Gesundheit sichert, zum Beispiel durch die Bereitstellung von Impfstoffen und die Unterstützung der psychischen Gesundheitserziehung, hat er Werkzeuge, um Aspekte der körperlichen Integrität langfristig zu garantieren, die wahrscheinlich auch die öffentlichen Ausgaben im Gesundheits und Sozialsektor später reduzieren werden. Diese Argumentationslinie darf jedoch nicht als rein instrumentelles Argument missverstanden werden, das den intrinsischen Wert der körperlichen Integritätmissachtet. Kinder haben ein Recht auf körperliche Integrität, selbst wenn es sich als kostspielig für sie erweisen sollte, was bei Kindern mit besonderen Bedürfnissen oder Entwicklungsproblemen der Fall sein könnte. In den meisten Fällen wird jedoch das Argument der Kosten-Nutzen-Effizienz zeigen, dass es aus finanzieller Sicht vernünftig ist, die körperliche Integrität von Kindern zu garantieren, was besonders vor dem Hintergrund der Knappheit relevant ist.

Der zweite Grund, den wir präsentieren möchten, bezieht sich auf den gerechtigkeitsbasierten Rahmen, mit dem wir arbeiten. Die Fähigkeiten, die zur Bewertung von Gerechtigkeit verwendet werden, sollten zumindest in gewissem Maße objektiv bestimmbar und gesellschaftlich beeinflussbar sein (E. Anderson 2010). Objektiv bestimmbar bedeutet, dass sie zumindest in gewissem Maße unabhängig von den Bewertungen, Erfahrungen und Einschätzungen der betreffenden Subjekte sind. Dies ist aus zwei Überlegungen wichtig. Erstens sind die Erfahrungen, Gefühle und Bewertungen des Subjekts formbar und oft an den Kontext angepasst, in dem das Subjekt lebt. Das bedeutet, dass sie ohne weitere Kriterien keinen verlässlichen Leitfaden bieten, um Ungerechtigkeiten zu bestimmen. Dieses Argument wurde von Fähigkeitsforschern ausführlich entwickelt, wo es unter der Überschrift „adaptive Präferenzen" bekannt ist (z. B. Nussbaum 2000). Zweitens sollte das Wohlergehen verschiedener Kinder vergleichbar sein. Nur dann kann es die Gestaltung von Institutionen und Politiken beeinflussen, da es für ein solches Unterfangen wesentlich ist, dass Veränderungen objektiv nachverfolgt werden können. Eng damit verbunden ist die Idee der sozialen Beeinflussbarkeit. Eine ethische Theorie sollte sich in erster Linie für diejenigen Facetten des Lebens von Kindern interessieren, die verändert werden können. Wenn etwas außerhalb des Bereichs menschlicher Einflussnahme liegt und es zu große Hindernisse gibt, um eine Verbesserung des *status quo* zu erreichen, ist es kein Thema mehr für die Ethik. körperliche Integritätmit den drei beschriebenen Dimensionen erfüllt dieses Kriterium in ausreichendem Maße, da es sich nicht einfach auf Geschmäcker, Vorlieben oder Gefühle des Subjekts bezieht; vielmehr gibt es Methoden, um ihre Zuverlässigkeit zu bestimmen, und sie werden durch die sozialen Arrangements einer Gesellschaft beeinflusst. Sicherlich hängen einige dieser Methoden von den Aussagen des Subjekts ab (z. B. bei der Beurteilung ihrer psychischen Gesundheit), aber das Subjekt ist nicht die „letzte Instanz" bei der Entscheidung, ob eine Funktionsweise oder ein Aspekt davon in ihrem Leben erreicht wird und welchen Wert er hat. Ein Kind könnte zum Beispiel glauben, dass ihre Handlungsfähigkeit schwach ist, weil sie sich mit einem älteren Geschwisterkind vergleicht. Eine objektivere Analyse kann jedoch zeigen, dass ihre Handlungsfähigkeit für ihr Alter und ihre Reife gut entwickelt ist. Diese Eigenschaft macht es auch möglich, Gesundheitsstandards, Handlungsfähigkeit und Selbstbeziehungen zwischen verschiedenen Individuen zu vergleichen, während Veränderungen nachvollziehbar und verständlich für andere Mitglieder der Gesellschaft sind. Dies gilt im Allgemeinen, auch wenn in einigen Fällen die Grenze zwischen subjektiven Präferenzen und Geschmäckern einerseits und objektiven Standards andererseits verschwimmt, zum Beispiel wenn es darum geht, zwischen subjektivem Glück (nicht geeignete Funktionsweise für unsere normative Theorie) und psychischer Gesundheit und Selbstvertrauen (Funktionen, die für körperliche Integrität wichtig sind) zu unterscheiden.

Alles in allem gibt es eine ausreichende Anzahl objektiver Ankerpunkte, die sie aus normativer Sicht als Funktionsweisen geeignet machen. In Bezug auf den Aspekt der sozialen Beeinflussbarkeit sind Gesundheit, Handlungsfähigkeit und positive Selbstbeziehungen natürlich nicht vollständig unter Kontrolle. Faktoren wie genetische Defizite oder viele Unfälle liegen außerhalb menschlicher Kontrolle und können niedrige Niveaus dieser Funktionsweisen verursachen, die tragisch, aber nicht ethisch relevant sind, da sie hätten vermieden werden können. Es gibt jedoch mittlerweile eine Vielzahl von Erkenntnissen, die zeigen, dass alle Funktionsweisen, die wir als wichtig für die körperliche Integrität identifiziert haben, in hohem Maße beeinflussbar sind, auch wenn sie nicht vollständig durch die sozialen Arrangements einer Gesellschaft kontrollierbar sind. Wenn es um Gesundheit geht, zeigt die Forschung zu den sozialen Determinanten der Gesundheit eindrucksvoll, dass es sich nicht nur um ein „natürliches" Gut handelt, das jemand aufgrund von Glück hat; vielmehr ist es in erheblichem Maße das Ergebnis der eigenen Position in der Gesellschaft. Deshalb ist die Gesundheitsgerechtigkeit in den letzten Jahren ein florierendes Feld geworden, das auch mit dem Fähigkeitenansatz verbunden wurde, wo ein starkes Argument für ein „Recht auf Gesundheit" vorgebracht wurde (Venkatapuram 2011). Darüber hinaus ist es nicht so, dass positive Selbstbeziehungen auf individueller Basis und außerhalb des sozialen Bereichs entstehen. Im Gegenteil, die Hinweise sind klar, dass positive Selbstbeziehungen typischerweise das Ergebnis von Interaktionen mit der eigenen Umgebung sowie den Personen und Institutionen darin sind. Es stimmt, dass einige Menschen es schaffen, positive Selbstbeziehungen trotz widriger Bedingungen zu haben, während einige von denen, die alle Unterstützung und Anerkennung erhalten, die sie brauchen, Probleme mit ihrem Selbstvertrauen, Selbstwertgefühl und Selbstrespekt haben. Im Durchschnitt macht jedoch die soziale Umgebung, in der man aufwächst und lebt, einen großen Unterschied. Bei der Handlungsfähigkeit ist die Situation ähnlich. Die Fähigkeit zu handeln wird erlernt und geschieht in einem komplexen Zusammenspiel von internen und externen Faktoren. Kinder müssen die notwendige Unterstützung für ihr Alter und ihren Reifegrad erhalten, damit sie in einer Weise handeln können, die sie weder überfordert noch unterfordert. Inwieweit dies möglich ist, hängt weitgehend von den gesellschaftlichen Institutionen ab, die vorhanden sind, und den Möglichkeiten, die ihnen und den Bezugspersonen zur Verfügung gestellt werden.

Drittens, körperliche Integrität ist eine Fähigkeit, die oft von den Kindern selbst geschätzt wird. Wir haben bereits betont, dass es wichtig ist, Kinder als Akteur:innen mit ihrer eigenen Perspektive zu sehen und dass sie ein Recht darauf haben, gehört zu werden, was impliziert, dass ihre Ansichten und Wahrnehmungen bei der Identifizierung einer Fähigkeit als wichtig gebührend berücksichtigt werden müssen. Schon früh in ihrem Leben sind Kinder in der Lage, eine Meinung zu bilden und, wenn sie die richtigen Gelegenheiten erhalten, ihre Vorlieben, Wünsche und Meinungen auszudrücken. Die wachsende Literatur über Kinderbeteiligung und ihre Möglichkeiten unterstreicht diese Annahme deutlich, während es eine Fülle von Erkenntnissen gibt, dass sie wertvolle Informationen zum Verständnis ihres Wohlergehen und Wohlentwickeln liefern können (Lansdown 2001; Percy-Smith und Thomas 2010). Dies sollte jedoch nicht so verstanden werden, dass Kindern allein die Autorität gegeben wird, zu entscheiden, was in ihrem Interesse liegt, da ihnen in vielen Fällen die erforderliche Erfahrung und die Ressourcen fehlen. Vielmehr können die Stimmen der Kinder die Auswahl leiten und Aspekte aufdecken, die aus der Sicht eines Erwachsenen leicht übersehen werden. Darüber hinaus ist die Einbeziehung von Kindern in die Konzeptualisierung ihres Wohlergehen und Wohlentwickeln ein Ausdruck des Respekts, den eine Gesellschaft ihren Kindern schuldet – sie haben ein Recht darauf, gehört (Archard und Skivenes 2009; Brighouse 2003) und ernst genommen zu werden. Zu sagen, dass ihre körperliche Integrität von den Kindern selbst geschätzt wird, ist nicht ohne Probleme. Wie wir häufig betont haben, stellen Kinder eine sehr heterogene Gruppe in Bezug auf Alter, Reife und soziale Hintergründe dar. Wir können nicht behaupten, zu wissen, was für jedes einzelne Kind subjektiv wichtig ist, während es wahrscheinlich ist, dass es Unterschiede in ihren Meinungen gibt. Es ist jedoch interessant zu beobachten, dass viele Studien, die (zumindest unter anderem) partizipative Methoden anwenden, um herauszufinden, was Kinder schätzen, zu dem Schluss kommen, dass Gesundheit, Handlungsfähigkeit und positive Selbstbeziehungen zu den wertvollsten Dimensionen gehören. Dies ist der Fall bei der bereits erwähnten Forschung, die von Biggeri und seinen Kollegen durchgeführt wurde (Biggeri und Mehrotra 2011). Dies spiegelt sich auch in anderen Studien zu diesem Thema wider, die unter sehr unterschiedlichen sozialen Umständen durchgeführt wurden (z. B. Fattore et al. 2007; Biggeri und Anich 2009; McAuley et al. 2010). Diese Ergebnisse stützen unsere These, dass Kinder ihre körperliche Integrität typischerweise als etwas Wertvolles betrachten, das es zu erreichen und zu erhalten gilt.

2.4 Verantwortlichkeiten und Akteur:innen der Gerechtigkeit für Kinder

In diesem letzten Abschnitt werden wir unsere Aufmerksamkeit auf die Frage der Zuweisung von Verantwortlichkeitenan verschiedene Akteur:innen der Gerechtigkeit für Kinder richten, deren körperliche Integrität verletzt oder stark gefährdet ist. Dies ist wichtig, weil unsere kritische Untersuchung und Bewertung dieser Bedrohungen für das Wohlergehen und Wohlentwickeln der Kinder nur dann vollständig ist, wenn wir zumindest teilweise beantworten können, warum diese Bedrohungen existieren, wer oder was sie verursacht und wer verantwortlich gemacht werden kann, um die Situation dieser Kinder zu verbessern oder die Bedrohung ganz zu beseitigen. Der Fähigkeitenansatz, den wir anwenden möchten, ist in Bezug auf solche Fragen merkwürdig still (Robeyns 2005). Wie wir gesehen haben, hat er viel darüber zu sagen, wie man das Wohlergehen und Wohlentwickeln eines Kindes misst oder bewertet, sowie über die Ansprüche eines Kindes als Frage der Gerechtigkeit. Wie können wir nun Verantwortlichkeitenzuweisen, und auf welcher Grundlage sollten wir über die Änderung und Gestaltung von Politiken für Kinder nachdenken sowie ihre körperliche Integrität als Teil ihres Wohlergehens und Wohlentwickelns schützen?

Wir werden damit beginnen, ein Verständnis für Akteur:innen der Gerechtigkeit zu entwickeln. Dieser Begriff wurde von Onora O'Neill in einem Aufsatz über globale Gerechtigkeit berühmt verwendet (O'Neill 2001). Sie argumentiert, dass Akteur:innen der Gerechtigkeit diejenigen Akteure sind, die andere Akteure verantwortlich machen und sie auch zwingen können, nach den Regeln der Gerechtigkeit zu handeln.[7]Wir möchten in diesem Zusammenhang zwei Ebenen von Akteur:innen der Gerechtigkeit unterscheiden.Akteur:innen der ersten Ebene sind damit beschäftigt, die Verwirklichung von Gerechtigkeit fürein Kind direkt zu beeinflussen und mit ihm zu interagieren, haben jedoch wenig oder keinenEinfluss auf andere Akteur:innen der Gerechtigkeit. Akteur:innen der zweiten Ebene der Gerechtigkeitsind diejenigen, die auch Akteur:innen der ersten Ebene verantwortlich machen und derenHandlungen beeinflussen oder sogar kontrollieren können. Der am häufigsten diskutierteAkteur in Gerechtigkeitstheorien ist der Staat, der ein Akteur der zweiten Ebene ist undauch der Hauptadressat der Ansprüche von Vertreter:innen des Fähigkeitenansatzes,einschließlich Nussbaum. Für Nussbaum muss der Staat die Gerechtigkeitsansprüche, die aufder Menschenwürde basieren, die jeder Person als Minimum für alle zentralen Fähigkeitenzusteht, in seine Verfassung aufnehmen und in seinen Politiken verankern (Nussbaum 2006). Aber warum der Staat?

Einerseits ist die Antwort einfach, dass Staaten existieren und dass Menschen in Staaten zusammenleben und mehr oder weniger den Regeln und Normen folgen, die ihr jeweiliger Staat aufgestellt hat. Es ist pragmatisch, den Staat zu betrachten, aber utopischer, mit einem nicht existierenden Weltstaat zu beginnen. Andererseits ist der Staat mächtig, setzt die Regeln und macht die Gesetze, die innerhalb

[7] Es gibt einige Literatur, die O'Neills Ansatz explizit diskutiert (Archard et al. 2013).

seiner Grenzen eingehalten werden müssen, mit einer Vielzahl von Institutionen zur Verfügung: Besteuerung, Politik, Gerichte, Strafverfolgung, Sozialdienste, Gesundheitssystem, Schulen und so weiter. Der Staat macht nicht nur die Regeln; er kann auch dafür sorgen, dass die Menschen ihnen folgen. Wenn ein Staat die Einkommensverteilung innerhalb seiner Bevölkerung ändern möchte, kann er neue Steuergesetze erlassen und durchsetzen. Das macht den Staat zum primären Akteur der zweiten Ebene der Gerechtigkeit im Leben der Kinder. Wenn viele Eltern ihren Kindern Nahrung vorenthalten, kann der Staat ein Gesetz einführen, das dies verbietet, Eltern mit Gefängnis bedrohen, wenn sie das Gesetz brechen, und von Lehrer:innen verlangen, Vorfälle von Nahrungsentzug zu melden, von denen sie Kenntnis erlangen, während Sozialarbeiter eingesetzt werden können, um Eltern zu besuchen oder sogar die Kinder aus ihren Häusern zu nehmen und in staatliche Obhut zu geben, wo sie angemessene und gesunde Nahrung erhalten. Dennoch werden einige Eltern gegen solche Gesetze verstoßen, aber der Staat kann sicherlich die Rate solcher Vorfälle senken, wobei die Geschichte voll von solchen Beispielen ist. Die Schulpflicht hat die Bildung vieler Kinder verbessert und Kindern aus ärmeren Familien bessere Chancen gegeben, während die Pflichtimpfung geholfen hat, viele Krankheiten zu überwinden, und Gesetze zur Vorschrift der Verwendung von Kindersitzen im Auto haben dazu beigetragen, die Rate schwerer Verletzungen zu senken.

Um jedoch klarzustellen, die Macht des Staates ist manchmal begrenzt, da sie von einem gewissen Maß an Kooperation seiner Bürger:innen abhängig ist, in internationale Politik involviert ist und von mächtigen internationalen Organisationen unter Druck gesetzt wird, wie Unternehmen, die Steuern umgehen oder drohen, ihre Produktionsstätten in ein anderes Land zu verlegen. Es gibt auch viele Staaten auf der Welt, die schwach sind, wenige oder unzureichend funktionierende Institutionen haben und auf externe Unterstützung von anderen Staaten angewiesen sind. Unter solchen Umständen kann es der richtige Schritt sein, Verantwortlichkeiten anderen Staaten oder Institutionen wie der UN, der Weltbank oder der Welthandelsorganisation zuzuschreiben, wie O'Neill überzeugend argumentiert hat, wobei ihr viele gefolgt sind (zum Beispiel Brock 2009; Pogge 2008). Solche Fragen der globalen Gerechtigkeit werden in diesem Buch nicht behandelt. Im Allgemeinen sind die wohlhabenden Gesellschaften, die wir in diesem Buch untersuchen, mächtig genug, um die Situation der in ihnen lebenden Kinder zu ändern, deren körperliche Integrität verletzt wird. In diesem Sinne befasst sich unser Buch mit sozialer Gerechtigkeit und nicht mit globaler Gerechtigkeit.

Der Staat wird verantwortlich gemacht, weil er mächtig ist, aber dies ist nicht der einzige normative Grund, eine bestimmte Verantwortung zu haben; tatsächlich ist der Staat nicht der einzige relevante Akteur der Gerechtigkeit für Kinder. Es gibt andere Akteur:innen, insbesondere auf der ersten Ebene. Iris Young diskutiert in ihrem „Modell der sozialen Verbindung" der Verantwortung vier verschiedene Gründe für Verantwortung, von denen Macht nur einer ist (Young 2011; siehe auch Schweiger und Graf 2015). Sie beginnt damit, den gängigsten Ansatz zu Verantwortlichkeiten in Frage zu stellen, der auf Verursachung basiert. Wenn ein Kind von einem Erwachsenen geschlagen wird, wird der Erwachsene in erster Linie verantwortlich gemacht und muss aufhören, das Kind zu verletzen, dafür bestraft werden und das Kind angemessen entschädigen. Das scheint sehr plausibel. Nach diesem Ansatz scheint der Staat nicht verantwortlich zu sein, zumindest nicht direkt, für die vielen Gefahren, denen die körperliche Integrität von Kindern ausgesetzt ist. Wenn Kinder aus armen Familien unter unverhältnismäßig schlechter Gesundheit leiden, ist es fraglich, ob der Staat dafür verantwortlich ist, im Sinne davon, dass er die schlechte Gesundheit verursacht. Sind die Elternnicht selbst verantwortlich dafür, keinen anständigen Job zu haben, in einem schlechten Viertel zu leben oder überhaupt ein Kind zu haben, anstatt Verhütungsmittel zu verwenden, wenn sie wussten, dass sie ihrem Kind kein gutes Leben bieten können? Dies eröffnet die Frage der Verursachung einerseits und die Rolle des Staates andererseits. Erstere Frage ist oft sehr schwer zu beantworten, aber wie empirische Erkenntnisse zeigen, wird die sozioökonomische Position der Elternoft durch die Familie bestimmt, in die sie hineingeboren wurden, zusammen mit anderen Faktoren, über die das Individuum wenig Kontrolle hat (Jenkins und Siedler 2007). Armut könnte auf geringe Bildung zurückgeführt werden, weil die Eltern auch kein Interesse daran hatten, dass ihre Kinder gebildet werden, oder wegen Rassismus, der es schwieriger macht, einen anständigen Job zu finden, während schlechte Gesundheit die Fähigkeit einschränkt, Vollzeit zu arbeiten. Darüber hinaus gibt es einfach die Tatsache, dass es nicht genug Arbeitsplätze gibt, weil eine Rezession oder Wirtschaftskrise herrscht, oder dass Arbeitsplätze, für die eine Person qualifiziert ist, tausende Kilometer entfernt verlagert oder durch Maschinen ersetzt werden. All dies macht es schwieriger, klare kausale Aussagen zu treffen. Sind die Unternehmen, die ihre Produktionsstätten verlagert haben, verantwortlich, oder ist es die Gesellschaft im Allgemeinen, die eine Kultur des Rassismus und der Diskriminierung toleriert? Liegt die Verantwortung bei den Eltern dieser Eltern, die hätten darauf verzichten sollen, Kinder zu bekommen, und dadurch die Geburt ihres kränklichen Enkelkindes unmöglich gemacht hätten?

Die Fragen, die uns interessieren, wie bereits erwähnt, befinden sich hauptsächlich auf gesellschaftlicher Ebene, insbesondere da Fragen der Verursachung nahezu unmöglich präzise zu beantworten sind, was nicht bedeutet, dass niemand verantwortlich ist; noch können wir etwas Vernünftiges oder Nützliches über verschiedene Akteur:innen der Gerechtigkeit sagen. Young entwickelte ihr Modell der sozialen Verbindung insbesondere für Fälle von Ungerechtigkeiten, die schwer auf eine einzelne Fehlhandlung zurückzuführen sind. Außerdem unterscheidet Kausalität in Youngs Modell Macht, was bedeutet, in der Lage zu sein, den Opfern von Ungerechtigkeit zu helfen, Privileg, was bedeutet, von der Existenz von Ungerechtigkeit profitiert zu haben, und Interesse, was bedeutet, ein Interesse daran zu haben, Ungerechtigkeit zu überwinden, als plausible Gründe, Verantwortung zuzuschreiben.[8]

[8] Eine detailliertere Diskussion über Youngs Modell und seine Probleme liegt außerhalb des Umfangs dieses Buches (Ferguson und Nagel 2009).

Diese Art der Systematisierung wirft eine Reihe von Fragen auf. Wie sollten wir diese Gründe abwägen und wie können wir Akteur:innen anhand dieser identifizieren? Sind Akteur:innen mehr verantwortlich, wenn die Ursache eine Ungerechtigkeit ist oder wenn sie sie verhindern können, aber nichts tun? Und wenn wir mehr als einen Akteur identifizieren, der eingreifen kann, wen sollten wir verantwortlich machen? Wir wollen diese Fragen nicht allgemein beantworten, sondern werden sie angehen, während wir die Ungerechtigkeiten gegenüber der körperlichen Integrität von Kindern in den folgenden Kapiteln diskutieren. Es scheint uns plausibel, dass in den meisten Fällen zuerst die Verursachung angeführt wird, gefolgt von Macht, dann Privileg und schließlich Interesse. Eine solche Gewichtung ist besonders vage, weil Verursachung ein so schwieriges Thema ist und was als direkte Ursache erscheint, selbst durch andere Dinge verursacht sein könnte: Ein Elternteil, der seine Kinder nicht gut ernährt, könnte dies aufgrund finanzieller Belastungen tun, oder dieser Elternteil weiß es vielleicht nicht besser, weil er:sie nie über gesunde Ernährung informiert wurde, oder vielleicht wurde dieser Elternteil durch Werbung manipuliert oder beeinflusst, die bestimmte Lebensmittel als gesund bezeichnet, obwohl sie es nicht sind. In solchen Szenarien, mit denen wir unter nicht-idealen Umständen in der realen Welt umgehen müssen, wird die Zuschreibung von Verantwortungaufgrund von Verursachung zumindest geschwächt, während andere Gründe sie überwiegen können. Selbst wenn das Elternteil aufgrund von Verursachung verantwortlich gemacht wird, neben anderen Akteuren wie der Lebensmittel- oder Werbeindustrie, müssen wir betrachten, wie viel dieses Elternteil wirklich ändern kann und wie er:sie bei dieser Änderung unterstützt werden kann. Wenn es wahrscheinlich erscheint, dass das Elternteil bei der Änderung seines oder ihres Verhaltens unterstützt werden kann, dann hat der Staat eine Verantwortung, dies zu tun, basierend auf mehreren Gründen: Der Staat wird verantwortlich, wenn er bestimmte Praktiken zulässt, die er verhindern könnte, zum Beispiel wenn er keine Gesetze erlässt, die die Rechte der Kinder sowohl in armen als auch in reichen Familien schützen.

Darüber hinaus ist der Staat für alle seine Bürger:innen verantwortlich, einschließlich der Kinder, was bedeutet, dass er alle Kinder ausreichend schützen muss, während die Ressourcen anderer Akteur:innen, einschließlich der Eltern, oft begrenzt sind und dazu neigen, Ungleichheiten zu unterstützen, von denen ihre eigenen Kinder profitieren. Der Staat ist auch an die Interessen der Kinder als zukünftige politische Akteure gebunden. Obwohl Kinder keine politische Handlungsfähigkeit haben, solange sie Kinder sind, wird fast jedes Kind irgendwann erwachsen, und wie Elizabeth Anderson (E. Anderson 2010) argumentiert hat, hat der Staat die Verpflichtung, allen Kindern zu ermöglichen, so aufzuwachsen, dass sie zu politischen Akteur:innen werden können. Darüber hinaus hat der Staat ein Interesse daran, Gerechtigkeit kosteneffektiv zu verwirklichen. Das bedeutet, dass er seine Mittel so einsetzt, dass die bestmöglichen Ergebnisse für alle erzielt werden. Im Fall von Kindern sind frühe Interventionen kosteneffektiv, weil die Verwirklichung der Kinderrechte zusammen mit ihrem Wohlergehen und ihrer Wohlentwicklung die Kosten in der Zukunft erheblich senkt (Dixon und Nussbaum 2012). Nehmen wir das Beispiel Gesundheit: Wenn das Recht eines

Kindes auf Gesundheit geschützt wird und das Kind gesund aufwächst, verringert dies die Wahrscheinlichkeit von Krankheiten und Gesundheitsproblemen im späteren Leben (Cabezas et al. 2014). Gesund zu sein ist auch eine Voraussetzung für wirtschaftliche Teilhabe und Leistung. All diese Gründe machen den Staat zu einem Akteur der Gerechtigkeit auf zweiter Ebene, mit einer gewissen Verantwortung gegenüber Kindern (geteilt mit anderen Akteur:innen der Gerechtigkeit auf erster und zweiter Ebene).

Dies bringt uns zurück zu dem, was wir über unseren Fokus auf das institutionelle Design und die Regeln und Normen, die individuelle Handlungen regeln, gesagt haben. Das Modell von Iris Young, das wir übernehmen wollen, befasst sich in großem Umfang mit individuellen Handlungen. Ein Unternehmen, das seine Arbeiter:innen nicht direkt ausbeutet, aber von anderen Unternehmen profitiert, die dies tun, indem es billigere Materialien für seine Produktion kauft, ist verantwortlich, basierend auf der Macht, die es haben könnte (zum Beispiel zu einem anderen Produzenten zu gehen), dem Privileg, das auf dem Gewinn basiert, den es aus der Verwendung billigerer Materialien erzielt, und in gewissem Maße der Verursachung, bei der es nicht unplausibel ist anzunehmen, dass das Unternehmen, allein oder zusammen mit anderen Unternehmen, den Hersteller unter Druck setzt, so billig wie möglich zu produzieren, mit der impliziten oder sogar expliziten Drohung, ohnehin zum billigsten Hersteller zu gehen. Die Verwendung des „social connection model" verlangt auch, dass wir weiter gehen und die Verantwortungder Verbraucher:innen, die das Endprodukt von solchen Unternehmen kaufen, die Manager:innen, die in diesem Unternehmen arbeiten, der Werbefirma, die hilft, diese Produkte zu verkaufen, und auch des Staates, in dem diese Unternehmen ihre Produkte verkaufen, sie produzieren oder in den sie ihren Hauptsitz verlegt haben, um von einer geringeren Steuerlast zu profitieren, hinterfragen. Wir hoffen, dass dies einen Einblick in die Gründe gibt, warum das social connection model, das auch die Rolle von Individuen oder einzelnen Organisationen hinterfragt, eng mit unserem Ansatz zur Gerechtigkeit verbunden ist, der an politischen Maßnahmen interessiert ist.

Viele individuelle Verantwortlichkeiten, die wir mit dem social connection model eingrenzen können und die wichtig sind, zu übernehmen, werden selbst durch die Umsetzung der richtigen politischen Maßnahmen geformt und können geformt werden. Wenn wir sagen, dass Kindesmissbrauch eine grobe Verletzung der körperlichen Integrität eines Kindes ist, ist es sicherlich notwendig, ein Gesetz dagegen zu erlassen, zu sagen, dass es die Rechte der Kinder auf Wohlergehen und Wohlentwicklung verletzt, und darauf zu bestehen, dass der Staat für die Umsetzung solcher Maßnahmen verantwortlich ist, was es wahrscheinlicher macht, dass alle anderen Akteur:innen der Gerechtigkeit auf erster Ebene diesen Weg erwarten. Dies beinhaltet Fragen wie: Ist es etwas, das der Staat auf politischer Ebene regeln muss und sollte? Was passiert, wenn der Staat das tut, und sind andere Werte oder Rechte durch bestimmte Gesetze und Maßnahmen gefährdet? Zum Beispiel, wenn der Staat Kindesmissbrauch verbietet, wie viel Eingriff in das Privatleben der Familien erlaubt oder hält er für notwendig? Wenn der Staat weiß oder vermutet, dass Kindesmissbrauch durch andere Faktoren wie Armut,

Kriminalität oder psychische Erkrankungen ausgelöst wird, wäre es dann richtig, diese Auslöser zuerst anzugehen? Wenn Kindesmissbrauch häufiger vorkommt, weil er in den Medien nur als geringfügiges Vergehen dargestellt wird, sollte der Staat hier eingreifen und möglicherweise in den Mediendiskurs eingreifen oder Kampagnen durchführen, die das Gegenteil zeigen? All diese Fragen auf politischer Ebene interagieren mit dem, was Akteur:innen der Gerechtigkeit auf erster Ebene tun können und sollten, sowie mit dem, was sie tatsächlich tun. Nicht alles sollte gesetzlich geregelt werden, während politische Maßnahmen auch verschiedene Formen annehmen können, wie zum Beispiel eine Kampagne, die Eltern über ihre Rollen informiert und darüber, was sie tun können, um ihre Kinder zu schützen und zu unterstützen.

Schließlich müssen wir etwas über die Eltern und die Familie als den zweitwichtigsten Akteur der Gerechtigkeit im Leben von Kindern sagen (zum Beispiel Archard 2010; Brighouse und Swift 2014; Clayton 2006). Viel philosophische Literatur konzentriert sich auf diese beiden Beziehungen zwischen Eltern oder der Familie und dem Staat einerseits und Eltern und Kindern andererseits. Es ist eine weit verbreitete Überzeugung, dass Eltern sowohl Rechte als auch Pflichten gegenüber ihren Kindern haben. Im Lichte von Youngs vier Wegen, Verantwortlichkeiten anzugehen, scheinen beide sehr plausibel. Eltern sind wahrscheinlich die wichtigsten Akteur:innen der ersten Ebene, basierend auf ihrem direkten Einfluss auf Kinder, der einen Großteil ihres Lebens prägt und sowohl Kausalität als auch Macht kombiniert. Da der elterliche Einfluss von solcher Bedeutung ist und sich auf frühe Bindung und Anhänglichkeit bezieht, sodass das Verlassen eines Kindes eine störende Wirkung hat, fördert dies den Fall für eine Verantwortung, über einen längeren Zeitraum für das Kind zu sorgen, bis es das Erwachsenenalter erreicht und einen ausreichenden Zustand der Autonomie und verringerten Verletzlichkeit genießt. Anne Alstott hat dies die Pflicht zum Bleiben genannt (Alstott 2004). Die Verantwortung der Eltern, aufgrund ihres kausalen Einflusses auf das Kind und ihrer Macht, deren Leben zu gestalten, bleibt wahr, auch wenn wir gesehen haben, dass (die meisten) Elternselbst in ihrer Macht begrenzt sind und mehreren Einschränkungen bei der Erziehung ihrer Kinder gegenüberstehen, wie z. B. den schlechten Entscheidungen, die sie getroffen haben, während andere außerhalb ihrer Kontrolle liegen. Die meisten Eltern haben auch ein tiefes Interesse am Wohlergehen und der Wohlentwicklung ihrer Kinder und gehen große Anstrengungen ein, um sie zu unterstützen und zu schützen, einschließlich in Bezug auf ihre körperliche Integrität. Die Familie ist daher ein wichtiger Ort, an dem Gerechtigkeit für Kinder verwirklicht und geschützt oder verletzt wird, je nachdem, wie sehr sie Kindern helfen kann, Fähigkeiten zu entwickeln und aufrechtzuerhalten. Einerseits, wie wir im Laufe dieses Buches sehen werden, ist die Familie wichtig in Bezug auf alle Verletzungen der körperlichen Integrität in Bezug auf Essen, Sexualität und Gewalt. Andererseits ist die Bindung zwischen Kindern und Eltern, die ein Erlebnis von Vertrauen und Liebe darstellt, eine Voraussetzung für körperliche Integrität, wie wir sie skizziert haben; es ist daher notwendig, Handlungsfähigkeit und positive Selbstbeziehungen zu entwickeln, wobei die Eltern dafür verantwortlich sind, diese Entwicklung mit ihren Kindern zu fördern. In

Bezug auf diesen Fokus ist es nicht notwendig, die Rechte, die Eltern in Bezug auf ihre Kinder haben, im Detail weiter zu erforschen, da wir uns hauptsächlich mit ihren Verantwortlichkeitenund Pflichten befassen. Dieser Fokus basiert auch auf unserer Überzeugung, die den Argumenten anderer wie Harry Brighouse, Adam Swift oder David Archard folgt, dass es plausibel ist anzunehmen, dass elterliche Rechte auf elterlichen Verantwortlichkeiten basieren und nicht umgekehrt (Archard 2010; Brighouse und Swift 2006). Die Rechte der Eltern sind wichtig, aber hauptsächlich, weil sie wichtig für die Verwirklichung von Gerechtigkeit für Kinder sind, einschließlich des Schutzes ihrer körperlichen Integrität. In ähnlicher Weise hat Anca Gheaus argumentiert, dass ein besonderer Schutz für die Beziehungen von Co-Eltern notwendig erscheint, weil sie den Kindern zugutekommen (Gheaus 2012). Unsere Sichtweise nimmt einen kindzentrierten Ansatz ein, da sie hauptsächlich die Ansprüche betrachtet, die Kinder genießen, und wie sie geschützt werden sollten, und ist auch „interventionistischer", wenn es um die Beziehung zwischen Familie und Staat geht. Wir erkennen an, dass es keine praktikable Alternative zur Familie gibt und dass Eltern das Recht haben, ihre Kinder zu erziehen, was auch bedeutet, dass sie in vielen Bereichen eine gewisse Kontrolle über ihr Leben haben und viele Entscheidungen für sie treffen. Sobald die auf Gerechtigkeit basierenden Ansprüche der Kinder, einschließlich in Bezug auf ihre körperliche Integrität, durch die Handlungen ihrer Eltern gefährdet oder verletzt werden oder weil sie nicht in der Lage sind, sie ausreichend zu schützen, hat der Staat eine Verantwortung und das Recht einzugreifen, was auch präventive Maßnahmen einschließt. Wir sind uns der Probleme bewusst, die mit der Festlegung der richtigen Schwelle für solche Eingriffe einhergehen. Welche Art von Verletzung der körperlichen Integrität muss stattfinden, um eine bestimmte Art von Eingriff zu rechtfertigen? Es ist vernünftig, Gesetze gegen körperliche Bestrafung zu erlassen, basierend auf dem, was über ihre negativen Auswirkungen bekannt ist (Clark 2004), aber es wäre falsch, ein Kind aufgrund eines einzigen Schlages aus seinem Zuhause zu nehmen, da das Wegnehmen eines Kindes von seinen Betreuer:innen eine negativere Wirkung haben könnte.

Die Verantwortlichkeitengegenüber Kindern, die dem Staat, den Eltern und anderen Betreuer:innen gehören und wie sie verwirklicht werden, basieren auch auf dem, was wir über den besonderen Status von Kindern als sich entwickelnde Akteur:innen skizziert haben, die nur begrenzte Autonomie und erhöhte Verletzlichkeit haben. Elternhaben Rechte und Pflichten, weil ihre Kinder nicht die Kompetenzen haben, die meisten Entscheidungen selbst zu treffen und vielen Bedrohungen ausgesetzt sind. Sehr kleine Kinder sind vollständig von ihren Betreuer:innen abhängig. Andernfalls wäre die Rolle der Eltern und anderer Betreuer:innen begrenzt oder sogar unnötig. Verantwortungumfasst das Anrecht der Kinder auf Wohlergehen und Wohlentwicklung, während die Handlungen der Gerechtigkeitsakteur:innen und die Politik des Staates beide widerspiegeln müssen. Unser Ziel in diesem Buch ist es daher nicht, zu versuchen, die Kausalität hinter all den Ungerechtigkeiten, die wir diskutieren, zu entwirren, noch können wir hoffen, eine wasserdichte Zuweisung von Verantwortlichkeiten an alle beteiligten Gerechtigkeitsakteur:innen zu präsentieren; das wäre unmöglich. Vielmehr wollen wir ausgewählte Akteur:innen diskutieren. Unsere Auswahl basiert einerseits auf empirischen Erkenntnissen, das heißt, wir werden uns ansehen, was die empirischen Wissenschaften über die Kausalität sagen; andererseits basiert sie auf unserem normativen Rahmen in Bezug auf unser Verständnis, dass dies die Regeln des Staates betrifft, der oft eine Rolle als Akteur auf der zweiten Ebene spielt und von den meisten Akteur:innen auf der ersten Ebene, wie Eltern, Lehrer:innen, anderen Kindern, Ärzt:innen, Verbraucher:innen, Unternehmen, Manager:innen und Werbetreibenden, zur Verantwortung gezogen werden kann und diese erheblich beeinflussen kann.

Literatur

Alanen, Leena. 2005. Women's Studies/Childhood Studies: Parallels, Links and Perspectives. In *Children Taken Seriously—In Theory, Policy and Practice*, Hrsg. Jan Mason und Toby Fattore, 31–45. London und Philadelphia: Jessica Kingsley Publishers.

Aldgate, Jane. 2010. Child Well-Being, Child Development and Family Life. In *Child Well-Being: Understanding Children's Lives*, 1. Aufl, Hrsg. Wendy Rose und Colette McAuley, 21–38. London/Philadelphia, PA: Jessica Kingsley Publishers.

Alkire, Sabina. 2002. *Valuing Freedoms. Sen's Capability Approach and Poverty Reduction*, 1. Aufl. Oxford/New York, NY: Oxford University Press.

Alstott, Anne. 2004. *No Exit: What Parents Owe Their Children and What Society Owes Parents*, 1. Aufl. Oxford/New York, NY: Oxford University Press.

Anderson, Elizabeth. 2010. Justifying the Capability Approach to Justice. In *Measuring Justice: Primary Goods and Capabilities*, 1. Aufl, Hrsg. Harry Brighouse und Ingrid Robeyns, 81–100. Cambridge/New York, NY: Cambridge University Press.

Anderson, Joel, und Rutger Claassen. 2012. Sailing Alone: Teenage Autonomy and Regimes of Childhood. *Law and Philosophy* 31(5): 495–522. 10.1007/s10982-012-9130-9.

Archard, David. 2004. *Children: Rights and Childhood*, 2. Aufl. London/New York, NY: Routledge.

———. 2010. *The Family: A Liberal Defence*, 1. Aufl. Basingstoke/New York, NY: Palgrave Macmillan.

Archard, David, und Colin M. Macleod, Hrsg. 2002. *The Moral and Political Status of Children*, 1. Aufl. Oxford/New York, NY: Oxford University Press.

Archard, David, und Marit Skivenes. 2009. Balancing a Child's Best Interests and a Child's Views. *The International Journal of Children's Rights* 17(1): 1–21. 10.1163/157181808X358276.

Archard, David, Monique Deveaux, Neil Manson, und Daniel Weinstock, Hrsg. 2013. *Reading Onora O'Neill*, 1. Aufl. London/New York, NY: Routledge.

Arneson, Richard J. 2000. Perfectionism and Politics. *Ethics* 111(1): 37–63. 10.1086/233418.

Axford, Nick. 2012. *Exploring Concepts of Child Well-Being: Implications for Children's Services*. Bristol: Policy.

Bagattini, Alexander. 2014. Child Well-Being: A Philosophical Perspective. In *Handbook of Child Well-Being: Theory, Indicators, Measures and Policies*, 1. Aufl, Hrsg. Asher Ben-Arieh, Ferran Casas, Ivar Frønes, und Jill E. Korbin, 163–186. Dordrecht/New York, NY: Springer.

Ballet, Jérôme, Mario Biggeri, und Flavio Comim. 2011. Children's Agency and the Capability Approach: A Conceptual Framework. In *Children and the Capability Approach*, 1. Aufl, Hrsg. Mario Biggeri, Jérôme Ballet, und Flavio Comim, 22–45. Basingstoke/New York, NY: Palgrave Macmillan.

Ben-Arieh, Asher, Ferran Casas, Ivar Frønes, und Jill E. Korbin, Hrsg. 2014. *Handbook of Child Well-Being: Theory, Indicators, Measures and Policies*, 1. Aufl. Dordrecht/New York, NY: Springer.

Biggeri, Mario, und Rudolf Anich. 2009. The Deprivation of Street Children in Kampala: Can the Capability Approach and Participatory Methods Unlock a New Perspective in Research and Decision Making? *Mondes En Développement* 37(146): 73–93.

Biggeri, Mario, und Santosh Mehrotra. 2011. Child Poverty as Capability Deprivation: How to Choose Domains of Child Well-Being and Poverty. In *Children and the Capability Approach*, 1. Aufl, Hrsg. Mario Biggeri, Jérôme Ballet, und Flavio Comim, 46–75. Basingstoke/New York, NY: Palgrave Macmillan.

Biggeri, Mario, Jérôme Ballet, und Flavio Comim, Hrsg. 2011. *Children and the Capability Approach*, 1. Aufl. Basingstoke/New York, NY: Palgrave Macmillan.

Brighouse, Harry. 2003. How Should Children Be Heard? *Arizona Law Review* 45(3): 691–711.

Brighouse, Harry, und Adam Swift. 2006. Parents' Rights and the Value of the Family. *Ethics* 117(1): 80–108. 10.1086/508034.

———. 2014. *Family Values: The Ethics of Parent-Child Relationships*, 1. Aufl. Princeton, NJ: Princeton University Press.

Brock, Gillian. 2009. *Global Justice: A Cosmopolitan Account*, 1. Aufl. Oxford/New York, NY: Oxford University Press.

Bronfenbrenner, Urie. 1979. *The Ecology of Human Development: Experiments by Nature and Design*. Cambridge, MA: Harvard University Press.

Bunting, Annie. 2005. Stages of Development: Marriage of Girls and Teens as an International Human Rights Issue. *Social & Legal Studies* 14(1): 17–38. 10.1177/0964663905049524.

Cabezas, Mar, Gunter Graf, und Gottfried Schweiger. 2014. Health, Justice, and Happiness during Childhood. *South African Journal of Philosophy* 33(4): 501–511. 10.1080/02580136.2014.967593.

Clark, John. 2004. Against the Corporal Punishment of Children. *Cambridge Journal of Education* 34(3): 363–371. 10.1080/0305764042000289974.

Clayton, Matthew. 2006. *Justice and Legitimacy in Upbringing*, 1. Aufl. Oxford/New York, NY: Oxford University Press.

Cohen, G.A. 2003. Facts and Principles. *Philosophy and Public Affairs* 31(3): 211–245. 10.1111/j.1088-4963.2003.00211.x.

Cowie, Helen. 2012. *From Birth to Sixteen Years: Children's Health, Social, Emotional, and Cognitive Development*, 1. Aufl. London/New York, NY: Routledge.

Curry, O. 2006. Who's Afraid of the Naturalistic Fallacy? *Evolutionary Psychology* 4(1). 10.1177/147470490600400120.

Dixon, Rosalind, und Martha Nussbaum. 2012. Children's Rights and a Capabilities Approach: The Question of Special Priority. *Cornell Law Review* 97: 549–593.

Fattore, Toby, Jan Mason, und Elizabeth Watson. 2007. Children's Conceptualisation(s) of Their Well-Being. *Social Indicators Research* 80(1): 5–29. 10.1007/s11205-006-9019-9.

Ferguson, Ann, und Mechthild Nagel, Hrsg. 2009. *Dancing with Iris the Philosophy of Iris Marion Young*, 1. Aufl. Oxford/New York, NY: Oxford University Press http://site.ebrary.com/id/10329682.

Franklin-Hall, Andrew. 2013. On Becoming an Adult: Autonomy and the Moral Relevance of Life's Stages. *The Philosophical Quarterly* 63(251): 223–247. 10.1111/1467-9213.12014.

Friedmann, Naama, und Dana Rusou. 2015. Critical Period for First Language: The Crucial Role of Language Input during the First Year of Life. *Current Opinion in Neurobiology* 35(December): 27–34. 10.1016/j.conb.2015.06.003.

Gheaus, Anca. 2012. Is the Family Uniquely Valuable? *Ethics and Social Welfare* 6(2): 120–131. 10.1080/17496535.2012.682499.

Giesinger, Johannes. 2007. *Autonomie und Verletzlichkeit: der moralische Status von Kindern und die Rechtfertigung von Erziehung*, 1. Aufl. Bielefeld: Transcript.

Graf, Gunter. 2015. Conceptions of Childhood, Agency, and the Well-Being of Children. In *The Well-Being of Children: Philosophical and Social Scientific Approaches*, 1. Aufl, Hrsg. Gunter Graf und Gottfried Schweiger, 20–33. Berlin: DeGruyter.

Greene, Sheila. 2015. *The Psychological Development of Girls and Women: Rethinking Change in Time*, 2. Aufl. Women and Psychology. East Sussex: Routledge.

Honneth, Axel. 1996. *The Struggle for Recognition: The Moral Grammar of Social Conflicts*, 1. Aufl. Cambridge, MA: MIT Press.

James, Allison, und Alan Prout, Hrsg. 1997. *Constructing and Reconstructing Childhood: Contemporary Issues in the Sociological Study of Childhood*. London/Washington, DC: Falmer Press.

James, Allison, und Alan Prout. 2005. A New Paradigm for the Sociology of Childhood? Provenance, Promise and Problems. In *Constructing and Reconstructing Childhood*, 2. Aufl, Hrsg. Allison James und Alan Prout, 7–32. Contemporary Issues in the Sociological Study of Childhood. London; Washington, DC: Falmer Press.

James, Allison, Chris Jenks, und Alan Prout. 1998. *Theorizing Childhood*. Cambridge, UK: Polity Press in association with Blackwell Publishers Ltd.

Jenkins, Stephen P, und Thomas Siedler. 2007. *The Intergenerational Transmission of Poverty in Industrialized Countries*, 1. Aufl. CPRC Working Paper 75. Manchester: Chronic Poverty Research Centre. http://cprc.abrc.co.uk/pdfs/75Jenkins_%28Siedler%29.pdf

Kitzinger, Jenny. 1997. Who Are You Kidding? Children, Power and the Struggle Against Sexual Abuse. In *Constructing and Reconstructing Childhood: Contemporary Issues in the Sociological Study of Childhood*, 165–189. London: Falmer Press.

Kitzinger, Jenny. 2005. Who Are You Kidding? Children, Power and the Struggle Against Sexual Abuse. In *Constructing and Reconstructing Childhood: Contemporary Issues in the Sociological Study of Childhood*, Hrsg. Allison James und Alan Prout, 161–185. London: Falmer Press.

Korsgaard, Christine. 1993. The Reasons We Can Share: An Attack on the Distinction Between Agent-Relative and Agent-Neutral Values. *Social Philosophy and Policy* 10(1): 24–51.

Landrigan, Philip J., und Lynn R. Goldman. 2011. Children's Vulnerability to Toxic Chemicals: A Challenge and Opportunity to Strengthen Health and Environmental Policy. *Health Affairs* 30(5): 842–850. 10.1377/hlthaff.2011.0151.

Lansdown, Gerison. 2001. Promoting Children's Participation in Democratic Decision-Making. *Innocenti Insight*. Florence: UNICEF International Child Development Centre.

Lansdown, Gerison, UNICEF, und Innocenti Research Centre. 2005. *The Evolving Capacities of the Child*. Florence, Italy: Save the Children, UNICEF.

Macleod, Colin M. 2007. Raising Children: Who is Responsible for What? In *Taking Responsibility for Children*, Hrsg. Samantha Brennan und Robert Noggle, 1. Aufl., 1–18. Studies in Childhood and Family in Canada. Waterloo: Wilfrid Laurier University Press.

Mayall, Berry, Hrsg. 1994. *Children's Childhoods: Observed and Experienced*. London/Washington, DC: Falmer Press.

Mayall, Berry. 2002. *Towards a Sociology for Childhood: Thinking from Children's Lives*. Buckingham; Philadelphia: Open University Press.

McAuley, Colette, und Wendy Rose, Hrsg. 2010. *Child Well-Being: Understanding Children's Lives*, 1. Aufl. London/Philadelphia, PA: Jessica Kingsley Publishers.

McAuley, Colette, Roger Morgan, und Wendy Rose. 2010. Children's Views on Child Well-Being. In *Child Well-Being: Understanding Children's Lives*, Hrsg. Colette McAuley und Wendy Rose, 39–66. London/Philadelphia, PA: Jessica Kingsley Publishers.

McDowell, John. 1995. Might There Be External Reasons? In *World, Mind, and Ethics*, Hrsg. J.E.J. Altham und Ross Harrison, 68–85. Cambridge: Cambridge University Press http://ebooks.cambridge.org/ref/id/CBO9780511621086 A012.

Meyer, Anneke. 2007. The Moral Rhetoric of Childhood. *Childhood* 14(1): 85–104. 10.1177/0907568207072532.

Miller, David. 2011. Taking Up the Slack? Responsibility and Justice in Situations of Partial Compliance. In *Responsibility and Distributive Justice*, Hrsg. Carl Knight und Zofia Stemplowska, 230–245. Oxford: Oxford University Press http://www.oxfordscholarship.com/view/10.1093/acprof:oso/9780199565801.001.0001/acprof-9780199565801-chapter-12.

Moore, Tim. 2015. Keeping Them in Mind. In *The Well-Being of Children*, Hrsg. Gottfried Schweiger und Gunter Graf. Warsaw, Poland: De Gruyter Open http://www.degruyter.com/view/books/9783110450521/9783110450521-007/9783110450521-007.xml.

Newport, Elissa L. 1990. Maturational Constraints on Language Learning. *Cognitive Science* 14(1): 11–28. 10.1207/s15516709cog1401_2.

Noggle, Robert. 2002. Special Agents: Children's Autonomy and Parental Authority. In *The Moral and Political Status of Children*, 1. Aufl, Hrsg. David Archard und Colin M. Macleod, 97–117. Oxford/New York, NY: Oxford University Press.

Nordenfelt, Lennart. 1995. *On the Nature of Health: An Action-Theoretic Approach*. Dordrecht/Boston: Kluwer.

Nussbaum, Martha. 2000. *Women and Human Development—The Capabilities Approach*, 1. Aufl. Cambridge/New York, NY: Cambridge University Press.

———. 2003. Capabilities as Fundamental Entitlements: Sen and Social Justice. *Feminist Economics* 9(2–3): 33–59. 10.1080/1354570022000077926.

———. 2006. *Frontiers of Justice: Disability, Nationality, Species Membership*. Cambridge, MA/London: The Belknap Press of Harvard University Press.

———. 2011. *Creating Capabilities: The Human Development Approach*, 1. Aufl. Cambridge, MA/London: Belknap Press of Harvard University Press.

O'Neill, Onora. 2001. Agents of Justice. *Metaphilosophy* 32(1–2): 180–195. 10.1111/1467-9973.00181.

Percy-Smith, Barry, und Nigel Thomas, Hrsg. 2010. *A Handbook of Children and Young People's Participation: Perspectives from Theory and Practice*. London/New York, NY: Routledge.

Pinheiro, Paulo Sérgio. 2006. *World Report on Violence Against Children*. Geneva: United Nations Publ.

Pogge, Thomas. 2008. *World Poverty and Human Rights: Cosmopolitan Responsibilities and Reforms*. Cambridge: Polity.

Qvortrup, Jens, Hrsg. 2005a *Studies in Modern Childhood: Society, Agency, Culture*. Houndmills, Basingstoke, Hampshire/New York, NY: Palgrave Macmillan.

Qvortrup, Jens. 2005b. A Voice for Children in Statistical and Social Accounting: A Plea for Children's Right to Be Heard. In *Constructing and Reconstructing Childhood*, 2. Aufl, Hrsg. Allison James und Alan Prout, 83–103. Falmer Press.

Rafferty, Yvonne. 2013. International Dimensions of Discrimination and Violence against Girls: A Human Rights Perspective. *Journal of International Women's Studies* 14(1): 1–23.

Rawls, John. 1971. *A Theory of Justice*, 1. Aufl. Cambridge, MA/London: Harvard University Press.

———. 1999. *The Law of Peoples*. Cambridge, MA: Harvard University Press.

Robeyns, Ingrid. 2003. Sen's Capability Approach and Gender Inequality: Selecting Relevant Capabilities. *Feminist Economics* 9(2–3): 61–92. 10.1080/1354570022000078024.

———. 2005. The Capability Approach: A Theoretical Survey. *Journal of Human Development* 6(1): 93–114. 10.1080/146498805200034266.

———. 2006. The Capability Approach in Practice. *The Journal of Political Philosophy* 14(3): 351–376. 10.1111/j.1467-9760.2006.00263.x.

Sauer, Pieter J.J., und David Neubauer. 2014. Female Genital Mutilation: A Hidden Epidemic (Statement from the European Academy of Paediatrics). *European Journal of Pediatrics* 173(2): 237–238. 10.1007/s00431-013-2126-0.

Schweiger, Gottfried, und Gunter Graf. 2015. *A Philosophical Examination of Social Justice and Child Poverty*, 1. Aufl. Basingstoke: Palgrave Macmillan http://www.palgraveconnect.com/doifinder/10.1057/9781137426024.

Sen, Amartya. 1980. Equality of What? In *The Tanner Lectures on Human Value*, 1. Aufl, Hrsg. Sterling M. McMurrin, 195–220. Salt Lake City, UT: University of Utah Press.

———. 1992. *Inequality Reexamined*, 1. Aufl. Cambridge, MA/London: Harvard University Press.

———. 1999. *Development as Freedom*, 1. Aufl. New York, NY: Anchor Books.

———. 2004. Capabilities, Lists, and Public Reason: Continuing the Conversation. *Feminist Economics* 10(3): 77–80. 10.1080/1354570042000315163.

———. 2009. *The Idea of Justice*, 1. Aufl. London/New York, NY: Allen Lane.

Simmons, A. John. 2010. Ideal and Nonideal Theory. *Philosophy & Public Affairs* 38(1): 5–36. 10.1111/j.1088-4963.2009.01172.x.

Taefi, Nura. 2009. The Synthesis of Age and Gender: Intersectionality, International Human Rights Law and the Marginalisation of the Girl-Child. *The International Journal of Children's Rights* 17(3): 345–376. 10.1163/157181809X458049.

Thomas, Nigel. 2012. Love, Rights and Solidarity: Studying Children's Participation Using Honneth's Theory of Recognition. *Childhood* 19(4): 453–466. 10.1177/0907568211434604.

Thompson, Ross A. 2007. The Development of the Person: Social Understanding, Relationships, Conscience, Self. In *Handbook of Child Psychology. Volume Three: Social, Emotional, and Personality Development*, 6th edn, Hrsg. William Damon und Richard M. Lerner, 24–98. Hoboken, NJ: Wiley.

UN. 1989. Convention on the Rights of the Child. http://www2.ohchr.org/english/law/crc.htm

Valentine, Gill. 1996. Angels and Devils: Moral Landscapes of Childhood. *Environment and Planning D: Society and Space* 14(5): 581–599. 10.1068/d140581.

Valentini, Laura. 2012. Ideal vs. Non-Ideal Theory: A Conceptual Map: Ideal vs. Non-Ideal Theory. *Philosophy Compass* 7(9): 654–664. 10.1111/j.1747-9991.2012.00500.x.

Venkatapuram, Sridhar. 2011. *Health Justice*, 1. Aufl. Cambridge/Malden, MA: Polity Press.

———. 2013. Health, Vital Goals, and Central Human Capabilities. *Bioethics* 27(5): 271–279. 10.1111/j.1467-8519.2011.01953.x.

Wiens, David. 2012. Prescribing Institutions without Ideal Theory. *Journal of Political Philosophy* 20(1): 45–70. 10.1111/j.1467-9760.2010.00387.x.

Williams, Bernard. 1985. *Ethics and the Limits of Philosophy*, 1. Aufl. Cambridge, MA: Harvard University Press.

Wolff, Jonathan, und Avner de-Shalit. 2007. *Disadvantage*, 1. Aufl. Oxford Political Theory. Oxford/New York, NY: Oxford University Press.

Young, Iris Marion. 2011. *Responsibility for Justice*, 1. Aufl. Oxford Political Philosophy. Oxford/New York, NY: Oxford University Press.

Körper und Ernährung

3

In diesem Kapitel konzentrieren wir uns auf jene Gefahren für die Körper von Kindern, die eng mit der Ernährung zusammenhängen, nämlich Fettleibigkeit und Essstörungen. Angemessen ernährt zu sein, ist eine der grundlegendsten Funktionen für das Leben jedes Menschen. Im Fähigkeitenansatz wird es oft als eine Dimension des Wohlergehenserwähnt, die breite Unterstützung von vielen Menschen findet, unabhängig von ihrer spezifischen Vorstellung vom guten Leben. Wahrscheinlich würden die meisten Vertreter:innen des Fähigkeitenansatzes zumindest anfänglich argumentieren, dass jeder Erwachsene die reale Freiheit (die Fähigkeit) haben sollte, nicht nur genug zu essen, sondern auch Zugang zu einer ausgewogenen und gesunden Ernährung zu haben, und dass für jedes Kind die jeweilige Funktionsweise gesichert sein sollte. Die konzeptionelle Analyse der Fähigkeit zu essen oder angemessen ernährt zu sein, wurde jedoch nicht in der Tiefe ausgearbeitet. Ein Grund dafür ist sicherlich, dass viele Wissenschaftler:innen den Ansatz im Zusammenhang mit extremer Armut verwendet haben und in dieser Hinsicht interessante Ergebnisse erzielt wurden. Sens Untersuchung von Hungersnöten zeigte beispielsweise, wie wichtig Berechtigungen für den Zugang zu Nahrung sind und dass die Verfügbarkeit von Nahrung oft nicht das einzige Problem ist. Mit anderen Worten, er wies auf bestimmte soziale Umwandlungsfaktoren hin, die entscheiden, ob jemand die Fähigkeit zu essen hat, was die Komplexität des Themas betonte (Sen 1983). Für die Ernährung in den Kontexten, die uns interessieren – wohlhabende Gesellschaften, insbesondere in Bezug auf Kinder – gibt es jedoch sehr wenig Arbeit aus einer Fähigkeits-Perspektive, sodass es notwendig sein wird, unsere ethische Bewertung von Fettleibigkeit und Essstörungen in engem Dialog mit dem, was die empirischen Wissenschaften uns über diese Phänomene sagen, sowie wie sie als Gefahren für die körperliche Integrität von Kindern gesehen werden können, zu entwickeln.

Beginnen wir mit einigen Bemerkungen zum Konzept des Essens selbst und zur Rolle, die das Essen in Bezug auf das Wohlergehen und Wohlentwickeln von

G. Graf und G. Schweiger, *Ethik der körperlichen Integrität von Kindern,* Kindheit – Bildung – Erziehung. Philosophische Perspektiven,
https://doi.org/10.1007/978-3-031-75277-3_3

Kindern spielen *sollte*, wenn wir den Fähigkeitenansatzals Grundlage nehmen. Für unsere Analysen von Fettleibigkeit und Essstörungen wird es notwendig sein, viele Aspekte hinzuzufügen, die über das Essen hinausgehen, da diese Phänomene einfach zu komplex sind, um sie auf eine Dimension zu reduzieren. Essen ist jedoch sicherlich involviert, daher wird es hilfreich sein, ein besseres Verständnis davon zu bekommen, was es aus normativer Sicht bedeutet. Wir glauben, dass das Konzept des *fähigkeitsfördernden Essens*, das eng mit dem der körperlichen Integrität verbunden ist, hier nützlich sein kann. Wir nähern uns ihm in erster Linie als Funktionsweise, die jedoch früh im Lebensverlauf Elemente von Freiheit und Wahlfreiheit integriert und ihm einige Merkmale einer Fähigkeit verleiht. Wie bei allen Funktionsweisen nimmt die Bedeutung dieser Freiheiten zu, wenn Kinder älter werden. Wir nennen das Konzept *fähigkeits*-förderndes Essen, weil wir auf seine Rolle bei der Bereitstellung realer Freiheiten für ein Kind auf lange Sicht aufmerksam machen möchten. Es fördert sicherlich auch viele Funktionsweisen, und man könnte es sicherlich *funktionsweisen*-förderndes Essen nennen. Aber wie gesagt, wir möchten die sich entwickelnde Natur von Kindern und wie sie zu vollwertigen Akteur:innen mit Fähigkeiten werden, betonen.

Wie ist also das Konzept des fähigkeitsfördernden Essens im Fähigkeitenansatz am besten zu verstehen? Für uns umfasst es mindestens drei Aspekte, die die drei Dimensionen unseres Konzepts der körperlichen Integritätwiderspiegeln: Gesundheit, Handlungsfähigkeit und positive Selbstbeziehungen sind relevant, aber in gewisser Weise angepasst und betonen bestimmte Aspekte davon. Erstens und am offensichtlichsten führt fähigkeitsförderndes Essen zu einer Nahrungsaufnahme, die die Gesundheit der betreffenden Person ermöglicht und aufrechterhält. Was dies genau bedeutet, kann in ausreichendem Maße von wissenschaftlichen Disziplinen bestimmt werden. Was die beste Ernährung ausmacht, ist noch Gegenstand von Debatten, aber es gibt genügend Erkenntnisse und Konsens, um solide Ratschläge zu gesunder Ernährung in Bezug auf Kalorienbedarf, Zusammensetzung der Ernährung und Qualität zu geben (z.B. Willett und Stampfer 2013). Zweitens üben Menschen beim fähigkeitsfördernden Essen ihre Handlungsfähigkeitin gewisser Weise aus. Es reicht nicht aus, nur auf die Nährwerte von Lebensmitteln zu schauen, sondern auch darauf, *wie* jemand isst. Wir wollen diesen Punkt klären, indem wir Nussbaums Arbeit betrachten. Sie argumentiert, dass menschliche Handlungen sich von denen anderer Tiere unterscheiden und dass eine moralisierte Form der Handlungsfähigkeit – sie spricht von praktischer Vernunft – in Kombination mit der Funktionsweise der Zugehörigkeit in dieser Hinsicht entscheidend ist. Sie illustriert diese These, indem sie die Arbeit als Beispiel nimmt, die sie nur als eine wahrhaft menschliche Funktionsweise sieht, wenn sie die Fähigkeit beinhaltet, sich als denkendes Wesen zu verhalten, nicht nur als Zahnrad in einer Maschine, und mit und gegenüber anderen in einer Weise getan werden kann, die gegenseitige Anerkennung der Menschlichkeit beinhaltet (Nussbaum 2000, 82). In Bezug auf das Essen stellt sie eine ähnliche These auf und bezieht sich auf eine berühmte Passage in Marx:

> It is obvious that the *human eye* gratifies itself in a way different from the crude , non-human eye; the human *ear* different from the crude ear etc... The *sense* caught up in a crude practical need has only a *restricted* sense. For the starving man, it is not the human form of food that exists, but only its abstract being as food; it could just as well be there in its crudest form, and it would be impossible to say wherein this feeding activity differs from that of *animals*. (Marx 1988, 107–119)

Für unser Konzept des fähigkeitsfördernden Essens für Kinder impliziert dies, dass die Handlungsfähigkeitvon Kindern von Anfang an in die Esserfahrungen integriert werden muss, ihre Fähigkeiten in dieser Hinsicht stimuliert und ihre Entscheidungen bis zu einem gewissen Grad respektiert werden müssen. Da Gesundheit eine so grundlegende Fähigkeit ist, muss die Handlungsfähigkeit von Kindern mit den gesundheitlichen Ergebnissen ihrer Ernährung in Einklang gebracht werden. Gleichzeitig sind Kinder nicht nur „Zahnräder in einer Maschine", während die Mitbestimmung, wann, was und wie sie essen, ein bedeutungsvoller Teil ihrer Handlungsfähigkeit ist. In jedem Fall impliziert fähigkeitsförderndes Essen, dass sie die Zusammenhänge zwischen ihrer Handlungsfähigkeit in Bezug auf die Nahrungsaufnahme und den gesundheitlichen Ergebnissen lernen müssen. Die dritte Zutat unseres Konzepts des fähigkeitsfördernden Essens für Kinder basiert auf der Erkenntnis, dass Essen und die Identitätsbildung einer Person miteinander verwoben sind. Lebensmittel und Essen haben viele kulturelle Bedeutungen und spielen daher eine wichtige Rolle bei der Entwicklung des Selbst und seiner Position in der sozialen Struktur einer Gesellschaft. Mit dem, was und wie wir essen, bestimmen wir teilweise, wer wir sind und zu welchen sozialen Gruppen wir gehören. Darüber hinaus ist die Beziehung zwischen Essen und dem eigenen Körper hier wichtig. Essgewohnheiten beeinflussen unter anderem die Formen und Gestalten unserer Körper, die wiederum eine wichtige Quelle der Identität sind. Fähigkeitsförderndes Essen impliziert, dass positive Selbstbeziehungen durch die eigenen Essgewohnheiten entwickelt und aufrechterhalten werden und dass Kinder gesunde Selbstbilder erzeugen. Dennoch sollten sie durch ihre Handlungsfähigkeit lernen, auf eine Weise zu essen, die mit ihren reflektierten Vorstellungen vom guten Leben vereinbar ist, und diese als eine Form des Ausdrucks und der Gestaltung ihrer Identität nutzen.

Diese drei Aspekte unseres Konzepts des fähigkeitsfördernden Essens können zu Spannungen zwischen ihnen führen. Die Ausübung von Handlungsfähigkeit im Einklang mit der eigenen Vorstellung vom guten Leben kann insbesondere nachteilige gesundheitliche Folgen haben. Es ist nicht unser Thema, dieses Problem in Bezug auf autonome Erwachsene zu behandeln oder zu diskutieren, ob bestimmte Arten von Paternalismus ihnen gegenüber gerechtfertigt sein können, wenn sie sich in einer Weise verhalten, die ihre Gesundheit gefährdet. Vielmehr konzentrieren wir uns auf Kinder, für die die Situation viel klarer ist. Sie haben Ansprüche darauf, alle gerechtigkeitsbezogenen Fähigkeiten zu entwickeln, und daher darf ihre Handlungsfähigkeitihre Gesundheit und positive Selbstbeziehungen nicht über diese Schwellenwerte hinaus belasten. Mit diesen vorläufigen Bemerkungen im Hinterkopf wollen wir nun einen genaueren Blick auf die kindliche Adipositasund ihre Auswirkungen auf die körperliche Integrität von Kindern werfen.

3.1 Kindliche Adipositas

Kindliche Adipositas erhält zunehmend Aufmerksamkeit von der Öffentlichkeit und den Medien, Wissenschaftler:innen und Politiker:innen sowie von Philosoph:innen. Sie wurde als eine der größten gesundheitlichen Herausforderungen in wohlhabenden Ländern seit Beginn des einundzwanzigsten Jahrhunderts identifiziert (Han et al. 2010; WHO 2014), während sie auch als ein mediengehyptes Phänomen kritisiert wurde, das schädliche Körperpolitiken durch irreführende und kontroverse Interpretationen der medizinischen Wissenschaft in Verbindung mit neoliberaler Ideologie durchsetzt (Moffat 2010; Wright und Harwood 2009). Aus philosophischer Perspektive wirft die kindliche Adipositas mehrere interessante Fragen auf, die in mindestens vier Bereiche unterteilt werden können:

1. Es gibt einige offene Fragen hinsichtlich des Konzeptes der kindlichen Adipositas sowie der Forschung dazu. Es ist bei weitem nicht klar, wie Adipositas bei Kindern definiert werden sollte und wie eine klare Abgrenzung zum Übergewicht etabliert werden könnte. Eine solche Unterscheidung wäre wichtig, da letzteres als mehr oder weniger harmlos angesehen wird. Darüber hinaus sind die wissenschaftlichen Erkenntnisse über die Ursachen von Adipositas und ihre Auswirkungen, insbesondere auf die Gesundheit, umstritten. Es gibt auch keinen Konsens über die beste Behandlung oder Prävention von kindlicher Adipositas.
2. Die gesamte Diskussion über eine „Adipositas-Epidemie" und das Medien-Politik-Medizin-Netzwerk, das das Thema in den Vordergrund gerückt hat, muss kritisch untersucht werden. Kindliche Adipositas ist nicht mehr nur ein medizinisches Problem unter anderen, und der Diskurs oft mit unbegründeten Annahmen, Vorurteilen und Prozessen des Beschuldigens sowie Beschämens gefüllt. Adipositas ist sicherlich nicht nur eine Krankheit unter anderen, sondern sie ist zu einem sozialen und kulturellen Thema geworden.
3. Wir sind mit politischen Fragen konfrontiert, Fragen darüber, wie der Staat oder andere Institutionen auf kindliche Adipositas reagieren sollten. Kann das Problem durch Gesetze gelöst werden, die Softdrinks verbieten? Brauchen wir präventive Maßnahmen und obligatorische Fitnesskurse? Wäre esfair, wenn wir berücksichtigen, dass Kinder, die aufgrund von Untergewicht stigmatisiert werden, ebenfalls Ernährungs- oder Gesundheitsprobleme haben können, wie z.B. Hypoglykämie? Wie interagieren verschiedene Politikbereiche, wie Gesundheits- und Sozialpolitik?
4. Schließlich wirft die kindliche Adipositas wichtige normative und ethische Fragen auf. Vielleicht ist kindliche Adipositas nicht nur eine gewöhnliche Krankheit, sondern eine, die als Ungerechtigkeit bewertet werden sollte, was uns möglicherweise dazu führt, bestimmte Verpflichtungen der beteiligten Akteur:innen abzuleiten. Wer ist in erster Linie für die hohe Zahl adipöser Kin-

der verantwortlich, und wer sollte die Kosten tragen? Ist der Staat berechtigt, in das Familienleben einzugreifen, wenn Eltern ihren Kindern erlauben, adipös zu werden, oder ist er vielleicht sogar dazu verpflichtet? Diese normativen Fragen sind offensichtlich in allen drei zuvor genannten Dimensionen inhärent; sie tauchen auf, wenn wir den (medizinischen, politischen oder öffentlichen) Diskurs über Adipositas genauer betrachten, sowie wenn wir nach den politischen Konsequenzen fragen.

Einerseits macht die Komplexität des Phänomens und die vielen Unsicherheiten, die die kindliche Adipositas umgeben, es sehr schwierig, einfache Antworten zu geben und unbestrittene Schlussfolgerungen zu ziehen. Andererseits gibt es in der Philosophie, insbesondere in der normativen Philosophie, keine einfachen Antworten, was darauf zurückzuführen ist, dass sie sich mit realen Problemen befasst. Daher ist die normative Philosophie immer mit Unsicherheiten und widersprüchlichen Annahmen darüber konfrontiert, was gerecht oder gut ist.

Vier Vorbehalte müssen erwähnt werden, bevor wir uns mit dem Problem befassen:

1. Wie bei allen Phänomenen, die wir in diesem Buch behandeln, streben wir keine Vollständigkeit im Sinne der Abdeckung aller Fragen, Details oder möglichen Theorien darüber an, was an der kindlichen Adipositas falsch ist und was wir dagegen tun sollten. Da kindliche Adipositas ein aktuelles Thema ist, gibt es zumindest einige (philosophische) Literatur, die mehr Boden abdeckt (unter anderem Voigt et al. 2014; Wickins-Drazilova und Williams 2011; Have et al. 2013; Holm 2008). Im Gegensatz zur bestehenden Literatur betrachten wir kindliche Adipositas als *eine* von vielen Bedrohungen der körperlichen Integrität von Kindern, die wir heute in wohlhabenden Gesellschaften finden. Das übergeordnete Ziel unseres Buches ist es, diese um ihrer selbst willen zu diskutieren, aber auch, sie zusammenzuführen. In diesem Sinne ist kindliche Adipositasnur ein Teil des Puzzles, obwohl einer, der alle Aufmerksamkeit verdient, die er bekommen kann.
2. Wir sind Philosophen, keine Mediziner, und wir möchten keine Diskussionen in der medizinischen Fachwelt lösen. Unser Fokus liegt auf normativen philosophischen Fragen, und wir verbinden sie mit unserem Konzept der körperlichen Integrität. Das bedeutet, dass wir unser Argument in Bezug auf medizinische Erkenntnisse aufbauen, aber die Fragen, die wir zu beantworten versuchen, sind keine medizinischen. Wir entscheiden nicht, wie Adipositas definiert werden sollte oder ob sie als Krankheit eingestuft werden sollte. Stattdessen diskutieren wir die normativen Schlussfolgerungen, die aus kindlicher Adipositasals Krankheit gezogen werden sollten, unter Berücksichtigung bestimmter Annahmen über das Wohlergehen und Wohlentwickelnvon Kindern, ihre Handlungsfähigkeit und was für sie gerecht ist.
3. Viele Probleme, die wir identifizieren, passen nicht genau zu der medizinischen Unterscheidung zwischen Übergewicht und Adipositas. Während es in der Medizin Kontroversen darüber gibt, ob Übergewicht an sich ein Gesundheitsproblem

darstellt oder ob dies nur für Adipositasgilt, ist klar, dass weder das Stigma der Fettleibigkeit noch der Krieg gegen Fettleibigkeit diese Unterscheidung treffen. Kinder werden von ihren Altersgenossen verspottet, weil sie dick sind, weil sie einen Körper haben, der anders aussieht und schwerer ist, und weil bestimmte Annahmen mit ihrem Aussehen verbunden sind – solches Verhalten ist mehr oder weniger ignorant gegenüber den medizinischen Fragen, ob ein Kind einen Körpermassenindex (BMI) von 31 oder 29 hat.

4. In einer Kultur, die den dünnen Körper als ästhetisches Ideal idealisiert, besteht sogar das Risiko, dass Körper innerhalb des „normalen" Gewichtsbereichs unter dem Stigma der Fettleibigkeit leiden, sollten sie leicht von *dünn sein* abweichen, eine Norm, die in extremer Form interpretiert und von anderen Werten wie Gesundheit oder Wohlergehen losgelöst werden kann. Schäden, die mit solchen Stigmata verbunden sind, könnten daher für Kinder relevant sein, die weder übergewichtig noch adipös sind, sondern einfach nicht extrem schlank. Diese Erkenntnis ist wichtig, da sie bedeutet, dass die Argumente zur Stigmatisierung, die wir in diesem Abschnitt vorbringen werden, wahrscheinlich in gewissem Maße auf viele Kinder zutreffen, die nicht im Fokus dieses Kapitels stehen, da sie im strengen Sinne der Begriffe nicht übergewichtig oder adipös sind. In jedem Fall werden wir auf das Thema perfektionistischer ästhetischer Ideale in Bezug auf den Körper und deren Auswirkungen auf die körperliche Integrität von Kindern im Abschnitt über Essstörungen und in der Darstellung, die wir über die Sexualisierung der Kindheit geben, zurückkommen.

Im Folgenden werden wir uns besonders auf zwei Fragen konzentrieren: In welcher Weise verletzt kindliche Adipositas die körperliche Integrität von Kindern, und wie können wir die körperliche Integrität von Kindern angesichts der Adipositas- „Epidemie" und ihrer gesellschaftlichen Konstruktion schützen?

Adipositas ist an sich ein komplexes Phänomen, das schwer zu definieren ist. Es kann als Krankheit, als Merkmal oder, wie die Weltgesundheitsorganisation (WHO) feststellt, als einer der Risikofaktoren „associated with a wide range of health complications and an increased risk of premature onset of illnesses, including diabetes and heart disease" (WHO 2016b, 46) gesehen werden. Es ist jedoch wichtig darauf hinzuweisen, dass selbst diese Aussage umstritten ist, einfach weil der kausale Zusammenhang zwischen einer Krankheit wie Diabetes und Adipositas nicht so gut etabliert ist (Campos et al. 2005, 58).

Die WHO definiert Adipositas unter Verwendung des hoch umstrittenen BMI als eine Zunahme des erwarteten oder normalen Gewichts einer Person – mit anderen Worten, eine abnormale oder übermäßige Fettansammlung, die die Gesundheit beeinträchtigen kann, größer oder gleich 30 % (WHO 2016a). Sie stellt es auch als Epidemie und als öffentliches Gesundheitsproblem dar und als solches wird es auch als Krankheit betrachtet, solange es eine globale Epidemie verursacht (WHO 2016b). Kindliche Adipositas könnte auch in Bezug auf andere Gewichts- und Ernährungsprobleme sowie essensbezogene Zustände, die Kinder betreffen, wie Anorexie und Bulimie, betrachtet werden. Die Definition von Adipositas als Essstörung löst jedoch nicht die oben genannten Probleme, die auftreten, wenn sie als Krankheit definiert wird, da Essstörungen wiederum durch mehrdeutige Begriffe wie normal und abnormal definiert werden.

Das erste ethische Problem, das bei der Definition von Fettleibigkeit auftritt, ist die Verwechslung von Krankheiten und Anomalien, die als Folge der Identifizierung von „Gesundheit“ mit „statistischer Normalität“ im Kontext der Gesundheit entsteht. Aber was sind „abnormale“ Merkmale? Wann sollte eine bestimmte Menge an Fett im Kontext von Fettleibigkeit als abnormal oder übermäßig angesehen werden, und durch welche Vergleiche kann ein solches Urteil erreicht werden? Es könnte argumentiert werden, dass ungünstige Merkmale diejenigen sind, die das Individuum aus dem „Normalen“ herausstellen. Gegner einer solchen Ansicht könnten jedoch antworten, dass Krankheiten wiederum ungünstige Merkmale sind. Man könnte auch Gesundheit und Normalität als miteinander verbunden interpretieren, aber das wäre zu einfach. Eine Krankheit kann als die pathologische Veränderung eines oder mehrerer Organe oder Funktionen definiert werden, die zu einer Reihe charakteristischer Symptome führt, die einen Verlust oder eine Verringerung der Gesundheitverursachen. Aber auch hier sind normal und abnormal relative Begriffe, die vom idealen Referenzmodell abhängen. Tatsächlich haben sie auch eine regulatorische Rolle, wenn sie verwendet werden, um die Realität im Lichte eines idealen Standards zu analysieren und alles zu melden, was davon abweicht. In diesem Sinne werden normal und abnormal oder sogar pathologisch als „Grenzen“ verwendet, die dazu beitragen, alles zu verdrängen, was bestimmte angeblich rationale, universelle oder zumindest sozial akzeptierte Muster nicht erfüllt (Molina Pérez 2013). Infolgedessen können sie als soziale Werkzeuge angesehen werden, die eine homogenisierte menschliche Vielfalt erleichtern. Hier ist ein anschauliches Beispiel: Eine Umfrage unter Frauen, die eine Fettabsaugung durchgemacht haben, ergab, dass die Befragten Fett mit Pathologie in Verbindung brachten, obwohl sie keine Verbesserung ihrer Gesundheitsmarker erlebten (Campos et al. 2005, 57). Bereits sehen wir, dass bei der Definition von kindlicher Fettleibigkeit viele normative Fragen involviert sind, die weiter diskutiert werden könnten. Für eine ethische Bewertung müssen wir jedoch auf etablierte Definitionen und offizielle Zahlen zurückgreifen, um eine Vorstellung vom Ausmaß des Phänomens zu bekommen. Dies werden wir im Folgenden tun.

Laut der WHO hat sich die Fettleibigkeit weltweit seit 1980 mehr als verdoppelt. Mehr als 1,9 Milliarden Erwachsene sind übergewichtig und davon sind über 600 Millionen fettleibig (WHO 2016a). In globalen Begriffen stellt eine systematische Analyse fest, dass die „prevalence of overweight and obesity combined has risen by 27.5% for adults and 47.1% for children between 1980 and 2013“ (Ng et al. 2014). Weltweit wird geschätzt, dass etwa 170 Millionen Kinder übergewichtig sind (WHO 2012, 13). Unter diesen waren 2013 42 Millionen Kleinkinder unter fünf Jahren übergewichtig oder fettleibig.

In der Altersgruppe der 6- bis 11-Jährigen in den USA stieg der Prozentsatz der fettleibigen Kinder von 7 % im Jahr 1980 auf fast 18 % im Jahr 2012 und von 5 % auf fast 21 % bei Jugendlichen im Alter von 12–19 Jahren. Das bedeutet, dass die kindliche Fettleibigkeit in den letzten drei Jahrzehnten bei Kindern mehr als verdoppelt und bei Jugendlichen vervierfacht hat (Ogden et al. 2014). Fettleibigkeit ist tatsächlich in den am weitesten entwickelten Teilen der westlichen Welt (den USA, Europa und Australien) zu finden, wo sie in den letzten 20 Jahren ebenfalls erheblich zugenommen hat. Tatsächlich ist „the highest prevalence of childhood overweight is in upper-middle-income countries … [and] growing fastest in lower-middle-income countries" (WHO 2012, 13). Während Europa und Nordamerika im Allgemeinen hohe Raten von Fettleibigkeit aufweisen, wurde berichtet, dass die Pazifikinseln die höchste Rate haben. Gleichzeitig haben Afrika und die Länder des Nahen Ostens variable Raten, während die niedrigsten Zahlen in Asien zu finden sind (Nguyen und El-Serag 2010, 2).

Heute sind mehr als ein Drittel der Kinder in wohlhabenden Ländern fettleibig (Moreno Aznar et al. 2011). Laut den Daten der National Health and Nutrition Examination Survey (NHANES) für 2003–2006 hatten 31,9 % der Kinder im Alter von 2–19 Jahren einen BMI auf oder über dem 85. Perzentil der 2000 Centers for Disease Control and Prevention BMI-for-age Wachstumskurven, während 16,3 % auf oder über dem 95. Perzentil des BMI-for-age in den USA lagen (Nguyen und El-Serag 2010, 2). Es ist bemerkenswert, dass die von dieser Handlungsfähigkeit bereitgestellten Daten zeigen, wie „the overweight prevalence changed dramatically between 1980 and 2006 for children 2–19 years of age, increasing from 5.5 % to 16.3 %" (Nguyen und El-Serag 2010, 2).

Insgesamt sind die Prävalenzzahlen bei Frauen im Vergleich zu Männern um einige Punkte höher (Nguyen und El-Serag 2010). Für eine philosophische Analyse dieses Phänomens ist es jedoch interessanter, dass sowohl Minderheiten wie Afroamerikaner und Lateinamerikaner als auch die Armen oder diejenigen, die aufgrund von Armut sozial ausgegrenzt zu werden drohen, eher fettleibig sind und in gewisser Weise nicht in der Lage sind, die Schönheitsideale zu reflektieren, die für andere ethnische Gruppen besser geeignet sind (Azzarito 2009).

3.1.1 Fettleibigkeitund ihre Beziehung zur körperlichen Integrität: Gesundheit, Selbstbeziehungen und Handlungsfähigkeit

An diesem Punkt führt uns das allgemeine Bild zu der Annahme, dass eine zunehmende Anzahl von Kindern in wohlhabenden Gesellschaften nicht nur übergewichtig, sondern auch fettleibig ist. Aber warum genau ist das ein ethisches Problem? Um diese Frage zu beantworten, müssen wir uns auf die körperliche Integrität von Kindern konzentrieren, wie wir sie im vorherigen Kapitel eingeführt haben, und analysieren, wie kindliche Gesundheit, positive Selbstbeziehungen und Handlungsfähigkeit durch Fettleibigkeit beeinträchtigt werden.

Wir wollen mit der körperlichen Gesundheit beginnen und einige zentrale Aspekte des aktuellen Forschungsstands zur Beziehung zwischen kindlicher Fettleibigkeit und Gesundheit diskutieren – insbesondere im Hinblick auf bestimmte Krankheiten, die ein starkes Indiz dafür sind, dass ihre körperliche Integrität negativ beeinflusst wird.

Es gab in den vergangenen Jahren und Jahrzehnten umfangreiche Untersuchungen zu diesem Thema, und auch hier können wir die relevante Literatur nicht umfassend bewerten. Stattdessen möchten wir uns auf einige Punkte konzentrieren, die für die Bewertung von kindlicher Adipositas aus normativer Sicht entscheidend sind. Erstens ist der Nachweis, dass Adipositas im Allgemeinen oder kindliche Adipositas im Besonderen die *Ursache* negativer Gesundheitsergebnisse für Kinder ist – sei es während ihrer Kindheit oder im späteren Leben – oft nicht so eindeutig, wie es von Forscher:innen, Politiker:innen, den Medien und der breiten Öffentlichkeit kommuniziert wird (Voigt et al. 2014). Insbesondere die Arbeit von „Adipositas-Kritiker:innen" hat auf Trugschlüsse innerhalb zentraler Argumente hingewiesen, die vorgebracht wurden, um die These zu untermauern, dass Adipositas als Epidemie betrachtet werden sollte, die drastische Bedrohungen für die öffentliche Gesundheit darstellt (Campos et al. 2005). Wie bereits früher diskutiert, gibt es viele Unsicherheiten in Bezug auf konzeptionelle und Messprobleme, die bei genauer Analyse zu einem hochkomplexen Bild hinsichtlich der Beziehung zwischen kindlicher Adipositas und Krankheit führen. Darüber hinaus weisen Adipositas-Kritiker:innen darauf hin, dass Studien oft ausschließlich Adipositas als Risikofaktor betrachten und andere Variablen wie Ernährung, sozioökonomische Faktoren und körperliche Aktivität ignorieren. Ein solcher Ansatz ist jedoch wahrscheinlich, kausale Zusammenhänge zwischen Adipositas und schlechter Gesundheit zu untermauern, wo in Wirklichkeit nur statistische Assoziationen bestehen. Darüber hinaus können adipöse Menschen metabolisch gesund sein (Ortega et al. 2013), während Menschen mit normalem Gewicht Anzeichen einer schlechten metabolischen Gesundheit zeigen können (Carnethon et al. 2012).

Zweitens sollten diese genannten Unsicherheiten jedoch nicht zu dem Schluss führen, dass es keinen Grund gibt zu glauben, dass kindliche Adipositas mit einer Vielzahl von Gesundheitsrisiken für Kinder verbunden ist. Es ist wahr, dass kausale Zusammenhänge schwer zu etablieren sind, während oft mehr Faktoren relevant für das Gesundheitsrisiko des Kindes sein können, die zumindest teilweise unabhängig von ihrer Adipositas sind. Insbesondere die Rolle von Stigmata ist entscheidend, da sie zu ungesunden Selbstbeziehungen und psychischen Problemen führen kann, ein Thema, das wir später noch besprechen werden. Doch deutet eine Analyse der medizinischen Literatur stark darauf hin, dass Adipositas im Kindesalter das Risiko bestimmter Krankheiten im späteren Leben erhöht, unabhängig von Stigmata, Ausgrenzung und damit verbundenen psychischen Problemen. Wie die oben erwähnte kritische Perspektive fordert, ist es wichtig, verschiedene Wege zu betrachten, die zu schlechter Gesundheit führen, während das Ignorieren von kindlicher Adipositas ebenfalls unangemessen ist. Viele Studien haben festgestellt, dass Adipositas im Kindesalter das Risiko bestimmter Krankheiten im späteren Leben erhöht, insbesondere kardiometabolische Erkrankungen (z.B. Diabetes, Bluthochdruck, Lipide, ischämische Herzkrankheit und Schlaganfall), was zu einer erhöhten Sterblichkeit führt (Flynn et al. 2006; Han et al. 2010; Reilly und Kelly 2011). Die erhöhte Prävalenz von Typ-2-Diabetes bei Kindern sowie die Aussicht auf damit verbundene makro- und mikrovaskuläre Komplikationen wurde als ernstes Gesundheitsrisiko hervorgehoben. Darüber hinaus wurden Ernährungsdefizite (wie Vitamin-D- und Eisenmangel), orthopädische Beschwerden, eingeschränkte Mobilität, pulmonale Störungen, Asthma und Symptome des polyzystischen Ovarialsyndroms mit Adipositas im Kindesalter in Verbindung gebracht.

Drittens haben viele dieser Krankheiten und medizinischen Zustände Auswirkungen auf das Leben der betroffenen Kinder. Wie oben erwähnt, kann Gesundheit nicht nur über das Fehlen von Krankheit definiert werden; es muss auch der Kontext des täglichen Lebens der betreffenden Personen sowie ihre Fähigkeit, wesentliche Ziele oder zentrale Fähigkeiten zu verwirklichen, berücksichtigt werden. Viele der genannten Krankheiten verringern sicherlich die Lebensoptionen der Kinder und der Erwachsenen, die sie werden. Ohne Behandlung entwickeln sie wahrscheinlich Zustände, die nicht nur mit Leiden und Schmerzen verbunden sind, sondern auch ihre Sterblichkeit erhöhen. All dies reduziert eindeutig die Wahlmöglichkeiten in den Leben, die sie führen können. Selbst mit angemessener medizinischer Behandlung und einer an ihre Bedürfnisse angepassten Umgebung wird ihr Wohlergehen wahrscheinlich reduziert sein. Dies hängt mit der gesellschaftlichen Wahrnehmung von Adipositas und dem damit verbundenen Stigma zusammen; umgekehrt implizieren viele der mit kindlicher Adipositas verbundenen Krankheiten Einschränkungen im täglichen Leben. Einschränkungen der Mobilität aufgrund orthopädischer Beschwerden oder Herz- oder Lungenstörungen beispielsweise beeinflussen das Leben einer Person tiefgreifend und sollten, wenn möglich, verhindert werden. Einmal entwickelt, ist es schwierig oder sogar unmöglich, sie vollständig zu heilen, während die Auswirkungen auf das Leben des Einzelnen weitreichend sind, trotz der besten verfügbaren Maßnahmen.

Die zweite Fähigkeit, die wir betrachten wollen, ist die der positiven Selbstbeziehungen. Fettleibigkeit und Übergewicht sind in vielerlei Hinsicht miteinander verknüpft, während die Umgebung der betroffenen Kinder hier eine entscheidende Rolle spielt. Kinder entwickeln ihre Selbstbeziehungen in der Interaktion mit anderen Menschen in ihrer Umgebung, sodass das Feedback, das sie erhalten, entweder fördern und nähren oder verzerren und zerstören kann. Dies gilt auch für Übergewicht und Fettleibigkeit. Es ist sicher anzunehmen, dass der schädlichste Aspekt von Übergewicht oder Fettleibigkeit für ein Kind darin besteht, wie es von anderen wahrgenommen und behandelt wird, da dies tatsächlich ihr eigenes Selbst betrifft. Obwohl gesundheitliche Probleme im Zusammenhang mit kindlicher Fettleibigkeit oft erst im Erwachsenenalter virulent werden, werden Kinder sehr früh damit konfrontiert, indem andere über ihre Fettleibigkeit sprechen und in der Folge ihre Missgestalt, Hässlichkeit, Faulheit und mangelnde sportliche Erscheinung thematisieren. Studien zeigen die negativen Auswirkungen, die dies auf Kinder haben kann: Fettleibige Kinder sind häufiger Ziel von Mobbing, Demütigung, Herabsetzung und Spott (Lumeng et al. 2010; Sgrenci und Faith 2011). Spielplätze und Schulen sind besonders Orte häufiger und anhaltender Herabsetzung und Demütigung, wobei die Täter:innen meist andere Kinder sind (Zeller et al. 2008), unter denen Vorurteile gegen übergewichtige und fettleibige Menschen weit verbreitet sind (Hansson et al. 2009). Es sind jedoch nicht nur die

Wahrnehmungen und Handlungen ihrer Altersgenossen, die die Selbstbeziehungenfettleibiger und übergewichtiger Kinder beeinflussen; es gibt auch andere Akteur:innen, wie Erwachsene, die unfreundliche Worte in der Öffentlichkeit sagen, oder Fachleute und ihre eigenen Eltern, die ihnen zeigen, dass dick sein nicht gut ist, dass es nicht schön ist und dass es das Ergebnis mangelnder Selbstkontrolle ist. Eine aktuelle Studie über Gewichtsvorurteile ergab, dass in etwa 42 % der Mobbingfälle die Täter Sportlehrer:innen und Trainer:innen waren, gefolgt von Eltern (37 %) und Lehrer:inne n (27 %) (Puhl et al. 2013). Selbst unter Gesundheitsexperten sind solche gewichtsbezogenen Stigmata weit verbreitet und werden zu einem integralen Bestandteil von Gewichtsreduktionsprogrammen (Schwartz et al. 2003). Wir wollen außerdem die Medien nicht vergessen, die voller Fettstigmatisierung sind, mit Shows, die Menschen ermutigen, Gewicht zu verlieren (*The Biggest Loser*), Talkshows, in denen Vorurteile und Vorbehalte über die Natur, Ursachen und Auswirkungen von Übergewicht und Fettleibigkeit viel Raum ohne Widerspruch erhalten, oder Kinderfilme, die die Botschaft vermitteln, dass dick sein schlecht ist, während sie gleichzeitig obesogenes Verhalten fördern (Sender und Sullivan 2008; Throop et al. 2013).

Übergewichtige und fettleibige Kinder wollen oft gegen ihre Fettleibigkeit vorgehen und streben nach einem „normalen" Gewicht und Körpergröße, sind jedoch oft nicht in der Lage, dies zu erreichen, was zu verschiedenen Erfahrungen von Versagen und Mangel führt (Mériaux et al. 2010). Diese Erfahrungen des Versagens, in Kombination mit den häufigen Erfahrungen von Demütigung und Herabsetzung, haben negative Auswirkungen auf die Selbstbeziehungen vieler dieser Kinder. Die medizinischen Wissenschaften haben eine hohe Korrelation von Fettleibigkeit mit solchen psychischen Verzerrungen wie Depressionen und Angststörungen berichtet (Griffiths et al. 2010; Russell-Mayhew et al. 2012). Diese negativen psychologischen Auswirkungen von Fettleibigkeit sind im Alltag dieser Kinder viel präsenter als die oben genannten Gesundheitsrisiken, die sich oft erst im Erwachsenenalter entfalten. Fettleibigkeit ist eine sichtbare und daher soziale Bedingung, die oft stigmatisiert und verspottet wird, während Kinder oft nicht über die notwendigen Bewältigungsmechanismen verfügen, um mit diesen Widrigkeiten umzugehen.

Wenden wir uns nun der dritten Fähigkeit zu, die für körperliche Integrität relevant ist, nämlich der Handlungsfähigkeit. Im Einklang mit jeder Formung des Körpers ist Fettleibigkeit einerseits – wenn nicht unvermeidlich durch eine physiologische Bedingung verursacht – das Ergebnis der Handlungsfähigkeit eines Kindes; mit anderen Worten, ihre Essgewohnheiten und die Menge an körperlicher Bewegung sind untrennbar mit dem Kind als Akteur:in verbunden. Andererseits wird es jedoch auch als Zeichen einer reduzierten oder fehlenden Handlungsfähigkeit eines Kindes wahrgenommen (Sikorski et al. 2012). Der dritte Aspekt ist, dass Übergewicht oder Fettleibigkeit die Handlungsfähigkeit von Kindern beeinflusst, beispielsweise in Bezug auf ihre Fähigkeit, sich zu bewegen, ohne sich in der Öffentlichkeit zu schämen, Freund:innen zu finden oder im höheren Alter sexuelle Partner:innen zu finden. Zunächst müssen wir den Fall der verminderten Handlungsfähigkeit übergewichtiger und fettleibiger Kinder untersuchen. Hier finden wir eine Überschneidung mit den gesundheitlichen Problemen der kindlichen Fettleibigkeit, da die physischen Aspekte der kurz- und langfristigen Handlungsfähigkeiteng mit ihnen verbunden sind. Neben der körperlichen Gesundheit sind auch die emotionale Gesundheit und die mit positiven Selbstbeziehungen verbundene Selbstwirksamkeit Voraussetzungen für Handlungsfähigkeit. Übergewichtige und fettleibige Kinder können sich gedemütigt und herabgesetzt fühlen und sich infolgedessen aus der Öffentlichkeit zurückziehen. Sie können auch Selbstbewusstsein und Selbstvertrauen verlieren, die notwendig sind, um sich selbst als Akteur:innen ihres eigenen Lebens wahrzunehmen. Sie fühlen sich außer Kontrolle, weil sie nicht in der Lage sind, ihr Gewicht zu reduzieren und „normal" zu sein (O'Dea 2004). Die ständige Schuldzuweisung der Fettleibigkeit an einen Mangel an Handlungsfähigkeit, mit der diese Kinder von ihren Altersgenossen, in der Öffentlichkeit und durch die Medien konfrontiert werden, führt dazu, dass sie glauben, tatsächlich nicht handlungsfähig zu sein. Handlungsfähigkeit impliziert außerdem ein Gefühl des Schutzes durch andere sowie durch sich selbst, und dies kann bei übergewichtigen und fettleibigen Kindern reduziert sein. Sie werden häufiger als ihre dünneren Altersgenossen viktimisiert, und diese Viktimisierung vermittelt ihnen Erfahrungen des Ungeschütztseins und der Unsicherheit (van Geel et al. 2014). Solche Gefühle der Hilflosigkeit angesichts der Täter:innen und ihres eigenen Körpers verringern oder zerstören auch die mentale Basis der Handlungsfähigkeit und damit ihre körperliche Integrität.

Wenn wir jedoch die Ursachen betrachten, wird klar, dass wir zumindest theoretisch zwischen den mindernden Auswirkungen der Fettleibigkeit auf die Handlungsfähigkeit des Kindes, die durch die Fettleibigkeit selbst verursacht und notwendigerweise damit verbunden sind, und denjenigen Auswirkungen unterscheiden müssen, die durch die Wahrnehmung der Fettleibigkeit durch das Kind sowie andere verursacht werden. Der zweite Aspekt ist kontingent in dem Sinne, dass eine andere Reaktion auf Übergewicht und Fettleibigkeit oder eine andere öffentliche Darstellung davon die Situation für fettleibige Kinder erheblich verändern könnte. Wir haben bereits einen ähnlichen Punkt in Bezug auf die positive Selbstbeziehung fettleibiger Kinder gemacht: Es ist nicht unbedingt immer der Fall, dass Übergewicht oder Fettleibigkeit stigmatisiert und dass diejenigen, die dick sind, herabgesetzt und gedemütigt werden. Ohne das Fettstigma könnte sich auch die Handlungsfähigkeit fettleibiger Kinder verbessern. Selbst Einflüsse auf die Handlungsfähigkeit, die direkt durch Übergewicht oder Fettleibigkeit induziert werden, haben jedoch eine mindernde Wirkung auf die Handlungsfähigkeit von Kindern, während das ethische Problem nicht nur in der öffentlichen Wahrnehmung liegt. Selbst wenn sich diese öffentliche Wahrnehmung ändern würde, wäre der negative Einfluss auf die körperliche Integrität hoch.

Ein weiterer wichtiger Aspekt, den wir betrachten müssen, sind die Gründe, warum Kinder überhaupt dick sind. Um dies weiter zu diskutieren, müssen wir uns die strukturelle Bedingung von Adipositas durch adipogene Umgebungen ansehen. Heute argumentiert die meiste verfügbare Literatur, dass Übergewicht oder Adipositas im Kindesalter nicht das Ergebnis eines vorwerfbaren Verhaltens ist; vielmehr sind die betroffenen Kinder Opfer ihrer eigenen *adipogenen Umgebung*, die aus der Ernährung besteht, die ihnen von ihren Eltern gegeben wird, den falschen Vorbildern, die sie im Fernsehen sehen, und dem Mangel an öffentlicher Unterstützung, um einen gesunden Lebensstil zu führen (Huybrechts et al. 2011). Dies ist eine Seite der Geschichte. Die andere ist, dass Kinder eine gewisse Handlungsfähigkeit haben, die sie im Laufe ihrer Entwicklung zu autonomen Wesen entfalten. Auch wenn sie sehr jung sind, sind sie in der Lage zu handeln und Dinge zu tun. Wir haben auch gesagt, dass Übergewicht oder Adipositas eng mit dieser Handlungsfähigkeit verbunden ist, da es sich auf Essverhalten und Bewegung bezieht. Im Fall älterer Kinder müssen wir diese Handlungsfähigkeit nicht nur bis zu einem gewissen Grad respektieren, sondern auch schätzen, was sie essen wollen, ob sie trainieren wollen oder nicht und wie sie ihre Freizeit gestalten wollen. Basierend auf unserer teilweisen Gerechtigkeitstheorie wird jedoch in diesen Fällen auch ein gewisser Paternalismus gerechtfertigt sein, angesichts der besonderen Merkmale von Kindern und der Normen, die mit dem Regime der Kindheit verbunden sind, was aus moralischer Perspektive gerechtfertigt werden kann.

Was sagt uns das über die Handlungsfähigkeit und Adipositas von Kindern? Nun, die Beziehung zwischen Gewicht und Verhalten ist komplex (Campos et al. 2005, 57). Wir können zwei wichtige Schlussfolgerungen ziehen. Die erste ist, dass die Handlungsfähigkeit von Kindern durch ihre adipogene Umgebung noch weiter vermindert werden kann als unter besseren Umständen. Kinder sind immer mit einer Umgebung und Akteur:innen darin konfrontiert, die sie nicht kontrollieren können, von denen sie aber abhängig sind. Dies wird im Fall von Übergewicht oder Adipositas verstärkt. Dies liegt teilweise daran, dass sie aufgrund ihrer Fettleibigkeit mit Widrigkeiten konfrontiert sind, und teilweise daran, dass sie in ungünstige Umstände hineingeboren werden, die sie dick werden lassen. Die zweite Schlussfolgerung ist, dass, wenn wir die Standarddarstellung von Adipositas – die sie als persönliches Problem darstellt, das durch mangelnde Kontrolle und Faulheit und Unfitness verursacht wird – als fehlgeleitet und falsch kritisieren, wir zu dem Schluss kommen müssen, dass fettleibige Kinder Opfer sind und tatsächlich Kontrolle fehlt, wenn auch in einem anderen Sinne. Sie haben keine Handlungsfähigkeit in dem Sinne, dass sie nicht entscheiden können, wie sie aussehen wollen, ob sie dick sein möchten oder nicht, und ob sie Kontrolle darüber haben, was sie essen wollen oder ob sie trainieren oder rausgehen und spielen wollen. Dieser Mangel an Handlungsfähigkeit ist dann keine Schwäche ihrerseits, sondern wird eine strukturelle Einschränkung auferlegen. Tatsächlich erleben fettleibige Kinder dies oft so, dass sie sich als Passagiere in ihren Körpern wahrnehmen (Goossens et al. 2009). Zweitens können die Essgewohnheiten von übergewichtigen und fettleibigen Kindern immer noch Akte ihrer Handlungsfähigkeit sein: Viele essen als Bewältigungsmechanismus und als Weg, mit ihren Emotionen, ihrer Traurigkeit und ihrer Demütigung umzugehen (Goldschmidt et al. 2008; Michels et al. 2012). Sie nehmen es vielleicht nicht als bewussten Protest gegen das Diktat der Schlankheit wahr oder erleben es so, aber es kann als impliziter und fehlgeleiteter Einwand gegen die Erwartungen an sich selbst und andere an ihre Körper interpretiert werden. Sie können ihre Körper nicht kontrollieren, aber sie sind immer noch diejenigen, die das essen , was ihnen ein Gefühl der Kontrolle geben kann. In einigen Fällen kann es auch als Zeichen der Machtlosigkeit in Bezug auf das strukturelle Problem interpretiert werden: Die sozialen Standards erzeugen bestimmte Probleme für ihr Selbstkonzept und verursachen Angst. Sie haben möglicherweise nicht die notwendigen Werkzeuge, um damit umzugehen. Infolgedessen können sie am Ende diese Unsicherheit durch Essen beruhigen, zu emotionalen Essern werden und wiederum in einen Teufelskreis geraten. Hier sehen wir, wie wichtig es ist, die verschiedenen Dimensionen des fähigkeitsfördernden Essens auszubalancieren und Ansätze zu vermeiden, die zu einfach für das Essverhalten von Kindern sind.

Vor diesem Hintergrund ist es notwendig, die Handlungsfähigkeit von Kindern anzuerkennen und zu respektieren, während es ebenso erforderlich ist, alle Präventions- und Heilungsmaßnahmen, die später ausführlicher diskutiert werden, zu berücksichtigen. Ein paar Dinge müssen an dieser Stelle jedoch erwähnt werden: Die Handlungsfähigkeit von fettleibigen Kindern ist vermindert und gewissermaßen fehlgeleitet. Kinder setzen ihre kurzfristige Handlungsfähigkeit in Handlungen um, die nicht gut für sie sind – zumindest aus der Perspektive eines objektiven Verständnisses von körperlicher Integrität und fähigkeitsförderndem Essen – weil sie ihre Gesundheit, Selbstbeziehungen und Handlungsfähigkeit negativ beeinflussen. Diese objektiven Handlungen sind mit subjektiven Erfahrungen von Schaden, Bedauern und Scham gefüllt. Sie sind nichts, was diesen Kindern aufgezwungen wird, auch wenn ihre Motivation durch eine genaue Untersuchung des Verhaltens und der Berichte der Kinder aufgedeckt werden kann.

3.1.2 Die soziale Einbettung der kindlichen Adipositas: Soziale Bestimmung, adipogene Umgebungen,Körperpolitik

Wir haben gesehen, wie Adipositas im Kindesalter die körperliche Integrität der betroffenen Kinder gefährden kann, aber bisher haben wir nicht hinterfragt, warum Adipositas überhaupt existiert und warum einige Kinder anfälliger dafür sind als andere. Unsere Kritik konzentrierte sich auf die Individuen, die durch Adipositas geschädigt werden, aber wir können und sollten nicht ignorieren, dass Adipositas, wie jedes andere körperliche Merkmal, nicht einfach angeboren oder natürlich ist. Wie wir bereits gesagt haben, ist der Körper das Produkt natürlicher Eigenschaften und wird durch die Handlungen des Individuums sowie seiner Umgebung geformt. Wie alle anderen Funktionen, und einen bestimmten Körper zu haben, ist eine, ist es eine Kombination aus Potenzialen und Umwandlungsfaktoren, die durch die Kinder selbst realisiert werden. Andernfalls könnten der Körper und entsprechend auch die körperliche Integrität nicht geformt, entwickelt sowie geschützt oder verletzt werden. Wenn Adipositas eine unveränderliche natürliche Tatsache wäre, wäre es kein Problem der Ethik und Gerechtigkeit. Daher wollen wir nun unsere Aufmerksamkeit auf diesen komplexen Prozess richten, der Adipositas und Übergewicht entstehen lässt, und dabei wollen wir die Handlungsfähigkeit dieser Kinder respektieren und sie nicht nur als passive Objekte behandeln, sondern auch sorgfältig den Einfluss der Umgebung sowie die

Art und Weise untersuchen, wie die Handlungen, Gedanken und Verhaltensweisen dieser Kinder davon geprägt werden. Die meisten Forscher:innen sind sich einig, dass Adipositas missverstanden wird, wenn sie als individuelle Wahl oder als Ergebnis vollständig autonomer Handlungen dargestellt wird, insbesondere im Fall von Kindern, die machtlos sind und bestimmte Kompetenzen der Autonomie fehlen. Sie haben weniger Kontrolle über ihre Körper und ihre körperliche Integrität und fähigkeitsfördernde Essgewohnheiten benötigen mehr Schutz von anderen als die von Erwachsenen. Es gibt drei besonders interessante Konzepte, die wir diskutieren möchten: soziale Bestimmung, adipogene Umgebungen und Körperpolitik.

Soziale Determination wird nun häufig bei der Untersuchung von gesundheitlichen Ungleichheiten basierend auf sozialen Ungleichheiten wie Einkommen, Bildung oder Migration verwendet. Es beschreibt das Phänomen, dass die Gesundheitsergebnisse von Bevölkerungen durch solche sozioökonomischen Variablen bestimmt werden (Braveman et al. 2011; Marmot und Wilkinson 2003). Auf globaler Ebene sind die Erkenntnisse sehr klar. Menschen in Ländern mit niedrigem Einkommen sterben viel früher und leiden unter viel mehr Krankheiten als diejenigen in Ländern mit hohem Einkommen. Diese Ungleichheiten bestehen jedoch auch innerhalb wohlhabender Gesellschaften fort, und sie sind auch bei Kindern zu finden – eines der auffälligsten Beispiele ist die Korrelation von Kinderarmut und Gesundheit (Conroy et al. 2010; Yoshikawa et al. 2012). Was sagt uns das über Übergewicht bei Kindern oder über Übergewicht im Allgemeinen? Interessanterweise ist Kinderarmut im globalen Kontext hauptsächlich mit Hunger und Unterernährung verbunden, während Adipositas in wohlhabenden Gesellschaften einen sozialen Gradient zeigt. Kinder aus einem niedrigen sozioökonomischen Hintergrund haben eine höhere Prävalenz von Adipositas und Übergewicht, was wiederum, wie wir gezeigt haben, zu schlechteren Gesundheitsergebnissen beiträgt (Johnson et al. 2011; Phipps et al. 2006; Whitaker 2011). Es ist weitgehend unklar, wie solche soziale Determination funktioniert, und es wäre eine Fehlinterpretation, sie als eine Art Notwendigkeit zu betrachten. Sicherlich sind nicht alle armen Kinder adipös, und nicht alle von ihnen sterben jünger als ihre nicht-armen Altersgenossen oder leiden unter mehr und schwereren Krankheiten. Andere Faktoren sind ebenfalls relevant: *race*, Geschlecht oder Bildung. Was es uns jedoch sagt, ist, dass wir unser Verständnis vom Körper und auch von Adipositas, Übergewicht oder Untergewicht in dieser Hinsicht als etwas, das von der Natur bestimmt wird, das Ergebnis individueller Entscheidungen ist oder einfach eine Mischung aus beidem, hinterfragen müssen. Es scheint vielmehr weitgehend durch die sozialen Umstände bestimmt zu sein, in die wir hineingeboren werden und in denen wir aufwachsen.

Ein Ansatz, um soziale Determination zu verstehen, ist das Konzept der *adipogenen Umgebungen*. Eine adipogene Umgebung ist eine, die es wahrscheinlicher macht, dass Menschen in ihr adipös sind, da sie Entscheidungen und Verhaltensweisen erleichtert, die zu Adipositas führen, während sie andere Entscheidungen und Verhaltensweisen, die Adipositas entgegenwirken, erschwert (Gorin und Crane 2009; Lake und Townshend 2006). Es wurde festgestellt, dass wohlhabende

Gesellschaften voller solcher adipogener Umgebungen sind und dass diese das Leben von Kindern ebenso wie das von Erwachsenen beeinflussen. Solche Umgebungen können weiter differenziert werden, und dafür möchten wir Urie Bronfenbrenners bioökologisches Modell verwenden, das vier soziale Schichten unterscheidet, die jedes Kind umgeben (Bronfenbrenner und Morris 2007): das *Mikrosystem*, das die Institutionen und Personen umfasst, die direkt mit Kindern interagieren und ihren Zustand direkt beeinflussen; das *Mesosystem*, das die Summe aller Beziehungen im Mikrosystem und die Interaktionen und Abhängigkeiten zwischen den verschiedenen Institutionen und Personen im Mikrosystem ist; das *Exosystem*, das alle Institutionen und Personen umfasst, die nicht direkt mit dem Kind interagieren, sondern nur indirekt und die auch das Mikrosystem formen; und das *Makrosystem*, das die Institutionen, Normen und die Kultur der Gesellschaft beschreibt, in der das Kind aufwächst. Das *Chronosystem* beschreibt schließlich einerseits die zeitliche Dimension all dieser Umgebungen, wie sie sich verändern und wie diese Veränderung das Kind beeinflusst, und andererseits die zeitliche Dimension der Entwicklung des Kindes selbst, einschließlich Lebensübergängen und Ereignissen im Lebensverlauf. Das Chronosystem ist daher kein separates Set von Umgebungen, sondern ein Merkmal aller anderen Systeme und der Umgebungen, Institutionen und Personen innerhalb dieser. Adipositas ist mit allen vier verbunden, sowie mit ihrer Entwicklung im Laufe der Zeit, und sie geben ein klareres Bild davon, was mit einer adipogenen Umgebung gemeint ist. Das Makrosystem kann adipogen sein, weil es durch eine stabile Produktion und Verteilung von kalorienreichen Lebensmitteln und Getränken geprägt ist, begleitet von einer Werbeindustrie, die diese Produkte vermarktet: hohe Preise für gesunde Lebensmittel und niedrige Preise für Fast Food. Kulturelle Muster des Essens und der Bewegung werden im gesellschaftlichen Diskurs und in den Medien weitergegeben. Das Exosystem kann adipogen sein aufgrund der Dichte von Fast-Food-Restaurants in der Nachbarschaft oder des Mangels an sicheren Spielplätzen und Alternativen zum Transport mit dem Auto oder Bus. Es kann adipogen sein, weil es das Mesosystem unterstützt, das wiederum adipogen sein kann, weil die Eltern ganztägig arbeiten müssen und ihre Kinder allein mit nur vorgekochten Gerichten lassen oder weil das Schulsystem nicht die Mittel hat, um gesunde Mahlzeiten bereitzustellen. Das Mesosystem ist auch adipogen, wenn die Elternmit ihren Fragen darüber, wie die Nahrungsaufnahme ihre Kinder beeinflusst, allein gelassen werden. Das Mikrosystem kann adipogen sein, weil die Eltern selbst adipös oder übergewichtig sind und Einstellungen und Verhaltensweisen an ihre Kinder weitergeben, etwa durch unangemessene Ernährungsmuster oder eine übermäßige Nahrungszufuhr. Das Mikrosystem ist auch adipogen, wenn Kinder von Gleichaltrigen umgeben sind, die ebenfalls adipös sind und ihnen zeigen, dass Adipositasoder Übergewicht einfach „normal" ist.

Körperpolitik – als eine Dimension der Biopolitik – ist hier ein weiteres hilfreiches Konzept. Es bezieht sich darauf, wie regulatorische Maßnahmen die verschiedenen Umgebungen beeinflussen und wie die individuellen Körper von Kindern Objekte der Politik sind, da sie von ihr geformt und regiert werden (Rich und Evans 2005; Wright und Harwood 2009). Gesundheitspolitik ist hier offensichtlich ein Thema, ebenso wie die Frage, wie sich entwickelnde Körper durch den Zugang zu Gesundheitsversorgung, Präventivmaßnahmen usw. beeinflusst werden. Sozialpolitik, Wohnungs- und Ernährungspolitik sind an dieser Stelle ebenfalls zu nennen, ebenso wie Bereiche wie Transport oder Militär. Körperpolitik würde jedoch missverstanden, wenn sie auf den Bereich der von Politiker:innen gemachten Politik beschränkt würde. Einerseits werden solche Politiken oft von Interessenkonflikten innerhalb der Bevölkerung, der Wirtschaft und staatlicher Institutionen angetrieben. Es gibt keine homogene und geradlinige Körperpolitik, die Kinderadipositas und Übergewicht fördert oder bekämpft. Einige Akteur:innen profitieren stark davon, dass Kinder zu viel essen und sich zu wenig bewegen; andere profitieren vom Ideal, schlank und fit zu sein (Albritton 2013). Beide Gruppen versuchen, den politischen Diskurs zu ihren Gunsten zu beeinflussen. Andererseits – und eng damit verbunden – wird Körperpolitik auch durch die ideologische Überstruktur gemacht, innerhalb derer Politik stattfindet, und sie wird von solchen Entitäten wie den Medien, Unternehmen und innerhalb von Familien gemacht. Und selbst dort finden wir Konflikte und Paradoxien. Wohlhabende Gesellschaften verbinden Schönheit, Schlankheit und Fitness eng mit Macht, Leistung und Status. Es ist auch im Leben von Kindern präsent, dass diese Anerkennungsstrukturen sich auf ihre Körper beziehen. Aus dieser Perspektive ist das Fettstigma und der „Krieg gegen Adipositas", dem adipöse und übergewichtige Kinder ausgesetzt sind, sowie der Diskurs darüber, dass sie hässlich und krank sind, das Versagen ihrer Mütter und ihre Darstellung als sozioökonomische Belastungen für die Gesellschaft, nur eine Seite (Evans 2010; Harrison 2012). Es gäbe keinen Krieg gegen Adipositas und Übergewicht, wenn nicht so viel Wert auf deren öffentliche Darstellung gelegt würde, wenn es nicht von so vielen Menschen akzeptiert würde und wenn die Gruppen, die es fördern, nicht so einflussreich wären. Einzelne adipöse Kinder – genau wie adipöse Erwachsene – sind das Schlachtfeld: Sie werden für ihr Verhalten verantwortlich gemacht, aber im selben Moment werden sie ermutigt, es fortzusetzen.

Diese äußeren Kräfte formen die Handlungsfähigkeit, die Kinder über ihren Körper haben, sowie die Wahrscheinlichkeit, dass sie fettleibig und übergewichtig werden. An diesem Punkt muss die Kategorie der Kindheit erneut reflektiert werden: Während es offensichtlich ist, dass sehr junge Kinder weder bewusste Kontrolle über ihre Entscheidungen und Verhaltensweisen in Bezug auf Essen und Bewegung noch über ihre Umgebung haben, ändert sich dies, wenn Kinder älter werden. Ihre Handlungsfähigkeit ist wichtig, und viele Interventionsmaßnahmen basieren darauf. Ältere Kinder und Jugendliche können nicht gezwungen werden, dünn zu werden oder Gewicht zu verlieren, sondern können nur in ihrem Verhalten beeinflusst werden, befähigt werden, die Kontrolle über sich selbst zu übernehmen, und ihre körperliche Integrität zurückgewinnen, wenn Fettleibigkeit und Übergewicht als Verletzungen davon angesehen werden. Dies steht nicht im Widerspruch zu der Annahme, dass paternalistische Interventionen gerechtfertigt und notwendig sein können, aber sie können nicht gegen den Willen dieser Kinder wirken. Wir werden bald auf dieses Thema zurückkommen. Wir wollen jedoch die äußeren und inneren Faktoren, also die Umgebung und das Verhalten der

Kinder, etwas enger miteinander verbinden. Fettleibige Kinder müssen mit ihrer Umgebung interagieren. Vielleicht haben sie keine Wahl, welche Art von Nahrung ihnen von ihren Eltern angeboten wird, aber sie müssen sich dennoch daran anpassen und ihr Leben unter den gegebenen Umständen leben. Unser Urteil über die ethische und normative Bedeutung von kindlicher Fettleibigkeit und Übergewicht basiert oft auf Annahmen über diese Handlungsfähigkeit, den Einfluss, den wir Umweltfaktoren, den Eltern oder der Genetik zuschreiben. Es ist jedoch nicht so einfach. Wir können nicht die Grenze ziehen, dass alle Auswirkungen, die aus den Entscheidungen der Kinder selbst resultieren, von ihnen getragen werden müssen, solange sie kompetent sind, oder dass Kinder nur Opfer sind, weil sie keine vernünftigen Entscheidungen treffen können und Gesundheit und Körper nur von anderen geformt werden. Vielleicht sollte die normative Schlussfolgerung eine andere sein: Der Schutz der körperlichen Integrität der Kinder verlangt, dass sie als Akteur:innen respektiert werden, so unzureichend sie auch sein mögen, und dass die Umgebungen, in denen sie aufwachsen und ihre Handlungsfähigkeit entwickeln müssen, verändert werden.

Bisher haben wir diskutiert, was Fettleibigkeit einem Kind antut und wie sie durch die Interaktionen der Kinder mit ihrer Umgebung entsteht. Dies hat gezeigt, dass kindliche Fettleibigkeitin erster Linie ein strukturelles Problem ist und kein individuelles, obwohl wir uns aus normativer Perspektive darum kümmern, weil es Auswirkungen auf das Individuum hat. Das Problem stellt sich auch nicht als medizinisches dar, sondern als eines, das die Gestaltung wohlhabender Gesellschaften im Allgemeinen widerspiegelt. Wir haben außerdem argumentiert, dass wir uns nicht nur um Fettleibigkeit kümmern sollten, weil es ein medizinisches Problem ist, sondern auch, weil es ein soziales ist. Selbst wenn kindliche Fettleibigkeitkeine diametralen Auswirkungen auf die kindliche Gesundheit hätte, verletzt sie die körperliche Integritätder betroffenen Kinder aufgrund ihrer Auswirkungen auf ihre Selbstbeziehungen und ihre Handlungsfähigkeit. Welche Maßnahmen sollten von der Gesellschaft und insbesondere vom Staat ergriffen werden? Wir möchten für einen Ansatz plädieren, der in erster Linie die strukturellen Voraussetzungen von Fettleibigkeit angeht und die Handlungsfähigkeit dieser Kinder stärkt.

3.1.3 Verantwortlichkeitenund der Krieg gegen Fettleibigkeit

Welche Akteur:innen in der Umgebung der Kinder haben also die Pflicht zu handeln, um kindliche Fettleibigkeit zu reduzieren und die vielen damit verbundenen Vorurteile zu bekämpfen? Die Anwendung des Modells der sozialen Verbindung von Verantwortlichkeiten auf diese Frage zeigt, dass es viele Akteur:innen mit großen Verantwortlichkeiten gibt, im Kontext der kindlichen Fettleibigkeit zu handeln. Dieses Thema umfassend zu behandeln und alle Akteur:innen sowie ihre Pflichten aufzulisten, liegt außerhalb des Rahmens dessen, was wir in diesem Kapitel tun können. Vielmehr möchten wir kurz zwei zentrale Gerechtigkeitsakteur:innen im Zusammenhang mit kindlicher Fettleibigkeit behandeln und aufzeigen, warum und in welchem Umfang sie für fettleibige Kinder verantwortlich gemacht werden sollten: die Familieund der Staat. In unserer Diskussion wird jedoch deutlich werden, dass ihre Verantwortlichkeiteneng mit denen anderer Akteur:innen wie der Lebensmittelindustrie und den Medien verbunden sind.

Zuerst gibt es die Familien der Kinder. Eltern oder primäre Betreuer:innen haben eine sehr besondere Rolle im Leben eines Kindes zu erfüllen (Macleod 2002). Kinder, insbesondere in den ersten Lebensjahren, benötigen Zuneigung und Fürsorge für ihr Wohlergehen und Wohlentwickeln, während Eltern typischerweise am besten geeignet sind, dies für ihre Kinder bereitzustellen. Sie haben auch beträchtliche Freiheiten bei der Entscheidungsfindung für ihre Kinder, zusammen mit der Bereitstellung der Fürsorge und Bildung, die sie schätzen. Natürlich gibt es Grenzen für diese Freiheiten und Eltern oder primäre Betreuer:innen müssen im (besten) Interesse ihrer Kinder handeln, die nicht ihr Eigentum, sondern das Subjekt moralischer Ansprüche sind. Dennoch gewährt der Staat ihnen normalerweise ein beträchtliches Maß an Privatsphäre und Familienautonomie, um ihre Pflichten zu erfüllen, und ist oft zurückhaltend, in das Familienleben einzugreifen – und es gibt gute Argumente dafür, dass die Eltern-Kind-Beziehung diese besondere Art von Schutz benötigt, auch wenn der genaue Umfang umstritten ist (Archard 2010; Brighouse und Swift 2014). Wenn es um kindliche Adipositasund die Faktoren, die dazu beitragen, geht, sollte klar sein, dass Familien tief in das Problem involviert sind und in gewissem Sinne es sogar verursachen. Kindliche Adipositas ist stark mit kalorienreichen Diäten und einem Mangel an körperlicher Aktivität verbunden. Elternhaben Einfluss auf beide Faktoren. Sie können gesunde Essgewohnheiten fördern oder ihre Kinder zu körperlichen Aktivitäten ermutigen, oder beides. Besonders bei kleinen Kindern ist klar, dass sie ihre Entscheidungen nicht autonom treffen, sondern stark auf ihre Betreuer:innen angewiesen sind, die sie in verschiedene Richtungen lenken können. Folglich haben die Eltern der Kinder Verantwortlichkeiten, um kindliche Adipositas zu verhindern, während Maßnahmen zur Reduzierung wahrscheinlich nur dann wirksam sein werden, wenn sie dieses Ziel teilen. Eltern haben nicht nur die Verantwortung, Adipositas bei ihren Kindern zu lindern oder zu verhindern. Sie sind entscheidend für die gesunde emotionale und psychologische Entwicklung ihrer Kinder sowie für die Bildung positiver Selbstbeziehungen und Handlungsfähigkeit (Bowlby 1988). Daher haben sie auch eine bedeutende Verantwortung, die Reduktion oder Prävention von Adipositasauf eine Weise zu unterstützen, die ihre Kinder nicht stigmatisiert oder demütigt. Sie für ihr Übergewicht zu beschuldigen oder sie auf andere Weise zu beleidigen, wird wahrscheinlich schwerwiegende Folgen für das Selbstwertgefühl dieser Kinder haben, was möglicherweise zu Essstörungen oder allgemein zu einer schlechten Einstellung gegenüber ihrem eigenen Körper und Selbst führt – Effekte, die typischerweise schädlicher sind als die physischen Auswirkungen von Adipositas. Diese Überlegungen führen zu dem Schluss, dass Eltern eine wichtige Pflicht in Bezug auf das Wohlergehen ihrer Kinder im Allgemeinen und die mit kindlicher Adipositas verbundenen Probleme im Besonderen übernehmen müssen. Tatsächlich ist es genau dieses Szenario, das in öffentlichen Debatten und politischen Entscheidungen vorherrscht. Eine genauere Analyse, basierend auf unserer Theorie der Verantwortlichkeiten, muss jedoch diese Argumente relativieren. Es gibt zwei Hauptgründe, die erwähnt werden müssen: die Bedeutung des Begriffs „Verursachung" in diesem Kontext und die Macht der Eltern, die Situation zu ändern. Wenn es darum geht, kindliche Adipositaszu verursachen, muss betont werden, dass es notwendig ist, den weiteren Kontext zu betrachten und zu fragen, unter welchen Bedingungen und Umständen die Handlungen eines Individuums stattfinden. Früher haben wir Beweise dafür geliefert, dass die Faktoren der sozialen Bestimmung und die obesogene Umgebung eine wichtige Rolle bei der Prävalenz von kindlicher Adipositas spielen. Diese Faktoren haben eindeutig einen erheblichen Einfluss auf die Entscheidungen und Lebensstile von Eltern und die Optionen, die sie ihren Kindern bieten. Typischerweise wollen sie, dass ihre Kinder gesund sind und eine hohe Lebensqualität haben, aber oft erlauben es ihre Umstände einfach nicht, dies zu erreichen. Sie könnten mit Arbeit überlastet sein oder sich allgemein in einer schlechten sozioökonomischen Situation befinden, was ihnen nur wenige Freiheiten bei der Gestaltung ihrer täglichen Routinen und der ihrer Kinder lässt. Körperliche Aktivitäten, um nur ein Beispiel zu nennen, hängen oft von finanziellen Ressourcen oder zumindest sicheren öffentlichen Räumen ab, die in einigen Vierteln nicht existieren. Wenn die Umgebung obesogene Merkmale aufweist, ist es für Eltern schwierig, Wege zu finden, um Adipositasbei ihren Kindern zu verhindern, insbesondere wenn sie mit anderen Herausforderungen zu kämpfen haben und ihren Lebensunterhalt für sich und ihre Familien verdienen müssen. All diese Faktoren zu berücksichtigen, schwächt das Gefühl, in dem sie die Adipositas ihrer Kinder verursachen, und in der Folge das Ausmaß, in dem ihre allgemeine Verantwortung im Vergleich zu anderen Akteuren bereits herabgestuft werden muss. Es ist sehr schwierig, das genaue Ausmaß zu spezifizieren, in dem die elterliche Verantwortung aufgrund der erwähnten Aspekte verringert wird, obwohl Eltern nicht vollständig von ihrer Verantwortung entbunden werden können. Die weit verbreitete Rhetorik, die Eltern zu beschuldigen, die oft besonders auf die Mutter abzielt, kann jedoch auch nicht gerechtfertigt werden (Friedman 2015; Maher et al. 2010).

Wenn es um ein weiteres Kriterium geht, das wir zur Zuschreibung von Verantwortlichkeitenan Gerechtigkeitsakteur:innen identifiziert haben, nämlich die Macht, die Situation zu ändern, werden die Verantwortlichkeiten der Eltern weiter modifiziert, zumindest in vielen Fällen. Die Gründe dafür sind mit den oben genannten Gründen verflochten, die gegen die These sprechen, dass Elternnormalerweise die Hauptakteur:innen sind, wenn es um die Verursachung von kindlicher Adipositas geht. Oft ist ihre Macht, die Routinen ihrer Kinder oder die Art und Weise, wie ihre Umgebung gestaltet ist, zu ändern, stark eingeschränkt. Sie erziehen ihre Kinder in einem Kontext, der extrem widerstandsfähig gegen Veränderungen ist und in dem Akteur:innen agieren, die viel mächtiger sind als sie. Wenn wir die Idee einer obesogenen Umgebung ernst nehmen und damit die verschiedenen Systeme, die eine Rolle spielen (das Mikro-, Meso-, Makro- und Chronosystem), sehen wir, dass es sicherlich Aspekte gibt, die von Elterngeändert werden können – im Prinzip und unter Berücksichtigung der oben genannten Einschränkungen. Viele andere liegen jedoch weit außerhalb ihrer Reichweite.

Zu argumentieren, dass sie beispielsweise ihre Nachbarschaften sicher machen und genügend Einrichtungen schaffen müssen, damit Kinder draußen mit anderen Kindern spielen können, ist nicht sinnvoll. Natürlich haben sie die Möglichkeit, sich mit anderen Eltern zu organisieren und politischen Druck auszuüben, um Veränderungen zu initiieren. Wenn es ihre Umstände erlauben, gibt es wahrscheinlich sogar eine Pflicht dazu, aber die Akteure, die diese Dinge effektiv beeinflussen können, sind andere. Dies führt uns wiederum zum nächsten Akteur der Gerechtigkeit, den wir im Zusammenhang mit kindlicher Adipositasdiskutieren möchten: den Staat, zusammen mit seinen sozialen und politischen Institutionen.

Der Staat ist der Akteur der Gerechtigkeit mit der größten Macht, sowohl die Kinderfettleibigkeit als auch das damit verbundene Stigma wirksam zu reduzieren. Wir werden uns nun hauptsächlich auf dieses Kriterium konzentrieren, da wir glauben, dass es das stärkste Argument für die Zuweisung hoher Verantwortung an den Staat ist. Es gibt Überlegungen zu anderen von Young unterschieden Kriterien, aber diese sind schwächer und nicht so eindeutig wie das Argument der Macht. Wir haben gesehen, dass drei Konzepte zentral für das Verständnis von Kinderfettleibigkeit und deren Ursachen sind: soziale Determination, obesogene Umgebungen und Körperpolitik. Die Reduzierung und Entstigmatisierung von Kinderfettleibigkeit erfordert koordinierte Maßnahmen, die nur mit Hilfe eines mächtigen Akteurs, der die Mittel und die Autorität hat, öffentliche Räume und Infrastrukturen zu verändern, den öffentlichen Diskurs anders zu gestalten und eine gesellschaftliche Struktur bereitzustellen, in der alle Kinder, unabhängig von ihrem Geschlecht, ihrer Ethnie oder anderen Faktoren, vor den systematischen Nachteilen geschützt sind, die die für ihr Wohlergehen und ihre Wohlentwicklung notwendigen Funktionen und Fähigkeiten untergraben. In den Ländern, auf die wir uns konzentrieren, die zur entwickelten Welt gehören und als wohlhabend beschrieben werden können, ist der Staat in der Lage, viele Maßnahmen umzusetzen, die einen Unterschied für fettleibige Kinder und ihre Eltern machen können. Durch seine Gesundheits-, Sozial- und Bildungssysteme erreicht er praktisch alle Mitglieder der Gesellschaft und kann, gemäß den besten verfügbaren Beweisen, an den identifizierten Herausforderungen arbeiten. Die Tatsache, dass der Staat ein paradigmatisches Beispiel für einen primären Akteur der Gerechtigkeit ist, ist hier entscheidend. Nach Onora O'Neill sowie unserem eigenen Argument, das im zweiten Kapitel eingeführt wurde, ist ein primärer Akteur der Gerechtigkeit einer, der die Kapazitäten hat, zu bestimmen, wie Gerechtigkeitsprinzipien in einem bestimmten Bereich institutionalisiert werden sollen. Sie können Institutionen aufbauen, die in ihrem Namen handeln, und haben Zwangsmittel zur Verfügung, die es ihnen ermöglichen, bestimmte Regeln und Maßnahmen durchzusetzen (O'Neill 2001). Staaten sind auch in der Lage, obesogene Umgebungen zu regulieren und die soziale Determination der Gesundheit im Allgemeinen sowie die Kinderfettleibigkeit im Besonderen zu reduzieren. Voigt et al. argumentieren beispielsweise für die Regulierung von Lebensmittelpreisen durch Steuern oder Subventionen, um den Konsum gesünderer Lebensmittel und Getränke zu fördern. Sie geben zu, dass es hier verschiedene Optionen gibt, die verfolgt werden können, während Experimente notwendig sind, um die besten Optionen zu finden. Dennoch machen sie ein starkes Argument für die Macht und Verantwortungdes Staates, die Interessen der Lebensmittel- und Getränkeindustrie einzuschränken (Voigt et al. 2014, Kap. 7).

Der Staat ist ein mächtiger Akteur im Diskurs über Fettleibigkeit und das, was wir als Körperpolitik der Kinderfettleibigkeit bezeichnet haben, was ihm ein hohes Maß an Verantwortungin diesen Bereichen verleiht. Unser allgemeines Argument impliziert, dass es ethisch erforderlich ist, Kinderfettleibigkeit zu reduzieren. Dies muss sorgfältig und mit Blick auf das Stigma geschehen, obwohl es dennoch ein wichtiges Ziel einer gerechten Gesellschaft sein sollte. Wir schlagen daher die Regulierung der körperlichen Integrität von Kindern vor, was einige als gleichbedeutend mit ungerechtfertigten Formen der Körperpolitik ansehen könnten. Wir müssen jedoch betonen, dass das Ziel, Kinderfettleibigkeitzu verhindern oder zu reduzieren, nicht mit einer Ideologie verbunden sein muss, die moralischen Wert, Status oder Erfolg mit dem Bild eines dünnen, fitten und makellosen Körpers verbindet. Die körperliche Integrität von Kindern ist mit einer Vielzahl von Körperformen und -erfahrungen vereinbar, und der Staat hat die Verpflichtung, zur Neugestaltung des aktuellen Diskurses beizutragen, der so viel Schaden für fettleibige Kinder und ihre Familien verursacht. Einerseits bedeutet dies, dass er vorsichtig mit den Bildern umgehen muss, die er in seinen Kampagnen und Initiativen, aber auch in seinen öffentlichen Systemen verwendet. Wie wir oben angedeutet haben, sind Haltungen der Demütigung und des Ausschlusses im Gesundheits- und Bildungssystem weit verbreitet, und es gibt eine starke „interne" Verantwortung, gegen diese Tendenzen vorzugehen. Andererseits hat der Staat als primärer Akteur der Gerechtigkeit, der die Macht hat, den Handlungsspielraum anderer Akteur:innen zu begrenzen, die Verantwortung, Gesetze und Richtlinien zu erlassen, die wahrscheinlich die Situation in dieser Hinsicht verbessern. Bestimmte Handlungen und Strategien der Lebensmittelindustrie und der Medien können auch aus ethischer Sicht kritisiert werden, sodass es Möglichkeiten für den Staat gibt, einzugreifen. Was wir hier im Sinn haben, bezieht sich beispielsweise auf die weit verbreitete Praxis der Medien, dünne Körperbilder als Ideal darzustellen, das jeder anstreben sollte, was massiv zu einem toxischen sozialen Umfeld beiträgt, das die ideologische Überstruktur der Gesellschaft schafft oder verstärkt (Schickhardt 2016). Das Vorhandensein einer Erscheinungskultur, die bestimmte Körperformen wertschätzt und andere – vor allem die fettleibigen – abwertet, ist jedoch nicht relevant in Bezug auf Kinderfettleibigkeit. Wie wir sehen werden, spielt es auch eine wichtige Rolle bei Essstörungen, auf die wir uns nun konzentrieren.

3.2 Essstörungen

Neben der Kinderfettleibigkeit gibt es andere Phänomene im Zusammenhang mit Essen und Körperbildern, die als ernsthafte Bedrohungen für Kinder angesehen werden müssen. Essstörungen wie Anorexia nervosa, Bulimia nervosa oder Binge-Eating betreffen viele junge Menschen in wohlhabenden Gesellschaften und gefährden ihr Wohlergehen und ihre Wohlentwicklung. In diesem Abschnitt unseres Buches werden wir daher einen genaueren Blick auf diese und verwandte Phänomene werfen und sie über die Begriffe der körperlichen Integrität von Kindern und der fähigkeitsfördernden Ernährung angehen. Diese Perspektive wird die komplexe Beziehung von Essstörungen zur kindlichen Gesundheit, Handlungsfähigkeit und positiven Selbstbeziehungen aufzeigen. Es wird erneut deutlich, dass die soziale Einbettung von Essstörungen untersucht werden muss, um ein angemessenes Verständnis von ihnen zu erlangen. Es wäre zu eng, sie nur auf individueller Ebene zu betrachten, da sie mit den Werten und Institutionen einer Gesellschaft verflochten sind.

3.2.1 Verständnis von Essstörungen

Bisher gab es nur minimale Diskussionen über Essstörungen in der Sozial- und Politischen Philosophie (Giordano 2005a,b; Schickhardt 2016). Die meisten Arbeiten wurden von Medizinethiker:innen durchgeführt, die sich auf Themen konzentrieren, die in klinischen Kontexten auftreten, insbesondere solche, die sich auf die Zwangsbehandlung von Patient:innen mit schweren Formen von Essstörungen beziehen (Matusek und Wright 2010). Es gibt jedoch viele interessante philosophische Fragen, die über die medizinische Ethik hinausgehen und mehr Aufmerksamkeit verdienen.

Erstens, wie bei Fettleibigkeit, gibt es bereits interessante konzeptionelle Fragen, die sich aus der Definition von Essstörungen und in Bezug auf ihre Abgrenzung von anderen Phänomenen wie Fettleibigkeit ergeben. Typischerweise wird Fettleibigkeit als eine medizinische Krankheit mit metabolischen und genetischen Ursprüngen klassifiziert. Essstörungen hingegen fallen im Allgemeinen in die Kategorie der psychischen Erkrankungen. Ein genauerer Blick zeigt jedoch, dass eine so klare Trennung schwer aufrechtzuerhalten ist, was sicherlich die Art und Weise beeinflusst, wie sie behandelt oder verhindert werden (Day et al. 2009). Zweitens scheinen Essstörungen nur in bestimmten soziokulturellen Kontexten verbreitet zu sein. Sie kommen fast ausschließlich in westlichen oder westlich geprägten Ländern vor und sind ein relativ neues Phänomen, das hauptsächlich, wenn auch nicht ausschließlich, junge Frauen betrifft (Gordon 2000). Im Gegensatz zu anderen Krankheiten wie Krebs scheinen sie mit gesellschaftlichen Erwartungen verstrickt zu sein und beziehen sich auf Werte, die tief in wohlhabenden westlichen Gesellschaften verankert sind. Drittens ergeben sich wichtige politische Fragen und Fragen der Verantwortlichkeiten im Zusammenhang mit Essstörungen. Wie oben erwähnt, lag der Fokus in der ethischen Literatur bisher auf Zwangsmaßnahmen im Gesundheitssystem. Aber wenn wir anerkennen, dass die Probleme, die Essstörungen zugrunde liegen, eine starke kulturelle Komponente haben, was bedeutet das für die Verantwortlichkeiten verschiedener Akteur:innen?

Einige weitere vorläufige Bemerkungen sind angebracht, bevor wir unsere Darstellung der Essstörungen geben. Erstens können wir in unseren Analysen nicht auf Vollständigkeit abzielen. Essstörungen sind zu einem viel erforschten Thema in einer Vielzahl von Disziplinen geworden, wobei viele Kontroversen noch im Gange sind. Darüber hinaus gehören sie zu einer sehr heterogenen Kategorie, und wir können nicht allen Theorien und Ansätzen gerecht werden, die es gibt. Zweitens ist unser Projekt ein normatives, was bedeutet, dass wir nicht behaupten können, Fragen zu beantworten, die von Fachleuten der medizinischen Forschung, Psychologie oder Soziologie aufgeworfen werden. Während wir das Wissen dieser und anderer Disziplinen berücksichtigen, sind wir hauptsächlich daran interessiert, was sie aus ethischer Sicht implizieren. Drittens ist unser Hauptinteresse die Frage, wie gesellschaftliche Prozesse mit der körperlichen Integrität von Kindern interagieren und welche Rolle Essstörungen in diesem Zusammenhang spielen. In einem wichtigen Sinne ist dieses Thema natürlich mit der konkreten Form ihres Körpers verbunden, und extreme Essstörungen haben hier einen immensen Einfluss. Allerdings können Essstörungen auch Auswirkungen auf die Handlungsfähigkeit und Selbstbeziehungen von Kindern haben, ohne zu extremem Gewichtsverlust oder Körperformen zu führen, die nicht als „normal" angesehen werden. Darüber hinaus gibt es einige Merkmale moderner Gesellschaften, die bei einigen Kindern zu Essstörungen führen, andere jedoch unterschiedlich oder gar nicht betreffen. Hier ist die allgemeine Frage, warum Menschen dünn sein wollen oder bestimmten Idealen der körperlichen Form folgen wollen, entscheidend unabhängig von ihrem Erfolg bei der Erreichung dieses Ziels. Viertens liegt das Alter des Beginns vieler Essstörungen in der Adoleszenz. Bei jüngeren Kindern (vor der Adoleszenz) sind sie viel seltener, auch wenn in den letzten Jahren höhere Raten von Essstörungen bei jüngeren Kindern, Jungen und Minderheitengruppen beobachtet wurden (Campbell und Peebles 2014; Pinhas 2011). Wir werden uns daher hauptsächlich auf ältere Kinder und Jugendliche konzentrieren, aber nicht viel über jüngere Kinder (ungefähr 10 Jahre und jünger) sagen, auch wenn wir uns bewusst sind, dass Essstörungen manchmal früher auftreten können (Watkins und Lask 2009) und dass einige der Prozesse, die zu ihnen führen, ihren Ursprung früh in der Kindheit haben. Als Ergebnis dieser Überlegungen stehen zwei normative Fragen im Mittelpunkt dieses Abschnitts: Wie sind Essstörungen mit Verletzungen der körperlichen Integrität von Kindern verwoben, und wer ist verantwortlich für die Veränderung der aktuellen Situation im Lichte eines Verständnisses von Essstörungen, das sie in erheblichem Maße mit soziokulturellen Faktoren in Verbindung bringt?

Bevor wir diese Fragen beantworten können, wollen wir einige grundlegende Fakten über Essstörungen präsentieren, wie sie derzeit diskutiert werden. Essstörungen sind ein sehr komplexes Phänomen und ihr wissenschaftliches Verständnis ist weit davon entfernt, vollständig oder unumstritten zu sein. Es gibt jedoch sicherlich eine beträchtliche Menge an Forschung, auf die man für eine ethische Untersuchung aufbauen kann.

Bezüglich der Definition von Essstörungen nehmen wir einen pragmatischen Ansatz und verwenden das Diagnostic and Statistical Manual of Mental Disorders–5th Edition (DSM-V), das von der American Psychiatric Association veröffentlichte Handbuch (American Psychiatric Association 2013) als Grundlage. Dort werden acht Zustände als Essstörungen klassifiziert: Pica, Rumination Disorder, Avoidant/Restrictive Food Intake Disorder, Anorexia Nervosa, Bulimia Nervosa, Binge-Eating Disorder, Other Specified Feeding or Eating Disorder und Unspecified Feeding or Eating Disorder (Kenny et al. 2014). Was alle gemeinsam haben, ist, dass sie „are characterized by a persistent disturbance of eating or eating-related behavior that results in the altered consumption or absorption of food and that significantly impairs physical health or psychosocial functioning" (American Psychiatric Association 2013, 329). Für die Zwecke dieses Buches ist die genaue Beschreibung aller als Essstörungen definierten Zustände nicht notwendig; Leser:innen, die einen umfassenden Überblick über jeden von ihnen wünschen, sollten die oben genannten Handbücher sowie andere medizinische und psychologische Literatur konsultieren. Stattdessen werden wir einen genaueren Blick auf die drei häufigsten Essstörungenwerfen, ihre Definitionen und einige ihrer Hauptmerkmale mit Bezug auf das DSM-V: Anorexie, Bulimia Nervosa und Binge-Eating. Unsere normative Bewertung wird jedoch auch für mehr von ihnen von Wert sein, soweit ihre Auswirkungen auf die körperliche Integrität von Kindern vergleichbar sind.

Wir wollen mit *Anorexia Nervosa*beginnen. Für die Diagnose einer Person, die daran leidet, müssen die folgenden Kriterien erfüllt sein (American Psychiatric Association 2013, 338 f):

- Restriction of energy intake relative to requirement, leading to a significantly low body weight in the context of age, sex, developmental trajectory, and physical health
- Intense fear of gaining weight or of becoming fat, or persistent behavior that interferes with weight gain, even though at a significantly low weight
- Disturbance in the way in which one's body weight or shape is experienced, undue influence of body weight or shape on self-evaluation, or persistent lack of recognition of the seriousness of the current low body weight

Es gibt zwei zusätzliche Merkmale der DSM-V-Klassifikation von Anorexia Nervosa, die hier erwähnt werden sollten. Erstens gibt es einen Remissionsspezifikator, der verwendet wird, um zu bestimmen, ob die Person einen vollständigen oder nur teilweisen Status von Anorexia Nervosa hat, und zweitens gibt es einen Schweregrad-Spezifikator, der den BMI der Person verwendet, um den Grad zu bestimmen, in dem sie von der Krankheit betroffen ist. Für Kinder und Jugendliche muss der BMI unter Verwendung der jeweiligen Perzentile angepasst werden, um die Schwere ihres Zustands zu bestimmen, und in Übereinstimmung mit der ersten Anforderung der Definition der Krankheit muss er immer im Kontext von Alter, Geschlecht, Entwicklungstrajektorie und körperlicher Gesundheit des Kindes kontextualisiert werden – die Kinderspezifität ist von Anfang an in die Definition eingebaut.

Die Diagnose von Bulimia nervosa wird anhand der folgenden Kriterien gestellt (American Psychiatric Association 2013, 345):

- Recurrent episodes of binge eating
- Recurrent inappropriate compensatory behaviors (such as self-induced vomiting, misuse of laxatives, fasting, or excessive exercise) in order to prevent weight gain
- The binge eating and inappropriate compensatory behaviors both occur, on average, at least once per week for three months
- Self-evaluation is unduly influenced by body shape and weight
- The disturbance does not occur exclusively during episodes of anorexia nervosa

Bulimia nervosa hat auch einen Schweregrad-Spezifikator (fokussiert auf die Häufigkeit unangemessener kompensatorischer Verhaltensweisen) und einen Remissions-Spezifikator (ermöglicht die Unterscheidung zwischen vollständiger und teilweiser Remission).

Anorexia nervosa und Bulimia nervosa sind die beiden Essstörungen, die in der wissenschaftlichen Gemeinschaft seit relativ langer Zeit als diagnostische Einheiten anerkannt sind. Binge-Eating, die dritte Essstörung, die wir kurz betrachten wollen, wurde erst kürzlich mit der Veröffentlichung des DSM-V in diese Kategorie aufgenommen; sie ist nicht als solche in der ICD-10, der 10. Revision der Internationalen Statistischen Klassifikation der Krankheiten und verwandter Gesundheitsprobleme, die von der WHO veröffentlicht wurde, klassifiziert. Diese Ergänzung ist bedeutend, da Binge-Eating in der Tat wahrscheinlich mindestens genauso häufig vorkommt wie Anorexia nervosa und Bulimia nervosa (Striegel-Moore und Franko 2008).

Laut DSM-V sind die wichtigsten diagnostischen Merkmale der Binge-Eating-Störung(American Psychiatric Association 2013, 350):

- Recurrent and persistent episodes of binge-eating
- Binge-eating episodes are associated with three (or more) of the following:
  - Eating much more rapidly than normal
  - Eating until feeling uncomfortably full
  - Eating large amounts of food when not feeling physically hungry
  - Eating alone because of being embarrassed by how much one is eating
  - Feeling disgusted with oneself, depressed, or very guilty after overeating
- Marked distress regarding binge-eating
- The binge-eating occurs, on average, at least once a week for three months
- Absence of regular compensatory behaviors

Als solche ist Binge-Eating in vielerlei Hinsicht ähnlich wie Bulimia nervosa mit dem entscheidenden Unterschied, dass es keine unangemessenen kompensatorischen Verhaltensweisen (z.B. selbstinduziertes Erbrechen) gibt. Im Vergleich zum häufigen Phänomen des Überessens ist es weniger verbreitet, hat schwerwiegendere Folgen und ist mit ernsthafteren physischen und psychischen Problemen verbunden.

Die Bestimmung der Prävalenz von Essstörungen sowie der Wahrscheinlichkeit, dass ein junger Mensch davon betroffen ist, ist aus mehreren Gründen äußerst schwierig (Schickhardt 2016; Smink et al. 2012). Betroffene oder ihre Eltern neigen dazu, ihre Krankheit zu leugnen oder professionelle Hilfe zu vermeiden, sodass sie nicht in offiziellen Registern erscheinen. Die meisten Studien basieren auf Stichproben, die zu klein sind, um repräsentativ zu sein, während die Inzidenz und Prävalenz von Land zu Land oder sogar innerhalb eines Landes variieren können, was eine allgemeine Bewertung erschwert. Dennoch weisen alle verfügbaren Studien und Zahlen darauf hin, dass Essstörungenrelativ häufig bei Jugendlichen, insbesondere bei Mädchen, vorkommen und ein echtes Anliegen für die öffentliche Gesundheit darstellen.

Eine der umfassendsten Studien zu Anorexia nervosa wurde von Keski-Rahkonen und Kollegen durchgeführt und ergab eine Inzidenzrate von 270 pro 100.000 Personen pro Jahr bei finnischen weiblichen Zwillingen im Alter von 15 bis 19 Jahren in den Jahren 1990 bis 1998. Die Inzidenzrate der breiten Anorexia nervosa betrug in derselben Gruppe 490 pro 100.000 Personenjahre (Keski-Rahkonen et al. 2007). Was die Prävalenz betrifft, fanden sie eine Lebenszeitprävalenz von 2,2 % für vollständige Anorexia nervosa und 4,2 % für breite Anorexia nervosa, gemessen an den DSM-IV-Kriterien.[1] In den USA ergab eine Studie, die eineStichprobe von Mädchen im Jugendalter über einen Zeitraum von acht Jahren von derfrühen Adoleszenz bis ins junge Erwachsenenalter verfolgte, eine Lebenszeitprävalenzbis zum Alter von 20 Jahren von 0,6 % für vollständige Anorexia nervosa und 2,0 %für breite Anorexia nervosa (Stice et al. 2009).Im Allgemeinen werden Mädchen häufiger mit Anorexia nervosa diagnostiziert alsJungen. Das Spitzenalter für den Beginn der Anorexia nervosa liegt zwischen 13 und 18 Jahren, aber es sind auch jüngere Kinder betroffen, wenn auch in geringerem Maße(Campbell und Peebles 2014; van Son etal. 2006). Die Lebenszeitprävalenz vonBulimia nervosa wird im Allgemeinen höher geschätzt als die von Anorexia nervosa,mit einer Rate zwischen 0,9 % und 3 %. Sie beginnt auch meist später in derAdoleszenz mit einem Beginnalter von 16 bis 17 Jahren (Hoste et al. 2012; Swanson 2011). Im Vergleich zu den anderen Essstörungen ist dieBinge-Eating-Störung häufiger bei Männern und älteren Personen (Smink et al. 2012). In einer Längsschnittstudie vonJugendlichen in den USA betrug die Inzidenzrate für Binge-Eating 10,1 pro 1000Personenjahre bei Frauen und 6,6 pro 1000 Personenjahre bei Männern (Field et al. 2008). Insgesamt weisen diese Zahlen darauf hin,dass Essstörungen ein ernstes Problem für Kinder darstellen, insbesondere wenn wirzustimmen, dass neben den genannten Essstörungen viele Patienten auch mit anderenschweren Störungen diagnostiziert werden (Campbell und Peebles 2014). Darüber hinaus sind sich For-

[1] Die Inzidenzrate ist die Anzahl neuer Fälle einer Störung in der Bevölkerung über einen bestimmten Zeitraum. Die Lebenszeitprävalenz ist der Anteil der Menschen, die die Störung zu irgendeinem Zeitpunkt in ihrem Leben hatten (vergleiche Smink et al. 2012, 407, 409).

scher immernoch uneinig darüber, wie Essstörungen bei Vorschulkindern am besten definiert werdensollten und ob es besser wäre, die verschiedenen Symptomatologien weiter anzupassenals bisher (Watkins und Lask 2009).

Wir wollen diese allgemeine Einführung mit einigen Bemerkungen zu Risikofaktoren bei der Entwicklung von Essstörungen abschließen. Dies gibt uns ein besseres Verständnis der relevanten Umgebungen und Akteur:innen, die berücksichtigt werden müssen. Dies ist nicht nur relevant für die Darstellung der Verantwortlichkeiten, die wir am Ende dieses Abschnitts geben werden, sondern auch für die Einordnung des Kindes und der Gefahren für seine körperliche Integrität in einen Kontext.

Heutzutage wird allgemein angenommen, dass Essstörungen komplexe und multidimensionale Krankheiten sind. Trotz erheblicher Forschungsanstrengungen ist ihre genaue Ätiologie noch unbekannt. Es wird jedoch angenommen, dass sie eine Schnittstelle zwischen genetischen und biologischen Prädispositionen, Umwelt- und soziokulturellen Einflüssen sowie psychologischen Merkmalen darstellen (Campbell und Peebles 2014, 583). Die meisten Forscher:innen glauben jetzt, dass es eine genetische Veranlagung für die Entwicklung einer Essstörung gibt. Ihre Bedeutung und ihr genaues Verhältnis zu Umwelteinflüssen sind jedoch umstritten. In jedem Fall werden in der Literatur eine Reihe anderer Risikofaktoren genannt und diskutiert, wie eine Übersicht über verschiedene Studien zu Risikofaktoren von Schickhardt (2016) zeigt. Neben genetischen und biologischen Prädispositionen listet er die folgenden Punkte als Risikofaktoren auf:

- frühe Adoleszenz für Anorexia nervosa und mittlere bis späte Adoleszenz für Bulimia nervosa
- weibliches Geschlecht
- familiäre Zwietracht und sehr fordernde Eltern
- temperamentale Eigenschaften wie Kontrollstreben oder Perfektionismus
- allgemeine psychiatrische Morbidität
- frühere stressige Ereignisse, Traumata und/oder sexueller Missbrauch
- Exposition gegenüber Medieninhalten von idealisierten schlanken Körperfiguren
- Körperunzufriedenheit und Gewichtsbedenken
- Diäten
- (wahrgenommener) sozialer Druck, dünn zu sein, zum Beispiel Medieninhalte, Kommentare von Eltern oder Gleichaltrigen zur Körperform oder Erwartungen an Models und Balletttänzer
- Internalisierung von Dünnheit als Ideal und Standard für sich selbst

Beim Blick auf diese Liste möchten wir abschließend feststellen, dass sowohl individuelle als auch soziokulturelle Faktoren eine wichtige Rolle als Risikofaktoren spielen. Es ist sehr vernünftig anzunehmen, dass es keinen einzelnen Bestimmungsfaktor für Essstörungen gibt, noch eine feste Reihe von Ursachen. Vielmehr scheinen eine Vielzahl von Variablen beteiligt zu sein, die alle berücksichtigt und mit der Handlungsfähigkeit und Entscheidungsfähigkeit des Menschen in Verbindung gebracht werden müssen – Merkmale, die, wenn auch in unterschiedlichem Maße, bei Kindern von klein auf vorhanden sind und sicherlich eine wichtige Eigenschaft bei Jugendlichen darstellen. Sie sind möglicherweise nicht vollständig autonom, aber sie sind auch nicht nur das Objekt äußerer Prozesse, über die sie keinerlei Einfluss haben.

3.2.2 Essstörungenund ihr Verhältnis zur körperlichen Integrität: Gesundheit, Handlungsfähigkeit und Selbstbeziehungen

Um die Beziehung zwischen Essstörungen und der körperlichen Integrität von Kindern zu analysieren, ist es erneut hilfreich, die drei Dimensionen der körperlichen Integrität, die wir im vorherigen Kapitel definiert haben, herauszustellen. Bevor wir uns der Analyse der Verbindung zwischen Essstörungen und den Funktionsweisen von Gesundheit, Handlungsfähigkeit und Selbstbeziehungen von Kindern zuwenden, wollen wir kurz ein wichtiges konzeptionelles Problem im Hinblick auf den normativen Rahmen, den wir verwenden, ansprechen.

Der Unterschied zwischen Fasten und Hungern wurde häufig von Philosoph:innen verwendet, um die Bedeutung der Unterscheidung zwischen Verwirklichungen und Fähigkeiten zu erklären (z.B. Sen 1992, 111 f.). In beiden Fällen kann der physische Zustand der Person derselbe sein – sie ist nicht ausreichend ernährt und sieht sich den entsprechenden negativen Konsequenzen gegenüber. Fasten wird jedoch von Philosoph:innen, die am Fähigkeitenansatz arbeiten, im Allgemeinen nicht als Problem angesehen, da sie davon ausgehen, dass es ein Element der Wahl beinhaltet. Die Person ist frei zu essen und hat das Essen zur Verfügung, aber sie entscheidet sich, es nicht zu essen. Im Gegensatz dazu hat eine hungernde Person überhaupt keine Wahl. Sie hat keinen Zugang zu Nahrung und ist daher gezwungen, in ihrer Situation zu verharren. Dieses Fehlen von Wahlmöglichkeiten wird als das problematische Merkmal des Hungerns angesehen oder, wie es in der Sprache des Fähigkeitenansatzes ausgedrückt wird, die hungernde Person hatte nie die Fähigkeit zu essen, noch hatte sie irgendein Mitspracherecht darüber, ob sie die Funktionsweise der ausreichenden Ernährung verwirklichen möchte, während eine fastende Person diese Fähigkeit hatte, sie aber nicht nutzte. Dies ist für einen autonomen Akteur völlig legitim und sollte, so wird angenommen, nicht als moralischer Schaden beurteilt werden. Für eine ethische Analyse von Essstörungen muss diese einfache und idealisierte Dichotomie jedoch aufgebrochen werden. Wenn man mit dieser einfachen Unterscheidung zwischen Fasten und Hungern und ihren unterschiedlichen moralischen Implikationen arbeitet, würden Essstörungen unproblematisch erscheinen. Wie wir in unserem obigen Bericht gesehen haben, hat fast jedes Kind, das an einer Essstörung leidet, genug Nahrung zur Verfügung, nutzt diese Situation jedoch nicht angemessen. Folgt daraus jedoch, dass das Verhalten eines solchen Kindes aus moralischer Sicht akzeptabel ist, sodass es keine Probleme für eine gerechte Gesellschaft gibt? Das tut es nicht, aus den folgenden Gründen, die im Folgenden ausführlicher in Bezug auf die Verwirklichungen von Gesundheit, Handlungsfähigkeit und Selbstbeziehungen erklärt werden. Einerseits haben wir es mit *Kindern*zu tun, die per Definition keine vollständig autonomen Akteur:innen sind, deren Entscheidungen über ihr eigenes Leben in gleicher Weise wie die von Erwachsenen respektiert werden müssen (mit einigen Einschränkungen). Folglich ist ihre Fähigkeit, die richtigen Ernährungsentscheidungen zu treffen, begrenzt, unabhängig davon, wie ihre Umstände aussehen. Natürlich werden diese Einschränkungen der Wahlmöglichkeiten im Entwicklungsprozess schwächer, was auch für die Analyse von Essstörungen relevant ist, da die meisten betroffenen Kinder Jugendliche sind, die bereits einige Kompetenzen für ein autonomes Leben und Entscheidungen haben. Aber dennoch sind Jugendliche keine Erwachsenen und der Wert der Autonomie für ihr Leben ist eingeschränkt. Andererseits müssen die Bedingungen, unter denen die Entscheidung, nicht zu essen oder ungesund zu essen, getroffen wird, untersucht werden. Wir haben bereits oben festgestellt, dass Essstörungen das Ergebnis des Zusammenspiels von sowohl bestimmenden als auch gewählten Elementen sind, eine Erkenntnis, die es schwierig macht, sie sauber in ein Schema von Fähigkeiten und Verwirklichungen einzuordnen. In gewissem Sinne treffen betroffene Kinder Entscheidungen; es wäre jedoch falsch, diese Entscheidungen als authentische zu betrachten, die unter allen Umständen respektiert werden müssen. Vielmehr gibt es Verzerrungen des Selbst, die in einem bestimmten sozialen Kontext auftreten und zu diesen Verhaltensweisen führen. Folglich argumentieren wir, dass die betroffenen Kinder nie wirklich die Fähigkeit besaßen, ausreichend ernährt zu sein – ihre Situation ist nicht das Ergebnis einer echten oder authentischen Wahl. Im Folgenden werden wir die Verbindungen zwischen Essstörungen und kindlicher Gesundheit, Handlungsfähigkeit und Selbstbeziehungen der Reihe nach behandeln.

3.2.2.1 Gesundheit

Essstörungenkönnen extreme gesundheitliche Folgen haben. Tatsächlich hat jede von ihnen ein erhöhtes Sterblichkeitsrisiko, wobei Anorexia nervosa an der Spitze der Statistiken steht (Smink et al. 2012). Eine oft zitierte Studie zur Übersterblichkeit in den 1990er Jahren kam sogar zu dem Schluss, dass Anorexia nervosa mit der höchsten Sterblichkeitsrate unter allen psychischen Störungen verbunden ist (Harris und Barraclough 1998). Andere Studien bestätigten die relativ hohen Sterblichkeitsraten von Personen, die an Anorexia nervosa leiden, mit signifikanten Suizidraten, wie die Meta-Analyse von Arcelus und Kollegen zeigt (Arcelus 2011). In Bezug auf Gesundheit sollte die folgende sekundäre Symptomatik[2]zumindest berücksichtigt werden, die in erster Linie mit Anorexia nervosa und Bulimia nervosa verbunden ist, aber auch in gewissem Maße bei anderen Störungenzu finden ist (Campbell und Peebles 2014;Giordano 2005b, 27–30), wieendokrine und

[2]Wir sprechen hier von „sekundären Symptomen“, weil sie die Folgen von Essanomalien sind und typischerweise abnehmen, wenn normale Essgewohnheiten wiederhergestellt werden können.

metabolische Veränderungen, Herz-/Kreislaufstörungen,Elektrolytstörungen und gastrointestinale Komplikationen.[3]Bei Binge-Eating sind Adipositasund emotionale Probleme die Hauptfolgen, mit deutlichen Auswirkungen auf die (psychische) Gesundheit. Wir haben Adipositas bereits ausführlich imvorherigen Abschnitt diskutiert, weshalb wir hier nicht weiter ins Detail gehenwerden. In jedem Fall sind all die oben genannten Folgen schädlich für die Gesundheit und Entwicklung eines Kindes und gefährden daher ihre körperliche Integritätunterhalb einer kaum ausreichenden Schwelle. Wollen wir einige derdokumentierten Risiken betrachten.

- Endokrine und metabolische Veränderungen

Essstörungen führen oft zu endokrinen Störungen, die sich bei Frauen in Menstruationsstörungen und bei Männern in Impotenz und mangelndem sexuellem Interesse manifestieren. Es besteht ein Risiko für verlangsamtes lineares Wachstum, verzögerte Pubertät und Pubertätsregression, was Komplikationen sind, die eng mit der sich entwickelnden Natur von Kindern verbunden sind und daher besondere ethische Implikationen haben, wie wir in Kap. 2 argumentiert haben. Infolgedessen sind Störungen wie Anorexie und Bulimie mit Fruchtbarkeitsproblemen bei Frauen verbunden, nicht nur während des Leidens an den Störungen, sondern lebenslang (Easter et al. 2011). Allerdings wird die Wahrscheinlichkeit, nicht schwanger zu werden, oft überschätzt, was zu hohen Raten ungeplanter Schwangerschaften führt (Hoffman et al. 2011). Einige Studien berichten, dass Frauen mit einer Anorexia-nervosa-Vorgeschichte, die schwanger werden, ein höheres Risiko für Schwangerschaftskomplikationen sowie ungünstige neonatale Ergebnisse wie niedriges Geburtsgewicht haben (Franko et al. 2001; Mehler et al. 2015). In jedem Fall sind Beratung und die richtige medizinische Unterstützung entscheidend für die Geburtsergebnisse (Hoffman et al. 2011). Ein weiteres großes Problem in der Kategorie der endokrinen und metabolischen Veränderungen ist die Knochenausdünnung. Jugendliche mit einer Essstörung haben wahrscheinlich eine reduzierte Knochenmineraldichte aufgrund schlechter Nahrungsaufnahme, niedrigem BMI und reduzierter Fettmasse. Patienten mit Anorexia nervosa haben dreimal häufiger eine Fraktur im Vergleich zur Allgemeinbevölkerung. Während Gewichtszunahme und die Wiederherstellung der Menstruationsfunktion wichtige Faktoren bei der Behandlung der Knochendichte sind, verschwindet das Problem normalerweise nicht sofort, wenn das Normalgewicht erreicht ist, sondern bleibt viel länger bestehen (Kraeft et al. 2013). Es besteht eine höhere langfristige Gefahr von Osteoporose für Personen, die an einer Essstörung leiden oder gelitten haben, während das Auftreten der Krankheit in der entwicklungsentscheidenden Phase der Adoleszenz hier ein wichtiger Faktor zu sein scheint (Katzman 2005).

[3]Wir werden nur einen kurzen Überblick über einige Aspekte dieser Zustände geben. Für eine umfassendere Darstellung siehe zum Beispiel Mehler und Andersen (2010).

- Herz-/Kreislaufstörungen

Herzkomplikationen bei Jugendlichen, die an einer Essstörung leiden, werden häufig berichtet und sind besonders besorgniserregend, da sie mit einem signifikanten Todesrisiko verbunden sind (Campbell und Peebles 2014; Katzman 2005). Simona Giordano fasst die Haupteffekte von Essstörungen auf das Herz-Kreislauf-System wie folgt zusammen:

> The heart diminishes in size, like any other muscle in the body, and becomes weaker. Low heart rate (bradycardia) and low blood pressure (hypotension) are the normal outcomes of this process. The ability of the heart to increase oxygen delivery to the tissues while exercising is impaired, with potentially dangerous effects for the person who takes exercise (exercise is one of the methods for people with eating disorders to control body weight or to compensate calories intake). The mitral valve may prolapse and potentially fatal arrhythmias may occur. (Giordano 2005b, 28)

Diese Veränderungen sind ernst und gefährden das Leben der betroffenen Kinder. Es gibt jedoch Hinweise darauf, dass Herz-Kreislauf-Störungen, die aus Essstörungen resultieren, nach überwachter Gewichtswiederherstellung reversibel sind, was eine frühzeitige Diagnose von Herzschäden, eine schnelle Behandlung, rechtzeitige Wiederernährung und eine korrekte Herzüberwachung unerlässlich macht (Oflaz et al. 2013). Herz-Kreislauf-Störungen betreffen besonders häufig Patient:innen mit Anorexia nervosa, sind aber auch mit anderen normalgewichtbezogenen Essstörungen verbunden, insbesondere Bulimia nervosa.

- Elektrolytstörungen

Viele Essstörungen sind mit Erbrechen, Missbrauch von Abführmitteln oder Diuretika verbunden. Diese Verhaltensweisen können Dehydration verursachen und führen normalerweise zu Elektrolytstörungen. Dies verursacht Müdigkeit, Muskelkrämpfe, schwere Herzrhythmusstörungen und verringerte Knochendichte (Cassell und Gleaves 2006, 78). Darüber hinaus wurden epileptische Anfälle, Atemlähmung, Herzstillstand und Tod berichtet (Giordano 2005b, 29). Es gibt noch eine weitere Komplikation im Zusammenhang mit Elektrolytstörungen, nämlich dass Patient:innen mit Mangelernährung während der Behandlung ein Refeeding-Syndrom zeigen können, das als potenziell tödliche Verschiebungen von Flüssigkeiten und Elektrolyten definiert werden kann, die bei mangelernährten Patient:innen auftreten können, die künstlich wiederernährt werden (Mehanna et al. 2008).

- Gastrointestinale Komplikationen

Gastrointestinale Komplikationen sind ein häufiges Merkmal von Essstörungen, die sekundär zu Mangelernährung, Erbrechen oder Fressanfällen auftreten (Campbell und Peebles 2014, 585). Einige dieser Zustände sind sehr schwerwiegend und sogar lebensbedrohlich. Bei Mangelernährung sind verzögerte Magenentleerung und Verstopfung häufig, Zustände, die zu erheblichen medizinischen Komplikationen führen können (Hadley und Walsh 2003). Milde Transaminitis, Dyslipidämien und das Superior-Mesenteric-Artery-Syndrom sind ebenfalls damit verbunden. Essstörungen, die Erbrechen beinhalten, können zu Ösophagitis, Reflux-Hämatemesis oder Parotisschwellung führen. In schweren Fällen sind Ösophagusruptur und Pneumomediastinum möglich. Typische gastrointestinale Komplikationen der Anorexia nervosa sind abdominale Blähungen, Übelkeit und postprandiale Völlegefühl. Bei Fressanfällen wurden Magenüberdehnung, Pankreatitis und sogar Magenruptur berichtet.

Diese Liste der medizinischen Komplikationen von Essstörungen ist nicht erschöpfend. Studien berichten über neurologische Probleme, Harnprobleme, Nierenkomplikationen, Geruchsbeeinträchtigungen und hämatologische Komplikationen (Campbell und Peebles 2014). Unvermeidlich gibt es auch psychiatrische und mentale Gesundheitsprobleme, wie Depressionen und Angststörungen, die wir nicht angesprochen haben. In jedem Fall zeigt dieser kurze Überblick über häufige medizinische Zustände im Zusammenhang mit Essstörungen deutlich, dass jedes betroffene Kind schweren Gesundheitsrisiken ausgesetzt ist. Die Zustände variieren von Störung zu Störung und es gibt sicherlich Unterschiede im verursachten Schaden. Die allgemeine Schlussfolgerung, dass Essstörungen der Gesundheit und Entwicklung eines Kindes schaden (sogar grundlegende Schwellenwerte gefährden) und für ihre moralische Bewertung von hoher Relevanz sind, bleibt jedoch bestehen.

Diese negative Auswirkung von Essstörungen auf die Funktionsweise der Gesundheit ist besorgniserregend. Eine Gerechtigkeit-relevante Analyse muss jedoch tiefer graben und mehr Aspekte des betreffenden Phänomens herausarbeiten. Es gibt viele andere Krankheiten, wie die vielen Formen von Krebs, die vergleichbaren oder sogar größeren Schaden bei Kindern verursachen, aber keine Fragen der Gerechtigkeitaufwerfen, da sie das Ergebnis von bloßem Pech sind. Schauen wir uns nun an, wie und in welchem Ausmaß die Handlungsfähigkeit eines Kindes durch eine Essstörung beeinträchtigt wird. Dies wird uns zum gesellschaftlichen Rahmen führen, in dem Essstörungen entstehen und der uns zu Gerechtigkeit-relevanten Merkmalen des Phänomens leiten wird.

3.2.2.2 Handlungsfähigkeit

Die zweite Fähigkeit, die wir als Schlüsselkomponente der körperlichen Integrität von Kindern definiert haben, war die Handlungsfähigkeit. Im Folgenden werden wir zunächst einen genaueren Blick auf die Funktionsweise der Handlungsfähigkeit werfen, wie sie bei Essstörungen erscheint. Zweitens werden wir eine normative Darstellung davon geben.

Eine allgemeine Darstellung der Handlungsfähigkeit bei Essstörungen zu geben, ist aufgrund der Unterschiede in den Bedingungen eine schwierige Aufgabe. Dennoch möchten wir argumentieren, dass die Handlungsfähigkeit von Kindern eine Schlüssel-Kategorie für alle Essstörungen ist.

Schauen wir uns zunächst Anorexia nervosa und Bulimia nervosa an, zwei Essstörungen, die ohne Berücksichtigung des Verlangens der betroffenen Person nach Kontrolle nicht verstanden werden können, aber auch wegen der Art und

Weise, wie betroffene Personen handeln, während die Art und Weise, wie sie ihr Leben und ihren Körper wahrnehmen und gestalten, relevant ist. Es wird oft berichtet, dass es eine tiefe Ambivalenz in der Wahrnehmung von Menschen mit Essstörungen gibt. Die Person ist gleichzeitig „the doer and the victim of a condition that appears at the same time as the fruit of her great self-control and as a mysterious force that is completely out of her control" (Giordano 2005b, 93).

Die betroffenen Menschen – oft Jugendliche – handeln oft mit extremer Entschlossenheit und zeigen ein hohes Maß an Selbstdisziplin. Sie streben nach Kontrolle über ihren Körper und wollen ihren „natürlichen" physiologischen Bedürfnissen nicht gehorchen. Diese Verhaltensweisen können nur durch Bezugnahme auf einen starken Begriff der Handlungsfähigkeit erklärt werden – sie handeln systematisch im Einklang mit einigen Werten, die sie schätzen, und bewerten einige Merkmale ihrer Bedingungen als äußerst positiv. Es stimmt, dass das Merkmal der Kontrolle besonders stark bei Kindern mit Anorexia nervosa ist, während Bulimia nervosa hauptsächlich durch Phasen des „Verlierens" der Kontrolle in Episoden von Essanfällen gekennzeichnet ist. Bei der Durchführung kompensatorischer Verhaltensweisen kehren jedoch disziplinierte und zielgerichtete Handlungen zurück – Erbrechen, Diäten oder die Verwendung von Abführmitteln werden eingesetzt, um ein bestimmtes Ziel zu erreichen und zu einem bestimmten Zweck: dünn zu sein. Daher sollten wir Kinder mit sowohl Anorexia nervosa als auch Bulimia nervosa als Subjekte starker Handlungsfähigkeit betrachten, anstatt sie einfach als passive Produkte ihrer Umgebung zu sehen. Die Selbsteinschätzungen von Menschen mit Essstörungen sind jedoch selten nur positiv. Vielmehr verstehen sie, dass es auch schädliche Auswirkungen gibt, die ambivalente Gefühle hervorrufen – sie fühlen „zwei Arten von etwas" und haben daher „widersprüchliche Motivationen" (Miller 1998).

Für Kinder mit Essstörungen – meistens Jugendliche – ist ihr Verhalten in gewisser Hinsicht sinnvoll, was als eines der Haupthindernisse für eine erfolgreiche Behandlung angesehen wird (Vitousek et al. 1998), sowie als Teil der Erklärung, warum Patient:innen mit Anorexia nervosa und Bulimia nervosa Schwierigkeiten haben, aus eigener Initiative eine Behandlung zu suchen. In qualitativen Studien, die die Erfahrungen von Patient:innen mit Anorexia nervosa untersuchen, ist die funktionale und egosyntone Rolle der Krankheit ein häufiges Thema (Garner und Bemis 1982; Marzola et al. 2015; Serpell et al. 1999; Williams und Reid 2010). Die Krankheit wird als multifunktionales Werkzeug für viele Zwecke beschrieben: Kontrolle fühlen, etwas erreichen, bewältigen, sich sicher fühlen, Emotionen ausdrücken, negative Situationen und Emotionen vermeiden, sich stark und erfolgreich fühlen, Glücksgefühle empfinden, sich selbst oder andere bestrafen oder sogar die eigenen Lebensprobleme lösen (Williams und Reid 2010, 558).

Bei Bulimia nervosa ist die funktionale Rolle der Bedingungen ebenfalls vorhanden, auch wenn es wahrscheinlich ist, dass Patient:innen mit dieser Essstörung ihrer Krankheit gegenüber negativer eingestellt sind als Patient:innen mit Anorexia nervosa, was im Durchschnitt zu mehr Motivation führt, ihren Zustand zu ändern. Dennoch „nutzen" Patient:innen sie sicherlich für bestimmte Zwecke und sehen zumindest einige positive Aspekte in dem, was sie tun (Serpell und Treasure 2002) – zum Beispiel ein Gefühl von Identität und Kontrolle zu gewinnen, unangenehme

Erfahrungen zu vermeiden und enge Beziehungen oder Schutz zu finden (Marzola et al. 2015, 2). Gleichzeitig bestätigen diese Studien, dass Anorexia nervosa und Bulimia nervosa in der Regel auch als negativ wahrgenommen werden. Viele Betroffene sehen ihren Zustand als Krankheit, Störung oder Erkrankung und sind sich der negativen Auswirkungen auf die Gesundheit bewusst. Trotz des hohen Maßes an Kontrolle, das bei Anorexia nervosa vorhanden ist, wird auch das Gefühl, nicht in Kontrolle zu sein oder die Kontrolle zu verlieren, typischerweise ausgelöst. Es wird häufig beschrieben, dass es das Leben und die Persönlichkeit übernimmt und in extremen Fällen sogar als depersonalisierend empfunden wird (Serpell et al. 1999, 184). Bei der Binge-Eating-Störung gibt es sicherlich funktionale Aspekte dieser Störung, da eine der Haupt-Erklärungen dafür, warum Menschen Essanfälle haben, darin besteht, dass sie dysphorische Stimmungszustände lindern (Davis und Jamieson 2005). Aber die Handlungsfähigkeit, die hier vorhanden ist, lässt sich am besten als schwach beschreiben, da Binge-Eater typischerweise besorgt über ihr Gewicht und ihre Körperform sind, obwohl sie es nicht schaffen, sich an die Verhaltensweisen zu halten, die sie normalerweise schätzen würden.

Was bedeuten diese kurzen Erkundungen der Rolle der Handlungsfähigkeit bei Essstörungenaus moralischer Perspektive? Beginnen wir mit der starken Handlungsfähigkeit, die wir bei Anorexia nervosa und, mit einigen Modifikationen, auch bei Bulimia nervosa beobachtet haben, und analysieren, warum wir sie als schädlich für die körperliche Integrität von Kindern klassifizieren können. Zunächst müssen wir betonen, dass der Aspekt der Handlungsfähigkeit in unserem Konzept der körperlichen Integrität und dem damit verbundenen Konzept des fähigkeitsfördernden Essens für Kinder bereits moralisiert ist. Es ist gut, dass Kinder gemäß Zielen handeln, die sie als wertvoll erachten, und dass sie ihren Körper kontrollieren oder lernen, ihn zu kontrollieren und ihn in einer Weise zu formen, die für sie Sinn ergibt. Allerdings erfüllt nicht jede Form zielgerichteten Handelns und die Absicht, sich auf den eigenen Körper zu beziehen und ihn zu formen, ihre Kriterien. Tatsächlich ist die Internalisierung von Werten, die mit Anorexia nervosa und Bulimia verbunden sind, fragwürdig, während es gute Gründe gibt, von einer verzerrten Form der Handlungsfähigkeit zu sprechen, die hier am Werk ist. Die Werte und Ziele, die das Verhalten eines Kindes mit einer Essstörung strukturieren, sollten nicht als autonom gewählt klassifiziert werden, sondern dass sie das Subjekt gefangen nehmen und eine Form von Macht ausüben, der schwer zu entkommen ist. Einige könnten argumentieren, dass Anorexia nervosa und Bulimia Lebensstilentscheidungen sind, die respektiert werden müssen (Fox et al. 2005). Gegen eine solche Interpretation möchten wir folgendes Argument vorbringen. Als sich entwickelnde Wesen sollte die Handlungsfähigkeit von Kindern – einschließlich Jugendlichen – nicht als völlig isoliert von anderen wertvollen Dimensionen ihres Lebens betrachtet werden. Bereits innerhalb der Konzepte der körperlichen Integrität und des fähigkeitsfördernden Essens gibt es Gesundheit und positive Selbstbeziehungen, die von Bedeutung sind, und wie wir in Kap. 2 und anderswo argumentiert haben, gibt es noch andere Dimensionen des Wohlergehens, die berücksichtigt werden müssen (Graf und Schweiger 2015; Schweiger und Graf 2015). Wenn ihre Handlungsfähigkeit gegen diese Dimensionen arbeitet, wie es bei Anorexia nervosa und Bulimia eindeutig der Fall ist, ist es wichtig, sie so weit wie möglich zu unterstützen, ihre Erkrankung zu überwinden. Anorexia nervosa und Bulimia, zusammen mit den Handlungen, Verhaltensweisen und der Handlungsfähigkeit, die damit verbunden sind, sind *korrosiv* sowohl für das Wohlergehen als auch für das Wohlentwickeln von Kindern. Die starke Handlungsfähigkeit, die bei Essstörungen wie Anorexia nervosa und Bulimia am Werk ist, ist in beiden Sinnen korrosiv. Sie führt beispielsweise, wie wir gesehen haben, zu negativen gesundheitlichen Ergebnissen, beeinflusst aber typischerweise auch die sozialen Funktionen und den emotionalen Zustand einer Person. All diese Dimensionen sind wertvoll für das Leben einer Person und alle sollten die Chance haben, sie zu genießen. Es könnte möglich sein, dass eine autonome Person sich gegen sie entscheidet und stattdessen ein Leben mit einer Essstörung bevorzugt. Auch wenn wir dieser Möglichkeit skeptisch gegenüberstehen, wollen wir hier keine endgültige Stellungnahme dazu abgeben. Im Fall von Kindern und Jugendlichen sehen wir jedoch die Bedingungen der Autonomie nicht erfüllt. Pathologische und äußere Einflüsse sind einfach zu stark, und daher gibt es gute Gründe, ihre Handlungsfähigkeit als *verzerrt* zu bewerten. In diesen Lebensphasen hat die Autonomie nicht die Kraft, die sie für Erwachsene hat, was bedeutet, dass es vernünftig ist anzunehmen, dass es eine Pflicht gibt, die Zukunft dieser Personen angemessen offen zu halten (Feinberg 1980), ein Wert, der auch mit den in Kap. 2diskutierten Themen über Kindheitsregime verbunden ist. Die Handlungsfähigkeit bei Anorexia nervosa und Bulimia arbeitet gegen dieses Ziel und sollte daher aus moralischer Sicht kritisiert werden. Wenn wir insbesondere erkennen, dass der moralische Wert der Handlungsfähigkeit von Kindern nur vollständig charakterisiert werden kann, wenn wir ihre kurz- und langfristigen Merkmale zusammenbringen, und dass ein Schlüsselmerkmal ihrer Funktionen und Fähigkeiten in ihrer dynamischen Entwicklung liegt, kann ein starkes Argument für die Gefahr von Essstörungenkonstruiert werden.

Die Handlungsfähigkeit, die bei der Binge-Eating-Störung am Werk ist, ist aus zwei Gründen moralisch problematisch. Einerseits ist sie schwach. Typischerweise erleben Menschen mit Binge-Eating-Störungen ihre Essanfälle als Phasen, in denen sie außer Kontrolle sind – sie können nicht anders, als zu essen, selbst wenn sie sich bewusst sind, dass sie es nicht tun sollten. Neben den gesundheitlichen Problemen, die mit diesen impulsiven Essgewohnheiten verbunden sind, erleben Binge-Eater typischerweise Gefühle von Schuld und Scham, Gefühle, die aus dem Bewusstsein stammen, dass sie ihr Verhalten nicht kontrollieren konnten und in ihrer Handlungsfähigkeit versagt haben. Andererseits wäre es kurzsichtig zu argumentieren, dass es ausreichen würde, die „schwache Handlungsfähigkeit", die ihren (gescheiterten) Handlungen zugrunde liegt, zu stärken, um ihre körperliche Integrität zu erhalten. Dies würde wahrscheinlich zu anderen Essstörungen führen und sie anorektisch oder bulimisch machen. Vielmehr ist eine andere Art von Handlungsfähigkeit erforderlich, eine Handlungsfähigkeit, die mit ihrer Gesundheit, ihrem Selbstwertgefühl und ihrem Selbstbild verflochten ist und ihre körperliche Integrität unterstützt, anstatt sie zu schädigen. Dies führt uns zur nächsten Fähigkeit, die wir analysieren möchten: positive Selbstbeziehungen.

3.2.2.3 Selbstbeziehungen

Die Beziehung zwischen Essstörungen und dem (sich entwickelnden) Selbst von Kindern ist eine komplexe. Es gibt keinen eindeutigen kausalen Weg von einer Richtung zur anderen. Vielmehr gibt es viele Interaktionen und Wechselwirkungen, die sehr schwer zu isolieren sind. Probleme in den Selbstbeziehungen stehen jedoch im Mittelpunkt des Verständnisses von Essstörungen – ihrer Ätiologie, Aufrechterhaltung und Genesung – und einige Aspekte dieses Themas wurden bereits in unserer Diskussion über die problematischen Formen der Handlungsfähigkeit, die bei Essstörungen am Werk sind, erwähnt: verzerrte Formen der Handlungsfähigkeit sind mit verzerrten Selbstbeziehungen oder Selbstkonzepten verflochten, während die Selbstbilder von Kindern, die Gefahr laufen, Essstörungenzu entwickeln, hochgradig verletzlich sind und die Störungen diese Verletzlichkeiten weiter vertiefen.

Es gibt mittlerweile eine große Menge an Belegen dafür, dass Störungen im Selbstkonzept ein wesentlicher Faktor für die Entwicklung, Aufrechterhaltung und Genesung von Essstörungen sind (Bardone-Cone et al. 2010). Es wurde beispielsweise festgestellt, dass das Vorhandensein von relativ wenigen positiven und mehr negativen Selbstschemata wahrscheinlich prädiktiv für essgestörte Einstellungen und Verhaltensweisen ist. Mit anderen Worten, Störungen in der Gesamtheit der Identitäten, die als verarmtes Selbst interpretiert werden könnten, sind ein wichtiger Beitrag zur Symptomatik von Essstörungen (Stein und Corte 2007). Darüber hinaus gibt es viele Studien, die Essstörungen mit niedrigem Selbstwertgefühl in Verbindung bringen.

Einerseits wurde niedriges Selbstwertgefühl als ein wesentlicher Risikofaktor für die Entwicklung einer Essstörung untersucht (z.B. Gual et al. 2002). Andererseits steht niedriges Selbstwertgefühl in Zusammenhang mit schlechten Behandlungsergebnissen (Fairburn et al. 1993) sowie mit einem Rückfallrisiko (Daley et al. 2008). Es gibt andere Aspekte des Selbst, die umfassend untersucht wurden. Bardone-Cone und Kollegen untersuchten beispielsweise Selbstwirksamkeit und Selbstgerichtetheit sowie Selbstwertgefühl als wichtige Konstrukte und stellten fest, dass sehr deutliche Unterschiede im Selbstkonzept (in Bezug auf Selbstwertgefühl, Selbstwirksamkeit und Selbstgerichtetheit) zwischen einer vollständig genesenen Gruppe und denen mit einer aktiven Essstörung oder denen, die teilweise von einer Essstörung genesen sind, auftraten. Diese Studie zeigt, dass die drei Aspekte des Selbst, obwohl sie analytisch unterscheidbar sind, eng miteinander verbunden sind (Bardone-Cone et al. 2010). Darüber hinaus wird deutlich, wie eng die Begriffe Handlungsfähigkeit und Selbstbeziehungen, wie wir sie als unterschiedliche Aspekte unseres Konzepts der körperlichen Integrität definiert haben, miteinander verbunden sind. Selbstwirksamkeit und Selbstgerichtetheit sind Konzepte, die das Selbst mit Kontrolle und der Fähigkeit verbinden, Ziele zu verfolgen, die „eigen" sind und zur Selbstverwirklichung führen (Bandura 1978). Das Selbst ist nicht passiv, sondern ständig in Entwicklung, was in einem wichtigen Maße durch die Entscheidungen und Handlungen des Individuums – ihre Handlungsfähigkeit – definiert wird.

Um unser Verständnis des moralischen Schadens, der mit diesen problematischen Aspekten von Selbstbeziehungen verbunden ist, weiter zu vertiefen, wollen wir einige Erkenntnisse aus Studien betrachten, die versucht haben, die „innere" Perspektive von Jugendlichen mit Essstörungen zu erfassen. Joanna Patching und Jocalyn Lawler fanden in ihrer Untersuchung über die Erfahrungen von Frauen bei der Entwicklung und Genesung von einer Essstörung heraus, dass die betroffenen jungen Frauen typischerweise ein sehr schlechtes Selbstgefühl aufgrund innerer Konflikte hatten, während sie glaubten, dass sie ein stärkeres Selbstgefühl entwickeln könnten, indem sie ihre Nahrungsaufnahme und Trainingsregime kontrollierten. Dieses Kontrollstreben entfernte sie jedoch noch weiter von sich selbst. Die Krankheit konnte sogar als „Übernahme" wahrgenommen werden und das Gefühl verankern, keine eigenständige Person zu sein, im Sinne davon, dass sie von der Störung getrennt werden könnte – ein Befund, der gut zu anderen qualitativen Studien passt (Serpell et al. 1999). In jedem Fall konnte die Genesung nur erreicht werden, wenn die betroffenen Jugendlichen es schafften zu akzeptieren, dass sie lernen mussten, ein Selbstgefühl zu entwickeln, das nicht von der Kontrolle im Zusammenhang mit ihrer Essstörung abhängig war. Die in dieser Studie gefundene Wahrnehmung, dass Essstörungen mit Verzerrungen des Selbst verbunden sind, die überwunden werden müssen, um geheilt zu werden, stimmt mit anderen qualitativen Untersuchungen zu diesem Thema überein (Lamoureux und Bottorff 2005; Weaver 2005).

Wir wollen nun einen Schritt zurücktreten und einen Aspekt moderner Gesellschaften betrachten, der entscheidend für das Verständnis des Kontextes ist, in dem diese Verzerrungen des Selbst und seiner Beziehung zum Körper auftreten. Dies bringt uns näher an Fragen der Gerechtigkeit, die immer mit Merkmalen einer Gesellschaft verbunden sind, die durch ihre Institutionen und Normen beeinflusst und verändert werden können. Wie bereits erwähnt, sind Essstörungen ein relativ neues Phänomen, das mit Sicherheit mit Idealen über Schlankheit und bestimmte Körperformen verbunden ist, die in modernen westlichen oder westlich geprägten Gesellschaften weit verbreitet sind. Diese Ideale sind mit bestimmten Vorstellungen vom Selbst und seiner Beziehung zum Körper verwoben. Wie einflussreich argumentiert wurde, sind Erscheinung und Darstellung zu wesentlichen Ressourcen für Individuen geworden, während der Körper zu einem zentralen Werkzeug für diese Zwecke geworden ist. Er wird verwendet, um das Selbst auszudrücken, „und there is a tendency for the body to be seen as an entity which is in the process of becoming; a project which should be worked at and accomplished as part of an individual's self-identity" (Shilling 1993, 5). Körper sind zu Projekten geworden, die offen für Rekonstruktion sind, und immer mehr Menschen sind besorgt darüber, wie sie ihre Körper verwalten und pflegen können, um so auszusehen, wie sie es möchten. Grundsätzlich konnten in der Geschichte noch nie so viele Menschen ihre Körper so effektiv verwalten, formen und kontrollieren wie heute – die Idee kontrollierter körperlicher Entscheidungen ist weit verbreitet. Manchmal werden diese Entwicklungen als hauptsächlich positiv bewertet. Eine genauere Analyse muss jedoch den breiteren kulturellen und sozialen Rahmen dieser Entscheidungen berücksichtigen. Hier treten ethisch relevante Probleme in

Selbstbeziehungen auf, wobei Kinder besonders verletzlich sind. Wir wollen diesen Punkt im Zusammenhang mit Essstörungen weiter ausführen, indem wir auf das zurückgreifen, was als „Objektifizierungstheorie" und das Konzept der Selbstobjektifizierung bezeichnet wurde (Jongenelis et al. 2014; Noll und Fredrickson 1998). Selbstobjektifizierung bedeutet, dass die Beziehung zum Körper stark durch eine Drittperson-Perspektive vermittelt wird, die beobachtbare Körpermerkmale bewertet, die im weiteren sozialen und kulturellen Kontext geschätzt werden. Menschen internalisieren die Perspektive eines Beobachters und versuchen, ihre Körper an diese Erwartungen anzupassen. Sie betrachten und behandeln sich selbst als Objekte und sind mit ihrem eigenen körperlichen Erscheinungsbild beschäftigt. Infolgedessen überwachen und kontrollieren sie ihre Körper, aber diese Überwachung kann kaum als Ergebnis echter autonomer Entscheidungen und wertvoller Lebensprojekte verstanden werden, denen man folgen möchte. Vielmehr stammen sie aus fragwürdigen sozialen Werten, die mit Konsumismus und Aspekten einer neoliberalen Ideologie verbunden sind. Darüber hinaus sind die idealen Körper, die Menschen begehren, schwer zu erreichen, was oft zu negativen psychologischen Erfahrungen führt – Körperschema und Erscheinungsangst können das Individuum befallen, das nicht den internalisierten Idealen entspricht. Daraus ergeben sich Selbstbeziehungen und Selbst-Körper-Beziehungen, die betroffen sind, und schließlich können psychische Störungen wie Essstörungen und Depressionen auftreten. Interessanterweise ist die *tatsächliche* Erfahrung von Körperschema nicht der einzige Grund, der zu Versuchen führt, Gewicht zu verlieren. Oft ist es die antizipierte Körperschema, die von Menschen erlebt wird, die im Moment mit ihrem Körper zufrieden sind, aber die zu gestörtem Essverhalten beiträgt (Noll und Fredrickson 1998, 625). Wie wir oben gesehen haben, sind Essstörungen multifaktorielle Zustände, sodass es falsch wäre, sie ausschließlich über Selbstobjektifizierung und die damit verbundenen (verzerrten) Selbstbeziehungen zu erklären. Die Beweise sind jedoch stark darin, die wichtige Rolle zu behaupten, die sie bei der Ätiologie von Essstörungenspielen, auch wenn es wahrscheinlich viele Menschen mit diesen Arten von Selbstbeziehungen gibt, die im „normalen" Gewichtsbereich oder sogar übergewichtig oder fettleibig sind (Underwood 2013). Für die Entwicklung einer voll ausgeprägten Essstörung ist mehr erforderlich, und wie wir gesehen haben, sind persönliche Eigenschaften, genetische Faktoren und andere Einflüsse hier entscheidend. Dennoch sind verzerrte Selbstbeziehungen wichtig, da sie unterschiedliche Konsequenzen für das Individuum haben, von denen eine das Erleben einer Essstörung ist. Alles in allem ist es wichtig zu bedenken, dass Essstörungen typischerweise in der Adoleszenz beginnen, einer Phase, die oft als Übergangsphase beschrieben wird. Einerseits haben Menschen in dieser Altersgruppe bereits viele Kompetenzen, sodass sie nicht mit kleinen Kindern verglichen werden können, die völlig abhängig und verletzlich sind. Andererseits befinden sie sich typischerweise noch im Prozess der Identitätsentwicklung und sind daher sehr anfällig für äußere Einflüsse und kulturelle Codes, wie die oben genannten. Darüber hinaus spielen die problematischen Selbst- und Körper-Selbstbeziehungen, die wir jetzt diskutieren, bereits früher im Lebensverlauf eine wichtige Rolle. Forschungen, die mit weit jüngeren Kindern (ab sechs Jahren) durchgeführt wurden, haben gezeigt, dass Selbstobjektifizierung und Störungen in ihrem Körperbild auch für sie ein Thema waren. Sie entwickeln sich früh im Lebensverlauf und können als kritische Vorbedingungen für die Entwicklung von Essstörungen bezeichnet werden (Jongenelis et al. 2014).

3.2.3 Verantwortlichkeitenund Essstörungen

Welche sind die wichtigsten Akteur:innen der Gerechtigkeit in dieser Hinsicht, die Einfluss auf die Entwicklung oder Prävention von Essstörungen haben? Wiederum, da eine Vielzahl von Parteien beteiligt ist, können wir nicht alle vollständig berücksichtigen. Vielmehr möchten wir uns auf eine der Hauptakteur:innen konzentrieren, die häufig in der Debatte über Essstörungen erwähnt werden: die Medien. Wir möchten die Frage der Verantwortlichkeiten in Bezug auf die Beteiligung der Medien an der (Re-)Produktion von Essstörungen auf gesellschaftlicher Ebene angehen. Wir wollen nicht die kühne und umstrittene These aufstellen, dass die Medien *willentlich und freiwillig Essstörungen verursachen* und dass es diese direkte Beziehung ist, die Verantwortlichkeiten auf sie überträgt (wie es das Haftungsmodell verlangen würde). Die multidimensionale Natur von Essstörungen macht es sehr schwierig, diese direkte kausale Verbindung aufrechtzuerhalten; tatsächlich vermeiden die meisten Forscher:innen diese Sprache, wenn sie die Ätiologie von Essstörungen analysieren. Der Konsum bestimmter Medieninhalte wird jedoch ausführlich als *Risikofaktor* für den Beginn und die Aufrechterhaltung von Essstörungen diskutiert – das bedeutet, dass Medienkonsum nicht bestimmen kann, ob jemand eine Essstörung entwickelt, aber dass er das Risiko dafür erhöht, insbesondere in Verbindung mit anderen Aspekten. In unserem Modell der sozialen Verbindung von Verantwortlichkeiten wiegt diese Beteiligung schwer und macht die Medien zu einem wichtigen Akteur der Gerechtigkeit. Höchstwahrscheinlich tragen die Grundlagen von Privilegien und Macht zu diesen Verantwortlichkeiten bei, aber in diesem Kapitel wird ihre Beteiligung an dem Problem im Vordergrund stehen.

Wir wollen dieses Argument genauer betrachten. Es wird oft argumentiert, dass die Medien eine entscheidende Rolle bei der Verbreitung und Verstärkung einer Vielzahl bestimmter soziokultureller Botschaften und der damit verbundenen Körperbilder spielen. Sie propagieren das dünne Körperideal für Mädchen sowie die Vorrangstellung des Aussehens als Erfolgsfaktor und tragen somit zur Körperunzufriedenheit bei, da viele Mädchen nicht den Erwartungen entsprechen, die in den Bildern, die sie sehen, eingebettet sind (Benowitz-Fredericks et al. 2012). Dies könnte wiederum zu gestörten Beziehungen zu Nahrung und Essen und schließlich zu einer Essstörung führen. Wir sind diesem Argument gegenüber aufgeschlossen und glauben, dass es einen wahren Kern hat. Eine Überprüfung der wissenschaftlichen Literatur zeigt jedoch, dass die Daten, auf denen es basiert, ziemlich umstritten sind. Genauer gesagt, es ist nicht umstritten zu sagen, dass beträchtliche Teile der Medien – natürlich nicht alle – tatsächlich diese Botschaften und Bilder, die sich auf ideale Körperformen und die Beziehung zwischen Schönheit und Erfolg beziehen, enthalten und transportieren. Um einige Beispiele zu nennen: Studien haben herausgefunden, dass Frauenzeitschriften häufig Schönheit mit positiven Lebensereignissen gleichsetzen und dass sie von Botschaften zum Gewichtsverlust durchdrungen sind (Nemeroff et al. 1994). Währenddessen werden im Hauptabendprogramm und in Nachmittags-Seifenopern Frauen in einer kleineren Bandbreite von Körpertypen dargestellt, sowie schlankere Typen im Vergleich zu Männern, und generell sind schwerere Körpertypen seltener in romantischen Situationen zu sehen (White et al. 1999); und darüber hinaus ist das dünne, weiße Schönheitsideal auch in Programmen für ein jüngeres, oft vorpubertäres Publikum weit verbreitet (Northup und Liebler 2010). Was jedoch nicht so klar ist, ist die Beziehung zwischen der Exposition gegenüber diesen Arten von Inhalten, Körperunzufriedenheit und Essstörungen. Es gibt Wissenschaftler:innen, die argumentieren, dass die Verbindungen zwischen Körperunzufriedenheit, den Medienund Essgewohnheiten gut etabliert und von beträchtlicher Zuverlässigkeit und Konsistenz sind (z.B. Anschutz et al. 2008; Grabe et al. 2008). Es gibt jedoch auch andere Studien, die Beweise gegen solche Zusammenhänge liefern (Ferguson 2013; Hayes und Tantleff-Dunn 2010).

Wohin gehen wir also von hier aus in Bezug auf die Verantwortlichkeiten der Medien? Auch wenn es schwierig ist, die These aufrechtzuerhalten, dass Medieninhalte starke Auswirkungen auf Bevölkerungsebene haben, wird eine zurückhaltendere Annahme fast universell akzeptiert, selbst von den kritischen Studien, die wir oben erwähnt haben. Wenn jemand bereits bestehende Körperunzufriedenheit oder andere Neigungen (wie Neurotizismus) hat, ist der Einfluss der Medien relevant und wird wahrscheinlich schädliche Auswirkungen haben, wie die Entwicklung einer Essstörung. Mit anderen Worten, die am meisten gefährdeten Gruppen sind besonders anfällig dafür, negativ durch die Exposition gegenüber bestimmten Arten von Medieninhalten beeinflusst zu werden, was zu einem Anstieg von Depressionen und Körperunzufriedenheit führt (Hausenblas et al. 2013). Diese Schlussfolgerung reicht bereits aus, um kritisch gegenüber der Verbreitung von Medieninhalten mit diesen Auswirkungen zu sein. Die am meisten gefährdeten Kinder brauchen den größten Schutz, daher sollte es vermieden werden, sie systematisch mit körperbezogenen Bildern und Botschaften zu konfrontieren, die ihre körperliche Integrität gefährden könnten. Diese Erkenntnis wird durch Studien unterstützt, die versuchen zu erfassen, wie Kinder bestimmte Arten von Medieninhalten subjektiv erleben. Zum Beispiel zeigte eine in Irland durchgeführte Studie mit 3031 Schüler:innen (Durchschnittsalter 14,74 Jahre), dass Kinder selbst oft das Gefühl haben, negativ von dem unrealistischen dünnen Ideal, das von den Medien propagiert wird, betroffen zu sein, während diese Gruppe wahrscheinlich hohe Werte bei Messungen der Esspsychopathologie aufweist (McNicholas et al. 2009). Darüber hinaus möchten wir hinzufügen, dass die wissenschaftlichen Kontroversen nicht implizieren, dass die Medien *keine* Wirkung auf Bevölkerungsebene haben. Eine solche Tatsache würde in der Tat die Verantwortlichkeiten der Medien auf einen Schlag verringern, aber die Fakten sind einfach nicht schlüssig und angesichts der Ernsthaftigkeit des Themas scheint Vorsicht ethisch gefordert.

Dies bringt uns zum zweiten Punkt. Wir möchten vorschlagen, dass bestimmte Umgebungen es wahrscheinlicher machen, dass Kinder Körperunzufriedenheit und negative Selbstbeziehungen oder Beziehungen zu ihren Körpern entwickeln, was wiederum und zusammen mit anderen Variablen die Wahrscheinlichkeit einer Essstörung erhöht, während die Medienauf verschiedenen Ebenen stark mit dieser Kultur verflochten sind. Das herausragende Merkmal einer solchen „toxischen Umgebung" ist, dass sie von sozial akzeptierten Werten über Schlankheit und Körperformen durchdrungen ist, die das Potenzial haben, das Individuum unter einen „Druck, dünn zu sein" zu setzen. Der genaue Mechanismus der Produktion und Reproduktion dieser Werte ist äußerst schwer zu bestimmen, sodass es wahrscheinlich ist, dass die Rolle der Medien dabei umstritten bleiben wird. Der plausibelste Ansatz ist, dass die sozialen Normen über mehrere Kanäle auf Akteur:innen einwirken, während Medien, Familie und Peer-Botschaftenüber Gewicht und Form auf komplexe Weise interagieren (Peterson et al. 2007). Darüber hinaus ist es wichtig anzuerkennen, dass es möglicherweise Einflüsse aufgrund von *indirekter* Medienexposition gibt – Körperideale und Essverhalten könnten durch die Einstellungen und Werte von Familie und Gleichaltrigen ausgelöst werden, wie der Erwerb von Körperidealen und Essverhalten durch Interaktionen mit Familie, Gleichaltrigen und bedeutenden Erwachsenen (z.B. Trainer:innen), die sie direkt aus dem Fernsehen und anderen Mediengelernt haben (Benowitz-Fredericks et al. 2012; Clark und Tiggemann 2006; Levine und Murnen 2009). All dies deutet darauf hin, dass es wahrscheinlich ist, dass die Medientatsächlich eine Rolle in der „Erscheinungskultur" spielen, die negative Konsequenzen für viele Kinder (insbesondere die am meisten gefährdeten) und ihre körperliche Integrität hat, während es starke Verantwortlichkeiten in Bezug auf die Arten von Inhalten gibt, die produziert und der Öffentlichkeit gezeigt werden, insbesondere gefährdeten Kindern, eine Schlussfolgerung, die auf ähnliche Weise in einem der wenigen philosophischen Beiträge zu diesem Thema von Schickhardt (2016) erreicht wird. Wir wollen diesen Teil über die Verantwortlichkeiten in Bezug auf Kinder mit Essstörungenmit Kommentaren zu den Implikationen unseres Arguments zur Bekämpfung des Problems abschließen.

1. Da die Medien Pflichten in Bezug auf den Inhalt und die Botschaften haben, die sie übermitteln, ist es eine Forderung der Gerechtigkeit, dass sie die Art und Weise ändern, wie sie Schönheit darstellen, sowie den Erfolg und sogar den Wert einer Person mit bestimmten Körperformen verknüpfen. Derzeit ist die Idealisierung von übermäßig dünnen Körpern ein weit verbreitetes Phänomen in der Werbung, in Filmen, Fernsehserien, Zeitschriften und so weiter, und es wäre ratsam, realistischere Darstellungen des Körpers in den Mittelpunkt zu stellen, was zu einer anderen Wahrnehmung von Schönheit beitragen kann, indem der Druck, dünn sein zu müssen, den so viele Mädchen und Frauen erleben, in Frage gestellt wird. Einige interessante Versuche wurden in dieser Hinsicht bereits unternommen, wie zum Beispiel die „The Dove® Campaign for Real Beauty", die darauf abzielt, das Schönheitsideal zu erweitern, indem unter anderem Modelle in verschiedenen Gewichtsklassen gezeigt werden,

was normalerweise nicht häufig der Fall ist, sowie Aufklärungsvideos über die Konstruktion und Verzerrung der Schönheitsideale der Gesellschaft produziert werden. Natürlich gibt es auch Filme, Fernsehserien und Cartoons, einschließlich solcher, die sich an Kinder richten, die bereits körperliche Sensibilität und differenziertere Ansichten über Schönheit und Geschlecht beinhalten und andere Arten von Vorbildern schaffen. Dennoch arbeitet der Großteil der Medieninhalte immer noch innerhalb eng definierter Grenzen und greift auf die in diesem Kapitel dargestellten Stereotypen zurück. Da es unwahrscheinlich ist, dass die Medien ohne externen Druck bereit sein werden, diese Änderungen vorzunehmen, ist es wichtig, auf mögliche politische Regelungen hinzuweisen, was uns zum zweiten Punkt bringt.

2. Der Staat hat eine zentrale Funktion in Bezug auf Essstörungenund folglich Wege zu finden, dass die von den Medien verbreiteten Bilder und Botschaften über Körpergewicht bestimmten Standards entsprechen. Die besonderen Verantwortlichkeiten des Staates ergeben sich in erster Linie aus seiner Macht, das Wohlergehen und die Wohlentwicklung von Kindern zu verbessern; in wohlhabenden Gesellschaften hat er sicherlich die Mittel, auf eine bessere Gesellschaft für Kinder hinzuarbeiten. Darüber hinaus ist er der stärkste primäre Akteur der Gerechtigkeit: Er hat die Macht, viele andere Akteur:innen zu beeinflussen und sogar zu zwingen, seine Gesetze und Vorschriften zu befolgen. Es ist daher entscheidend, über Regelungen der Mediennachzudenken, die zu besseren Ergebnissen für Kinder in Bezug auf ihre körperliche Integrität und ihre Fähigkeit, fähigkeitsfördernd zu essen, führen könnten. Es gibt bereits einige Versuche von Regierungen in dieser Hinsicht (Puhl et al. 2014). Frankreich und Israel haben beispielsweise Gesetze eingeführt, dass Modelle einen BMI von mindestens 18,5 haben müssen und dass retuschierte Fotos, die Modelle dünner erscheinen lassen – eine gängige Praxis in Modezeitschriften – als solche gekennzeichnet werden müssen. Wir sehen solche Maßnahmen als kleine Schritte in die richtige Richtung. Aber der Staat sollte zusätzliche Maßnahmen zur Hand haben, um den Druck, dünn zu sein, wie ihn viele Kinder erleben, zu verringern. In Übereinstimmung mit Schickhardt möchten wir zwei zusätzliche Maßnahmen vorschlagen, die Teil der Strategie eines Staates sein könnten, um zu beeinflussen, wie Kinder Ziel von Medieninhalten sind (Schickhardt 2016). Erstens sollten TV-Programme und Modezeitschriften, die Inhalte über dünne Körper zeigen, Warnungen und Aufklärungsbotschaften integrieren, die von unabhängigen Expert:innen erstellt wurden. Die Idee ist, sicherzustellen, dass Kinder eine Vielzahl von körperbezogenen Botschaften erhalten und dass sie die Anforderungen an Dünnheit in einen Kontext setzen können. Zweitens gibt es die Idee einer „Dünn-Körper-Inhaltssteuer", die auf die Medien angewendet wird, die diese Art von Inhalten verbreiten. Das gesammelte Geld könnte dann für Aufklärungskampagnen, klinische Unterstützungsprogramme, wissenschaftliche Forschung und Ähnliches verwendet werden. Da es derzeit nicht viel Wissen über die Auswirkungen solcher Interventionen gibt, sollte die Einführung neuer Politiken von einer engen Überwachungbegleitet werden.

3. Die Medien standen im Mittelpunkt dieses Abschnitts über Verantwortlichkeitenund es gibt Maßnahmen, die aus Gründen der Gerechtigkeit ergriffen werden sollten. Es ist jedoch sehr unwahrscheinlich, dass dies allein zu einer signifikanten Reduzierung des Problems führen würde, mit dem wir heute konfrontiert sind. Die Medien sind nur ein – wenn auch wichtiger – Akteur, der eine Kultur fördert, die Schlankheit idealisiert und fragwürdige Schönheitsideale mit Erfolg und positiven Charaktereigenschaften verknüpft. Es wird daher notwendig sein, zusätzliche Akteur:innen der Gerechtigkeit zu identifizieren, die zusammenarbeiten müssen, um einen echten Einfluss auf die Kultur und die Schönheitsideale unserer Gesellschaften zu haben. Es gibt Verbesserungspotenziale in mehreren zusätzlichen Bereichen, einschließlich Schulen, Gesundheitseinrichtungen und Antidiskriminierungsgesetzen, die bereits vorgeschlagen wurden (Puhl et al. 2014) und durch ihre Interaktion das Potenzial haben, einen Unterschied zu machen. Dennoch sollte die Bedeutung der Bündelung von Kräften zur Bekämpfung der hohen Zahl von Kindern, die von Essstörungen betroffen sind, nicht die Verantwortlichkeitenschmälern, die jedem der relevanten Akteur:innen der Gerechtigkeit – einschließlich der Medien – individuell obliegen.

Literatur

Albritton, Robert. 2013. Between Obesity and Hunger: The Capitalist Food Industry. In *Food and Culture: A Reader*, 3. Aufl., Hrsg. Carole Counihan, und Penny Van Esterik, 342–352. New York, NY: Routledge.

American Psychiatric Association. 2013. *Diagnostic and Statistical Manual of Mental Disorders: DSM-5*, 5. Aufl. Washington, DC: American Psychiatric Association.

Anschutz, Doeschka J., Rutger C.M.E. Engels, Eni S. Becker, und Tatjana van Strien. 2008. The Bold and the Beautiful. Influence of Body Size of Televised Media Models on Body Dissatisfaction and Actual Food Intake. *Appetite* 51(3): 530–537. 10.1016/j.appet.2008.04.004.

Arcelus, Jon. 2011. Mortality Rates in Patients with Anorexia Nervosa and Other Eating Disorders: A Meta-Analysis of 36 Studies. *Archives of General Psychiatry* 68(7): 724. 10.1001/archgenpsychiatry.2011.74.

Archard, David. 2010. *The Family: A Liberal Defence*, 1. Aufl. Basingstoke/New York, NY: Palgrave Macmillan.

Azzarito, Laura. 2009. The Rise of the Corporate Curriculum: Fatness, Fitness, and Whiteness. In *Biopolitics and the Obesity Epidemic: Governing Bodies*, 1. Aufl., Hrsg. Jan Wright, und Valerie Harwood. London/New York, NY: Routledge.

Bandura, Albert. 1978. Self-Efficacy: Toward a Unifying Theory of Behavioral Change. *Advances in Behaviour Research and Therapy* 1(4): 139–161. 10.1016/0146-6402(78)90002-4.

Bardone-Cone, Anna M., Lauren M. Schaefer, Christine R. Maldonado, Ellen E. Fitzsimmons, Megan B. Harney, Melissa A. Lawson, D. Paul Robinson, Aneesh Tosh, und Roma Smith. 2010. Aspects of Self-Concept and Eating Disorder Recovery: What Does the Sense of Self Look Like When an Individual Recovers from an Eating Disorder? *Journal of Social and Clinical Psychology* 29(7): 821–846. 10.1521/jscp.2010.29.7.821.

Benowitz-Fredericks, Carson A., Kaylor Garcia, Meredith Massey, Brintha Vasagar, und Dina L.G. Borzekowski. 2012. Body Image, Eating Disorders, and the Relationship to Adolescent Media Use. *Pediatric Clinics of North America* 59(3): 693–704. 10.1016/j.pcl.2012.03.017.

Bowlby, John. 1988. *A Secure Base: Clinical Applications of Attachment Theory*. London: Routledge.

Braveman, Paula, Susan Egerter, und David R. Williams. 2011. The Social Determinants of Health: Coming of Age. *Annual Review of Public Health* 32(April): 381–398. 10.1146/annurev-publhealth-031210-101218.

Brighouse, Harry, und Adam Swift. 2014. *Family Values: The Ethics of Parent-Child Relationships*, 1. Aufl. Princeton, NJ: Princeton University Press.

Bronfenbrenner, Urie, und Pamela A. Morris. 2007. The Bioecological Model of Human Development. In *Handbook of Child Psychology. Volume One: Theoretical Models of Human Development*, 6. Aufl., Hrsg. William Damon, und Richard M. Lerner, 793–828. Hoboken, NJ: Wiley.

Campbell, K., und R. Peebles. 2014. Eating Disorders in Children and Adolescents: State of the Art Review. *Pediatrics* 134(3): 582–592. 10.1542/peds.2014-0194.

Campos, Paul, Abigail Saguy, Paul Ernsberger, Eric Oliver, und Glenn Gaesser. 2005. The Epidemiology of Overweight and Obesity: Public Health Crisis or Moral Panic? *International Journal of Epidemiology* 35(1): 55–60. 10.1093/ije/dyi254.

Carnethon, Mercedes R., Peter John D. De Chavez, Mary L. Biggs, Cora E. Lewis, James S. Pankow, Alain G. Bertoni, Sherita H. Golden, et al. 2012. Association of Weight Status with Mortality in Adults with Incident Diabetes. *JAMA* 308(6). 10.1001/jama.2012.9282.

Cassell, Dana K., und David H. Gleaves. 2006. *The Encyclopedia of Obesity and Eating Disorders*, 3. Aufl. Facts on File Library of Health and Living. New York: Facts on File.

Clark, Levina, und Marika Tiggemann. 2006. Appearance Culture in Nine- to 12-Year-Old Girls: Media and Peer Influences on Body Dissatisfaction. *Social Development* 15(4): 628–643. 10.1111/j.1467-9507.2006.00361.x.

Conroy, Kathleen, Megan Sandel, und Barry Zuckerman. 2010. Poverty Grown Up: How Childhood Socioeconomic Status Impacts Adult Health. *Journal of Developmental & Behavioral Pediatrics* 31(2): 154–160. 10.1097/DBP.0b013e3181c21a1b.

Daley, Karen A., David C. Jimerson, Todd F. Heatherton, Eran D. Metzger, und Barbara E. Wolfe. 2008. State Self-Esteem Ratings in Women with Bulimia Nervosa and Bulimia Nervosa in Remission. *International Journal of Eating Disorders* 41(2): 159–163. 10.1002/eat.20447.

Davis, Ron, und John Jamieson. 2005. Assessing the Functional Nature of Binge Eating in the Eating Disorders. *Eating Behaviors* 6(4): 345–354. 10.1016/j.eatbeh.2005.02.001.

Day, Jemma, Andrew Ternouth, und David Coller. 2009. Eating Disorders and Obesity: Two Sides of the Same Coin? *Epidemiologia E Psichiatria Sociale* 18(2): 96–100.

Easter, A., J. Treasure, und N. Micali. 2011. Fertility and Prenatal Attitudes towards Pregnancy in Women with Eating Disorders: Results from the Avon Longitudinal Study of Parents and Children: Fertility in Women with Eating Disorders. *BJOG: An International Journal of Obstetrics & Gynaecology* 118(12): 1491–1498. 10.1111/j.1471-0528.2011.03077.x.

Evans, Bethan. 2010. Anticipating Fatness: Childhood, Affect and the Pre-Emptive 'War on Obesity'. *Transactions of the Institute of British Geographers* 35(1): 21–38. 10.1111/j.1475-5661.2009.00363.x.

Fairburn, Christopher G., Robert C. Peveler, Rosemary Jones, R.A. Hope, et al. 1993. Predictors of 12-Month Outcome in Bulimia Nervosa and the Influence of Attitudes to Shape and Weight. *Journal of Consulting and Clinical Psychology* 61(4): 696–698. 10.1037/0022-006X.61.4.696.

Feinberg, Joel. 1980. A Child's Right to an Open Future. In *Whose Child? Parental Rights, Parental Authority and State Power*, 1. Aufl., Hrsg. Hugh LaFollette and William Aiken, 124–153. Totowa, NJ: Littlefield, Adams, and Co.

Ferguson, Christopher J. 2013. In the Eye of the Beholder: Thin-Ideal Media Affects Some, but Not Most, Viewers in a Meta-Analytic Review of Body Dissatisfaction in Women and Men. *Psychology of Popular Media Culture* 2(1): 20–37. 10.1037/a0030766.

Field, Alison E., Kristin M. Javaras, Parul Aneja, Nicole Kitos, Carlos A. Camargo, C. Barr Taylor, und Nan M. Laird. 2008. Family, Peer, and Media Predictors of Becoming Eating Disordered. *Archives of Pediatrics & Adolescent Medicine* 162(6): 574. 10.1001/archpedi.162.6.574.

Flynn, M.A.T., D.A. McNeil, B. Maloff, D. Mutasingwa, M. Wu, C. Ford, und S.C. Tough. 2006. Reducing Obesity and Related Chronic Disease Risk in Children and Youth: A Synthesis of Evidence with 'Best Practice' Recommendations. *Obesity Reviews: An Official Journal of the International Association for the Study of Obesity* 7 (Suppl. 1), February: 7–66. 10.1111/j.1467-789X.2006.00242.x.

Fox, Nick, Katie Ward, und Alan O'Rourke. 2005. Pro-Anorexia, Weight-Loss Drugs and the Internet: An 'Anti-Recovery' Explanatory Model of Anorexia. *Sociology of Health and Illness* 27(7): 944–971. 10.1111/j.1467-9566.2005.00465.x.

Franko, Debra L., Mark A. Blais, Anne E. Becker, Sherrie Selwyn Delinsky, Dara N. Greenwood, Andrea T. Flores, Elizabeth R. Ekeblad, Kamryn T. Eddy, und David B. Herzog. 2001. Pregnancy Complications and Neonatal Outcomes in Women with Eating Disorders. *American Journal of Psychiatry* 158(9): 1461–1466. 10.1176/appi.ajp.158.9.1461.

Friedman, May. 2015. Mother Blame, Fat Shame, und Moral Panic: 'Obesity' and Child Welfare. *Fat Studies* 4(1): 14–27. 10.1080/21604851.2014.927209.

Garner, David M., und Kelly M. Bemis. 1982. A Cognitive-Behavioral Approach to Anorexia Nervosa. *Cognitive Therapy and Research* 6(2): 123–150. 10.1007/BF01183887.

Giordano, Simona. 2005a. Anorexia Nervosa and Its Moral Foundations. *The International Journal of Children's Rights* 13: 149–160.

———. 2005b. *Understanding Eating Disorders: Conceptual and Ethical Issues in the Treatment of Anorexia and Bulimia Nervosa*. Issues in Biomedical Ethics. Oxford; New York: Clarendon Press; Oxford University Press.

Goldschmidt, Andrea B., Vandana Passi Aspen, Meghan M. Sinton, Marian Tanofsky-Kraff, und Denise E. Wilfley. 2008. Disordered Eating Attitudes and Behaviors in Overweight Youth. *Obesity* 16(2): 257–264. 10.1038/oby.2007.48.

Goossens, Lien, Caroline Braet, Leen Van Vlierberghe, und Saskia Mels. 2009. Loss of Control over Eating in Overweight Youngsters: The Role of Anxiety, Depression and Emotional Eating. *European Eating Disorders Review* 17(1): 68–78. 10.1002/erv.892.

Gordon, Richard A. 2000. *Eating Disorders: Anatomy of a Social Epidemic*. Oxford, UK/Malden, MA: Blackwell Publishers.

Gorin, Amy A., und Melissa M. Crane. 2009. The Obesogenic Environment. In *Handbook of Childhood and Adolescent Obesity*, 1. Aufl., Hrsg. Elissa Jelalian, und Ric G. Steele, 145–161. Boston, MA: Springer US http://link.springer.com/10.1007/978-0-387-76924-0_10.

Grabe, Shelly, L. Monique Ward, und Janet Shibley Hyde. 2008. The Role of the Media in Body Image Concerns among Women: A Meta-Analysis of Experimental and Correlational Studies. *Psychological Bulletin* 134(3): 460–476. 10.1037/0033-2909.134.3.460.

Graf, Gunter, und Gottfried Schweiger, Hrsg. 2015. *The Well-Being of Children: Philosophical and Social Scientific Approaches*, 1. Aufl. Berlin: De Gruyter.

Griffiths, Lucy J., Tessa J. Parsons, und Andrew J. Hill. 2010. Self-Esteem and Quality of Life in Obese Children and Adolescents: A Systematic Review. *International Journal of Pediatric Obesity* 5(4): 282–304. 10.3109/17477160903473697.

Gual, Pilar, Marta Pérez-Gaspar, Miguel Angel Martínez-González, Francisca Lahortiga, Jokin de Irala-Estévez, und Salvador Cervera-Enguix. 2002. Self-Esteem, Personality, and Eating Disorders: Baseline Assessment of a Prospective Population-Based Cohort. *International Journal of Eating Disorders* 31(3): 261–273. 10.1002/eat.10040.

Hadley, Sallie, und B. Walsh. 2003. Gastrointestinal Disturbances in Anorexia Nervosa and Bulimia Nervosa. *Current Drug Target—CNS & Neurological Disorders* 2(1): 1–9. 10.2174/1568007033338715.

Han, Joan C., Debbie A. Lawlor, und Sue Y.S. Kimm. 2010. Childhood Obesity. *The Lancet* 375(9727): 1737–1748. 10.1016/S0140-6736(10)60171-7.

Hansson, Lena M., Nina Karnehed, Per Tynelius, und Finn Rasmussen. 2009. Prejudice against Obesity among 10-Year-Olds: A Nationwide Population-Based Study. *Acta Paediatrica (Oslo, Norway: 1992)* 98(7): 1176–1182. 10.1111/j.1651-2227.2009.01305.x.

Harris, E.C., und B. Barraclough. 1998. Excess Mortality of Mental Disorder. *The British Journal of Psychiatry* 173(1): 11–53. 10.1192/bjp.173.1.11.

Harrison, Elisabeth. 2012. The Body Economic: The Case of 'Childhood Obesity'. *Feminism & Psychology* 22(3): 324–343. 10.1177/0959353512445357.

Hausenblas, Heather A., Anna Campbell, Jessie E. Menzel, Jessica Doughty, Michael Levine, und J. Kevin Thompson. 2013. Media Effects of Experimental Presentation of the Ideal Physique on Eating Disorder Symptoms: A Meta-Analysis of Laboratory Studies. *Clinical Psychology Review* 33(1): 168–181. 10.1016/j.cpr.2012.10.011.

Have, Marieke Ten, Agnes van der Heide, Johan P. Mackenbach, und Inez D. de Beaufort. 2013. An Ethical Framework for the Prevention of Overweight and Obesity: A Tool for Thinking through a Programme's Ethical Aspects. *European Journal of Public Health* 23(2): 299–305. 10.1093/eurpub/cks052.

Hayes, Sharon, und Stacey Tantleff-Dunn. 2010. Am I Too Fat to Be a Princess? Examining the Effects of Popular Children's Media on Young Girls' Body Image. *British Journal of Developmental Psychology* 28(2): 413–426. 10.1348/026151009X424240.

Hoffman, Elizabeth R., Stephanie C. Zerwas, und Cynthia M. Bulik. 2011. Reproductive Issues in Anorexia Nervosa. *Expert Review of Obstetrics & Gynecology* 6(4): 403–414. 10.1586/eog.11.31.

Holm, Søren. 2008. Parental Responsibility and Obesity in Children. *Public Health Ethics* 1(1): 21–29. 10.1093/phe/phn007.

Hoste, Renee Rienecke, Zandre Labuschagne, und Daniel Le Grange. 2012. Adolescent Bulimia Nervosa. *Current Psychiatry Reports* 14(4): 391–397. 10.1007/s11920-012-0280-0.

Huybrechts, Inge, Ilse Bourdeaudhuij, und Stefaan Henauw. 2011. Environmental Factors: Opportunities and Barriers for Physical Activity, and Healthy Eating. In *Epidemiology of Obesity in Children and Adolescents: Prevalence and Etiology*, 1. Aufl., Hrsg. Luis A. Moreno, Iris Pigeot, und Wolfgang Ahrens, 391–418. New York, NY: Springer New York http://www.springerlink.com/index/10.1007/978-1-4419-6039-9_22.

Johnson, Fiona, Michelle Pratt, und Jane Wardle. 2011. Socio-Economic Status and Obesity in Childhood. In *Epidemiology of Obesity in Children and Adolescents: Prevalence and Etiology*, 1. Aufl., Hrsg. Luis A. Moreno, Iris Pigeot, und Wolfgang Ahrens, 377–390. New York, NY: Springer New York http://www.springerlink.com/index/10.1007/978-1-4419-6039-9_21.

Jongenelis, Michelle I., Susan M. Byrne, und Simone Pettigrew. 2014. Self-Objectification, Body Image Disturbance, and Eating Disorder Symptoms in Young Australian Children. *Body Image* 11(3): 290–302. 10.1016/j.bodyim.2014.04.002.

Katzman, Debra K. 2005. Medical Complications in Adolescents with Anorexia Nervosa: A Review of the Literature. *International Journal of Eating Disorders* 37(S1): S52–S59. 10.1002/eat.20118.

Kenny, Maureen, Mérode Ward-Lichterman, und Mona Abdelmonem. 2014. The Expansion and Clarification of Feeding and Eating Disorders in the DSM-5. *The Professional Counselor* 4(3): 246–256.

Keski-Rahkonen, Anna, Hans W. Hoek, Ezra S. Susser, Milla S. Linna, Elina Sihvola, Anu Raevuori, Cynthia M. Bulik, Jaakko Kaprio, und Aila Rissanen. 2007. Epidemiology and Course of Anorexia Nervosa in the Community. *American Journal of Psychiatry* 164(8): 1259–1265. 10.1176/appi.ajp.2007.06081388.

Kraeft, Jessica J., Raul N. Uppot, und Alejandro M. Heffess. 2013. Imaging Findings in Eating Disorders. *American Journal of Roentgenology* 200(4): W328–W335. 10.2214/AJR.12.9641.

Lake, Amelia, und Tim Townshend. 2006. Obesogenic Environments: Exploring the Built and Food Environments. *The Journal of the Royal Society for the Promotion of Health* 126(6): 262–267. 10.1177/1466424006070487.

Lamoureux, Mary M.H., und Joan L. Bottorff. 2005. 'Becoming the Real Me': Recovering from Anorexia Nervosa. *Health Care for Women International* 26(2): 170–188. 10.1080/07399330590905602.

Levine, Michael P., und Sarah K. Murnen. 2009. 'Everybody Knows That Mass Media Are/are Not [Pick One] a Cause of Eating Disorders': A Critical Review of Evidence for a Causal Link Between Media, Negative Body Image, and Disordered Eating in Females. *Journal of Social and Clinical Psychology* 28(1): 9–42. 10.1521/jscp.2009.28.1.9.

Lumeng, Julie C., Patrick Forrest, Danielle P. Appugliese, Niko Kaciroti, Robert F. Corwyn, und Robert H. Bradley. 2010. Weight Status as a Predictor of Being Bullied in Third through Sixth Grades. *Pediatrics* 125(6): e1301–e1307. 10.1542/peds.2009-0774.

Macleod, Colin M. 2002. Liberal Equality and the Affective Family. In *The Moral and Political Status of Children*, 1. Aufl., Hrsg. David Archard, und Colin M. Macleod. Oxford/New York, NY: Oxford University Press.

Maher, JaneMaree, Suzanne Fraser, und Jan Wright. 2010. Framing the Mother: Childhood Obesity, Maternal Responsibility and Care. *Journal of Gender Studies* 19(3): 233–247. 10.1080/09589231003696037.

Marmot, Michael, und Richard Wilkinson, Hrsg. 2003. *Social Determinants of Health: The Solid Facts*, 2. Aufl. Copenhagen: Centre for Urban Health World Health Organization.

Marx, Karl. 1988. *Economic and Philosophic Manuscripts of 1844*. Great Books in Philosophy Series. Amherst, NY: Prometheus Books.

Marzola, Enrica, Giovanni Abbate-Daga, Carla Gramaglia, Federico Amianto, Secondo Fassino, und Sirous Mobini. 2015. A Qualitative Investigation into Anorexia Nervosa: The Inner Perspective. *Cogent Psychology* 2(1): 1032493. 10.1080/23311908.2015.1032493.

Matusek, Jill Anne, und Margaret O'Dougherty Wright. 2010. Ethical Dilemmas in Treating Clients with Eating Disorders: A Review and Application of an Integrative Ethical Decision-Making Model. *European Eating Disorders Review* 18(6): 434–452. 10.1002/erv.1036.

McNicholas, Fiona, Alma Lydon, Ruth Lennon, und Barbara Dooley. 2009. Eating Concerns and Media Influences in an Irish Adolescent Context. *European Eating Disorders Review* 17(3): 208–213. 10.1002/erv.916.

Mehanna, Hisham M., Jamil Moledina, und Jane Travis. 2008. Refeeding Syndrome: What It Is, and How to Prevent and Treat It. *BMJ* 336(7659): 1495–1498. 10.1136/bmj.a301.

Mehler, Philip S., und Arnold E. Andersen. 2010. *Eating Disorders: A Guide to Medical Care and Complications*, 2. Aufl. Baltimore, MD: Johns Hopkins University Press.

Mehler, Philip S., Mori J. Krantz, und Katherine V. Sachs. 2015. Treatments of Medical Complications of Anorexia Nervosa and Bulimia Nervosa. *Journal of Eating Disorders* 3(1). 10.1186/s40337-015-0041-7.

Mériaux, Benita Gunnarsson, Marie Berg, und Anna-Lena Hellström. 2010. Everyday Experiences of Life, Body and Well-Being in Children with Overweight. *Scandinavian Journal of Caring Sciences* 24(1): 14–23. 10.1111/j.1471-6712.2008.00678.x.

Michels, Nathalie, Isabelle Sioen, Caroline Braet, Gabriele Eiben, Antje Hebestreit, Inge Huybrechts, Barbara Vanaelst, Krishna Vyncke, und Stefaan De Henauw. 2012. Stress, Emotional Eating Behaviour and Dietary Patterns in Children. *Appetite* 59(3): 762–769. 10.1016/j.appet.2012.08.010.

Miller, William. 1998. Enhancing Motivation for Change. In *Treating Addictive Behaviors*, 2. Aufl., Hrsg. William Miller, und Nick Heather, 121–132. New York, NY: Plenum.

Moffat, Tina. 2010. The 'Childhood Obesity Epidemic'. *Medical Anthropology Quarterly* 24(1): 1–21. 10.1111/j.1548-1387.2010.01082.x.

Molina Pérez, Alberto. 2013. ¿Normal O Patológico? El Enfermo Imaginario En Tierra de Nadie. *Arbor* 189(763): a068. 10.3989/arbor.2013.763n5005.

Moreno Aznar, Luis, Iris Pigeot, und Wolfgang Ahrens. 2011. *Epidemiology of Obesity in Children and Adolescents: Prevalence and Etiology*, 1. Aufl. New York, NY: Springer.

Nemeroff, Carol J., Richard I. Stein, Nancy S. Diehl, und Karen M. Smilack. 1994. From the Cleavers to the Clintons: Role Choices and Body Orientation as Reflected in Magazine Article Content. *International Journal of Eating Disorders* 16(2): 167–176. 10.1002/1098-108X(199409)16:2<167:: AID-EAT2260160208>3.0.CO;2-D.

Ng, Marie, Tom Fleming, Margaret Robinson, Blake Thomson, Nicholas Graetz, Christopher Margono, Erin C. Mullany, et al. 2014. Global, Regional, and National Prevalence of Overweight and Obesity in Children and Adults during 1980–2013: A Systematic Analysis for the Global Burden of Disease Study 2013. *The Lancet* 384(9945): 766–781. 10.1016/S0140-6736(14)60460-8.

Nguyen, Dang M., und Hashem B. El-Serag. 2010. The Epidemiology of Obesity. *Gastroenterology Clinics of North America* 39(1): 1–7. 10.1016/j.gtc.2009.12.014.

Noll, Stephanie M., und Barbara L. Fredrickson. 1998. A Mediational Model Linking Self-Objectification, Body Shame, and Disordered Eating. *Psychology of Women Quarterly* 22(4): 623–636. 10.1111/j.1471-6402.1998.tb00181.x.

Northup, Temple, und Carol M. Liebler. 2010. The Good, the Bad, and the Beautiful: Beauty Ideals on the Disney and Nickelodeon Channels. *Journal of Children and Media* 4(3): 265–282. 10.1080/17482798.2010.496917.

Nussbaum, Martha. 2000. *Women and Human Development—The Capabilities Approach*, 1. Aufl. Cambridge/New York, NY: Cambridge University Press.

O'Dea, Jennifer A. 2004. Prevention of Child Obesity: 'First, Do No Harm'. *Health Education Research* 20(2): 259–265. 10.1093/her/cyg116.

Oflaz, Serap, Basak Yucel, Fahrettin Oz, Dilek Sahin, Nalan Ozturk, Omer Yaci, Nihat Polat, et al. 2013. Assessment of Myocardial Damage by Cardiac MRI in Patients with Anorexia Nervosa: Silent Myocardial Damage in Patients with Anorexia Nervosa. *International Journal of Eating Disorders* 46(8): 862–866. 10.1002/eat.22170.

Ogden, Cynthia L., Margaret D. Carroll, Brian K. Kit, und Katherine M. Flegal. 2014. Prevalence of Childhood and Adult Obesity in the United States, 2011–2012. *JAMA* 311(8): 806. 10.1001/jama.2014.732.

O'Neill, Onora. 2001. Agents of Justice. *Metaphilosophy* 32(1–2): 180–195. 10.1111/1467-9973.00181.

Ortega, F.B., D.-C. Lee, P.T. Katzmarzyk, J.R. Ruiz, X. Sui, T.S. Church, und S.N. Blair. 2013. The Intriguing Metabolically Healthy but Obese Phenotype: Cardiovascular Prognosis and Role of Fitness. *European Heart Journal* 34(5): 389–397. 10.1093/eurheartj/ehs174.

Peterson, Kathleen A., Sharon E. Paulson, und Kristen K. Williams. 2007. Relations of Eating Disorder Symptomology with Perceptions of Pressures from Mother, Peers, and Media in Adolescent Girls and Boys. *Sex Roles* 57(9–10): 629–639. 10.1007/s11199-007-9296-z.

Phipps, S.A., P.S. Burton, L.S. Osberg, und L.N. Lethbridge. 2006. Poverty and the Extent of Child Obesity in Canada, Norway and the United States. *Obesity Reviews* 7(1): 5–12. 10.1111/j.1467-789X.2006.00217.x.

Pinhas, Leora. 2011. Incidence and Age-Specific Presentation of Restrictive Eating Disorders in Children: A Canadian Paediatric Surveillance Program Study. *Archives of Pediatrics & Adolescent Medicine* 165(10): 895. 10.1001/archpediatrics.2011.145.

Puhl, Rebecca, Neumark-Sztainer Dianne, S. Austin, Joerg Luedicke, und Kelly M. King. 2014. Setting Policy Priorities to Address Eating Disorders and Weight Stigma: Views from the Field of Eating Disorders and the US General Public. *BMC Public Health* 14(1): 524. 10.1186/1471-2458-14-524.

Puhl, Rebecca, J.L. Peterson, und J. Luedicke. 2013. Weight-Based Victimization: Bullying Experiences of Weight Loss Treatment-Seeking Youth. *PEDIATRICS* 131(1): e1–e9. 10.1542/peds.2012-1106.

Reilly, John J., und Joanna Kelly. 2011. Long-Term Impact of Overweight and Obesity in Childhood and Adolescence on Morbidity and Premature Mortality in Adulthood: Systematic Review. *International Journal of Obesity* 35(7): 891–898. 10.1038/ijo.2010.222.

Rich, Emma, und John Evans. 2005. 'Fat Ethics'—The Obesity Discourse and Body Politics. *Social Theory & Health* 3(4): 341–358. 10.1057/palgrave.sth.8700057.

Russell-Mayhew, Shelly, Gail McVey, Angela Bardick, und Alana Ireland. 2012. Mental Health, Wellness, and Childhood Overweight/Obesity. *Journal of Obesity* 2012: 1–9. 10.1155/2012/281801.

Schickhardt, Christoph. 2016. Eating Disorders in Minors and the Role of the Media. An Ethical Investigation. In *The Politics and Ethics of Childhood: Challenges and Perspectives*, 1. Aufl., Hrsg. Johannes Drerup, Gunter Graf, Christoph Schickhardt, und Gottfried Schweiger. Philosophy and Politics—Critical Explorations. Dordrecht: Springer (forthcoming).

Schwartz, Marlene B., Heather O'Neal Chambliss, Kelly D. Brownell, Steven N. Blair, und Charles Billington. 2003. Weight Bias among Health Professionals Specializing in Obesity. *Obesity Research* 11(9): 1033–1039. 10.1038/oby.2003.142.

Schweiger, Gottfried, und Gunter Graf. 2015. *A Philosophical Examination of Social Justice and Child Poverty*, 1. Aufl. Basingstoke: Palgrave Macmillan http://www.palgraveconnect.com/doifinder/10.1057/9781137426024.

Sen, Amartya. 1983. *Poverty and Famines*. Oxford: Oxford University Press. http://www.oxfordscholarship.com/view/10.1093/0198284632.001.0001/acprof-9780198284635.

———. 1992. *Inequality Reexamined*, 1. Aufl. Cambridge, MA/London: Harvard University Press.

Sender, Katherine, und Margaret Sullivan. 2008. Epidemics of Will, Failures of Self-Esteem: Responding to Fat Bodies in The Biggest Loser and What Not to Wear. *Continuum* 22(4): 573–584. 10.1080/10304310802190046.

Serpell, Lucy, und Janet Treasure. 2002. Bulimia Nervosa: Friend or Foe? The Pros and Cons of Bulimia Nervosa. *International Journal of Eating Disorders* 32(2): 164–170. 10.1002/eat.10076.

Serpell, Lucy, Janet Treasure, John Teasdale, und Victoria Sullivan. 1999. Anorexia Nervosa: Friend or Foe? *International Journal of Eating Disorders* 25(2): 177–186. 10.1002/(SICI)1098-108X(199903)25:2<177::AID- EAT7>3.0.CO;2-D.

Sgrenci, Amy E., und Myles S. Faith. 2011. Psychosocial Aspects of Childhood Obesity. In *Epidemiology of Obesity in Children and Adolescents: Prevalence and Etiology*, 1. Aufl., Hrsg. Luis A. Moreno, Iris Pigeot, und Wolfgang Ahrens, 419–429. New York, NY: Springer New York http://www.springerlink.com/index/10.1007/978-1-4419-6039-9_23.

Shilling, Chris. 1993. *The Body and Social Theory*. Theory, Culture & Society. London/Newbury Park, CA: Sage.

Sikorski, Claudia, Melanie Luppa, Elmar Brähler, Hans-Helmut König, und Steffi G. Riedel-Heller. 2012. Obese Children, Adults and Senior Citizens in the Eyes of the General Public: Results of a Representative Study on Stigma and Causation of Obesity. *PLoS ONE* 7(10): e46924. 10.1371/journal.pone.0046924.

Smink, Frédérique R.E., Daphne van Hoeken, und Hans W. Hoek. 2012. Epidemiology of Eating Disorders: Incidence, Prevalence and Mortality Rates. *Current Psychiatry Reports* 14(4): 406–414. 10.1007/s11920-012-0282-y.

Stein, Karen Farchaus, und Colleen Corte. 2007. Identity Impairment and the Eating Disorders: Content and Organization of the Self-Concept in Women with Anorexia Nervosa and Bulimia Nervosa. *European Eating Disorders Review* 15(1): 58–69. 10.1002/erv.726.

Stice, Eric, C. Nathan Marti, Heather Shaw, und Maryanne Jaconis. 2009. An 8-Year Longitudinal Study of the Natural History of Threshold, Subthreshold, and Partial Eating Disorders from a Community Sample of Adolescents. *Journal of Abnormal Psychology* 118(3): 587–597. 10.1037/a0016481.

Striegel-Moore, Ruth H., und Debra L. Franko. 2008. Should Binge Eating Disorder Be Included in the DSM-V? A Critical Review of the State of the Evidence. *Annual Review of Clinical Psychology* 4(1): 305–324. 10.1146/annurev.clinpsy.4.022007.141149.

Swanson, Sonja A. 2011. Prevalence and Correlates of Eating Disorders in Adolescents: Results from the National Comorbidity Survey Replication Adolescent Supplement. *Archives of General Psychiatry* 68(7): 714. 10.1001/archgenpsychiatry.2011.22.

Throop, Elizabeth M., Asheley Cockrell Skinner, Andrew J. Perrin, Michael J. Steiner, Adebowale Odulana, und Eliana M. Perrin. 2013. Pass the Popcorn: 'Obesogenic' Behaviors and Stigma in Children's Movies. *Obesity (Silver Spring, Md.)*, October. 10.1002/oby.20652.

Underwood, Mair. 2013. Body as Choice or Body as Compulsion: An Experiential Perspective on Body–self Relations and the Boundary between Normal and Pathological. *Health Sociology Review* 22(4): 377–388. 10.5172/hesr.2013.22.4.377.

van Geel, M., P. Vedder, und J. Tanilon. 2014. Are Overweight and Obese Youths More Often Bullied by Their Peers? A Meta-Analysis on the Relation between Weight Status and Bullying. *International Journal of Obesity* 38(10): 1263–1267. 10.1038/ijo.2014.117.

van Son, Gabriëlle E., Daphne van Hoeken, Aad I.M. Bartelds, Eric F. van Furth, und Hans W. Hoek. 2006. Time Trends in the Incidence of Eating Disorders: A Primary Care Study in The Netherlands. *International Journal of Eating Disorders* 39(7): 565–569. 10.1002/eat.20316.

Vitousek, Kelly, Susan Watson, und G. Terence Wilson. 1998. Enhancing Motivation for Change in Treatment-Resistant Eating Disorders. *Clinical Psychology Review* 18(4): 391–420. 10.1016/S0272-7358(98)00012-9.

Voigt, Kristin, Stuart G. Nicholls, und Garrath Williams. 2014. *Childhood Obesity: Ethical and Policy Issues*, 1. Aufl. Oxford/New York, NY: Oxford University Press.

Watkins, Beth, und Bryan Lask. 2009. Defining Eating Disorders in Children. In *Body Image, Eating Disorders, and Obesity in Youth: Assessment, Prevention, and Treatment*, 2. Aufl., Hrsg. Linda Smolak, und J. Kevin Thompson, 35–46. Washington, DC: American Psychological Association.

Weaver, K. 2005. Understanding Women's Journey of Recovering from Anorexia Nervosa. *Qualitative Health Research* 15(2): 188–206. 10.1177/ 1049732304270819.

Whitaker, Robert C. 2011. The Childhood Obesity Epidemic: Lessons for Preventing Socially Determined Health Conditions. *Archives of Pediatrics & Adolescent Medicine* 165(11): 973. 10.1001/archpediatrics.2011.179.

White, Sylvia E., N.J. Brown, und Sandra L. Ginsburg. 1999. Diversity of Body Types in Network Television Programming: A Content Analysis. *Communication Research Reports* 16(4): 386–392. 10.1080/08824099909388740.

WHO. 2012. *Population-Based Approaches to Childhood Obesity Prevention*. Geneva: World Health Organisation.

———. 2014. Controlling the Global Obesity Epidemic. http://www.who.int/nutrition/topics/obesity/en/.

———. 2016a. *Obesity and Overweight*. http://www.who.int/mediacentre/factsheets/fs311/en/.

———. 2016b. *Report of the Commission on Ending Childhood Obesity*. Geneva: World Health Organisation. http://apps.who.int/iris/bitstream/10665/204176/1/9789241510066_eng.pdf.

Wickins-Drazilova, Dita, und Garrath Williams. 2011. Ethics and Public Policy. In *Epidemiology of Obesity in Children and Adolescents: Prevalence and Etiology*, 1. Aufl., Hrsg. Luis A. Moreno, Iris Pigeot, und Wolfgang Ahrens, 7–20. New York, NY: Springer New York http://www.springerlink.com/index/10.1007/978-1-4419-6039-9_2.

Willett, Walter C., und Meir J. Stampfer. 2013. Current Evidence on Healthy Eating. *Annual Review of Public Health* 34(1): 77–95. 10.1146/annurev-publhealth-031811-124646.

Williams, Sarah, und Marie Reid. 2010. Understanding the Experience of Ambivalence in Anorexia Nervosa: The Maintainer's Perspective. *Psychology & Health* 25(5): 551–567. 10.1080/08870440802617629.

Wright, Jan, und Valerie Harwood, Hrsg. 2009. *Biopolitics and the "Obesity Epidemic": Governing Bodies*, 1. Aufl. London/New York, NY: Routledge.

Yoshikawa, Hirokazu, J. Lawrence Aber, und William R. Beardslee. 2012. The Effects of Poverty on the Mental, Emotional, and Behavioral Health of Children and Youth: Implications for Prevention. *American Psychologist* 67(4): 272–284. 10.1037/a0028015.

Zeller, Meg H., Jennifer Reiter-Purtill, und Christina Ramey. 2008. Negative Peer Perceptions of Obese Children in the Classroom Environment. *Obesity* 16(4): 755–762. 10.1038/oby.2008.4.

Körper und Sexualität

4

In diesem Kapitel bewerten wir einen weiteren wichtigen Bereich der körperlichen Integrität von Kindern und eine der zentralen Fähigkeiten sowohl für Kinder als auch für Erwachsene: Sexualität. Wir werden uns auf zwei Themen konzentrieren: die Sexualisierung der Kindheit und den sexuellen Missbrauch von Kindern. Im ersten Abschnitt dieses Kapitels werden wir die Beziehung zwischen körperlicher Integrität und Sexualität von Kindern skizzieren und wie die Entwicklung einer gesunden Sexualität ein wesentlicher Bestandteil des Wohlergehens und der Wohlentwicklung von Kindern ist. Für Erwachsene würden nur wenige bestreiten, dass Sexualität ein wichtiger Teil des Lebens und der körperlichen Integrität ist; für Kinder jedoch scheint die Sache komplizierter zu sein. Selbst wenn man anerkennt, dass Kinder sexuelle Wesen sind – und wir werden gute wissenschaftliche Hinweise vorlegen, die diese These unterstützen – ist Sexualität in der Kindheit ein hochsensibles Thema. Kinder sind potenziell hochgradig anfällig für sexuelle Übergriffe und andere Verletzungen ihrer körperlichen Integrität; sie benötigen Schutz vor solchen Übergriffen sowie vor anderen sexuellen Einflüssen. Wie können wir dann Sexualität als Dimension der körperlichen Integrität konzeptualisieren? Beginnen wir mit der von der WHO vorgeschlagenen Definition, die die Komplexität des Themas hervorhebt (WHO 2006):

> *Sexuality* is a central aspect of being human throughout life and encompasses sex, gender identities and roles, sexual orientation, eroticism, pleasure, intimacy and reproduction. Sexuality is experienced and expressed in thoughts, fantasies, desires, beliefs, attitudes, values, behaviours, practices, roles, and relationships. While sexuality can include all of these dimensions, not all of them are always experienced or expressed. Sexuality is influenced by the interaction of biological, psychological, social, economic, political, cultural, ethical, legal, historical, religious, and spiritual factors.

In dieser Definition, der die vorliegende Arbeit folgen wird, wird Sexualität als eine Dimension mit physischen, mentalen und sozialen Aspekten beschrieben, die

G. Graf und G. Schweiger, *Ethik der körperlichen Integrität von Kindern,* Kindheit – Bildung – Erziehung. Philosophische Perspektiven,
https://doi.org/10.1007/978-3-031-75277-3_4

alle miteinander verknüpft sind. Zunächst werden wir Sexualität als biologisches, medizinisches und verhaltensbezogenes Konzept reflektieren und die bestehenden wissenschaftlichen Erkenntnisse über die Sexualität von Kindern rekapitulieren, insbesondere wie „normale“ oder „gesunde“ Sexualität verstanden wird. Anschließend werden wir Sexualität mit den drei Hauptdimensionen verbinden, die zusammen die körperliche Integrität bilden: Gesundheit, Handlungsfähigkeit und Selbstbeziehungen. Zunächst werden wir uns Kinder vor der Pubertät ansehen und dann zu Jugendlichen übergehen. Die Art und Weise, wie die Sexualität von Kindern erforscht wird, kann Schwierigkeiten aufwerfen. Wir haben bereits das Tabu der kindlichen Sexualität als ein Hindernis erwähnt; ein weiteres liegt in den verwendeten Methoden, insbesondere bei jüngeren Kindern. Die Forschung verfolgt einen von drei verschiedenen Ansätzen (Heiman et al. 1998): Studien, die auf den Berichten von Eltern oder anderen Betreuern basieren, Studien, die auf den retrospektiven Berichten und Erinnerungen von Erwachsenen basieren, oder Studien, die Kinder beobachten, insbesondere solche, die wegen Bedenken hinsichtlich ihres sexuellen Verhaltens behandelt werden. Alle drei Gruppen haben bestimmte Nachteile (de Graaf und Rademakers 2006); zum Beispiel können Erinnerungen unvollständig oder unzureichend sein, insbesondere in Bezug auf die frühe Kindheit; die Beobachtungen der Eltern sind auf das beschränkt, was in ihrer Gegenwart passiert, und was sie den Forscher:innen mitteilen, wird auch von ihren Überzeugungen und ihrer Interpretation dessen, was sie sehen, beeinflusst; schließlich sind auch die Schlussfolgerungen, die aus der professionellen Beobachtung von Kindern mit problematischem sexuellen Verhalten gezogen werden können, begrenzt. Wir haben bereits erwähnt, dass Eltern in den USA weniger sexuelles Verhalten bei Kindern beobachten als Eltern in anderen Ländern, wie Schweden; es ist unklar, ob dies eine Erkenntnis über Unterschiede zwischen Kindern in diesen Ländern oder über Unterschiede in der Beobachtung und Interpretation der Eltern ist (Larsson 2000). Eine weitere Einschränkung der verfügbaren Forschung ist, dass die meisten Studien aufgrund der verfügbaren Methoden den Fokus auf das sexuelle Verhalten von Kindern legen, während vieles, was im Inneren vor sich geht – die Gedanken, Emotionen und Gefühle der Kinder in Bezug auf ihre Sexualität – unbekannt bleibt. Für ältere Kinder und Jugendliche sind mehr Informationen über diesen wichtigen Aspekt verfügbar, hauptsächlich weil diese Kinder spezifische Fragen beantworten und artikulierte Antworten geben können.

Die sexuelle Entwicklung bei Kindern beginnt sehr früh; tatsächlich kann man sagen, dass sie von Anfang an in mentalen und physischen Veränderungen präsent ist. Die sexuelle Differenzierung, das Werden von männlich und weiblich, ist ein mehrstufiger Prozess, der auf der komplexen Interaktion hormoneller und genetischer Faktoren basiert und mit dem chromosomalen Geschlecht beginnt. Gene, die im Fötus vorhanden sind, führen zu einer Kaskade von gonadalen Unterschieden, hormonellen Unterschieden und schließlich anatomischen Unterschieden (Hughes 2001). Dass sich diese Prozesse ungestört entfalten können und zur Entwicklung „normaler“ und gesunder Harn- und Fortpflanzungsorgane führen, ist ein wichtiger Teil der sexuellen Gesundheit: Störungen der sexuellen Entwicklung, die selten sind, können das körperliche und mentale Wohlergehen und die Entwicklung von Kindern schwer beeinträchtigen.

Das Vorhandensein oder die Entwicklung physischer Geschlechtsmerkmale bildet nur einen Teil der Sexualität, auch während der Kindheit. Es hat sich ein gewisser Konsens darüber herausgebildet, welche Verhaltensweisen häufig beobachtet werden und als unproblematisch gelten und welche Verhaltensweisen problematisch sind, die aber auch viel seltener beobachtet werden (Campbell et al. 2013; de Graaf und Rademakers 2006). Häufige und unproblematische Verhaltensweisen von Kindern unter vier Jahren umfassen zum Beispiel das Erkunden und Berühren der Geschlechtsorgane, sowohl in der Öffentlichkeit als auch im Privaten, Masturbation), das Zeigen der Genitalien und das Nacktseinwollen, das Sehenwollen anderer nackter Menschen, das Berühren der Brüste der Mutter und anderer Frauen oder das Stellen von Fragen über den eigenen Körper und körperliche Funktionen, einschließlich ihrer Genitalien. Ältere Kinder beginnen, über Genitalien und später über Sex zu sprechen, ihren Körper mit Kindern ihres eigenen Alters zu erkunden und andere Formen des sexuellen Spiels zu betreiben (z. B. „Doktorspiele“); sie beginnen, erwachsenes sexuelles Verhalten zu imitieren (z. B. „Dating“ spielen, Händchen halten, küssen), zeigen somit beginnendes/steigendes sexuelles Interesse an anderen, suchen Privatsphäre in sexuellen Kontexten (wollen nicht nackt vor anderen sein oder allein sein, wenn sie ihre Genitalien berühren) und beginnen, sexuelle Medieninhalte zu konsumieren (z. B. Bilder, Filme, Musik). Verhaltensweisen, die viel seltener beobachtet werden und als problematisch gelten, umfassen solche, die aufdringlich, aggressiv sind, eine Beziehung zwischen Kindern mit großem Altersunterschied oder sexuelle Aktivitäten mit Tieren beinhalten oder darauf abzielen, erwachsenes sexuelles Verhalten in jungen Jahren zu imitieren, wie das Einführen von Objekten in die Vagina oder das Rektum, oraler Kontakt mit den Genitalien eines anderen Kindes oder Versuche, Geschlechtsverkehr zu haben. Normales und somit gesundes sexuelles Verhalten von Kindern ist dadurch gekennzeichnet, dass es nicht übermäßig, gelegentlich und auf Neugier basiert und keinen Schaden verursacht. Insbesondere solche Verhaltensweisen zwischen Kindern, die einvernehmlich, ohne Zwang oder Gewalt und zwischen Kindern relativ gleichen Alters stattfinden, gelten als unproblematisch (Elkovitch et al. 2009).

Während einige Forschungsergebnisse zu sexuellen Verhaltensweisen von Vorschulkindern veröffentlicht wurden, ist viel weniger über ihr inneres Sexualleben und ihre Gefühle und Emotionen bekannt, die unbestreitbar ein wichtiger Teil der Sexualität sind. Hanneke de Graaf und Jany Rademakers fassen die wenigen vorhandenen Studien zusammen und kommen zu dem Schluss, dass die ersten Gefühle sexueller Erregung und Anziehung vor der Pubertät erlebt werden, während sexuelle Fantasien später entstehen. Im Allgemeinen sind die damit verbundenen Emotionen und Gefühle positiv und mit Neugier auf den eigenen Körper und die Körper anderer verbunden (de Graaf und Rademakers 2006).

Die sexuelle Entwicklung nach der Pubertät wurde gründlicher erforscht, nicht nur weil Sexualität ein wichtiger Teil dieser Lebensphase ist, sondern auch aus methodischen Gründen. Die Pubertät ist eine Phase schneller Veränderungen, einschließlich der Reifung sekundärer und primärer Geschlechtsmerkmale. Biologische Veränderungen gehen Hand in Hand mit psychologischen, sowie dem Erleben und Erlernen sozialer Normen und Regeln und neuer Aktivitäten. Wie alle Entwicklungsphasen zeigt auch die Pubertät einige Variabilität: Sie beginnt unterschiedlich für Jungen und Mädchen, zum Beispiel, und für einige Kinder früher als für andere (Campbell et al. 2013). Die Vergrößerung der Hoden beginnt bei Jungen etwa im Alter von 11,5 Jahren, gefolgt von der Spermarche – dem Beginn der Spermienproduktion – im Alter von etwa 13,5 Jahren. Die Thelarche, der Beginn des Brustwachstums, beginnt bei Mädchen etwa im Alter von 10 Jahren, und die Menarche, der Beginn der Menstruation, im Alter von etwa 12 Jahren. Es wurde festgestellt, dass das Alter beim Beginn der Pubertät in den letzten Jahrzehnten signifikant gesunken ist: Die Pubertät beginnt heute früher als je zuvor. Die Gründe dafür bleiben weitgehend unbekannt; es ist daher unklar, ob dies als gefährliche Entwicklung angesehen werden sollte, die bestimmte Risiken für Kinder birgt (Campbell et al. 2013).

Ein allgemeiner Trend in der Forschung war eine Abkehr davon, die Sexualität von Jugendlichen hauptsächlich mit Risiken und pathologischem Verhalten zu verknüpfen, sie als gefährlich und (moralisch) schlecht zu betrachten, hin zu einer differenzierteren Sichtweise, die Sexualität als einen wichtigen Teil des Lebens und der Entwicklung von Jugendlichen anerkennt, der auch viele positive Dimensionen hat. In Anlehnung an J. Dennis Fortenberry (Fortenberry 2013) und eine ähnliche Unterscheidung, die einige Jahre zuvor von Deborah Tolman und Sara McClelland getroffen wurde (Tolman und McClelland 2011), unterscheiden wir hier zwischen (a) „sexual socialization“, (b) „sexual selfhood“ und (c) „sexual repertoire“ als Aspekte der sexuellen Entwicklung von Jugendlichen.

(a) Sexuelle Sozialisation beschreibt den sozialen Kontext, in dem die sexuelle Entwicklung von Jugendlichen stattfindet. Dazu gehören Eltern und Familie, Schule, Gleichaltrige und Freund:innen und – heutzutage von großer Bedeutung – auch die Medien und das kulturelle Umfeld, das sie präsentieren. Kinder lernen über Sexualität durch Erkundung und Nachahmung, durch Fragen und Übernehmen von Verhaltensweisen und Einstellungen, die sie bei anderen sehen. Eltern sind in diesen Lernprozessen wichtig, und zu Beginn der Pubertät haben Eltern ihre Kinder bereits viele Jahre lang sozialisiert, ob auf eine überlegte und verantwortungsvolle Weise oder nicht. Beiträge zur Schaffung einer sexuellen Kultur in einer Familie umfassen die sexuelle Sprache, die die Kinder lernen, den Zugang, den sie zu sexuellen Materialien erhalten (sexuelle Bilder, Texte oder Filme können im Haushalt leicht verfügbar sein), die von den Eltern gelehrten oder gelebten Geschlechterrollen und Einstellungen, das Dating-Verhalten der Eltern (falls zutreffend) oder den Umgang mit Nacktheit innerhalb der Familie. Eltern beeinflussen auch die sexuelle Entwicklung ihres Kindes durch ihr Verhalten oder ihre Einstellungen, ob sie Interesse und Aufgeschlossenheit in Bezug auf die sexuellen Aktivitäten ihrer Kinder zeigen oder versuchen, diese Aktivitäten zu verurteilen, einzuschränken und zum Schweigen zu bringen. Der Einfluss der Medien auf die Sexualität von Kindern und Jugendlichen wurde weitgehend diskutiert, hauptsächlich aus einer kritischen Perspektive; wir werden später darauf zurückkommen, wenn wir die Debatte über die Sexualisierung der Kindheit betrachten. Sicher ist, dass Kinder in jedem Alter zunehmend mit Medieninhalten konfrontiert werden, die explizit oder implizit sexuell sind, was Kindern Informationen über Sexualität, sexuelle Verhaltensweisen, Normen und Regeln sowie Geschlechterrollen liefert (Brown 2002; Ward 2003; Pardun et al. 2005). Medien sind auch ein wichtiger Vermittler des sexuellen Verhaltens von Jugendlichen: Kinder sprechen über das Internet über Sex oder beteiligen sich an dem, was als „Cybersex" bezeichnet wird; sie können sich auch gegenseitig Bilder und Videos mit sexuellem Inhalt senden, auch von sich selbst („Sexting"). Es ist wichtig zu beachten, dass sexuelle Sozialisation weder grundsätzlich gut noch schlecht ist, sondern einfach eine Tatsache darstellt: Alle Kinder und Jugendlichen werden von ihr geprägt. Darüber hinaus impliziert die Betonung der sexuellen Sozialisation nicht, dass einfache Kausalitäten vorliegen würden. Kinder und Jugendliche sind aktiv an ihrer eigenen sexuellen Sozialisation beteiligt und auch - als Gesprächspartner:innen, Freund:innen oder Vermittler:innen medialer Inhalte - an der Sozialisation anderen Kinder und Jugendlicher.

(b) Fortenberry beschreibt sexuelles Selbstverständnis (sexual selfhood) als die sexuelle Subjektivität eines Jugendlichen, seine oder ihre sexuelle Identität und das Selbst sowie die Rolle, die er:sie will/erfüllt. Er unterscheidet weiter drei Bereiche: sexuelle Offenheit, als die „willingness to experience and express sexual desire, a sense of sentiment to one's chosen sexual experiences, and an engagement with the pleasure associated with sex" (Fortenberry (2013, 177)). Sexuelles Selbstwertgefühl, das sich auf die Zufriedenheit mit dem eigenen Körper, dem sexuellen Leben, den Einstellungen und Verhaltensweisen bezieht, steht im Zusammenhang mit einem Gefühl, für andere attraktiv zu sein. Sexuelle Angst bezieht sich auf die vielen wahrgenommenen oder erwarteten negativen Seiten der Sexualität, wie das Gefühl, abgelehnt, unwohl, nicht bereit oder überwältigt zu sein. Eine wichtige Erkenntnis der Forschung zum sexuellen Selbstverständnis ist, dass sie die Subjektivität von Jugendlichen und ihre Handlungsfähigkeit sowie äußere Einflüsse widerspiegelt, das heißt, die sexuelle Sozialisation des Selbst. Jugendliche sind keine passiven Objekte, aber ihr inneres Leben, ihr sexuelles Selbstverständnis, ist auch nicht von der Außenwelt losgelöst. Jugendliche zeigen Interesse an aktiven Entscheidungen über Sex, frühen Sex (normalerweise vor dem Alter von 16 Jahren) und das erste Mal Sex, was mit dem sexuellen Selbstverständnis korreliert (Tolman und McClelland 2011).

(c) Das sexuelle Repertoire beschreibt die gesamte Bandbreite sexueller Aktivitäten und des Wissens über Sexualität und Sex (Fortenberry 2013). Viel Forschung in diesem Bereich wird durch Risiken motiviert, zum Beispiel dass Jugendliche sich auf gefährliche sexuelle Verhaltensweisen einlassen, ungeschützten

> Sex haben, Teenagerschwangerschaften und so weiter. Es ist daher großteils von einem positiven Verständnis der sexuellen Handlungsfähigkeitvon Jugendlichen losgelöst, dass das Erlangen von Wissen und Erfahrungen über Sexualität und Sex als ein wichtiger und positiver Aspekt ihrer Entwicklung und ihres Wohlergehen gesehen werden kann. In den letzten Jahren sind jedoch mehr Studien erschienen, die zeigen, dass Jugendliche eine breite Palette von Erfahrungen – schlechte und gute – sowie Wahrnehmungen und Überzeugungen in Bezug auf sexuelle Verhaltensweisen wie vaginalen Geschlechtsverkehr, Oralsex und Analsex haben, wobei Masturbation die häufigste sexuelle Aktivität ist. Abstinenz, die Entscheidung, keinen Sex zu haben, wird ebenso als eine Form des sexuellen Verhaltens verstanden, da sie oftmals eine aktive Positionierung darstellt, bestimmte sexuelle Handlungen nicht zu machen – jedoch oftmals ist dies keine Ablehnungaller sexuellen Aktivitäten. Abstinenz könnte eine Entscheidung gegen vaginalen Geschlechtsverkehr sein, während Sexualität durch Masturbation oder durch Erfahrungen mit einer:einem Partner:in wie Kuscheln, Küssen, Petting oder Oralsex weiterhin erkundet wird. Neue Forschung zeigt, dass sexuelles Verhalten während der Adoleszenz eine positive Ressource für die Entwicklung und einen wichtigen Teil des Wohlergehenvon Jugendlichen sein kann, nicht nur eine Quelle schlechter Erfahrungen und Risiken. In dieser Hinsicht sind die Verbindungen zu den beiden anderen oben diskutierten Aspekten – sexuelle Sozialisation und sexuelles Selbstverständnis – wichtig, da all diese Aspekte miteinander verbunden sind.

Ein Konzept, das im Hinblick auf die Sexualität von Kindern wichtig ist und das wir hier diskutieren möchten, ist Begehren, das eng mit den Konzepten von Vergnügen, Subjektivität und Empowerment verbunden ist (Tolman 2012; Welles 2005; Lamb und Peterson 2012). Das Konzept des Begehrens wurde aus einer feministischen Perspektive in den Diskurs um jugendliche Sexualität eingeführt, um einen alternativen und positiven Ansatz zur Sexualität und sexuellen Gesundheit von Mädchen zu bieten. Seitdem hat es auch im Diskurs der Sexualerziehung und sexuellen Bildung an Bedeutung gewonnen. Was also ist Begehren und warum ist es wichtig? Wie oben erwähnt, war der Ausgangspunkt, dass der Diskurs über die Sexualität von Kindern und Jugendlichen, insbesondere die von Mädchen, oft von einem Fokus auf Risiken, Bedrohungen und die Pathologisierung sexueller Aktivitäten und Interessen geprägt war. Sexualität wurde als gefährlich angesehen, insbesondere wegen sexuell übertragbarer Krankheiten, Schwangerschaft und Missbrauch, und stand im Widerspruch zur angenommenen Unschuld von Kindern und Jugendlichen. Diese Verletzlichkeit wurde besonders stark für Mädchen hervorgehoben, teilweise aufgrund von Annahmen über „weibliche Sexualität" und den Wert, der weiblicher „Reinheit" und „Unschuld" kulturell oder religiös beigemessen wird. Daher wurde angenommen, dass eine frühe „Exposition" gegenüber Sexualität vermieden werden sollte. Das Konzept des Begehrens wurde als Reaktion auf diese Position entwickelt. Laut diesem Konzept sollten Mädchen – und es sollte betont werden, auch Jungen – als sexuelle Wesen gesehen werden, die das Recht haben, ihre Sexualität als etwas Positives und Bereicherndes zu erleben, und denen solche Erfahrungen nicht vorenthalten werden sollten, dadurch, dass man ihre sexuellen Gefühle, Bedürfnisse, Interessen und Verhaltensweisen als negativ und potenziell schädlich oder riskant oder „unnatürlich" versteht und diskreditiert. Begehren bezieht sich sowohl auf innere als auch auf äußere Dimensionen der Sexualität als positive Aspekte des Lebens von Kindern und Jugendlichen, die potenziell ihr Wohlergehen eher verbessern. Die Aufmerksamkeit der Forschung richtet sich entsprechend darauf, wie Kinder tatsächlich Sexualität erleben, was sie darüber fühlen und wissen, wie sie sie erleben möchten, in welcher Form und mit wem. Diese Forschung zeigt, dass Kinder und Jugendliche ihre Sexualität – soweit diese nicht pathologisch, sondern gesund ist – genießen und sich selbst positiv als sexuelle Wesen anerkennen sollten, anstatt sich wegen sozialer Tabus und des Schweigens, das oft Fragen der Sexualität umgibt, schlecht zu fühlen. Das Konzept des Begehrens ist somit auch ein Werkzeug, um einer möglichen „epistemischen Ungerechtigkeit" (Carel und Györffy 2014) entgegenzuwirken, indem argumentiert wird, dass Kinder und Jugendliche mit einem Inventar an Vorstellungen, Wissen, Begriffen und Konzepten ausgestattet werden müssen, um ihre Sexualität zu verstehen und ausdrücken zu können, was sie mögen und nicht mögen und was sie schlecht fühlen lässt und warum. Das Konzept soll auch die vorherrschende Doppelmoral für Mädchen und Jungen aufbrechen, wobei Sexualität für erstere negativer wahrgenommen wird als für letztere (Kreager und Staff 2009).

Sharon Lamb schreibt, dass das Konzept des Begehrens entwickelt wurde, um drei Bedrohungen entgegenzuwirken, die für feministische Denker:innen und Forscher:innen von großer Bedeutung sind (Lamb 2010, 2013): Objektifizierung, Missbrauch und Viktimisierung sowie Mangel an Autonomie. Erstens tritt Objektifizierung auf, wenn Mädchen lediglich als Objekte des Begehrens und als Quelle des Vergnügens für Jungen und Männer wahrgenommen werden, während die Subjektivität der eigenen Sexualität der Mädchen geleugnet oder ignoriert wird. Zweitens, wie bereits erwähnt, ist es eine gängige Annahme im Diskurs über die Sexualität von Mädchen, dass sie in diesem Kontext besonders anfällig für Risiken und Bedrohungen sind, und sie werden folglich oft als permanente potenzielle Opfer der Sexualität von Jungen und Männern dargestellt. Um der Gefahr der Einschränkung der Autonomie von Mädchen entgegenzuwirken, betont das Konzept des Begehrens Sexualität als eine aktive und ermächtigende Eigenschaft. Es kann dann argumentiert werden, dass Mädchen aktive sexuelle Akteur:innen sind, mit eigenen Wahrnehmungen ihrer Sexualität, Wünschen und Gefühlen, und dass sie diese erkunden können sollen, ohne von der Aktivität von Jungen abhängig zu sein. Lamb sieht diese drei Aspekte des Begehrens als allgemein positiv an, erkennt aber auch an, dass das Konzept selbst einige Probleme aufweist, die angegangen werden müssen, um ein umfassenderes Verständnis der weiblichen Sexualität und sexuellen Gesundheit zu erreichen. Das Hauptproblem ist, dass es Mädchen, die ihre Sexualität noch entwickeln und noch nicht vollständig kompetent sind, überfordert. Das Begehren-Modell legt so viel Wert auf Handlungsfähigkeit, Subjektivität und Autonomie, auf stark und unabhängig zu sein und sich gut und selbstbewusst zu fühlen, dass es in der realen Gefahr steht, zu ignorieren, dass Mädchen sowie erwachsene Frauen – und wiederum Jungen und Männer – nur sehr selten so autonom sind. In Wirklichkeit müssen sowohl junge als auch erwachsene Menschen ihre eigene Sexualität suchen, sind unsicher in vielen Aspekten davon und müssen mit gesellschaftlichen Bildern und Werten, Gruppenzwang, Erziehungsstilen und so weiter umgehen, die möglicherweise nicht unterstützend sind. Es ist daher fraglich, ob Begehren ein realistisches Ziel als Kern einer gesunden Sexualität für Kinder, Jugendliche und Erwachsene ist oder eher ein Ideal, das nie vollständig verwirklicht wird. Eine ähnliche Erkenntnis ergibt sich aus dem philosophischen Diskurs über Kinder, nämlich dass es keine einfache Abgrenzung zwischen autonomen und kompetenten Erwachsenen und nicht-autonomen und inkompetenten Kindern und Jugendlichen gibt und dass die Maßstäbe für Autonomie selbst eher verschwommen sind (Anderson und Claassen 2012). Der Fokus auf Autonomie bringt ein weiteres Problem in Bezug auf die Positionierung von Begehren sowohl Ziel als auch als etwas, das zumindest teilweise bereits in der Sexualität von Kindern und Jugendliche verwirklicht ist, wie die feministische Literatur vorschlägt und hervorhebt. So sind Mädchen, die dem Ideal nicht gerecht werden, entweder Opfer oder „arbeiten" nicht hart genug an sich selbst und daran, ihre Subjektivität und Sexualität zu erkunden. Das Ideal des Begehrens, das die Sexualität von Mädchen von äußerem Druck der Objektifizierung, Viktimisierung und Passivität befreien soll, kann somit zu einer Belastung für Mädchen werden, da sie ermutigt, ja sogar unter Druck setzen kann, dieses Ideal einer „guten" Sexualität zu erfüllen. Lamb stellt weiter fest, dass Empowerment, Subjektivität und Autonomie selbst potentiell „gefährliche" Konzepte sind, die sowohl befreiend als auch unterdrückend sein können, auch da sie von der Mainstream-Kultur und ihren Vorstellungen, was „gute" Sexualität ist, vereinnahmt wurden. Wie in Axel Honneths Paradoxon von Autonomie und Selbstverwirklichung (Honneth 2004), das besagt, dass diese Konzepte zu Notwendigkeiten geworden sind, die zu erfüllen praktisch von allen erwartet wird, finden wir im Bereich der Sexualität Druck, der im Gegensatz zu altmodischen patriarchalischen Werten und Rollen steht und befreiend sein soll, aber dennoch auch unterdrückend ist. Lamb verwendet das Beispiel von Mädchen, die lernen, Lapdance zu tanzen, als eine Form der Erkundung der eigenen Sexualität und des Spaßhabens. Erkundet ein solches Mädchen autonom ihr Begehren und ihre Sexualität, oder wird sie dazu durch „Pornografisierung" oder „Sexualisierung" einer immer noch von Männern dominierten Gesellschaft manipuliert?

Wenn wir die Komplexität der Sexualität von Kindern anerkennen, die verschiedene Altersgruppen mit unterschiedlichen Besonderheiten umfasst, wie können wir dann Sexualität angemessen definieren, um sie in einer ethischen und gerechtigkeitsorientierten Bewertung wie der hier versuchten zu verwenden? Wie können die komplizierten Realitäten der Sexualität von Kindern, die niemals frei von den Einflüssen gesellschaftlicher Überzeugungen, Normen und Praktiken sind, in einem positiven Konzept versöhnt werden? Zu diesem Zweck werden wir nun versuchen, das theoretische und empirische Wissen über die kindliche Sexualität mit den Hauptdimensionen der körperlichen Integrität von Kindern zu verbinden, wie sie im zweiten Kapitel unterschieden wurden: Gesundheit,

Handlungsfähigkeit und positive Selbstbeziehungen. Alle drei dieser Dimensionen spielen in Bezug auf Sexualität eine Rolle.

Wir haben uns oben mit kindlicher Sexualität als die Entwicklung des Körpers, des Geistes und der Fähigkeiten, angemessenes sexuelles Verhalten und sexuelle Gefühle und Emotionen zu erleben, sowie notwendige und angemessene Informationen über Sexualität und sexuelle Entwicklung zu erwerben, konzeptionalisiert. Sexuelle Gesundheit umfasst sicherlich die Abwesenheit von und den Schutz vor sexuell übertragbaren Krankheiten und Verhaltensweisen, die Trauma und anderen Schaden verursachen, hat aber auch einen positiven Aspekt als integraler Bestandteil des Lebens von Kindern und Jugendlichen. Dies spiegelt sich in der von der WHO vorgeschlagenen Definition wider, die wir hier übernehmen möchten (WHO 2006):

> *Sexual health* is a state of physical, emotional, mental and social well-being in relation to sexuality; it is not merely the absence of disease, dysfunction or infirmity. Sexual health requires a positive and respectful approach to sexuality and sexual relationships, as well as the possibility of having pleasurable and safe sexual experiences, free of coercion, discrimination and violence. For sexual health to be attained and maintained, the sexual rights of all persons must be respected, protected and fulfilled.

Im Fall von Kindern und Jugendlichen ist es wichtig, drei Änderungen an dieser Definition vorzunehmen: Die WHO hebt sexuelle Rechte und damit Wahlmöglichkeiten als schützenswert hervor. Diese Konzepte sind sicherlich für Erwachsene wichtig und auch in gewissem Maße für Kinder, aber sie stellen kein vollständiges Bild der sexuellen Gesundheit für letztere dar. Kinder sind sich entwickelnde Wesen mit unterschiedlichen Fähigkeiten und Kompetenzen, Entscheidungen zu treffen und ihre Rechte auszuüben, auch in Bezug auf ihre Sexualität. Wir müssen anerkennen, dass Kinder zwar genügend Raum bekommen müssen, um ihre Sexualität zu entwickeln und zu erleben, aber auch Einschränkungen notwendig sind, um sie zu schützen. Die Notwendigkeit solcher Einschränkungen ist offensichtlich bei jüngeren Kindern, die nicht als kompetent genug angesehen werden können, um Entscheidungen zu treffen, sexuelle Aktivitäten einzugehen, insbesondere mit Erwachsenen oder viel älteren Kindern. Ihr Recht, solche Entscheidungen zu treffen, wird nur dann unter ihrem Recht auf sexuelle Gesundheit geschützt, wenn sie ausreichend kompetent sind und unter Umständen leben, die frei von Unterwerfung und erheblichen Machtungleichgewichten sind (Brennan und Epp 2015). Die Einschränkung der Wahlmöglichkeiten ist daher ein integraler Bestandteil der sexuellen Gesundheit von Kindern.

Die zweite Änderung, die wir vornehmen möchten, bezieht sich auf die Unterstützung, die Kinder benötigen, um sich sexuell zu entwickeln und sexuelle Gesundheit zu erlangen und aufrechtzuerhalten. Dieser Aspekt fehlt in der WHO-Definition, die sexuelle Gesundheit und Sexualität als statische Konzepte zu betrachten scheint, die ohne Bezug zu anderen, basierend auf der Freiheit und Autonomie einer Person, besessen oder nicht besessen werden können. Während dieses Bild auch für Erwachsene unzureichend ist, sind Kinder besonders auf andere in Form ihrer Betreuer:innen angewiesen, auch in Bezug auf ihre Sexualität. Bei medizinischen Störungen im Zusammenhang mit Sexualität benötigen Kinder medizinische Versorgung, Hormonbehandlungen oder Operationen, und Betreuer:innen sind erforderlich, um sie durch diese schwierigen Prozesse zu begleiten. Kinder benötigen emotionale Nahrung und Liebe, um über ihre Sexualität zu lernen, in einem Prozess, der mit der Fähigkeit beginnt, die Sexualorgane zu benennen und zu wissen, wie sie funktionieren. Dies ist die Grundlage für alles, was die WHO zu Recht als sexuelle Gesundheit beschreibt, und ermöglicht es Kindern, ihre Sexualität und sexuellen Beziehungen zu erkunden und sexuelle Erfahrungen zu machen.

Die dritte Änderung bringt eine zusätzliche zeitliche und entwicklungsbezogene Perspektive auf den Begriff der sexuellen Gesundheit ein. Wir haben bereits erwähnt, dass Kinder die Unterstützung und Fürsorge anderer benötigen, um ihre Sexualität in den physischen, geistigen und sozialen Dimensionen zu entwickeln. Im zweiten Kapitel haben wir dargelegt, dass die körperliche Integrität von Kindern Dimensionen des Wohlergehens und des Wohlentwickelns hat, die beide gleichermaßen wichtig sind. Die WHO-Definition, die sich auf Erwachsene konzentriert, ignoriert den entwicklungsbezogenen Aspekt von Sexualität und sexueller Gesundheit. Die Sexualität eines jungen Kindes unterscheidet sich von der eines Jugendlichen, die sich wiederum von der Sexualität eines Erwachsenen unterscheidet, in Bezug auf körperliche Reife, Wissen, Selbstbewusstsein und die sozialen Normen und Regeln, die angewendet werden. Wenn wir anerkennen, dass diese verschiedenen Stadien und Formen der Sexualität im Laufe des Lebens einer Person miteinander verbunden sind und aufeinander aufbauen, müssen wir folgern, dass ein integraler Bestandteil der sexuellen Gesundheit von Kindern der Aspekt der Vorbereitung und des Lernens für spätere Stadien der Sexualität ist. Die kindliche Sexualität sollte nicht auf eine bloße Vorbereitungsphase reduziert werden, aber es kann auch nicht ignoriert werden, dass sie in gewisser Weise unvollständig ist.

Handlungsfähigkeit ist von Anfang an wichtig für die kindliche Sexualität. Positives sexuelles Verhalten von Kindern, wie wir gesehen haben, ist selbstgesteuert, ohne Zwang oder Bedrohung und angemessen für die Entwicklung des Kindes. Handlungsfähigkeit, basierend auf Wissen und einem Gefühl der Sicherheit, ist wichtig, weil sie ein Schutz gegen problematisches Verhalten ist und Kindern gefährliche und unangemessene Verhaltensweisen beibringt. Die Handlungsfähigkeit von Kindern in ihrer sexuellen Entwicklung sollte respektiert werden, innerhalb von Grenzen, und ihre sexuelle Neugier sollte nicht verurteilt oder Verhaltensweisen verboten werden, nur weil Eltern der Meinung sind, dass ihre Kinder asexuell und unschuldig sein sollten. Ältere Kinder und Jugendliche haben auch ein Recht auf Privatsphäre – begrenzt, aber mit zunehmendem Alter steigend – in Bezug auf ihre sexuelle Gesundheit, mit der Freiheit, ihren eigenen Körper und den anderer zu erkunden. Wenn Kinder sexuell aktive Jugendliche werden, nimmt ihre Handlungsfähigkeit zu und verlangt Anerkennung und Respekt von Erwachsenen – Jugendliche sollten in diesem Aspekt ihrer Entwicklung nicht allein gelassen werden. Verstanden als die Fähigkeit, eigene Entscheidungen zu treffen und einen eigenen Lebensplan zu entwickeln, umfasst die Handlungsfähigkeit von Jugendlichen auch die sexuelle Entwicklung und sexuelle Aktivitäten. Sie sollten mit den Werkzeugen und dem Wissen ausgestattet werden, um angemessene Entscheidungen darüber zu treffen, mit wem und wann sie Sex haben möchten, ihre sexuellen Gefühle und Anziehungen zu erkunden und darüber nachzudenken und durch die Pubertät zu navigieren. Forschung hat gezeigt, dass der offene Ansatz vorzuziehen ist gegenüber Versuchen, die Sexualität von Jugendlichen einzuschränken und zu kontrollieren (Ingham 2005; Helmer et al. 2015; Hirst 2013). Respekt für die sexuelle Handlungsfähigkeit von jugendlichen Mädchen, Jungen und intersexuellen Kindern umfasst auch den Schutz vor sexuellem Missbrauch und Belästigung und schließt aus, dass sie von Eltern oder anderen gezwungen werden, in jungen Jahren zu heiraten, Sex zu haben oder auch schwanger zu werden, wenn sie dies nicht wollen.[1] Der letzte Punkt, den wir in diesem Zusammenhang ansprechen möchten, bezieht sich auf die geschlechtsspezifischen Regeln und Normen, denen Jugendliche ausgesetzt sind, und die Rollen, die sie übernehmen sollen. Diese setzen sowohl Jungen als auch Mädchen unter Druck und machen es oft schwierig, zwischen Verhaltensweisen und Einstellungen zu unterscheiden, die frei gewählt sind, und solchen, die einfach übernommen werden, weil sie die Norm sind. Wie wir gesehen haben, können selbst positive Attribute der Sexualität, wie Spaß haben, Vergnügen erleben oder seine Wünsche erkunden, verzerrt werden, um Druck auf Kinder auszuüben. LGBTQIA+ Kinder und Jugendliche können es viel schwerer haben, sie selbst zu sein, akzeptiert zu werden und ihre eigene Identität zu erkunden.

Schließlich sind Selbstbeziehungen von offensichtlicher Bedeutung in Bezug auf die Sexualität von Kindern. Einerseits ist Sexualität ein wichtiger Faktor für die Entwicklung und Aufrechterhaltung von Selbstbewusstsein, Selbstwertgefühl und Selbstrespekt. Eine Identität zu haben, beinhaltet ein Sexualleben, einen sexuellen Körper und sexuelle Emotionen, Anziehungen und Wissen darüber, was man will und nicht will. Sich mit all dem auseinanderzusetzen, ist eine Voraussetzung für eine gesunde Sexualität und dafür, sich mit sich selbst zufrieden zu fühlen; dies geschieht nie über Nacht, sondern ist vielmehr ein Prozess, der die gesamte Kindheit und darüber hinaus andauert. Andererseits ist die Verbindung zwischen Selbstbeziehungen und Sexualität zweischneidig. Sexuell gesund zu sein, Freude an sexuellen Beziehungen zu erleben und als sexuelles Wesen Anerkennung zu erhalten, kann positive Selbstbeziehungen aufbauen, während das Fehlen dieser Dinge zu Gefühlen der Minderwertigkeit, Demütigung und geringem Selbstwert führen kann. Wie wir oben gesehen haben, kann das Konzept des Begehrens Kinder auch überfordern, indem es von ihnen verlangt, aktive sexuelle Akteur:innen zu sein, die wissen, was sie wollen – sei es, dass sie einen Lebensstil annehmen, in dem sie sexuelle Aktivitäten ausüben, oder einen, in dem sie einen Kurs der Enthaltsamkeit verfolgen. Die Selbstbeziehungen von Kindern können darunter leiden, dass sie durch umgebende Diskurse zur Sexualität ihrer Eltern, Gleichaltrigen oder Lehrer:innen oder in den Medien unter Druck gesetzt

[1] Es gibt eine breite Debatte über Abtreibung im Allgemeinen, einschließlich der Frage, ob Kindern erlaubt sein sollte, eine solche Entscheidung selbst zu treffen. Es gibt hier keinen Raum, um die Argumente dafür und dagegen im Detail zu erörtern; im Rahmen des vorliegenden Kontexts scheint es jedoch, dass ein Mädchen ähnliche reproduktive Rechte wie eine Frau hat und daher auch das Recht auf Abtreibung. Weitere Argumente siehe Dixon und Nussbaum (2011).

werden, Dinge zu tun, die sie nicht tun wollen. Selbstbeziehungen sind nicht statisch und können in verschiedenen Phasen der sexuellen Entwicklung von Kindern geschädigt oder geheilt werden. Die Umgebung, in der Kinder aufwachsen, ist hier ein entscheidender Faktor: Ermöglicht sie ihnen, Fehler zu machen, manchmal unsicher zu sein und Hilfe und Verständnis zu suchen und zu finden? Wir können von Kindern nicht verlangen, dass sie einfach erwachsen werden und positive, selbstrespektierende und autonome Erwachsene werden; sie brauchen Unterstützung, um dieses Ideal zu erreichen.

Zusammenfassend lässt sich sagen, dass die körperliche Integrität von Kindern und Jugendlichen in Bezug auf ihre Sexualität physische, mentale und soziale Dimensionen umfasst. Kinder müssen dabei unterstützt werden, sexuelle Akteur:innen zu werden; von Anfang an brauchen sie angemessene Fürsorge, die ihnen die materielle, emotionale und soziale Unterstützung, das Wissen und den Raum bietet, den sie benötigen, um sich sexuell gesund zu entwickeln. Unterstützung bedeutet auch, Kindern nicht zu verbieten, Freude zu erleben und sexuelle Beziehungen zu haben, sofern diese altersgerecht und ohne Zwang oder Druck sind, und eine positive Einstellung zu ihrer Sexualität zu entwickeln, mit dieser umgehen zu können, ohne potenzielle Gefahren und Bedrohungen zu ignorieren. Konversionsfaktoren sind wichtig, und sexuelle Gesundheit ist nicht einfach angeboren und entwickelt sich auch nicht „natürlich“ ohne sozialen Einfluss. Kinder müssen mit sich selbst zufrieden sein und ihre eigene Sexualität und die Sexualität anderer erkennen, respektieren und wertschätzen. Ein positives Konzept der Sexualität von Kindern ignoriert nicht die Komplexität, die sich aus den manchmal widersprüchlichen Emotionen und Verhaltensweisen von Kindern und den Druck- und Verzerrungseinflüssen ergibt, denen sie in der heutigen Gesellschaft ausgesetzt sind. In diesem Zusammenhang ist das Konzept der „adaptiven Präferenzen“ (Teschl und Comim 2005) hilfreich, um zwischen Entscheidungen zu unterscheiden, die respektiert werden müssen, und solchen, die überstimmt werden sollten. Jedes Kind ist anders, und die genauen Anforderungen und Fürsorgehandlungen, die ein Kind oder Jugendlicher für seine oder ihre sexuelle Gesundheit benötigt, werden folglich auch unterschiedlich sein.

4.1 Die Sexualisierung der Kindheit

Wir haben gesehen, dass die Sexualität von Kindern in modernen Gesellschaften von Ängsten und Tabus umgeben ist und dass es eine weit verbreitete, wenn auch unbegründete Überzeugung ist, dass Sexualität für Kinder immer gefährlich ist und ihre Unschuld ausnahmslos geschützt werden muss. Die Debatte über die Sexualisierung der Kindheit ist sowohl ein Ausdruck dieser Überzeugung als auch eine Kritik daran. Wie wir sehen werden, ist diese Debatte ein wichtiges Feld für ethische Überlegungen, da einige ihrer Hauptsäulen in beide Richtungen interpretiert werden können. Darüber hinaus sind die Erkenntnisse für die tatsächlichen Gefahren hier oft unklar und werden sowohl unter Forscher:innen als auch unter Politiker:innen bestritten; die Botschaft, die dies an Betreuer:innen und andere besorgte Erwachsene sendet, ist nicht eindeutig. Die Debatte ist sicherlich aktuell, und die Zahl der akademischen Studien sowie populärer Bücher, die sich hauptsächlich an Eltern richten, nimmt rapide zu. Dieser Hype wird auch oft kritisiert, weil er das Problem übertreibt und es benutzt, um fragwürdige Politiken zu rechtfertigen. Die Sexualisierung der Kindheit wird insbesondere in den anglophonen Ländern USA, Großbritannien und Australien als schwerwiegendes Problem angesehen; in anderen wohlhabenden Gesellschaften wie Deutschland hat das Thema nicht so viel Aufmerksamkeit von Forscher:innen, Medien oder Politiker:innen erhalten (zwei Ausnahmen sind Dangendorf (2012) und Aigner et al. (2015)). Wir können die moralische Panik, die dieses Thema umgibt, nur von außen bewerten, und der Platz erlaubt es uns nicht, die Mechanismen zu untersuchen, die zu solchen Unterschieden in der gesellschaftlichen Aufmerksamkeit und Exposition dieses Themas führen. Die Mechanismen und Prozesse, die oft als Haupttreiber der Sexualisierung der Kindheit angesehen werden, sind jedoch in nahezu allen wohlhabenden Gesellschaften in unterschiedlichem Maße zu finden. Dies ist ein weiterer Hinweis auf die kulturellen Unterschiede, die unsere Wahrnehmungen der Sexualität von Kindern, wie sie in den Medien, der Politik und anderen Diskursformen dargestellt wird, und was als gefährliche oder „falsche" Sexualität im Gegensatz zu dem, was als unproblematisch und akzeptabel angesehen wird, prägen. Der erste der nächsten drei Abschnitte wird die Definition und den konzeptionellen Hintergrund der Sexualisierung der Kindheit diskutieren; dann werden wir den moralischen Schaden untersuchen, der durch diesen Prozess in Bezug auf die körperliche Integrität von Kindern verursacht wird. Schließlich werden wir unsere Aufmerksamkeit auf eine Untersuchung richten, wie Verantwortlichkeiten geteilt werden, und mögliche politische Antworten ansprechen.

4.1.1 Was ist Sexualisierung und was bewirkt sie bei Kindern?

In der Einleitung haben wir unser Ziel skizziert, eine ethische und gerechtigkeitsbasierte Bewertung der Bedrohungen der körperlichen Integrität von Kindern vorzunehmen, wobei wir uns darauf konzentrieren, wie solche Bedrohungen die kindliche Gesundheit, Handlungsfähigkeit und positive Selbstbeziehungen – drei der wichtigsten Dimensionen der körperlichen Integrität – verletzen können. Wir haben auch festgestellt, dass diese Arbeit mit zahlreichen Unsicherheiten umgehen muss, und einige davon sind im Kontext der Sexualisierung besonders drängend. Im Gegensatz zu Fettleibigkeit, Essstörungen und – wie wir im nächsten Kapitel sehen werden – Gewalt unter Kindern ist die Sexualisierung der Kindheit in vielen Aspekten wenig erforscht. Wir müssen daher mit konzeptionellen Unklarheiten umgehen, und die vorhandenen Erkenntnisse, obwohl umfangreich, sind alles andere als eindeutig. Ein Grund dafür ist, dass Sexualisierung nicht in engen technischen Begriffen definiert werden kann – im Gegensatz zu Fettleibigkeit, für die zum Beispiel die WHO einen BMI-Grenzwert verwendet – sondern Interpretation und eine normative Grundlage benötigt. Dennoch erfordert Sexualisierung ethische Aufmerksamkeit, und die aufgetretenen Schwierigkeiten sollten benannt und angegangen, anstatt abgetan werden. Hier streben wir Klarheit in unserer Analyse in Bezug auf unsere Schlussfolgerungen an; es ist jedoch wichtig, gleich zu Beginn zu betonen, dass wir weder in der Lage noch qualifiziert sind, Streitigkeiten innerhalb anderer Wissenschaften über die Kausalitäten und Auswirkungen der Sexualisierung beizulegen – obwohl wir solchen Streitigkeiten sicherlich begegnen werden.

Beginnen wir mit der häufigsten—und oft kritisierten—Konzeptualisierung der Sexualisierung der Kindheit, die von der American Psychological Association (APA) stammt. Die APA bildete 2005 eine Task Force, um die Sexualisierung der Kindheit zu untersuchen (APA Task Force on the Sexualization of Girls 2007), wobei der Fokus auf Mädchen und nicht auf Kinder im Allgemeinen lag. Diese Betonung gilt für die gesamte Debatte und ist wichtig zu beachten, da sie zwei wichtige Eckpfeiler verdeutlicht: Erstens ist die Sexualisierung der Kindheit ein stark geschlechtsspezifisches Thema, das oft so dargestellt wird, als betreffe es nur oder zumindest überwiegend Mädchen; zweitens, wie dies impliziert, haben wir es mit einem Thema der Geschlechtergerechtigkeit zu tun. Ähnliche Berichte wurden im Vereinigten Königreich veröffentlicht, in Auftrag gegeben vom Innenministerium (Papadopoulos 2010), und in Australien (Australian Senate 2008), und beide stießen auf Kritik (Smith und Attwood 2011). Aber hier werden wir uns auf den Bericht der APA-Task-Force konzentrieren. Wie wird Sexualisierung von der APA definiert? Laut dem Bericht hat die Sexualisierung vier Dimensionen; vielmehr kann sie auf vier verschiedene Arten geschehen:

> Sexualization occurs when [1] a person's value comes only from his or her sexual appeal or behavior, to the exclusion of other characteristics; [2] a person is held to a standard that equates physical attractiveness (narrowly defined) with being sexy; [3] a person is sexually objectified—that is, made into a thing for others' sexual use, rather than seen as a person with the capacity for independent action and decision making; [4] and/or sexuality is inappropriately imposed upon a person. (APA Task Force on the Sexualization of Girls 2007, 2)

Damit Sexualisierung stattfindet, ist es nicht notwendig, dass alle vier Dimensionen vorhanden sind: Eine ist ausreichend. Laut dem Konzept ist Sexualisierung nicht auf Mädchen oder Kinder im Allgemeinen beschränkt, sondern kann jeden betreffen—Jungen, Männer oder Frauen. Für die meisten Menschen, einschließlich der gegenwärtigen Autor:innen und der des APA-Berichts, ist dieses Konzept nicht wertfrei oder einfach beschreibend. Es ist sehr schwer und vielleicht unmöglich, Fälle von Sexualisierung zu finden, die so beschrieben werden könnten, dass sie für die betreffende Person neutral oder sogar positiv sind. Sexualisierung ist ein normatives Konzept, das verwendet wird, um verschiedene Prozesse in der Gesellschaft zu beschreiben und aufzudecken und sie zu bewerten. Die APA untersuchte die Sexualisierung von Mädchen in drei verschiedenen Bereichen (APA Task Force on the Sexualization of Girls 2007; Roberts und Zurbriggen 2013): (a) Kultur, (b) zwischenmenschliche Beziehungen und (c) das Selbst, und zitierte eine ganze Reihe von Studien zur Unterstützung ihrer Thesen.

Laut dem APA-Bericht tragen kulturelle Beiträge zur Sexualisierung von Kindern in Medien wie Fernsehen, Musikvideos, Liedtexte, Filme und Zeitschriften sowie in Werbung, Produkten und im Internet bei. Der Bericht fasst eine ganze

Reihe von Beispielen für die sexualisierte Darstellung von Mädchen und Frauen in den Medien zusammen, die enge (und für viele unerreichbare) Standards von Sexiness und Attraktivität definieren und sie als erstrebenswerte Ziele präsentieren; somit werden die Rollen und Werte von Mädchen und Frauen oft auf Sexy-Sein oder Attraktivität reduziert. Der wichtigste Punkt für Kinder ist, dass Sexualität unangemessen auf (junge) Mädchen auferlegt wird: Der Bericht argumentiert, dass sexualisierte Darstellungen in den Medien und Spielzeugen, die jungen Mädchen zur Verfügung stehen, zu finden sind und dass es eine Art Normalität geworden ist, dass Sexualität oder vielmehr dieses verzerrte Verständnis davon im Leben von Kindern präsent ist. Der Bericht hebt auch hervor, dass kulturelle Produkte und Diskurse, die nicht direkt auf Kinder abzielen oder Kinder und junge Menschen auf sexualisierte Weise darstellen, sondern sich eher auf erwachsene Frauen konzentrieren, dennoch Einfluss auf die Entwicklung von Mädchen und deren Selbstverständnis haben können. Wir werden hier nur drei Beispiele zitieren, die aus neueren Studien als dem APA-Bericht stammen. Erstens zeigte die Studie von Kaitlin Graff, Sarah Murnen und Anna Krause (Graff et al. 2013), dass sexualisierte Darstellungen von Mädchen in Mädchenzeitschriften im Laufe der Zeit zunahmen, gemessen an verschiedenen Kriterien. Enge Kleider, Hemden oder Leggings wurden in 37,8 % des untersuchten Inhalts gefunden, tief ausgeschnittene Hemden oder Kleider, die das Dekolleté betonen, in 27,1 %, bauchfreie Outfits in 23,8 %, hochhackige Schuhe in 19,2 %, sehr kurze Kleidung in 10,7 %, sexualisierte Schriftzüge in 15,9 % und brustbetonende Kleidung in 7,1 %. Ähnlich zeigten Fiona Brookes und Peter Kelly (2009) in ihrer Analyse einer beliebten australischen Zeitschrift für Mädchen, dass die Darstellungen von Frauen überwiegend schöne, dünne, junge und fitte Mädchen und Frauen zeigten. Das Lesen der Zeitschrift konnte daher nur eine sehr begrenzte Auswahl an Identitätsressourcen für Mädchen bieten. Drittens zeigte eine aktuelle Inhaltsanalyse von Musikvideos, die im australischen Free-to-View-TV während der Morgenstunden ausgestrahlt und als kinderfreundlich eingestuft wurden, dass die Videos ebenfalls erhebliche sexualisierte Merkmale enthielten (Ey und McInnes 2015). Dazu gehörten das Zeigen von Mikro-Miniröcken oder Shorts, BH-Tops, Korsetts, Dessous-ähnlichen kurzen Körperanzügen, Bewegungen, die die Sexualität betonen, einschließlich Schritt- oder Bruststößen, Bumping und Grinding gegen andere Körper, sexuell suggestive Requisiten einschließlich phallischer Symbole, Darstellung von sexualisierten Bildern oder Wörtern, Bondage-Ausrüstung, Frauen, die als sexuell verfügbar für Männer dargestellt werden, das Platzieren von Männern im Mittelpunkt der Aufmerksamkeit, Männer, die vollständig bekleidet sind, während Frauen spärlich bekleidet sind, und aggressive Verhaltensweisen gegenüber Frauen, wie Ziehen, Schubsen oder Schlagen, oder verbale Herabsetzungen wie „Schlampe“. Etwa 55 % der als kinderfreundlich eingestuften Videos während des untersuchten Zeitfensters zeigten sexualisierte Inhalte; dies entsprach etwa 20 % der gesamten Zeit.

Interpersonelle Faktoren der Sexualisierung von Kindern, die im APA-Bericht hervorgehoben werden, stammen von Eltern und Erziehungsstilen, Lehrer:innen und Gleichaltrigen sowie anderen Erwachsenen, die mit Mädchen interagieren. Es gibt viel weniger Studien in diesem Bereich im Vergleich zur Sexualisierung in den Medien. Eine kürzlich durchgeführte Studie von Analisa Arroyo und Kristin Andersen (2015) analysierte den Einfluss des Selbstobjektivierungsgrades der Mütter auf den ihrer Töchter und fand einen positiven direkten Effekt; dies könnte durch die soziale Lerntheorie erklärt werden, die annimmt, dass Töchter lernen, sich selbst zu bewerten, indem sie ähnliche Verhaltensweisen ihrer Mütter beobachten. Selbstobjektivierung wurde in der Studie durch die Häufigkeit der Körperüberwachung gemessen, wie z. B. das Nachdenken über das eigene Aussehen während eines Tages oder die Sorge darüber, ob die eigene Kleidung gut aussieht. Andererseits berichtete eine ähnliche Studie von Sabra Katz-Wise, dass die Körperüberwachung bei Jugendlichen nicht durch die ihrer Mütter vorhergesagt wird (Katz-Wise et al. 2013). Wie im vorherigen Kapitel diskutiert, gibt es in Bezug auf Essstörungen einen klaren Einfluss von Elternschaft und Interaktion mit Gleichaltrigen auf Diätverhalten, Körperunzufriedenheit und bulimische Symptome (Quiles Marcos et al. 2013). Eric Cooley et al. (2008) kamen beispielsweise zu dem Schluss, dass negatives Feedback von Müttern über die Figuren und Essgewohnheiten der Töchter die Schwierigkeiten der Töchter in diesen Bereichen signifikant erhöhte. Mütter, die eine stärkere Internalisierung von Medienbotschaften über Schlankheit zeigten, hatten am ehesten Töchter mit Essstörungen. Jennifer Jewell und Christia Spears Brown (2013) untersuchten kürzlich sexualisiertes Verhalten bei älteren Jugendlichen und wie es durch Stereotype und wahrgenommene Peer-Normen beeinflusst wird. Sie fanden heraus, dass beide einen positiven Einfluss hatten und dass solch stereotypisches sexualisiertes Verhalten wie junge Männer, die sexuelle Kommentare oder Witze gegenüber Frauen machen (am häufigsten berichtet), Frauen in sexueller Weise berühren, greifen, kneifen oder an ihrer Kleidung ziehen (seltener berichtet) oder „Sexting" (am wenigsten berichtet) durch die Wahrnehmung ihrer Akzeptanz unter Gleichaltrigen beeinflusst wird.

Die dritte Sphäre ist die des Selbst. Der APA-Bericht stellt fest, dass intrapsychische Beiträge zur Sexualisierung bei Mädchen ziemlich häufig sind, was bedeutet, dass Mädchen ihren eigenen Körper oft als Objekt des Begehrens anderer betrachten, dass sie großen Wert auf ihren Körper und das Ziel legen, sexy und attraktiv zu sein, und dass sie sexualisierte Entscheidungen in Bezug auf ihre Kleidung, Spielzeuge, ihr Verhalten und ihren Medienkonsum treffen. Dadurch beeinflussen sie wiederum ihre Gleichaltrigen. Diese Selbstsexualisierung von Mädchen steht in Zusammenhang mit den anderen Sphären, da sie zumindest teilweise durch diese ausgelöst wird: Selbstobjektivierung, Körperüberwachung, sexualisierte Einstellungen und Verhaltensweisen sind, wie die Literatur nahelegt, auch das Ergebnis äußerer Einflüsse (gesellschaftliche wie die Medien oder interpersonelle wie durch Eltern und Gleichaltrige). Die bereits erwähnte Studie von Katz-Wise et al. (2013) ist ein gutes Beispiel: Sie fanden heraus, dass Mütter wahrscheinlich einen gewissen Einfluss auf die Selbstobjektivierung haben, vermittelt in ihrer Studie durch die Qualität ihrer Beziehung zu ihren Kindern, dass es aber auch eine Form der Individuation sein kann, die sich vom Verhalten der Mütter unterscheidet. Daher ist es nicht einfach zu erklären, warum Kinder sich selbst sexualisieren und aus welchen Quellen sie die Sexualisierung internalisieren. Die Forschung hat jedoch den Einfluss der internalisierten Sexualisierung deutlich gemacht: Sarah J. McKenney und Rebecca S. Bigler (2016) fanden beispielsweise heraus, dass sie Verhaltens- und psychologische Konsequenzen in Bereichen wie der Verwendung sexualisierter Kleidung, Körperüberwachung und Körperscheu hat.

Die meisten im APA-Bericht zitierten Studien konzentrieren sich auf Teenager:innen, College-Student:innen oder erwachsener Frauen. Ein Beispiel für eine Studie, die die Sexualisierung jüngerer Kinder untersuchte, ist die von Christine Starr und Gail Ferguson (2012), die die Selbst-sexualisierung von Mädchen im Alter von sechs bis neun Jahren untersuchten, indem sie ihr Verhalten mit zwei Papierpuppen bewerteten, von denen eine sexualisiert und die andere nicht sexualisiert war. Der Unterschied zwischen den Puppen lag in ihrer Kleidung: Die nicht sexualisierten Puppen trugen Jeans und lange Hemden, während die sexualisierten Puppen entweder einen Minirock oder Hotpants trugen, beide mit einem sexy Oberteil und hohen Absätzen. Die Mädchen wählten überwiegend die sexualisierte Puppe zum Spielen, was anscheinend ihr ideales Selbst darstellte. Die Studie fand auch heraus, dass Medienkonsum kein Risikofaktor war, es sei denn, er wurde von mütterlichen Einflüssen (Selbstobjektivierung oder geringer Religiosität der Mütter) begleitet. Die Studie von Harriger et al. (2010) untersuchte Körpergrößen-Stereotypisierung und die Internalisierung des Ideals eines dünnen Körpers bei Mädchen im Alter von drei bis fünf Jahren. In ihrer Studie, die 55 Mädchen umfasste, konnten sie zeigen, dass das Dünnheitsideal bereits im Alter von drei Jahren vorhanden ist und dass Mädchen eine dicke weibliche Figur negativer bewerten, wenn sie ihnen gezeigt wird, als eine dünne weibliche Figur, die tendenziell nicht nur positiver bewertet wird als die dicke Figur, sondern auch als eine von durchschnittlicher Größe (die negativen Attribute, die die Mädchen auswählen mussten, waren gemein, dumm, keine Freunde, schlampig, hässlich und laut, während die positiven Attribute nett, schlau, Freunde, ordentlich, süß und ruhig waren). Die Studie untersuchte auch das emotionale Engagement der Mädchen hinsichtlich des Dünnheitsideasl, indem sie die Mädchen baten, eine Figur zum Spielen auszuwählen und dann zu fragen, ob sie sie gegen eine andere eintauschen wollten und, wenn ja, welche Gefühle sie dabei hatten. Wieder wählten die Mädchen die dünne Figur signifikant häufiger als die durchschnittlich große oder dicke Figur. Darüber hinaus waren die Mädchen, die sich entschieden hatten, mit der dünnen Figur zu spielen, sehr unwillig, sie gegen die dicke auszutauschen. Die Forscher zitierten solche Reaktionen wie: "I don't want to be her. She is fat and ugly" oder „I hate her because she has a fat stomach". Die dritte Studie, die wir hier zitieren möchten, wurde von Samantha Goodin et al. (2011) durchgeführt und analysierte das Vorhandensein sexualisierter Merkmale in Kleidung für Mädchen im Alter von sechs bis 14 Jahren, die auf den Websites von 15 Geschäften in den Vereinigten Staaten erhältlich war. Die Kodierung, die sie verwendeten, war wie folgt: Kleidung (a) enthüllte ein sexualisiertes Körperteil, (b) betonte ein sexualisiertes Körperteil, (c) hatte Merkmale, die mit Sexiness assoziiert wurden, und (d) hatte eine sexualisierte Botschaft darauf geschrieben. Die Validität des Kodierungssystems wurde mit College-Student:innen getestet. Die Ergebnisse zeigten, dass von den 5666 kodierten Kleidungsstücken

4 % als definitiv sexualisiert kategorisiert wurden und 25,4 % sowohl sexualisierte als auch kindliche Merkmale aufwiesen. Es ist wichtig zu beachten, dass Geschäfte, die sich an ältere Kinder (Teenager und ältere) richteten, eine größere Menge an sexualisierter Kleidung vorrätig hatten. Die Studie von Elizabeth Daniels über den Einfluss von Medienrepräsentationen weiblicher Athleten auf die Selbstobjektivierung von Mädchen und Frauen ergab ebenfalls positive Ergebnisse (Daniels 2009).

All die oben genannten Erkenntnisse zeigen, dass etwas im Leben und in den Lebenswelten von Kindern in Bezug auf das Konzept der Sexualisierung vor sich geht, wie oben diskutiert. Kinder werden mit Darstellungen von Mädchen und Frauen, aber auch von Jungen und Männern konfrontiert, deren Hauptwert anscheinend in ihrer Attraktivität und Sexiness liegt. Mit einer sehr eng definierten Attraktivität sind objektivierte Formen der Sexualität für Kinder weit verbreitet und in ihrem Leben allgegenwärtig. Wir müssen uns nun den Konsequenzen davon zuwenden. Die oben untersuchten positiven Aspekte der Sexualität, die Gesundheit, Handlungsfähigkeit und Selbstbeziehungen umfassen und sich mit der Reifung der Kinder entwickeln, dienen hier als Maßstäbe. Ist Sexualisierung und die Auswirkungen, die sie haben kann, eine Verletzung der Sexualität, auf die Kinder als Teil ihrer körperlichen Integrität Anspruch haben? Einige dieser Auswirkungen wurden bereits erwähnt, zum Beispiel Selbstobjektivierung, Körperschema, Körperüberwachung und Essstörungen. Die APA dokumentiert mehrere weitere negative Auswirkungen der Sexualisierung der Kindheit auf Mädchen, insbesondere in den folgenden fünf Bereichen (APA Task Force on the Sexualization of Girls 2007):

- Cognitive and physical functioning: sexualization might contribute to lower academic achievements.
- Mental health: sexualization contributes to eating disorders, low self-esteem and depression
- Physical health: for example, body dissatisfaction and smoking among girls are linked.
- Sexuality: sexual health, measured for example by sexual activity, condom use or comfort with one's own sexual feelings, can suffer from sexualization.
- Attitudes and beliefs: ongoing exposure to sexualized media content can influence girls' beliefs about sexiness, attractiveness and sexuality, and can lead to an internalization of distorted stereotypes.

Der Bericht untersuchte weitergehende Auswirkungen, einschließlich der auf Jungen, Männer und erwachsene Frauen sowie auf die Gesellschaft im Allgemeinen. Er kam zu dem Schluss, dass Sexismus, Gewalt gegen Mädchen, sexuelle Belästigung und sexuelle Ausbeutung alle in gewissem Maße mit einer sexualisierten Kultur verbunden sind. Hier sollten einige neuere Studien zu den vielfältigen möglichen negativen Konsequenzen der Sexualisierung zitiert werden. In zwei Studien verwendeten Sarah McKenny und Rebecca Bigler (2014) ihre Internalisierte Sexualisierungsskala – die Überzeugungen über sexuelle Attraktivität als wichtig für die eigene Identität bewertet – um Unterschiede in der akademischen Orientierung von Mädchen zu untersuchen. In ihrer ersten Studie fanden sie heraus, dass sexualisierte Mädchen niedrigere Noten und Testergebnisse erzielten; in der zweiten Studie fanden sie heraus, dass diese Mädchen mehr Zeit mit dem Auftragen von Make-up verbrachten als mit dem Üben des Transkripts, wenn ihnen eine simulierte Nachrichtensendung als Aufgabe gegeben wurde. Sie schlussfolgerten, dass diese höhere Investition in Praktiken im Zusammenhang mit Sexualisierung ein Weg sein könnte, durch den die schulischen Leistungen leiden. Das häufigste Untersuchungsthema in diesem Bereich ist der Zusammenhang zwischen Sexualisierung und Selbstobjektivierung, die wiederum mit psychischen Gesundheitsproblemen wie Körperunzufriedenheit, Körperschema, falscher Diät und Depressionen in Verbindung gebracht wurde (Tiggemann und Slater 2015). Aber die Erkenntnisse sind nicht eindeutig. Andere Studien haben festgestellt, dass Medienexposition keinen Einfluss auf das Körperbild von Mädchen hat (Tiggemann 2006). Eine andere Studie, die an Mädchen im Alter von neun bis zwölf Jahren durchgeführt wurde, fand heraus, dass Gleichaltrige hier eine entscheidende Rolle spielen könnten (Clark und Tiggemann 2006). Neunundvierzig der 100 untersuchten Mädchen wollten dünner sein. Ihre Körperunzufriedenheit war nicht direkt mit der Medienexposition verbunden, sondern eher mit Gesprächen mit Gleichaltrigen über das Aussehen, die sich auf dünne Ideale konzentrierten. Es ist diese „Erscheinungskultur“, die von den Medien beeinflusst und dann in Gesprächen unter Gleichaltrigen verbreitet wird, die hier von Bedeutung ist. Eine andere Studie, die an Kindern im Alter von sechs bis elf Jahren in Australien durchgeführt wurde, fand heraus, dass Selbstobjektivierung mit Körperbild und Essstörungen bei Kindern in Verbindung stand und dass ein signifikanter Anteil der Kinder Körperunzufriedenheit berichtete (Jongenelis et al. 2014). Ein weiteres wichtiges Ergebnis war, dass das selbstwahrgenommene Gewicht für die psychische Gesundheit wichtiger zu sein schien als das tatsächliche Gewicht, mit einem besonderen Einfluss auf depressive Symptome bei Frauen (Ali et al. 2010). Der Zusammenhang zwischen der Exposition von Kindern gegenüber sexuell expliziten und sexualisierten Inhalten, wie Pornografie – die für ältere Kinder mehr oder weniger allgegenwärtig verfügbar ist – und ihrem sexuellen Verhalten, wie der ersten sexuellen Aktivität und riskantem Sexualverhalten, ist ein weiteres Forschungsgebiet. Die wissenschaftlichen Hinweise sind gemischt. Während einige Studien darauf hindeuten, dass ein solcher Zusammenhang besteht, kommen Hald et al. (2013) und Marie-Thérèse Luder et al. (2011) zu dem Schluss, dass die Exposition gegenüber Pornografie nicht mit riskantem Sexualverhalten verbunden ist und dass die Bereitschaft zur Exposition keinen Einfluss auf riskante sexuelle Verhaltensweisen bei Jugendlichen zu haben scheint. Als ein Beispiel für eine Studie, die sexuell explizites Material mit sexuellem Verhalten in Verbindung bringt, können wir Van Ouytsel et al. (2014) zitieren, die in einer Stichprobe von mehr als 300 Jugendlichen in Belgien feststellten, dass der Konsum von Pornografie und Sexting miteinander verbunden waren, wobei Alter, Geschlecht, Schulzweig und Internetnutzung kontrolliert wurden. Eine der wenigen Studien, die Sexualisierung in Bezug auf Jungen untersucht, ist die von Laura Vandenbosch und Steven

Eggermont (2013). Sie fanden heraus, dass die Exposition gegenüber sexualisierten Fernsehprogrammen, Zeitschriften und pornografischen Websites einen Einfluss auf die Internalisierung sexualisierter Körperideale hat, die sich auf eine stereotypische Männlichkeit konzentrieren, und dass Selbstobjektivierung und Körperüberwachung durch diese Internalisierung beeinflusst werden.

All diese Erkenntnisse können als Enthüllungen von Verletzungen der körperlichen Integrität in all ihren Dimensionen interpretiert werden, obwohl die Auswirkungen auf die Gesundheit des Kindes weitgehend durch die Auswirkungen auf seine oder ihre Handlungsfähigkeit und Selbstbeziehungen vermittelt werden. Das Ansehen eines sexualisierten Films oder Eltern, die sexualisierte Stereotype fördern, wirken sich nicht direkt auf die Gesundheit der Kinder aus, können jedoch Verhaltensweisen beeinflussen, die diese bedrohen, wie ungesunde Diäten, Essstörungen oder sexuell riskantes Verhalten, das zu einer sexuell übertragbaren Krankheit führen kann. All diese Verhaltensweisen beinhalten eine gewisse Handlungsfähigkeit der Kinder, was wiederum zeigt, dass sie nicht nur passive Objekte sind. Aber wie sie ihre Handlungsfähigkeit ausüben, ist entscheidend, und dies wird auch durch ihre Selbstbeziehungen, die Ziele, die sie im Leben wertvoll finden, und ihre Bestrebungen bestimmt. Diese werden alle beeinflusst, wenn auch nicht bestimmt, durch ihre Umgebung, und somit kann Sexualisierung hier eine Rolle spielen; ihre Auswirkungen können jedoch auch abgewehrt werden, wenn dem Kind die richtigen Umwandlungsfaktoren zur Verfügung gestellt werden. In dieser Hinsicht ist es aus der gegenwärtigen gerechtigkeits-bezogenen Perspektive höchst problematisch, dass einige Kinder nicht in der Lage sind, positive Selbstbeziehungen zu entwickeln und aufrechtzuerhalten, weil sie sich selbst als unattraktiv und unsexy empfinden. Wie wir gesehen haben, ist Selbstwertgefühl von großer Bedeutung, da es im Zentrum der Fähigkeit der Kinder steht, durch ihre eigenen Handlungen Entwicklung zu erreichen. Die Kindheit ist eine Phase der Unsicherheit und erhöhten Verletzlichkeit, da sie schnelle Veränderungen mit sich bringt, insbesondere im Bereich der Sexualität, wo Kinder daher besonders verletzlich sind. Die Selbstbeziehungen, die Kinder aufbauen können, werden sie lange begleiten, in vielen Fällen ihr ganzes Leben lang. Selbst wenn nur ein kleiner Bruchteil der Kinder unter geringem Selbstwertgefühl und Selbstvertrauen leidet, weil sie als unattraktiv und unsexy wahrgenommen werden, sollten diese Kategorien überhaupt nicht auf jüngere Kinder angewendet werden; diese Kinder werden daher unter Druck gesetzt und dazu verleitet, sich selbst in einem negativen Licht zu sehen, was eine schwere Ungerechtigkeit darstellt. Dies nimmt ihnen eine wichtige Dimension ihrer körperlichen Integrität, ohne dass eine direkte Verletzung ihres Körpers notwendig ist. Besonders besorgt sind wir hier über die Objektifizierung und Selbstobjektifizierung im Zusammenhang mit der Sexualisierung der Kindheit. Wiederum können wir hier eine ethische Haltung einnehmen, ohne viel über die Anzahl der betroffenen Kinder zu sagen – obwohl die Literatur darauf hinweist, dass es viele Opfer in dieser Hinsicht gibt. Was an der sexuellen Objektifizierung so moralisch falsch und ungerecht ist, ist, dass sie sowohl die Handlungsfähigkeit als auch die Selbstbeziehungen verzerrt. Der Prozess, zu einem Objekt für die Lust anderer gemacht zu werden, nimmt nicht nur den intrinsischen Wert dieser Person, sondern auch ihre Handlungsfähigkeit, wodurch die Person passiv wird, selbst wenn die Objektifizierung Aktivitäten wie Tanzen, Strippen oder anderes Verhalten erfordert. Dies ist keine Aktivität aus freiem Willen und Wahl, sondern nur ein Nachgeben gegenüber Forderungen. Selbstobjektifizierung erleichtert viele Prozesse der Objektifizierung und macht sie noch gefährlicher. Sie verwischt die Grenze zwischen Täter:in und Opfer und macht das selbstobjektifizierte Kind zu einem Akteur seines eigenen Selbstschadens. Der mögliche Einfluss der Sexualisierung auf die schulischen Leistungen, wie oben erwähnt, geht weit über die Grenzen der körperlichen Integrität hinaus und ist ein Beweis für ihre Fruchtbarkeit oder, im Gegenzug, für die Zersetzlichkeit der Sexualisierung, die sich ausbreitet und Kinder in vielen verschiedenen Aspekten betrifft, von denen viele miteinander verbunden sind.

Eine ethische Interpretation dieser und anderer Erkenntnisse ist nicht ohne Risiko, da die wissenschaftlichen Hinweise Lücken enthalten und verschiedene Erklärungen für verschiedene negative Ergebnisse in der sexuellen Gesundheit von Kindern verfügbar sind. Sowohl der Bericht der APA als auch andere Studien zur Sexualisierung der Kindheit wurden auch dafür kritisiert, dass sie keine klaren Erkenntnisse zur Unterstützung ihrer manchmal alarmierenden Behauptungen und Schlussfolgerungen liefern, sowie für die Leere des Begriffs „Sexualisierung", der so breit verwendet wird, dass er fast alles erklären kann. Kritiker:innen sehen den Großteil der Debatte als auf Spekulationen und Überzeugungen über Kindheit, insbesondere Mädchenhaftigkeit, Unschuld und Passivität und mangelnde Handlungsfähigkeit basierend (Lerum und Dworkin 2009). Ähnliche Bedenken wurden von R. Danielle Egan und Gail Hawkes (2008) geäußert. Sie argumentieren, dass die Debatte über die Sexualisierung der Mädchenhaftigkeit Mädchen als übermäßig passive Objekte statt als aktive Subjekte darstellt und dass ihre Sexualität auf das Ergebnis des verzerrten Prozesses der Sexualisierung reduziert wird, anstatt das positive Ergebnis der Entwicklung der Mädchen zu sein. Sie argumentieren, dass ein positives Verständnis der Sexualität von Mädchen, ihrer Wünsche und Verhaltensweisen als sexuelle Akteur:innen fehlt oder unter der Annahme begraben ist, dass Mädchen nicht in der Lage sind, der Sexualisierung zu widerstehen, was unzureichend durch wissenschaftliche Hinweise gestützt wird. Während die gegenwärtigen Autor:innen ihre Kritik nicht vollständig teilen, machen Egan und Hawkes einen guten Punkt, wenn sie argumentieren, dass Kinder oft in der Lage sind, die Sexualisierung zu kritisieren, ohne überfordert zu sein.

Rosalind Gill (2012) macht in Bezug auf diese Debatte vier Punkte (insbesondere kommentiert sie einen Artikel von Lamb und Peterseon, aber ihre Bemerkungen sind von allgemeiner Tragweite und bereichern auch den APA-Bericht): (1) Die Debatte leidet unter einem zu engen und undifferenzierten Verständnis von „den Medien" und wie diese von Kindern als Haupttreiber der Sexualisierung konsumiert werden. Zwar ist es richtig, dass Medieninhalte ein wichtiger Faktor sind und eine große Menge an sexualisierten Inhalten zeigen, aber es sollte auch nicht vergessen werden, dass es „die Medien" nicht gibt, sondern eine Vielzahl unterschiedlicher Medientypen, die alle verschiedene Arten von Inhalten zeigen. Innerhalb der Medien sind verschiedene Identitäten, Rollenvorbilder,

Regeln und Normen präsent, von denen einige sexualisiert sind und einige der Sexualisierung entgegenstehen. Es sollte auch nicht vergessen werden, dass das Thema Sexualisierung selbst in den Medien präsent ist und diskutiert und kritisiert wird. Gill erinnert uns auch daran, dass Kinder keine bloßen passiven Zuschauer:innen sind, die alles nachahmen und glauben, was sie in den Medien sehen oder hören. Sie bezieht sich auf eigene Forschungen, wenn sie sagt, dass einige Kinder den Medien, die sie konsumieren, sehr kritisch gegenüberstehen, dass sie zwischen verschiedenen Inhalten wählen und dass sie sich bewusst sind, dass einige Medieninhalte bestimmte Vorstellungen von Schönheit, sexuellen Rollen und Regeln sowie Normen auf sie übertragen. (2) Ihr zweiter Punkt ist, dass der Diskurs der „Medienkompetenz", der oft als Hauptweg zur Bekämpfung der Sexualisierung der Kindheit durch die Medien dargestellt wird, fehlerhaft ist. Er geht von einem bestimmten Verständnis des Individuums als demjenigen aus, der die Last tragen sollte, und verlagert die Verantwortung weg von den Medien. Kinder sind in unterschiedlichem Maße „medienkompetent" und sie haben unterschiedliche Umwandlungsfaktoren zur Verfügung, um dies zu erreichen. Der Diskurs der Medienkompetenz legt nahe, dass es die Aufgabe der Kinder ist, sich gegen die Medien zu positionieren, sie zu dekonstruieren und ihre Kindheit unberührt von den Medien zu „überleben". Das überfordert viele, wenn nicht die meisten Kinder und setzt diejenigen unter Druck, die viel schwächer sind als diejenigen, die die sexualisierten Inhalte produzieren und verbreiten. Ein weiteres Problem der Medienkompetenz, das Gill erwähnt, ist, dass es Hinweise darauf gibt, dass medienkompetent zu sein, einen nicht davor bewahrt, unter den sexualisierten Bildern, Filmen, Texten und Liedern zu leiden, die die Medien zeigen. Um es klar zu sagen: Zu wissen, dass ein Schlag auf den Kopf weh tun wird und dass es falsch ist, auf diese Weise verletzt zu werden, verhindert nicht den Schmerz selbst. Medienkompetent zu sein, bewahrt Kinder nicht davor, von den Medien, die sie konsumieren, bewegt zu werden, und es entfernt sie auch nicht aus ihrem sozialen Umfeld, in dem ihre Altersgenossen und andere ebenfalls von der Sexualisierung beeinflusst werden. (3) Drittens fragt Gill, ob wir nicht hinterfragen sollten, ob das Reden über Sexualisierung uns in Richtung eines Diskurses über Moral statt Politik und Ethik führt. Sexualisierung scheint sich auf eine bestimmte Reihe von Anliegen zu konzentrieren, mit dem sexualisierten Geist und Verhalten des Kindes auf der einen Seite und den sexualisierenden Medieninhalten auf der anderen, lässt aber breitere Fragen der Gerechtigkeit und Unterschiede in Macht, Klasse, *race* oder Alter außer Acht. Die Konstruktion des „Opfers" der Sexualisierung in Form eines jungen Teenagermädchens, vermutlich weiß und aus der Mittelschicht, lässt wenig Raum für die Integration solcher Dimensionen, die offensichtlich den Prozess der Sexualisierung für Kinder prägen. (4) Schließlich argumentiert Gill, dass wir das Konzept der Ermächtigung, insbesondere der sexuellen Ermächtigung, hinterfragen müssen, wenn wir über die Bekämpfung der Sexualisierung der Kindheit sprechen. Ähnlich wie das Konzept der „Medienkompetenz" konzentriert sich auch das der Ermächtigung auf das Individuum und stellt es in Opposition zu den sexualisierten und sexualisierenden Medien. Es macht es zur Aufgabe des Kindes, ermächtigt zu werden—zugegeben, mit Hilfe anderer und insbesondere

Erwachsener—und einer widrigen Umgebung zu widerstehen. Aber nicht nur scheint Ermächtigung auch eine individualistische Lösung für ein gesellschaftliches Problem voranzutreiben, das Konzept selbst ist in gewisser Weise Teil des Prozesses der Sexualisierung geworden. Gill bezieht sich auf oft verwendete Stellvertreter der Ermächtigung—„Abenteuerlust" oder „Selbstbewusstsein"—und stellt fest, dass diese heutzutage Teil dessen sind, was von Mädchen als Teil ihres sexuellen Verhaltens und ihrer Gefühle erwartet wird. Mädchen werden unter Druck gesetzt, in solcher Weise „ermächtigt" zu werden, um attraktiv, sexy zu sein und sich selbst als solche zu verstehen. Ermächtigung verliert ihre kritische Kraft und es wird schwierig, innerhalb des Diskurses ihre kritische Bedeutung aufrechtzuerhalten. Wir möchten hier anmerken, dass eine solche Transformation positiver und kritischer Begriffe, die gegen alle Arten von gesellschaftlichem Druck und Ungerechtigkeiten mobilisiert werden können, in Werkzeuge der (Selbst-)Unterdrückung und (Selbst-)Ausbeutung nicht ungewöhnlich ist: Dies ist zum Beispiel mit Begriffen wie Selbstverwirklichung oder Autonomie geschehen.

Wo stehen wir jetzt? Ist die Sexualisierung der Kindheit nur eine moralische Panik? Zwei Punkte müssen gemacht werden: (1) Kinder, insbesondere ältere, sind sicherlich keine passiven Objekte und es wäre naiv zu denken, dass alle von ihnen leichte Opfer von sexualisierten Inhalten in den Medien oder Anhänger:innen der Normen und Überzeugungen sind, die sie in ihrer Lebenswelt finden. Dieses Bild wäre ein zu vereinfachtes, das die Handlungsfähigkeit von Kindern leugnen würde. Aber die wichtigste ethische Frage ist ohnehin eine andere. Es geht nicht darum zu entscheiden, ob einige Kinder in der Lage sind, mit der möglichen Sexualisierung ihres Lebens umzugehen, sondern ob es fair ist, sie überhaupt in diese Position zu bringen. Betrachten Sie ein anderes Beispiel. Einige Kinder, die während des Aufwachsens Schwierigkeiten haben, entwickeln sich besonders gut und einige könnten dies sogar darauf zurückführen, dass sie unter solchen Umständen aufwachsen mussten, was sie widerstandsfähig machte und sie lehrte, früh auf eigenen Füßen zu stehen und reif zu werden. Ohne Frage gibt es viele solcher Fälle, aber das ist nicht der Maßstab. Zumindest nicht aus einer Perspektive der Gerechtigkeit basierend auf dem Fähigkeitenansatz, wie wir ihn im zweiten Kapitel dieses Buches verteidigt haben. Wir sind an dem Schutz der Fähigkeit der körperlichen Integrität interessiert, von der Sexualität eine wichtige Dimension ist. Wird diese Fähigkeit durch Sexualisierung verletzt? Nicht die aller Kinder, aber die einiger, und alle haben Anspruch auf gleichen Schutz. Ist die Sexualisierung der Kindheit etwas, das hilft, diese Fähigkeit zu schützen oder sie richtig zu entwickeln? Es scheint nicht so zu sein. Der frühe Zugang zu Pornografie, das Marketing eines idealen, aber unrealistischen Körperbildes in den Medien, die Darstellung der weiblichen Sexualität als passiv und zum Vergnügen der Männer da—diese Phänomene schaden vielleicht nicht allen Kindern, aber es ist sehr unwahrscheinlich, dass sie irgendeinem von ihnen helfen. Auch Kritiker:innen der moralischen Panik der Sexualisierung, die auf die Kompetenzen der Kinder und die Vielfalt der Medien und die Komplexität, wie die Medien und andere Quellen das Leben der Kinder beeinflussen, hinweisen, werden zustimmen, dass der aktuelle Status weit von ideal entfernt ist. Ja, viele Kinder sind in der Lage, einen Weg zu finden, mit ihren eigenen Körpern glücklich zu sein, obwohl sie nicht dem entsprechen, was sie in den Medien sehen, aber aus ethischer Sicht ist es ungerecht, dass sie sich dieser Herausforderung überhaupt stellen müssen. Es setzt die gerechtigkeitsbasierten-Ansprüche der Kinder aufs Spiel, ohne dass durch diesen Prozess andere Werte realisiert werden. Es ist nicht so, dass die Sexualisierung der Kindheit andere Güter produziert, auch wenn sie vielleicht nicht so viel moralischen Schaden und Ungerechtigkeit verursacht, wie einige argumentieren würden. Die Erkenntnisse, die wir in diesem Kapitel bisher präsentiert und diskutiert haben, lassen wenig Raum für eine andere Interpretation als die, dass das Problem existiert, dass einige Kinder geschädigt werden und dass die meisten, wenn nicht alle, die nicht geschädigt werden, keinen Nutzen daraus ziehen.

(2) Der zweite Punkt, der unserer Ansicht nach angesprochen werden sollte, bezieht sich auf die Frage einer Vereinfachung von Urteilen. Kinder sind eine sehr heterogene Gruppe, die sich erheblich in ihren Kompetenzen und dem, was sie benötigen, um die ihre Sexualität im Sinne einer Fähigkeit zu verwirklichen, unterscheiden, und vielleicht am wichtigsten, in ihrer Fähigkeit, autonom zu sein. Das bedeutet, wie wir bereits betont haben, dass wir mit solchen Konzepten der Angemessenheit arbeiten müssen, die nicht leicht zu erfassen sind. Kurz gesagt, jeder Einfluss, der die Entwicklung und Verwirklichung der Sexualität von Kindern verzerrt, ist insofern ungerecht, als er durch das Handeln anderer verursacht wird und ohne Beeinträchtigung der Gerechtigkeit-basierten Ansprüche dieser anderen verhindert werden könnte. Das schließt diese Kinder selbst ein und macht somit zumindest einige Treiber der Sexualisierung unproblematisch, insofern als Kinder selbst als autonom genug angesehen werden, um diese Entscheidungen zu treffen, da Autonomie ein solcher Gerechtigkeit-basierter Anspruch ist, den auch Kinder haben, obwohl er nur teilweise verwirklicht und noch in der Entwicklung ist. Dies ist Teil davon, ein Akteur seines eigenen Lebens zu sein, und wir verteidigen auch, dass Handlungsfähigkeit wichtig für ihre Sexualität ist (ansonsten wäre es keine Fähigkeit, die die Möglichkeit einschließt, sie zu verwirklichen, wenn man es wünscht). Für jüngere Kinder kann dieses Problem leichter gelöst werden, da angenommen werden kann, dass ihre Kompetenzen, Entscheidungen im Allgemeinen und vielleicht noch mehr in Bezug auf ihre Sexualität zu treffen, begrenzt sind. Bei älteren Kindern, sagen wir ab vierzehn Jahren, kann ein solches Problem auftreten. Unsere Lösung beruht auf dem, was wir Kindheit als eine Phase des Schutzes nennen, die nicht auf dem Mangel an Autonomie der Kinder basiert. Wir argumentierten im zweiten Kapitel, dass paternalistische Eingriffe gegenüber Kindern bis zu einem gewissen Grad gerechtfertigt sind, selbst wenn Kinder ebenso autonom wie Erwachsene sind. Das ist wichtig in Bezug auf einige Aspekte der Sexualisierung der Kindheit. Vieles, was als sexualisiertes und somit problematisches Verhalten diskutiert wird, wird akzeptiert, wenn Erwachsene es tun, wie Sexting oder das Anschauen von Pornos oder Strippen auf einer Party. Ohne die Anwendung eines Konzepts der Kindheit als Phase des Schutzes und Paternalismus ist es nicht möglich, solche Verhaltensweisen als etwas zu bewerten, das außerhalb der Grenzen des akzeptierten und geschützten Verhaltens liegt. Sicherlich würden viele argumentieren, dass es auch problematisch ist, wenn Erwachsene sich so verhalten und dass sie vielleicht auch das Ergebnis einer objek-

tivierten Sexualität sind, aber dennoch sind solche Verhaltensweisen aus der Perspektive des Fähigkeitenansatzes und der meisten anderen liberalen Theorien der Gerechtigkeit weitgehend geschützt, weil sie die Handlungen von Erwachsenen sind, die selbstverantwortlich sind. Bei Kindern ist der Fall anders, und wir denken, dass es anders ist, nicht hauptsächlich, weil sie notwendigerweise weniger kompetent als Erwachsene sind. Sie befinden sich in einer besonderen Phase ihres Lebens, die anfällig für viele Bedrohungen ist und die ihnen die bestmögliche Unterstützung bieten sollte, um die Fähigkeiten zu entwickeln und zu verwirklichen, auf die sie Anspruch haben. Das erfordert manchmal paternalistische Eingriffe, die ihre eigenen Entscheidungen überstimmen. Sicherlich nicht in allen Fällen, aber in denen, in denen klar ist, dass ihre Entscheidungen und Verhaltensweisen von einer sexualisierten Kultur geprägt sind. Dann ist es unserer Ansicht nach gerechtfertigt, einzugreifen. Wie solche Eingriffe stattfinden sollten, variiert je nach dem vorliegenden Problem: Pornografie zu schauen ist problematisch, aber es kann sicherlich nicht nur dadurch angegangen werden, dass man Kindern verbietet, sie zu schauen, weil sie früher oder später damit in Kontakt kommen werden und vielleicht sollten Jugendliche und ältere Teenager:innen sogar Zugang dazu erhalten. Aber die Tatsache, dass Pornografie im Leben von Kindern präsent ist, bedeutet auch, dass sie Anspruch auf Unterstützung haben, um damit umzugehen, die Botschaften zu entschlüsseln, die sie sendet, und solche Unterstützung kann auch verpflichtend in den Sexualkundeunterricht integriert werden. Wir wollen klarstellen: Wir befassen uns hier nicht mit den regulären Fragen der Zustimmung, die manchmal diskutiert werden, wie ob Minderjährige das Recht auf Abtreibung haben, eine sexuelle Beziehung überhaupt zu haben oder ob ihre Eltern ihnen verbieten können, Sex zu haben (Brennan und Epp 2015). Viele dieser wichtigen Fragen sind völlig unabhängig von den Prozessen der Sexualisierung und daher für uns hier nicht von Interesse, obwohl sie für die Konzeptualisierung der Fähigkeit zu gesunder Sexualität relevant sind.

4.1.2 Verantwortlichkeiten und die Sexualisierung der Kindheit

Im vorherigen Abschnitt haben wir die Verletzung der körperlichen Integrität von Kindern durch Prozesse der Sexualisierung untersucht, die ihre Gesundheit, Handlungsfähigkeit und Selbstbeziehungen schädigen. Die wissenschaftlichen Erkenntnisse für diese Bewertung sind nicht lückenlos, und es bedarf weiterer Forschung, insbesondere zu den Auswirkungen der Sexualisierung auf jüngere Kinder und auf Jungen. Dies ist auch für diesen Abschnitt relevant, der normative Schlussfolgerungen bezüglich der Zuweisung von Verantwortung an die Kinder als Akteur:innen der Gerechtigkeit. ziehen möchte. Wie wir oben skizziert haben, sind solche Akteur:innen weit gefasst als Personen, Kollektive und Institutionen definiert, die in der Lage sind, Ungerechtigkeiten zu beheben oder ihre Auswirkungen zu lindern. Die Zuweisung von Verantwortung hängt nicht nur von Macht ab, sondern auch von anderen Faktoren, insbesondere der Zuweisung von Verantwortung für das Verursachen oder Aufrechterhalten einer Ungerechtigkeit, den aus dem Problem gezogenen Vorteilen und den Interessen der beteiligten Parteien an der Lösung der Ungerechtigkeit. Zwei grundlegende Akteur:innen tauchen häufig in der Debatte über die Sexualisierung der Kindheit auf: Eltern und die Medien.

Warum sollten wir die Medien für die Sexualisierung der Kindheit verantwortlich machen, und was impliziert das aus ethischer Sicht? Die erste Frage ist, ob wir Verantwortung in einem der vier oben genannten Sinne zuschreiben können: ob eine Partei das Problem verursacht, es beseitigen kann, von seiner Existenz profitiert oder ein Interesse an seiner Lösung hat. Selbst wenn einer oder mehrere dieser vier Fälle auf die Medien zutreffen, ist dies nicht ausreichend. Andere Akteur:innen könnten mehr oder gleiche Verantwortung haben, und daher sollte die Last zumindest geteilt werden. Darüber hinaus, und was vielleicht schwieriger zu beantworten ist, müssen wir klären, was die Medien sind. Können sie wirklich als eine Einheit gesehen werden, die vernünftigerweise als Akteur:in angesprochen werden kann? Schließlich ist unklar, auf welcher Ebene oder in welcher Weise die Verantwortung der Medien angesprochen werden sollte und welche Maßnahmen vernünftigerweise erwartet werden können. Brauchen wir neue Gesetze, oder können wir erwarten und verlangen, dass sich die Medien von innen heraus ändern? Die Antworten auf diese Fragen müssen auch berücksichtigen, dass andere Fragen der Gerechtigkeit involviert sein könnten; wir sollten uns bewusst sein, dass Änderungen, die dem Schutz der körperlichen Integrität von Kindern zugutekommen, die gerechtigkeitsbasierten Ansprüche anderer schädigen oder andere negative Nebenwirkungen haben könnten, möglicherweise auch auf Kinder.

Die Medien spielen eine wichtige Rolle im Leben von Kindern und enthalten eine enorme Menge an sexualisiertem Inhalt. Das steht außer Zweifel. Wir haben oben einige Erkenntnisse gesehen, die sexualisierte Medieninhalte mit schädlichen Auswirkungen auf die Sexualität von Kindern in Verbindung bringen, zum Beispiel indem sie ihnen helfen, ein verzerrtes Körperbild, enge Normen der Attraktivität oder sexistische Darstellungen von Sexualität und sexuellem Verhalten (Frauen als passive Objekte zum Vergnügen von Männern usw.) zu verinnerlichen. Aber diese Effekte sind nicht universell; auch ist die kausale Erklärung nicht lückenlos. Es wäre zu einfach zu denken, dass die Überzeugungen eines Kindes über Sexualität und seine oder ihre sexuellen Handlungen ausschließlich auf dem basieren, was das Kind sieht, hört, in Zeitschriften liest oder im Fernsehen oder im Internet sieht. Kinder sind nicht völlig passiv; in jedem Fall sind die Medien nur ein Einfluss unter vielen anderen. Aufgrund der Erkenntnisse muss jedoch geschlossen werden, dass die Medien eine gewisse Verantwortung tragen. Ihr Einfluss nimmt zwei Formen an: Sie tragen zur Sexualisierung der Kindheit bei, auch wenn sie nicht alle Kinder auf die gleiche Weise betrifft, können aber auch positiv dazu beitragen, Sexualisierung zu überwinden und zu verhindern. Sie sind daher an der Verursachung des Problems beteiligt, können aber auch, und tun dies manchmal, bei der Lösung helfen. Die Medien können daher als Akteur der Gerechtigkeit in Bezug auf die Sexualität von Kindern bezeichnet werden. Es sollten jedoch drei Punkte zur Klärung gemacht werden:

1. Wie oben erwähnt, sind die Medien sowohl ein kausaler Faktor der Sexualisierung als auch ein positiver Akteur der Gerechtigkeit, insofern sie Kindern Informationen, positive Rollenvorbilder und andere Ressourcen bieten, die sie benötigen, um ihre Sexualität zu entwickeln und zu verwirklichen. Erkenntnisse für sowohl den positiven als auch den negativen Einfluss sind in der Literatur zu finden (Gunter 2014). Die Schlussfolgerung, dass die Medien für die Sexualisierung von Kindern verantwortlich sind, erfordert daher eine gewisse Differenzierung. Einige Elemente der Medien sind verantwortlich, weil sie kausal am Problem beteiligt sind und die körperliche Integrität von Kindern verletzen; andere sind neutral, während wieder andere sich für den Schutz der körperlichen Integrität von Kindern engagieren. Es ist auch wichtig zu betonen, dass keine dieser drei Rollen notwendigerweise absichtlich ist. Es ist bei weitem nicht bewiesen, dass sexualisierte Medien tatsächlich darauf abzielen, Kinder zu sexualisieren. Dies führt uns zu einer weiteren Differenzierung, die notwendig erscheint: Einige Medieninhalte sind nicht auf Kinder ausgerichtet, auch wenn sie von ihnen konsumiert werden und schädliche Auswirkungen haben können; solche Inhalte scheinen legitim, weil die beabsichtigten Zuschauer:innen oder Leser:innen Erwachsene sind. Distributoren können nicht verantwortlich gemacht werden, wenn sie angemessene Maßnahmen ergriffen haben, um Material von Kindern fernzuhalten. Dies ist sicherlich leichter für gedruckte Zeitschriften zu erreichen als für Websites und andere Inhalte im Internet. Pornografieproduzenten vermarkten ihre Filme oder Zeitschriften normalerweise nicht an Kinder, die ohnehin keine sehr attraktive Zielgruppe sind, da sie wenig Geld haben, um Inhalte zu kaufen. Es mag gute Argumente gegen Pornografie im Allgemeinen geben; selbst wenn wir sie für Erwachsene zulassen, ist es jedoch klar, dass der Zugang für jüngere Kinder verweigert werden sollte.
2. Wir müssen anerkennen, dass hier nicht alles schwarz und weiß ist. Der Schutz der körperlichen Integrität ist nur ein Wert, den wir im Auge behalten müssen. Die Meinungsfreiheit ist ein weiterer Wert, den eine liberale Gesellschaft respektieren muss. Es wäre falsch und vielleicht kurzsichtig, die Produktion aller Medien zu verbieten, die möglicherweise eine sexualisierende Wirkung auf Kinder haben. Einige Inhalte, wie zum Beispiel Kinderpornografie, sind sicherlich zu verbieten, nicht nur wegen ihrer Auswirkungen auf Kinder, sondern auch weil ihre Produktion selbst die legitimen Ansprüche der Kinder auf körperliche Integrität verletzt. Abgesehen von solchen Formen von Medieninhalten argumentieren wir, dass es notwendig ist, präventive Maßnahmen zu ergreifen, um die Präsenz von sexualisierten Medieninhalten im Leben von Kindern zu begrenzen und sicherzustellen, dass sie durch den Zugang zu nicht sexualisierten Inhalten und anderen Ressourcen ausgeglichen werden, um die Entwicklung der Sexualität zu unterstützen und Kinder mit den Werkzeugen auszustatten, um sich kritisch mit den sexualisierten Inhalten auseinanderzusetzen, denen sie begegnen. Dies bedeutet nicht, dass die Last vollständig auf die Kinder oder ihre Eltern oder Lehrer:innen verlagert werden sollte. Die Medien müssen auch ihren Teil dazu beitragen, Inhalte zu produzieren und zu verbreiten, die sexualisierte Inhalte ausgleichen können.

3. Was bedeutet es in der Praxis zu sagen, dass die Medien ein Akteur der Gerechtigkeit sind und eine gewisse Verantwortung in Bezug auf den durch Sexualisierung verursachten Schaden teilen? Die Antwort ist, dass die Medien dafür verantwortlich sind, die Produktion von sexualisierten und sexualisierenden Inhalten, die auf Kinder abzielen und an sie verteilt werden, einzustellen; für solche Inhalte, die nicht auf Kinder abzielen, sind sie dafür verantwortlich, alle machbaren Maßnahmen zu ergreifen, um zu verhindern, dass Kinder Zugang dazu erhalten. Die erste Verantwortung ist besonders schwierig, da es keine klare Definition dafür gibt, was als sexualisierter Inhalt gilt. Das von der APA entwickelte und oben skizzierte Konzept der Sexualisierung bietet eine Möglichkeit, das Problem anzugehen, aber es ist immer noch notwendig, eine Einzelfallbewertung durchzuführen. Gesellschaftliche und kulturelle Unterschiede können ebenfalls eine Rolle spielen, wobei eine Gesellschaft einen liberaleren Ansatz zur kindlichen Sexualität hat und eine andere einen konservativeren. Innerhalb gewisser Grenzen können solche Unterschiede durch die Selbstbestimmung einer Gesellschaft gerechtfertigt werden; sie werden die Ansprüche der Kinder auf körperliche Integrität und Sexualität nicht beeinträchtigen. Sexualisierung erscheint auch als kumulativer Prozess: Ein sexualisiertes Bild, Text oder Video wird wenig bis keine Auswirkungen auf Kinder haben, aber die allgegenwärtige Präsenz solcher Medieninhalte ist eine andere Sache. Somit sind die einzelnen Produzent:innen von Medieninhalten Teil eines größeren Systems, das Verantwortung für das Problem trägt.

Nachdem wir die Rolle der Medien und ihre Verantwortung bei der Sexualisierung der Kindheit besprochen haben, werden wir nun die Rolle der Eltern ansprechen. Die Verantwortung der Eltern wird oft nur aufgrund ihrer Beziehung zu ihren Kindern und ihrer Rolle als Betreuer:innen angenommen. Die Verantwortung der Eltern in Bezug auf die Sexualisierung der Kindheit stammt aus denselben Quellen wie die der Medien, wenn auch auf leicht unterschiedliche Weise. Wie wir gesehen haben, sind Eltern teilweise für die Sexualisierung ihrer Kinder verantwortlich, weil sie das Körperbild und die geschlechtsspezifischen Rollen und Überzeugungen über Attraktivität und Sexualität ihrer Kinder beeinflussen können und dies auch tun, zum Beispiel. Kinder folgen nicht einfach dem Vorbild ihrer Eltern, genauso wenig wie dem der Medien; dennoch hat die Forschung gezeigt, dass der Einfluss der Eltern von einiger Bedeutung ist (de Graaf et al. 2011). Dies impliziert auch, dass Eltern Teil der Lösung sein können, indem sie ihren Kindern helfen, ihre Sexualität zu entwickeln und zu erhalten, und sie unterstützen, der Sexualisierung zu widerstehen. Die überwältigende Mehrheit der Eltern ist daran interessiert, ihre Kinder vor Sexualisierung zu schützen (Bragg und Buckingham 2013). Wir möchten drei verschiedene Arten der Verantwortung der Eltern in Bezug auf die Sexualität ihrer Kinder unterscheiden, insbesondere vor dem Hintergrund der Sexualisierung in den heutigen wohlhabenden Gesellschaften. Die erste Verantwortung besteht darin, zu versuchen, gute Vorbilder zu sein. Kinder kopieren und internalisieren nicht einfach das Verhalten ihrer Eltern, aber wenn sie mit guten Vorbildern konfrontiert werden—Eltern, die nicht sexualisiert sind in der Art, wie sie handeln, sprechen und miteinander und mit ihren Kindern interagieren—wird dies einen Einfluss haben. Es ist innerhalb dessen, was vernünftigerweise von Eltern erwartet werden kann, dass sie „intime Gerechtigkeit" leben, auf Sexismus verzichten und ihren Kindern zeigen, dass Sexualität etwas ist, das sowohl Freuden als auch Ängste beinhaltet, und dass es gut ist, darüber zu sprechen. Sicherlich sollten Eltern ihre Kinder nicht überfordern, und sie haben auch ein Recht auf Privatsphäre—ein Vorbild zu sein hat seine Grenzen. Die zweite Verantwortung besteht darin, ihren Kindern zu helfen, das Wissen und die Werkzeuge zu erwerben, die ihnen helfen, sexualisierte Botschaften in den Medien und anderswo zu entschlüsseln und zu kritisieren. Dies wird ein aktives Engagement mit solchen Botschaften erfordern, die im Leben der Kinder präsent sind, und auch das Hinterfragen ihrer eigenen Position zu einigen Themen. Es ist nicht hilfreich, sexualisierte Botschaften zu verurteilen, ohne sich mit ihnen auseinanderzusetzen, oder anzunehmen, dass Kinder die richtigen Fragen von selbst stellen werden. Eltern müssen ihren Kindern ein Vorbild sein, und sie haben die Verantwortung, sich zu informieren und in Diskussionen über Standpunkte einzutreten, die möglicherweise nicht ihre eigenen sind. Ein Elternteil kann starke und berechtigte Einwände gegen Pornografie haben, aber das Problem wird nicht gelöst, wenn dem Kind einfach verboten wird, sie anzusehen. Eltern müssen sich auch mit Tatsachen auseinandersetzen, die sie vielleicht lieber ignorieren würden: dass ihre Kinder sexuelle Wesen sind, dass Sexualität in vielen verschiedenen Formen in ihrem Leben präsent ist, einschließlich Pornografie, Sexting und populärer Musik. Die dritte Verantwortung besteht darin, den Kindern genügend Raum und Privatsphäre zu geben, um ihre Sexualität zu erkunden, aber auch vernünftige Grenzen zu setzen. Der Schutz der körperlichen Integrität der Kinder in Bezug auf Sexualität bedeutet nicht nur, Kinder vor Schaden zu bewahren, sondern auch, ihnen zu ermöglichen, sich als sexuelle Wesen zu entwickeln, ihre Sexualität, Gefühle und Wünsche zu erkunden und diese zumindest innerhalb vernünftiger Grenzen auszuleben. Dies erfordert Privatsphäre und Vertrauen und den Kindern genügend Raum zu geben, um Entscheidungen zu treffen (sie können und sollten sicherlich nicht 24/7 kontrolliert werden). Die Exposition gegenüber Gefahren sollte begrenzt werden, aber nicht auf Kosten von zu viel Privatsphäre und Autonomie. Wie wir oben argumentiert haben, sind Kinder aktive Akteur:innen und haben einige Kompetenzen in Bezug auf die Verarbeitung der sexualisierten Inhalte und Normen, denen sie begegnen. Sie sind nicht passiv und sollten nicht als solche betrachtet werden. Diese dritte Verantwortung ist eng mit den anderen beiden verbunden: Wenn Kinder mit dem Wissen und den Werkzeugen ausgestattet sind, um ihre eigene Sexualität und die Sexualisierung um sie herum zu verstehen, werden sie die ihnen gegebene Privatsphäre und den Raum auf sicherere und gesündere Weise nutzen. Vielleicht hören sie immer noch Rap-Songs, aber sie werden möglicherweise nicht alles glauben oder darauf reagieren, was sie hören.

Sowohl die Medien als auch Eltern sind wichtige Faktoren im Leben von Kindern. Unsere Diskussion hat auch bereits die Rolle des Staates angesprochen, der eindeutig von zusätzlicher Bedeutung als ein zweitrangiger Akteur der Gerechtigkeit ist, der sowohl die Medien als auch die Eltern beeinflussen und zur Verantwortung ziehen kann und dazu beitragen kann, deren Handlungen zu gestalten. Der Staat hat zwei verschiedene Verantwortlichkeiten innerhalb seiner grundlegenden Verpflichtungen, die Sexualität aller Kinder zu schützen und sie zu unterstützen, diese angemessen zu entwickeln und zu erhalten. Erstens muss der Staat, wenn nötig, in die Aktivitäten der Medien und Eltern eingreifen. Solche Eingriffe sind indirekt in Bezug auf das Kind. Der Staat hält die Medien dafür verantwortlich, keine sexualisierten Inhalte für Kinder zu produzieren und zu verbreiten; er hält die Eltern dafür verantwortlich, ihren Kindern keinen Zugang zu solchen Inhalten zu gewähren und sie zu beaufsichtigen und zu unterstützen, wenn ein solcher Zugang unvermeidlich ist. Wir haben gesehen, dass es Grenzen gibt, was Eltern tun können, da sie selbst bis zu einem gewissen Grad von der Kultur und den gesellschaftlichen Normen und Überzeugungen beeinflusst werden, die den Hintergrund für die Sexualisierung der Kindheit bilden. Außerdem können und sollten sie das Leben ihrer Kinder nicht vollständig kontrollieren und alles überwachen, was sie tun. Vielleicht ist die wichtigste Verantwortung des Staates als zweitrangiger Akteur der Gerechtigkeit daher, die Eltern dabei zu unterstützen, bessere Betreuer:innen zu werden, die in der Lage sind, mit einer zunehmend sexualisierten Kultur und den Medieneinflüssen auf die Sexualität ihrer Kinder umzugehen. Zweitens hat der Staat auch die Mittel, Kinder direkt zu unterstützen. Der Hauptzugangspunkt zu solcher Unterstützung wird die Schule und der obligatorische Sexualkundeunterricht sein. Einige haben dem Staat und dem staatlichen Sexualkundeunterricht vorgeworfen, ein Treiber der Sexualisierung zu sein, und den Staat dafür kritisiert, Kinder auf die falsche Weise zu beeinflussen. Andere kritisieren den staatlichen Sexualkundeunterricht dafür, zu weit von den Realitäten des Kinderlebens entfernt zu sein, den Kindern Wissen zu vermitteln, das sie nicht nutzen können, oder einen zu negativen Ansatz zur Sexualität von Kindern zu verfolgen. Auch hier sind Fragen des Alters und der Angemessenheit wichtig, ebenso wie kulturelle Unterschiede, zum Beispiel in Bezug auf religiöse Überzeugungen. Oben haben wir den positiven Ansatz zur Sexualität von Kindern verteidigt, und dieser wird zu oft durch einen Fokus auf Risiken und Gefahren getrübt. Diese existieren sicherlich, und die Sexualisierung der Kindheit ist eine solche Bedrohung; sie werden jedoch am besten dadurch bewältigt, dass Kindern geholfen wird, eine positive Beziehung zu ihrer Sexualität zu entwickeln, damit sie zu einer reichen Quelle positiver Erfahrungen und Emotionen wird. Bildung in diesem Bereich wird niemals frei von Komplikationen sein; Sexualität wird immer ein etwas heikles und sensibles Thema sein, sowohl für Kinder als auch für Erwachsene. Die sexuelle Entwicklung von Kindern wird sehr oft von bestimmten Ängsten, Fragen und Unsicherheitsgefühlen begleitet sein, und viele Kinder werden sich unwohl fühlen, darüber mit Lehrer:innen zu sprechen (Hirst 2013; Helmer et al. 2015). Außerdem müssen wir uns bewusst sein, dass Sexualität nicht wie ein Gut ist, das leicht produziert und verteilt werden kann, zum Beispiel durch Sexualkundeunterricht. Es wird immer Unterschiede in Geschmäckern und Wünschen geben, und das Ziel der Selbstakzeptanz und des Wohlfühlens mit sich selbst als sexueller Akteur:in wird niemals leicht zu erreichen sein. Dennoch zeigt die in diesem Kapitel diskutierte Evidenz, dass Sexualität ein Gerechtigkeitsthema ist und dass die Gesellschaft so gestaltet werden kann, dass sie die sexuelle Entwicklung von Kindern erleichtert.

4.2 Sexueller Missbrauch von Kindern

In diesem Abschnitt werden wir uns mit einer der schwerwiegendsten Formen der Verletzung der körperlichen Integrität von Kindern befassen: sexueller Missbrauch. In wohlhabenden Gesellschaften herrscht nahezu einhellige Einigkeit darüber, dass der sexuelle Missbrauch von Kindern ein schweres Verbrechen und eine moralische Übertretung darstellt, und es gibt bereits mehrere Gesetze, Vorschriften und andere Maßnahmen, um ihn zu verhindern und die Täter:innen zu verfolgen. Welche Fragen müssen also im Kontext einer ethischen Diskussion angesprochen werden? Darüber hinaus ist sexueller Missbrauch sicherlich nicht nur ein Problem in wohlhabenden Gesellschaften und kommt überall auf der Welt vor. Wir möchten in diesem Zusammenhang drei Punkte hervorheben. Erstens, obwohl es eine breite Übereinstimmung darüber gibt, dass sexueller Missbrauch ein schweres Vergehen ist, sind nicht alle ethischen Fragen geklärt. Wir werden sehen, dass die Frage der Definition von sexuellem Missbrauch in einigen Fällen kompliziert ist, insbesondere wenn ältere Kinder beteiligt sind und weil sie auf sozialen und kulturellen Normen basiert. Wir haben zu Beginn dieses Kapitels gesagt, dass die Sexualität von Kindern an sich ein umstrittenes Thema ist und dies auch beeinflusst, wie sexueller Missbrauch dargestellt und reguliert wird. Die auffälligsten Beispiele für solche Wahrnehmungsunterschiede finden sich in sogenannten „primitiven Kulturen". Zum Beispiel untersuchte Gilbert Herdt (1994) Homosexualität in der Gemeinschaft der Sambia in Papua-Neuguinea, wo junge Jungen Initiationen durchlaufen, die orale sexuelle Handlungen zwischen vorpubertären und pubertären Kindern beinhalten. Jungen im Alter von sieben Jahren führen Oralsex an älteren Jungen durch und schlucken deren Sperma, und wenn sie älter werden, wird Oralsex an ihnen von jüngeren Jungen durchgeführt. Aus einer „westlichen" Perspektive betrachtet, ist dies eindeutig sehr verstörend und viele würden es als eine Form von sexuellem Missbrauch verurteilen, die verboten werden sollte. Abgesehen von den ethischen Fragen solcher Fälle—auch weil wir uns in unserem Buch auf Kinder in wohlhabenden Gesellschaften konzentrieren werden—zeigt dieses Beispiel, wie stark die Wahrnehmungen von angemessenem sexuellem Verhalten von Kindern und Ansichten über sie als sexuelle Wesen variieren können und tatsächlich variieren. Meinungsverschiedenheiten in wohlhabenden Gesellschaften gibt es in Bezug auf das Alter der sexuellen Einwilligung, das angemessene sexuelle Verhalten zwischen Kindern, insbesondere jüngeren, sexuelle Beziehungen zwischen Kindern unterschiedlichen Alters oder ob Sexting zwischen Jugendlichen als eine Form von Kinderpornografie verboten und verfolgt werden sollte, was per Definition eine Form von sexuellem Missbrauch von Kindern ist. Zweitens, selbst wenn wir uns darüber einig sind, was sexueller Missbrauch ist und wie diese konzeptionellen Fragen, die in kulturellen und sozialen Normen eingebettet sind, gelöst werden können, sind aus der Perspektive von Ethik und Gerechtigkeit nicht alle Fragen geklärt. Wie wir später in diesem Abschnitt untersuchen werden, sind Fragen zu den zugrunde liegenden Ursachen für sexuellen Missbrauch noch nicht vollständig geklärt, ebenso wie Fragen zu den geeigneten Maßnahmen zur Verhinderung von sexuellem Missbrauch und wie mit den Täter:innen umzugehen ist. Wir werden zu Letzterem nicht viel sagen, obwohl wir die Vielzahl der damit verbundenen ethischen Fragen anerkennen, die von der Frage reichen, wie Kinder während der Strafverfolgung und vor Gericht geschützt werden können, bis hin zur Herausforderung, dass viele Opfer oft erst viele Jahre nach dem Missbrauch an die Öffentlichkeit treten, was bedeutet, dass es oft keine wesentlichen Erkenntnisse gibt, bis hin zur Angemessenheit einiger Formen der Bestrafung für Täter:innen, insbesondere ihrer öffentlichen Stigmatisierung nach ihrer Entlassung aus dem Gefängnis (siehe zum Beispiel Vitiello 2008). Um auch politische Maßnahmen vorzuschlagen, die helfen können, sexuellen Missbrauch von Kindern zu verhindern, ist es auch notwendig, über die Individualisierung von Schuld und Verantwortung hinauszugehen. Wie wir sehen werden, ist sexueller Missbrauch oft in soziale Bedingungen eingebettet, die seine Häufigkeit beeinflussen. Solches Wissen ist notwendig, um Präventionspolitiken zu gestalten. Obwohl sexueller Missbrauch von Kindern kein Problem ist, das nur wohlhabende Gesellschaften betrifft, und einige Daten darauf hindeuten, dass er in diesen abnimmt (Finkelhor und Jones 2012), ist er immer noch weit verbreitet und von großer Schwere. Es ist notwendig, seine Einbettung in sozioökonomische Bedingungen aufzudecken, die Familien betreffen und belasten (zum Beispiel Herrenkohl und Herrenkohl 2007), strukturelle Mängel innerhalb von Institutionen wie dem Sport (zum Beispiel Hartill 2009) oder soziale Normen über Geschlecht und Männlichkeit (zum Beispiel Hlavka 2014; Purvis und Ward 2006). Schließlich müssen wir klarstellen, dass zwei wichtige Formen des sexuellen Missbrauchs von Kindern hier aus Platzgründen nicht behandelt werden: Prostitution (einschließlich des damit verbundenen Menschenhandels) und die Produktion von Kinderpornografie. Beide sind Formen des kommerziellen sexuellen Missbrauchs, die schwerwiegende Folgen haben und leider weit verbreitet sind (Melrose und Pearce 2013). Ein Thema, das in Bezug auf beide Themen detaillierte Aufmerksamkeit erfordert, ist die Frage, ob eine Altersgrenze ausreicht, um das Ausmaß der moralischen Übertretung von Beispielen der Kinderprostitution und -pornografie zu bestimmen. Vorschriften zum Schutz vor der freiwilligen Prostitution eines:einer 16-Jährigen oder gegen seine oder ihre freiwillige Teilnahme an einem pornografischen Film können sicherlich gerechtfertigt werden—aber nicht allein aus Altersgründen, wenn das betreffende Kind autonome Kompetenzen ähnlich denen eines Erwachsenen zeigt. Wir müssen auch beantworten, warum ein Kind eines bestimmten Alters in der Lage ist, in Sex einzuwilligen, aber nicht in Sex gegen Geld oder vor einer Kamera. Das Konzept der Kindheit als Phase, in der besonderer Schutz erforderlich ist, kann uns gute Gründe für solche Vorschriften liefern, wobei Autonomie nicht der einzige Maßstab ist.

Wir werden nun damit beginnen, das Konzept des sexuellen Missbrauchs selbst zu untersuchen. Der Begriff ist sicherlich ein negatives Schlagwort—aber seine wahre Bedeutung erscheint unklar, wenn wir genauer hinsehen. Wir werden dann einen kurzen Überblick über die Häufigkeit von sexuellem Missbrauch von Kindern und seine Auswirkungen auf das Wohlergehen und die Wohlentwicklung von Kindern geben. Wir werden somit zeigen, wie er die körperliche Integrität in den drei Dimensionen Gesundheit, Handlungsfähigkeit und Selbstbeziehungen verletzt. In einem dritten Schritt möchten wir die Fragen der Verantwortlichkeiten für den sexuellen Missbrauch von Kindern, seine Prävention und Heilung diskutieren. Wie wir sehen werden, sind alle drei Fragen—was ist sexueller Missbrauch, wie wirkt er sich auf Kinder aus und wie sollte er angegangen werden—miteinander verknüpft.

4.2.1 Das Konzept des sexuellen Missbrauchs

Wir wollen mit einer sehr breiten Definition beginnen, die häufig in der Forschung zum sexuellen Missbrauch von Kindern verwendet wird:

> Sexual abuse occurs when a child is engaged in sexual activities that he or she cannot comprehend, for which he or she is developmentally unprepared and cannot give consent, and/or that violate the law or social taboos of society. The sexual activities may include all forms of oral-genital, genital, or anal contact by or to the child or abuse that does not involve contact, such as exhibitionism, voyeurism, or using the child in the production of pornography. (Kellogg 2005, 507)

Eine noch allgemeinere Definition wird von der APA verwendet:

> Abuse, sexual (child): generally defined as contacts between a child and an adult or other person significantly older or in a position of power or control over the child, where the child is being used for sexual stimulation of the adult or other person. (APA Board of Professional Affairs 1999)

Mehrere Fragen müssen in Bezug auf eine solche Definition gestellt werden. Erstens, welche Personen sollen unter „Kinder" kategorisiert werden? Es ist wichtig zu wissen, ob wir von allen unter 18 Jahren oder beispielsweise von allen unter 14 Jahren sprechen. Verschiedene Gesellschaften geben unterschiedliche Antworten auf diese Frage. Kompetenzen sind ebenfalls entscheidend. Es wird angenommen, dass zumindest die Mehrheit der Erwachsenen kompetent ist, Sexualität zu verstehen, entwicklungsbereit ist und in der Lage ist, sexuellen Aktivitäten zuzustimmen oder sie abzulehnen, sei es Streicheln, Küssen, Geschlechtsverkehr, Fesselspiele oder Rollenspiele, die Vergewaltigung simulieren. Für Kinder sind diese Kompetenzen begrenzt, aber sie sind nicht für alle Kinder gleichermaßen begrenzt. Wie wir diese Fragen beantworten, wird bestimmen, ob eine Aktivität als sexueller Missbrauch gewertet wird. Kann ein:e 14-Jährige:r dem Geschlechtsverkehr mit einem:einer Gleichaltrigen zustimmen? Einige Kinder in diesem Alter haben sicherlich ein ausreichendes Kompetenzniveau, während es bei anderen weniger klar ist. Wir verstehen Kindheit hier als eine Phase, in der nicht nur Kompetenzen bestimmen, was Kinder tun dürfen. Dies wird teilweise in der zweiten oben zitierten Definition hervorgehoben, die sich auf Kontrolle und Macht konzentriert. Ungleichheiten in Macht und Kontrolle sind im gesamten Lebensverlauf einer Person üblich, insbesondere im Leben von Mädchen und Frauen. Diese können Beziehungen zwischen Lehrer:in und Schüler:in, zwischen Chef:in und Untergebenen oder zwischen einer schwer kranken oder behinderten Person und ihrem:r

Arzt:in oder ihrer Pflegekraft betreffen. Kinder sind stärker von anderen abhängig, obwohl diese Abhängigkeit mit dem Heranwachsen abnimmt; sie sind daher eher in Situationen anzutreffen, in denen sie Macht und Kontrolle entbehren. Wir haben dies im zweiten Kapitel als eine Quelle ihrer Verletzlichkeit diskutiert. Dennoch sind die Diskrepanzen in Macht und Kontrolle, die bestehen müssen, um sexuellen Missbrauch zu konstituieren, in einigen Fällen schwer festzulegen. Einerseits scheint es plausibel anzunehmen, dass die Kluft in Macht und Kontrolle zwischen einer 12-jährigen Person und einer 20-jährigen Person so groß ist, dass ihnen eine sexuelle Beziehung nicht erlaubt sein sollte, selbst wenn die jüngere Person dies wünscht. Andererseits ist es auch plausibel, dass viele erlaubte Beziehungen zwischen Teenager:innen durch eine große Kluft in Macht und Kontrolle zwischen den beiden Partner:innen geprägt sind, zum Beispiel wenn ein Mädchen zum Sex gedrängt wird, weil ihr Freund droht, sie zu verlassen.

Die Kompetenz zur Zustimmung ist nicht die einzige, die zählt, obwohl sie mit anderen verbunden ist, die ebenfalls wichtig sind. Es wäre unplausibel anzunehmen, dass ein Kind etwas zustimmen kann, das es nicht versteht oder für das es entwicklungsbedingt nicht bereit ist. Es ist sicherlich möglich, dass ein Kind etwas zustimmt, das es versteht und für das es entwicklungsbereit ist. Dennoch sind Verständnis und Entwicklung eigenständige Kategorien. Erstens ist Verständnis weder nur eine natürliche noch nur eine kulturelle Kompetenz. Was ein Kind verstehen kann, basiert auf seiner kognitiven Reife und auch auf dem Wissen, das ihm vermittelt wird. Dies sind Dinge, die sich entwickeln und weiterentwickeln. Zweitens setzen die Kriterien der Entwicklungsbereitschaft einen natürlichen Maßstab voraus, der nicht leicht zu bestimmen ist. Wir haben im vorherigen Abschnitt gesehen, dass Kinder eine breite Palette sexueller Aktivitäten zeigen können und was normal und was nicht normal ist, oft im Laufe der Zeit und zwischen Kulturen variiert. Der Bezug auf die Entwicklung des Kindes ist dennoch aus zwei Gründen wichtig: Erstens kann sexueller Missbrauch korrosiv sein, weil er die Entwicklung eines Kindes schwer verzerren kann; zweitens ist sexueller Missbrauch keine statische Kategorie. Eine sexuelle Aktivität, die für ein Kind unproblematisch und normal ist, basierend auf Reife und Kompetenz, kann für ein anderes Kind missbräuchlich sein. Es ist daher Teil des auf Gerechtigkeit basierenden Anspruchs der Kinder auf körperliche Integrität, dass Letztere vor dieser Aktivität geschützt werden, während sie für Erstere erlaubt ist.

Das letzte Kriterium, das die erste Definition erwähnt, bezieht sich auf Gesetze und soziale Tabus der Gesellschaft, in der das Kind lebt. Wir stimmen diesem Kriterium nicht zu und würden argumentieren, dass es abgelehnt werden sollte. Gesetze sollten das beste verfügbare Konzept des sexuellen Missbrauchs widerspiegeln und einbeziehen, nicht es definieren. Dies gilt insbesondere in Bezug auf den moralischen Schaden und die Ungerechtigkeit von sexuellem Missbrauch. Unserer Auffassung nach ist eine sexuelle Aktivität eines Kindes ein Fall von sexuellem Missbrauch und somit eine Ungerechtigkeit nicht nur, weil das Gesetz es so sagt. Andernfalls müssten wir homosexuelle Aktivitäten überall dort als ungerecht kritisieren, wo Homosexualität gesetzlich verboten ist. Wir müssten auch das Versenden eines nackten Bildes eines 16-jährigen Jungen an seine gleichaltrige

Freundin als sexuellen Verstoß kritisieren, wenn strenge gesetzliche Definitionen von Kinderpornografie im Landeskontext existieren. Dasselbe gilt für soziale Tabus. Kein Konzept des sexuellen Missbrauchs wird jemals frei von sozialen Normen sein, die zwischen Gesellschaften und kulturellen Gruppen variieren; dennoch sollte sexueller Missbrauch so konzipiert werden, dass es auch verwendet werden kann, um soziale Tabus zu kritisieren, die selbst Verletzungen der körperlichen Integrität von Kindern darstellen. Wo Kinder gleichgeschlechtliche sexuelle Aktivitäten ausüben, deutet die Forschung darauf hin, dass Risiken oft mit Stigmatisierung und fehlender Unterstützung verbunden sind, insbesondere in Bezug auf Wissen und Akzeptanz (LaSala 2015; Savin-Williams und Joyner 2014); es gibt daher keine guten Gründe, solche Aktivitäten einfach aufgrund der sozialen oder kulturellen Normen zu stigmatisieren oder zu verbieten. In einigen Kontexten ist Masturbation immer noch ein Tabu, und insbesondere wird Masturbation bei kleinen Kindern als gefährlich angesehen. Aber auch hier sollten diese Aktivitäten nicht unter die Kategorie sexueller Missbrauch fallen, da die Forschung bewiesen hat, dass Masturbation ein normaler und wichtiger Teil der sexuellen Entwicklung und Sexualität ist, der Kindern hilft, ihre Gefühle und Körper zu erkunden.

Ein weiteres komplexes Thema ist, was überhaupt als sexuelle Aktivität zählt. Auch hier kann diese Frage nur durch Erwähnung sozialer Normen beantwortet werden. Neben der erwähnten Bandbreite an Aktivitäten, die mehr oder weniger klare Fälle darstellen, gibt es auch andere Aktivitäten, die weniger klar sind, wie Exhibitionismus oder Voyeurismus oder die Produktion von Pornografie. In einigen Ländern ist es üblich, mit Kindern in die Sauna oder den FKK-Bereich des Strandes zu gehen, wo sie viele nackte Fremde sehen werden. Eine solche Nacktheit scheint harmlos, aber in einigen Kontexten könnte die Nacktheit unter die Kategorie Exhibitionismus fallen. Wir haben bereits das Thema angesprochen, dass Kinder nackte Bilder von sich selbst machen und sie mit anderen teilen. Strenge Gesetzgebung, wie die in den USA, könnte diese Bilder als Kinderpornografie einstufen. Aus dem, was über Phänomene wie Sexting zwischen Teenager:innen bekannt ist, sind sie sicherlich nicht ohne Gefahren, aber sie zeigen auch keine Ähnlichkeiten in ihren Auswirkungen mit anderen Formen von sexuellem Missbrauch. Sie sind im Kontext der Teenagerkultur zu sehen, nicht der Kinderpornografie (Zhang 2010).

Der letzte Punkt, der berücksichtigt werden muss, ist, dass es eine gewisse Überschneidung zwischen sexuellem Missbrauch und anderen Formen sexueller Gewalt wie sexueller Belästigung gibt. Im Laufe dieses Abschnitts werden wir manchmal, aber nicht oft, auch auf sexuelle Belästigung und Übergriffe auf Kinder, insbesondere Teenager:innen, eingehen. Der Hauptunterschied zwischen Missbrauch und diesen letzteren Konzepten besteht darin, dass Missbrauch sich auf sexuelle Aktivitäten bezieht, denen ein Kind nicht zustimmen kann, während die anderen sich auf sexuelle Aktivitäten beziehen, denen ein Kind grundsätzlich zustimmen könnte, aber nicht zustimmt. Ein:e Teenager:in von 15 Jahren kann dem Sex und dem sexuellen Berühren zustimmen, wird jedoch belästigt oder angegriffen, wenn diese Dinge ohne seine oder ihre Zustimmung geschehen. Wenn eine solche Belästigung oder ein solcher Übergriff den Einsatz von Drogen beinhaltet, die das Opfer unfähig machen, Zustimmung zu geben, oder in einer Beziehung geschieht, die große Ungleichheit in Macht und Kontrolle zeigt, dann sind viele der oben diskutierten Kriterien von sexuellem Missbrauch ebenfalls erfüllt.

Leider ist sexueller Missbrauch nicht nur schwerwiegend, sondern auch häufig. Die Meta-Analyse von Marije Stoltenborgh und Kollegen ist eine der seltenen Studien, die ein globales Bild des sexuellen Missbrauchs von Kindern liefert (Stoltenborgh et al. 2011). Sie fanden heraus, dass die Prävalenz von sexuellem Missbrauch irgendwo zwischen 164 und 197 Fällen pro 1000 Mädchen und zwischen 66 und 88 Fällen pro 1000 Jungen liegt. In einer anderen Übersicht, die 55 Studien aus 24 Ländern umfasst, lag die geschätzte Prävalenz von sexuellem Missbrauch von Kindern weltweit zwischen 8 und 31 % für Mädchen und 3 bis 17 % für Jungen. Laut dieser Studie waren neun von 100 Mädchen und drei von 100 Jungen Opfer von erzwungenem Geschlechtsverkehr (Barth et al. 2013). Solche Schätzungen stehen vor mehreren Problemen: die Heterogenität der Definitionen von sexuellem Missbrauch, soziale Tabus, die die Offenlegung beeinflussen, und die Tatsache, dass die meisten Fälle auf Selbstberichten von Opfern basieren, die viele Jahre später gemacht wurden. Es kann davon ausgegangen werden, dass die meisten Fälle von sexuellem Missbrauch nicht den Behörden gemeldet oder von diesen identifiziert werden. Eine Studie an Erwachsenen ergab, dass nur in einem von 20 Missbrauchsfällen der Missbrauch gemeldet wurde (Kellogg 2005). In der Studie von Gisela Priebea und Carl Göran Svedin (2008) berichteten 65 % der Mädchen und 23 % der Jungen, dass sie sexuellen Missbrauch erlebt hatten. Eine hohe Anzahl dieser Mädchen (81 %) und Jungen (69 %) offenbarte den Missbrauch, jedoch meist nur gegenüber Gleichaltrigen und nicht gegenüber Fachleuten oder den Behörden. In dieser Studie wurden verschiedene Gründe für die Offenlegung aufgedeckt: Mädchen waren weniger geneigt, Erfahrungen mit sexuellem Missbrauch mit oder ohne Penetration, Missbrauch durch ein Familienmitglied, einmaligen Missbrauch oder die Wahrnehmung der Eltern als nicht fürsorglich offenzulegen. Jungen waren weniger geneigt, den Missbrauch offenzulegen, wenn sie ein berufliches Programm studierten, mit beiden Eltern lebten oder ihre Eltern als entweder fürsorglich und überprotektiv oder nicht fürsorglich und nicht überprotektiv wahrnahmen. Glücklicherweise zeigen neuere Forschungen, dass sexueller Missbrauch in wohlhabenden Gesellschaften rückläufig zu sein scheint, obwohl die Gründe dafür noch nicht vollständig verstanden sind (Dunne et al. 2003).

4.2.2 Die Auswirkungen auf Kinder und die Ungerechtigkeit von sexuellem Missbrauch

In diesem Abschnitt werden wir die Ungerechtigkeit des sexuellen Missbrauchs während der Kindheit basierend auf seinen Auswirkungen auf die körperliche Integrität von Kindern analysieren. Forschungen haben überzeugend gezeigt, dass sexueller Missbrauch alle drei Komponenten der körperlichen Integrität von

Kindern verletzt—Gesundheit, Handlungsfähigkeit und Selbstbeziehungen—und somit die positive Sexualität erheblich schädigt. Eine einflussreiche und nützliche Konzeptualisierung zur Erklärung dieser Auswirkungen wurde von David Finkelhor und Angela Browne entwickelt (1985). Sie entwickelten vier sogenannte „traumagenische Dynamiken", die nach dem Missbrauch auftreten: traumatische Sexualisierung, Verrat, Stigmatisierung und Machtlosigkeit/Entmachtung. Traumatische Sexualisierung ist der Prozess, durch den die Sexualität eines Kindes unangemessen oder dysfunktional durch den sexuellen Missbrauch geformt wird. Solcher Missbrauch kann sexuelle Verhaltensweisen umfassen, die aggressiv oder entwicklungsunpassend sind, wie das Suchen nach oral-genitalem Kontakt. Verrat wird wahrgenommen, wenn das Kind erkennt, dass eine Person, von der es abhängig ist, ihm Schaden zugefügt hat. Stigmatisierung manifestiert sich in negativen Kognitionen der Kinder über sich selbst und die Welt um sie herum; sie kann in das Selbstbild des Kindes und seine Überzeugungen über seinen eigenen Wert integriert werden. Machtlosigkeit/Entmachtung entsteht, wenn der Wille, das Begehren und das Wirksamkeitsempfinden des Kindes durch die Missbrauchserfahrung erodiert werden (Goodyear-Brown et al. 2011). Das traumagenische Modell wurde seither durch viele Studien unterstützt. Zum Beispiel zeigen David Cantón-Cortés et al. (2012) in einer aktuellen Studie, dass sexueller Missbrauch von Kindern zu Zustandsangst, Eigenschaftsangst, Depression und vermindertem Selbstwertgefühl führt, als Ergebnis von Gefühlen der Machtlosigkeit, Selbstbeschuldigung, traumatischer Sexualisierung und, in geringerem Maße, Verrat.

Eine Übersicht von Melissa Polusny und Victoria Follette aus dem Jahr 1995 fasst die negativen Auswirkungen von sexuellem Missbrauch auf die körperliche Integrität zusammen (Polusny und Follette 1995). Sexuell missbrauchte Kinder berichten von höheren Niveaus allgemeiner psychologischer Belastung und höheren Raten sowohl schwerer psychologischer Störungen als auch Persönlichkeitsstörungen; sie zeigen auch höhere Raten von Substanzmissbrauch, Essanfällen, Somatisierung und suizidalen Verhaltensweisen. Erwachsene Überlebende von sexuellem Missbrauch in der Kindheit berichten von schlechterer sozialer und zwischenmenschlicher Beziehungsqualität, größerer sexueller Unzufriedenheit, Dysfunktion und Fehlanpassung, einschließlich risikoreichem Sexualverhalten, und einer größeren Tendenz zur Reviktimisierung durch sexuelle Übergriffe im Erwachsenenalter und körperliche Partnerschaftsgewalt. Diese Befunde werden durch viele andere Studien bestätigt. Leah Irish et al. (2010) fanden in ihrer Übersicht von 31 Studien heraus, dass eine Geschichte von sexuellem Missbrauch mit kleinen bis moderaten Gruppenunterschieden bei fast allen bewerteten Gesundheitsergebnissen (allgemeine Gesundheit, gastrointestinale Gesundheit, gynäkologische oder reproduktive Gesundheit, Schmerzen, kardiopulmonale Symptome und Fettleibigkeit) verbunden war. Deborah Wilson (2010) bestätigt, dass erwachsene Überlebende mehr Depressionen, Fettleibigkeit, Autoimmunerkrankungen (Reizdarmsyndrom, Asthma, Fibromyalgie), Essstörungen und Süchte erleben. Eine Längsschnittstudie aus Neuseeland (Fergusson et al. 2013) fand heraus, dass sexueller Missbrauch von Kindern mit erhöhten Raten von schwerer Depression, Angststörung, Suizidgedanken, Suizidversuchen, Alkoholabhängigkeit und illegaler Drogenabhängigkeit verbunden war. Die multigenerationale Studie von Penelope K. Trickett et al. (2011) zeigte, dass sexuell missbrauchte Frauen im Durchschnitt schädliche Folgen in einer Vielzahl von biopsychosozialen Bereichen aufwiesen, einschließlich früherer Pubertätsbeginn, kognitive Defizite, Depressionen, dissoziative Symptome, maladaptive sexuelle Entwicklung, Hypothalamus-Hypophysen-Nebennieren-Achsen-Abschwächung, asymmetrische Stressreaktionen, hohe Raten von Fettleibigkeit, mehr schwere Krankheiten und Gesundheitsversorgung, Schulabbruch, anhaltende posttraumatische Belastungsstörung, Selbstverstümmelung, körperliche und sexuelle Reviktimisierung, Frühgeburten, Teenagerinnen-Mutterschaft, Drogen- und Alkoholmissbrauch und häusliche Gewalt. Nachkommen von missbrauchten Müttern hatten ein erhöhtes Risiko für Kindesmisshandlung und allgemeine Fehlentwicklung. Roberto Maniglio (2013) schließt in seiner Übersicht, dass es Hinweise darauf gibt, dass sexueller Missbrauch von Kindern ein signifikanter, wenn auch allgemeiner und unspezifischer, Risikofaktor für Angststörungen, insbesondere posttraumatische Belastungsstörung, ist, unabhängig vom Geschlecht des Opfers und der Schwere des Missbrauchs. Zusätzliche biologische oder psychosoziale Risikofaktoren (wie Veränderungen in der Gehirnstruktur oder -funktion, Informationsverarbeitungs-Bias, elterliche Angststörungen, familiäre Dysfunktion und andere Formen von Kindesmissbrauch) können mit sexuellem Missbrauch von Kindern interagieren oder unabhängig davon wirken, um Angststörungen bei Missbrauchsüberlebenden zu verursachen. Sexueller Missbrauch von Kindern kann jedoch manchmal ein zusätzliches Risiko für die Entwicklung von Angststörungen darstellen, entweder als distaler und indirekter oder als proximaler und direkter Auslöser.

Suzanne Lemieux und Sandra Byers (2008) berichten, dass Frauen, die als Kinder sexuellen Missbrauch mit sexueller Penetration oder versuchter sexueller Penetration erlebt hatten, (a) eher im Erwachsenenalter erneut sexuell viktimisiert wurden; (b) eher Gelegenheitssex, ungeschützten Sex und freiwillige sexuelle Abstinenz praktizierten; und (c) weniger sexuelle Belohnungen, mehr sexuelle Kosten und ein geringeres sexuelles Selbstwertgefühl berichteten. Diese Ergebnisse galten über die Auswirkungen von nicht-sexuellem Missbrauch in der Kindheit hinaus, und wie vorhergesagt, vermittelte das sexuelle Selbstwertgefühl die meisten dieser Beziehungen teilweise oder vollständig. Jake Najman und Kollegen veröffentlichten eine Studie über die Sexualität im Erwachsenenalter bei Personen mit einer Geschichte von sexuellem Missbrauch in der Kindheit in Australien (Najman et al. 2005). Die Befragten wurden zu ihrem Gesundheitszustand und ihren sexuellen Erfahrungen interviewt, einschließlich unerwünschter sexueller Erfahrungen vor dem Alter von 16 Jahren. Für beide Geschlechter gab es einen signifikanten Zusammenhang zwischen sexuellem Missbrauch in der Kindheit und Symptomen sexueller Dysfunktion. Cindy Meston et al. (2006) fanden heraus, dass Frauen, die während ihrer Kindheit sexuell missbraucht wurden, sich selbst als weniger romantisch und leidenschaftlich betrachteten als Frauen, die nicht missbraucht wurden. Insbesondere zeigten Überlebende eine umgekehrte Beziehung zwischen romantischen/leidenschaftlichen sexuellen Selbstschemata und negativen sexuellen Gefühlen während der sexuellen Erregung. Die Beziehung zwischen dem

Erleben von sexuellem Missbrauch und negativen sexuellen Gefühlen war unabhängig von Symptomen von Depression und Angst, was darauf hindeutet, dass die Auswirkungen des Missbrauchs auf sexuelle Selbstschemata unabhängig von den Auswirkungen sein können, die der Missbrauch in anderen Bereichen des Lebens der Überlebenden haben kann. Kevin Lalor und Rosaleen McElvaney (2010) fanden heraus, dass Opfer von sexuellem Missbrauch in der Kindheit anfällig für spätere sexuelle Viktimisierung sind und dass es einen Zusammenhang zwischen sexuellem Missbrauch in der Kindheit und späterem Engagement in risikoreichem Sexualverhalten wie dem Haben mehrerer Sexualpartner und dem Schwangerwerden als Teenagerin sowie dem Erleben sexueller Übergriffe im Erwachsenenalter gibt.

Sexueller Missbrauch von Kindern ist kein isoliertes Phänomen und wurde stark mit emotionalem Missbrauch, körperlichem Missbrauch, einer misshandelten Mutter, Substanzmissbrauch im Haushalt, psychischen Erkrankungen im Haushalt, elterlicher Trennung/Scheidung, kriminellen Haushaltsmitgliedern, emotionaler Vernachlässigung und körperlicher Vernachlässigung in Verbindung gebracht. Besonders starke Beziehungen wurden zwischen sexuellem Missbrauch und emotionalem Missbrauch, körperlichem Missbrauch, körperlicher Vernachlässigung und einer misshandelten Mutter festgestellt (Hornor 2010).

Zusammenfassend lässt sich sagen, dass der sexuelle Missbrauch von Kindern, die weder entwicklungsbedingt bereit noch in der Lage sind, sexuelle Befriedigung zuzustimmen, eine Form der Objektivierung darstellt, die sie grob entwertet und viele verschiedene Aspekte ihrer körperlichen Integrität verletzt, nicht nur ihre Sexualität. Die unmittelbaren körperlichen Verletzungen, die durch sexuellen Missbrauch entstehen können, sind oft diejenigen, die am leichtesten heilen, während die langfristigen psychologischen und entwicklungsbedingten Verletzungen länger brauchen, um zu heilen, und manchmal überhaupt nicht heilen. Das Wohlentwickeln der Kinder ist stark gefährdet, und Entwicklungsverzerrungen sind oft in den Bereichen Gesundheit, Sexualität, Handlungsfähigkeit und insbesondere Selbstbeziehungen zu finden. Die Auswirkungen auf Letztere, in Bezug auf Selbstwert, Selbstvertrauen und Selbstwertgefühl, zeigen beispielsweise, wie tief Körper und Geist verbunden sind, vielleicht am stärksten durch die Sexualität. Die Ungerechtigkeit des sexuellen Missbrauchs wird durch diese Verletzungen konstituiert, weil ein missbrauchtes Kind nicht die Kompetenz hat, zuzustimmen, und der:die Täter:in das Kind absichtlich für sein:ihr sexuelles Vergnügen objektiviert.

4.2.3 Sexueller Missbrauch von Kindern und die gerechte Gesellschaft

Eine gerechte Gesellschaft für Kinder wird frei von sexuellem Missbrauch sein, ob innerhalb oder außerhalb der Familie und ob kommerziell motiviert oder anderweitig. Aber es gibt auch Grenzen dessen, was Gerechtigkeit und der Staat unter nicht-idealen Umständen regulieren und erreichen können und sollten. Solange Freiheit ein integraler Bestandteil einer gerechten Gesellschaft ist, werden wir mit der Möglichkeit umgehen müssen, dass Menschen falsch handeln, was bedeuten kann, sexuelle Übergriffe zu begehen. Institutionen können jedoch so gestaltet werden, dass das Auftreten von sexuellem Missbrauch begrenzt wird. Wir werden nun drei Themen diskutieren, die in diesem Zusammenhang wichtig sind: die Verantwortlichkeiten des Staates und seine Legitimität, in das Privatleben einer Familie einzugreifen; die sozialen Faktoren des sexuellen Missbrauchs von Kindern und wie sie verändert werden können, um Kinder zu schützen; und schließlich, wie die Stärkung der Handlungsfähigkeit von Kindern ihren Schutz unterstützen kann.

Eltern haben die Verantwortung, ihre Kinder vor Schaden zu schützen und in ihrem Leben Agenten der Gerechtigkeit zu sein, auch in Bezug auf ihre körperliche Integrität, von der Sexualität ein wichtiger Aspekt ist. Diese Verantwortung umfasst sicherlich das Unterlassen von sexuellen Missbrauchshandlungen sowie andere Formen von Vernachlässigung, Missbrauch und Gewalt. Kulturelle Unterschiede erlauben eine begrenzte Variabilität im Verständnis dessen, was als solche Handlung zählt, solange dies keine schädlichen Auswirkungen hat (zum Beispiel ist Nacktheit innerhalb der Familie in einigen Kulturen akzeptabler als in anderen). Die Verantwortlichkeiten der Eltern gegenüber ihren Kindern stehen einerseits in Bezug zu den Verantwortlichkeiten des Staates und andererseits zu bestimmten Rechten der Eltern selbst und dem Schutz des Privatlebens der Familie. In Bezug auf die Verantwortlichkeiten des Staates rechtfertigen Forschungsergebnisse zu den Faktoren, die zum sexuellen Missbrauch beitragen, sowie die Tatsache, dass dieser in Familien so häufig vorkommt, drei Arten von Maßnahmen. Erstens sollte der Staat Familien unterstützen, Familien zu werden und zu bleiben, in denen sexueller Missbrauch unwahrscheinlich ist. Neben den sozialen Maßnahmen, die wir unten besprechen werden, umfasst dies präventive Maßnahmen für alle Familien, insbesondere für solche, die ein höheres Risiko für sexuellen Missbrauch aufweisen. Dies ist ein sensibles Thema, da solche präventiven Maßnahmen (Informationskampagnen, Zusammenarbeit mit Berater:innen und Sozialarbeiter:innen usw.) als aufdringlich angesehen werden können und implizieren, dass etwas in der betreffenden Familie nicht stimmt. Daher müssen solche Maßnahmen sensibel umgesetzt werden, ohne Ablehnungsreaktionen seitens der Familie auszulösen. Andere präventive Maßnahmen, hauptsächlich in Bezug auf Bedrohungen außerhalb der Familie, sind weniger aufdringlich, einschließlich des Verbots, dass kleine Kinder alleine im Dunkeln nach draußen gehen, oder der Überwachung der Online-Aktivitäten der Kinder bis zu einem gewissen Grad (obwohl Kinder ein begrenztes Recht auf Privatsphäre haben, das von ihren Eltern respektiert werden muss). Der zweite Satz von Maßnahmen, die der Staat ergreifen muss, bezieht sich auf die Offenlegung und Erkennung von sexuellem Missbrauch. Dies muss nicht invasiv sein, da Kinder regelmäßig mit vielen verschiedenen Fachleuten interagieren (Ärzt:innen, Lehrer:innen und andere). Die Bedeutung solcher Maßnahmen wurde in der Literatur hervorgehoben (Paine und Hansen 2002). Risikofaktoren innerhalb der Familie umfassen soziale Isolation, Familiendesorganisation, Auflösung und Gewalt, einschließlich Gewalt in Partnerschaften, Erziehungsstress, schlechte Eltern-Kind-Beziehungen und negative Interaktionen. Da familiäre Faktoren für die Offenlegung von sexuellem Missbrauch gegenüber Fachleuten relevant sind, müssen diese angegangen werden, was bedeutet, dass die Familie potenziell der erste Kontaktpunkt ist. Der dritte Satz staatlicher Maßnahmen bezieht sich auf die Zeit nach dem Auftreten von sexuellem Missbrauch. Hier hat der Staat eine zweifache Verantwortung gegenüber den Opfern von sexuellem Missbrauch: Er muss ihnen helfen, d.h. den Missbrauch verhindern und den Heilungsprozess einleiten. Diese Verantwortung wird sicherlich auch umfangreiche Eingriffe in das Familienleben rechtfertigen, wenn dort der Missbrauch stattgefunden hat. Wenn der sexuelle Missbrauch außerhalb der Familie stattfindet, ist es dennoch von großer Bedeutung, die Familie als Ganzes zu unterstützen, da sie der Hauptort ist, an dem das Kind seine Erfahrungen verarbeitet. Eltern eines missbrauchten Kindes haben daher die Verantwortung, professionelle Hilfe und Unterstützung nicht zu blockieren oder zu behindern, sondern mit Fachleuten zusammenzuarbeiten, um das bestmögliche Ergebnis für das Kind zu erzielen, auch wenn dies manchmal schwierig für die Eltern ist. Eine Studie von Judith Cohen zeigte, dass elterliche Unterstützung ein starker Prädiktor für Behandlungsergebnisse bei Opfern von Kindesmissbrauch war (Cohen und Mannarino 2000). Darüber hinaus müssen Eltern sich sowohl der schweren als auch der milderen Auswirkungen von sexuellem Missbrauch bewusst sein, um ihnen zu helfen, Entscheidungen darüber zu treffen, wie sie mit der Situation umgehen sollen, wenn ihnen beispielsweise ein Kind offenbart, dass es missbraucht wurde (Walker-Descartes et al. 2011). Wenn der sexuelle Missbrauch innerhalb der Familie stattgefunden hat, kann es notwendig sein, das Kind aus diesem Umfeld zu entfernen, aber die beste Lösung ist, den:die Täter:in zu entfernen, da die Entfernung des Kindes eine traumatische Erfahrung sein kann. Unterstützung zur Heilung des Kindes bereitzustellen, ist nur die erste Maßnahme, für die der Staat verantwortlich ist; er muss auch die langfristigen Folgen von Kindesmissbrauch berücksichtigen. Wir haben gesehen, dass sexueller Missbrauch von Kindern langfristige negative Auswirkungen haben kann, zum Beispiel auf Gesundheit, Verhaltensmuster, sexuelle Zufriedenheit und Selbstbeziehungen. Viele dieser Auswirkungen können durch therapeutische Maßnahmen gemildert werden, aber einige Erfahrungen von sexuellem Missbrauch sind so schwerwiegend, dass bestimmte Fähigkeiten für den Rest des Lebens des Kindes beeinträchtigt sind. Solche Ungerechtigkeiten verlangen nach Entschädigung. Die Kosten dieser staatlichen Verantwortlichkeiten können auf den:die Täter:in übertragen werden, aber es ist wahrscheinlich, dass dies nicht ausreichen wird.

Der Schutz der elterlichen Rechte ist Teil der Bereitstellung von Gerechtigkeit für Kinder, um sicherzustellen, dass Eltern eine gewisse Entscheidungsfreiheit über ihre Kinder haben und auch, dass das private Leben der Familie Schutz verdient. Die Verantwortlichkeiten, die wir bisher im Zusammenhang mit der Familie benannt haben, erfordern einige Eingriffe in diese private Sphäre und schränken auch die Rechte der Eltern ein. Eltern haben nicht nur kein Recht, ihre Kinder zu missbrauchen oder missbrauchen zu lassen, sie haben auch kein Recht zu entscheiden, dass ein solcher Missbrauch nicht offengelegt und als Familiengeheimnis bewahrt werden soll. Sie haben auch kein Recht, eine therapeutische Behandlung für ihre Kinder abzulehnen oder die Einbeziehung präventiver Maßnahmen bei Schul- und Arztbesuchen abzulehnen, wie unten diskutiert. Aber der Schutz von Kindern vor Verletzung ihrer körperlichen Integrität innerhalb der Familie rechtfertigt nicht, der Familie jeglichen Schutz ihres privaten Lebens zu entziehen. Gerechtigkeit muss hier ein Gleichgewicht finden. Es ist weder gerechtfertigt noch machbar zu verlangen, dass jede Familie ständig von Sozialarbeiter:innen überwacht wird und dass Kinder regelmäßig den Behörden berichten, was sie zu Hause tun. Die Rechte der Eltern beinhalten, dass sie in großem Umfang die Handlungen ihrer Kinder überwachen und leiten können, zum Beispiel wohin sie gehen, mit wem und wann. Wie wir im zweiten Kapitel argumentiert haben, basieren diese elterlichen Rechte auf und sind begrenzt durch die Rechte des Kindes, die auf den Ansprüchen der Gerechtigkeit beruhen und mit der Reife des Kindes zunehmen. Während es im Rahmen der elterlichen Rechte liegt, zu überwachen, mit wem ein:e Teenager:in ausgeht, bestimmte Regeln aufzustellen und einige Aktivitäten zu verbieten, müssen Eltern im Allgemeinen respektieren, dass ein:e Teenager:in das Recht hat, romantische Beziehungen als Teil der eigenen körperlichen Integrität zu erkunden. Wichtig im Zusammenhang mit sexuellem Missbrauch ist, dass Eltern, obwohl sie die Risiken für ihre Kinder begrenzen sollten, weder das Recht noch die Pflicht haben, übermäßige Maßnahmen zu diesem Zweck zu ergreifen (zum Beispiel alle Bewegungen ihrer Kinder zu überwachen und ihnen keine Privatsphäre zu gewähren). Solche Handlungen sind keine Akte der Vernachlässigung, und Eltern sind daher nicht verantwortlich, wenn sexueller Missbrauch unter Umständen auftritt, in denen sie als angemessen und machbar geltende Schutzmaßnahmen ergriffen haben.

Als nächstes möchten wir die sozialen Faktoren diskutieren, die den sexuellen Missbrauch von Kindern beeinflussen, und fragen, ob und inwieweit sie in den Bereich der Gerechtigkeit fallen. Feministinnen haben argumentiert, dass patriarchalische Überzeugungen und Stereotype zum sexuellen Missbrauch beitragen, und darauf hingewiesen, dass der überwältigende Anteil der Täter:innen männlich ist und die meisten Opfer weiblich sind. Sie argumentieren auch, dass sexueller Missbrauch von Kindern nicht von sexueller und nicht-sexueller Gewalt gegen Mädchen und Frauen im Allgemeinen getrennt werden kann (Cossins 2000), die weltweit sehr verbreitet und ein ernstes Problem ist. Jennie Noll hat zum Beispiel argumentiert, dass es Hinweise auf einen anhaltenden Kreislauf der Gewalt gegen Frauen gibt, der in der Kindheit in Form von sexuellem Missbrauch beginnt, sich später in der Jugend und im frühen Erwachsenenalter in Form von körperlichen Übergriffen oder sexueller Reviktimisierung wiederholt und letztlich die nächste Generation einem erheblichen Risiko der Viktimisierung aussetzt (Noll 2005). Ein weiterer Strang feministischer Kritik weist auf den Zusammenhang zwischen der Sexualisierung der Kindheit in den Medien und der Gesellschaft, wie oben diskutiert, und dem sexuellen Missbrauch von Kindern hin (Purcell und Zurbriggen 2013). Es wurde argumentiert, dass die zunehmende Darstellung von Kindern als sexy sie verletzlicher und möglicherweise auch für Täter:innen „attraktiver" macht. Der Einfluss von Pornografie auf Aggressivität und gewalttätiges (sexuelles) Verhalten wird ebenfalls manchmal zitiert, insbesondere unter Teenager:innen

(Luder et al. 2011). Obwohl die feministische Kritik ihre Stärken hat, steht sie vor zwei Problemen: Erstens gibt es nicht viele direkte wissenschaftliche Hinweise (auch weil solche schwer zu finden sind); zweitens wird nicht jeder Missbrauch von Männern an Mädchen verübt, und patriarchalische Überzeugungen sind nicht in allen Fällen vorhanden (Ford 2006). Trotz dessen scheint es plausibel anzunehmen, dass eine Kultur des Sexismus, die Mädchen und Frauen allzu oft als passive Objekte männlicher Lust darstellt, einflussreich ist und dass mehr Geschlechtergerechtigkeit sexuellen Missbrauch und Belästigung entgegenwirken könnte. Kerry Robinson (2005) fand zum Beispiel in seiner Studie—durchgeführt an einer australischen Schule—heraus,dass sexuelle Belästigung integraler Bestandteil der Konstruktion hegemonialer heterosexueller maskuliner Identitäten ist. Er untersuchte die Bedeutung von Popularität, Akzeptanz und die Ängste junger Männer innerhalb männlicher Peer-Gruppen-Kulturen und die Nutzung sexueller Belästigung als Mittel zur Aufrechterhaltung und Regulierung hierarchischer Machtverhältnisse, nicht nur in Bezug auf Geschlecht, sondern auch in Bezug auf andere Machtbereiche wie *race* und Klasse. Eine andere psychologische Studie berichtete, dass langfristige Exposition gegenüber Gewalt in Videospielen mit einer größeren Toleranz gegenüber sexueller Belästigung und einer größeren Akzeptanz von Vergewaltigungsmythen korrelierte (Dill et al. 2008).

Andere soziale Risikofaktoren, die zum sexuellen Missbrauch beitragen und manchmal in der Literatur diskutiert werden, sind zerrüttete Familien, Gewalt, Armut, Arbeitslosigkeit und Drogen- und Alkoholmissbrauch (David Finkelhor 2009; McCloskey und Bailey 2000). Diese Faktoren beeinflussen die Wahrscheinlichkeit von sexuellem Missbrauch durch verschiedene Kanäle, aber da sexueller Missbrauch von Kindern unter vielen verschiedenen Umständen und in allen sozioökonomischen Klassen vorkommt, erzählen sie nur einen Teil der Geschichte. Sie nehmen dem:der Täter:in auch nicht die Verantwortung. Auf politischer Ebene ist es jedoch nützlich und notwendig, darüber nachzudenken, was getan werden kann, um die Risiken für bestimmte Kinder zu verringern, indem die sozialen Umstände, unter denen sie aufwachsen, angegangen werden. Solche Umstände können es den Betreuer:innen der Kinder, meist ihren Müttern, erschweren, ihre Kinder effektiv zu schützen—zum Beispiel, weil sie gezwungen sind, jeden Tag lange Zeit von zu Hause weg zu sein, um zu arbeiten, weil sie es sich nicht leisten können, in einem sicheren Viertel zu leben, oder weil sie finanziell von gewalttätigen Männern abhängig sind, die eine Gefahr für ihre Kinder darstellen. Solche Faktoren werden oft das Maß an Verantwortung verringern, das wir der einzelnen Mutter (oder dem Vater) zuschreiben können, obwohl sie immer noch erhebliche Verpflichtungen haben, Schutz zu bieten. Diskurse, in denen Müttern leicht eine Mit-Verantwortung für den Missbrauch ihrer Kinder zugeschrieben wird, vernachlässigen oft solche sozialen Faktoren (McLaren 2013). Arbeitslosigkeit und Armut sind bekannte Stressfaktoren, die sich in vielfältiger Weise störend auf Familien auswirken und beispielsweise die Wahrscheinlichkeit von Gewalt innerhalb der Familie erhöhen (Gelles 1992; Goodman et al. 2009). Kinder sind unter solchen Umständen hochgradig gefährdet, und es scheint, dass der positive Effekt auf das Risiko von sexuellem Missbrauch nur ein weiterer guter Grund unter vielen anderen ist, Familien- und Kinderarmut zu bekämpfen (Schweiger und Graf 2015).

Das letzte Thema, das wir untersuchen werden, ist die Verantwortung, die Handlungsfähigkeit von Kindern zu stärken, was im Zusammenhang mit sexuellem Missbrauch nicht nur als Präventivmaßnahme wertvoll ist. Forschungen haben bewiesen, dass die Integration von Programmen, durch die Kinder bestimmte Fähigkeiten im Zusammenhang mit sexuellem Missbrauch erwerben, wie z. B. wie man ihn erkennt und das Wissen, dass es in Ordnung ist, Nein zu sagen und Informationen preiszugeben, funktioniert und die Selbstschutzfähigkeiten der Kinder erhöhen kann. Vor dem Hintergrund dessen, was wir bisher gesagt haben, gehen wir davon aus, dass der Staat eine gewisse Verantwortung hat, eine solche Bildung für alle Kinder umzusetzen, was auch die Einbeziehung der Familie erfordert. Zum Beispiel kommt die Studie von Maureen Kenny (Kenny et al. 2008) zu dem Schluss, dass Kinder bereits im Alter von drei Jahren effektiv Selbstschutzfähigkeiten erlernen können, dass die Beteiligung der Eltern und der Familie am Training wichtig ist und dass wiederholte Exposition den Kindern hilft, Wissensgewinne zu erhalten. Die Komponenten erfolgreicher Programme umfassen das Lehren der Kinder, unangemessene Berührungen zu identifizieren und sich dagegen zu wehren, ihnen zu versichern, dass der Missbrauch nicht ihre Schuld ist, und ihnen die richtigen Namen für ihre Genitalien beizubringen. Martine Hébert und Kollegen forschten und evaluierten ein Präventionsprogramm in Kanada, das sich an Kinder der ersten und dritten Klasse richtete (Hébert et al. 2001). Sie stellten fest, dass Kinder, die am Präventionsprogramm teilnahmen, im Vergleich zu Kindern, die nicht teilnahmen, ein größeres präventives Wissen und Fähigkeiten zeigten. Obwohl die globalen Fähigkeitswerte zwischen dem Nachtest und der Nachuntersuchung abnahmen, zeigten die Kinder bei der Nachuntersuchung immer noch größere präventive Fähigkeiten als vor dem Programm. In Bezug auf unvorhergesehene Nebenwirkungen ergaben die Ergebnisse, dass fast die Hälfte der Eltern positive Reaktionen bemerkte und die Mehrheit keine negativen Reaktionen bei ihren Kindern nach deren Teilnahme am Workshop identifizierte.

Zwei weitere Punkte sind wichtig zu erwähnen. Sowohl der Staat als auch andere Gerechtigkeitsakteur:innen wie die Eltern haben die Verantwortung, Kindern Wissen und Kompetenzen zu vermitteln, die sie besser vor sexuellem Missbrauch schützen und ihnen helfen können, Missbrauch zu melden, wenn er passiert. Diese Verantwortung impliziert jedoch nicht, dass Kinder, die nicht in der Lage sind, solches Wissen und solche Fähigkeiten effektiv zu nutzen, in irgendeiner Weise schuld sind. Kinder sind sicherlich nicht dafür verantwortlich, missbräuchliches Verhalten anderer auszulösen, obwohl im Fall von Teenager:innen manchmal Opferbeschuldigung stattfinden kann und insbesondere Mädchen eine geteilte Verantwortung für den Missbrauch aufgrund ihrer sexy Kleidung oder ihres Verhaltens zugeschrieben wird (Suarez und Gadalla 2010). Ähnliche falsche Annahmen werden manchmal in Bezug auf Kindesmissbrauch gemacht, insbesondere wenn das Opfer ein Junge ist (Esnard und Dumas 2013). Es gibt keine Grundlage für solche Anschuldigungen, die eine schwere Ungerechtigkeit noch verschlimmern können. Im Gegenteil, da viele sexuell missbrauchte Kinder sich schuldig fühlen, ist es zwingend erforderlich, ihnen die Sicherheit zu geben, dass es nicht ihre Schuld ist und dass sie nichts falsch gemacht haben. Dies ist auch wichtig, weil solche Selbstvorwürfe ein Risikofaktor für eine Reviktimisierung sind (Miller et al. 2007). Aber Präventionsprogramme, die mit Kindern arbeiten, können nur ein kleiner Teil der Lösung sein; auf politischer Ebene ist insbesondere die Bekämpfung der sozialen Faktoren, die zur Verbreitung von sexuellem Missbrauch beitragen, wichtiger. Die Verletzlichkeit von Kindern kann durch das Lehren von Wissen und Fähigkeiten und die Erhöhung ihrer allgemeinen Handlungsfähigkeit bis zu einem gewissen Grad verringert werden – aber sie werden immer schwächer als die Täter:innen sein.

Abschließend möchten wir darauf hinweisen, dass die Verhinderung des sexuellen Missbrauchs von Kindern auch eine Verhinderung ähnlichen Missbrauchs in der Zukunft ist: Viele Studien haben gezeigt, dass sexuell und anderweitig missbrauchte Kinder ein höheres Risiko haben, später selbst zu Täter:innen zu werden (Stirpe und Stermac 2003). Sexuelle Straftäter:innen gegen Kinder berichteten signifikant häufiger von sexuellem Missbrauch in der Kindheit, sexuellen Avancen und sexueller Exposition als andere. Sexuelle Straftäter:innen gegen Kinder berichteten auch häufiger, dass Körperstrafen die primäre Art der Disziplin in ihrem Elternhaus war. Die Studienergebnisse zeigten, dass emotionaler Missbrauch in der Kindheit, körperlicher Missbrauch und sexueller Missbrauch zu Psychopathologien (d.h. sexuelle Unzulänglichkeit, sexuelle Fantasien mit Kindern) führten, die später zum sexuellen Missbrauch von Kindern beitrugen (Daversa und Knight 2007). Lee et al. (2002) fanden heraus, dass emotionaler Missbrauch in der Kindheit, sexueller Missbrauch in der Kindheit, Verhaltensprobleme in der Kindheit und familiäre Dysfunktion allgemeine Risikofaktoren für Paraphilien waren. Insbesondere fanden die Autor:innen heraus, dass sexueller Missbrauch in der Kindheit ein spezifischer Entwicklungsrisikofaktor für Pädophilie war. Dies zeigt uns auch, dass es von großer Bedeutung ist, solche Missbrauchszyklen und ihre intergenerationale Übertragung zu durchbrechen, und, ohne die Schuld von den Täter:innen abzulenken, dass unsere Lebensläufe von vielen Erfahrungen beeinflusst werden, die wir nicht kontrollieren können und für die wir nicht verantwortlich sind.

Literatur

Aigner, Josef Christian, Theo Hug, Martina Schuegraf, and Angela Tillmann (Hrsg). 2015. *Medialisierung und Sexualisierung. Vom Umgang mit Körperlichkeit und Verkörperungsprozessen im Zuge der Digitalisierung*, 1. Aufl. Wiesbaden: Springer VS http://link.springer.com/10.1007/978-3-658-06427-3.

Ali, Mir M., Hai Fang, und John A. Rizzo. 2010. Body Weight, Self-Perception and Mental Health Outcomes among Adolescents. *The Journal of Mental Health Policy and Economics* 13(2): 53–63.

Anderson, Joel, und Rutger Claassen. 2012. Sailing Alone: Teenage Autonomy and Regimes of Childhood. *Law and Philosophy* 31(5): 495–522. 10.1007/s10982-012-9130-9.

APA Board of Professional Affairs. 1999. Guidelines for Psychological Evaluations in Child Protection Matters. Committee on Professional Practice and Standards. *The American Psychologist* 54(8): 586–593.

APA Task Force on the Sexualization of Girls. 2007. *Report of the APA Task Force on the Sexualization of Girls*. Washington, DC: American Psychological Association www.apa.org/pi/wpo/sexualization.html.

Arroyo, Analisa, und Kristin K. Andersen. 2015. The Relationship between Mother-Daughter Self-Objectification: Identifying Direct, Indirect, and Conditional Direct Effects. *Sex Roles*, November. 10.1007/s11199- 015-0554-1.

Australian Senate. 2008. *Sexualisation of Children in the Contemporary Media*. Canberra: Parliament of Australia http://www.aph.gov.au/binaries/senate/committee/eca_ctte/sexualisation_of_children/report/report.pdf.

Barth, J., L. Bermetz, E. Heim, S. Trelle, und T. Tonia. 2013. The Current Prevalence of Child Sexual Abuse Worldwide: A Systematic Review and Meta-Analysis. *International Journal of Public Health* 58(3): 469–583. 10.1007/s00038-012-0426-1.

Bragg, Sara, und David Buckingham. 2013. Global Concerns, Local Negotiations and Moral Selves:: Contemporary Parenting and the "Sexualisation of Childhood" Debate. *Feminist Media Studies* 13(4): 643–659. 10.1080/14680777.2012.700523.

Brennan, Samantha, und Jennifer Epp. 2015. Children's Rights, Well-Being, and Sexual Agency. In *The Nature of Children's Well-Being*, vol 9, 1. Aufl., Hrsg. Alexander Bagattini, und Colin Macleod, 227–246. Dordrecht: Springer http://link.springer.com/10.1007/978-94-017-9252-3_14.

Brookes, Fiona, und Peter Kelly. 2009. *Dolly* Girls: Tweenies as Artefacts of Consumption. *Journal of Youth Studies* 12(6): 599–613. 10.1080/13676260902960745.

Brown, Jane D. 2002. Mass Media Influences on Sexuality. *Journal of Sex Research* 39(1): 42–45. 10.1080/00224490209552118.

Campbell, Christopher, Ashwini Mallappa, Amy B. Wisniewski, und Jane F. Silovsky. 2013. Sexual Behavior of Prepubertal Children. In *Handbook of Child and Adolescent Sexuality*, 1. Aufl., Hrsg. Daniel S. Bromberg and William T. O'Donohue, 145–170. Oxford: Academic Press http://linkinghub.elsevier.com/retrieve/pii/B9780123877598000064.

Cantón-Cortés, David, María Rosario Cortés, und José Cantón. 2012. The Role of Traumagenic Dynamics on the Psychological Adjustment of Survivors of Child Sexual Abuse. *European Journal of Developmental Psychology* 9(6): 665–680. 10.1080/17405629.2012.660789.

Carel, Havi, und Gita Györffy. 2014. Seen but Not Heard: Children and Epistemic Injustice. *The Lancet* 384(9950): 1256–1257. 10.1016/S0140-6736(14)61759-1.

Clark, Levina, und Marika Tiggemann. 2006. Appearance Culture in Nine- to 12-Year-Old Girls: Media and Peer Influences on Body Dissatisfaction. *Social Development* 15(4): 628–643. 10.1111/j.1467-9507.2006.00361.x.

Cohen, Judith A., und Anthony P. Mannarino. 2000. Predictors of Treatment Outcome in Sexually Abused Children. *Child Abuse & Neglect* 24(7): 983–994. 10.1016/S0145-2134(00)00153-8.

Cooley, Eric, Tamina Toray, Mei Chuan Wang, und Noreen N. Valdez. 2008. Maternal Effects on Daughters' Eating Pathology and Body Image. *Eating Behaviors* 9(1): 52–61. 10.1016/j.eatbeh.2007.03.001.

Cossins, Anne. 2000. *Masculinities, Sexualities, and Child Sexual Abuse*, 1. Aufl. The Hague/Boston, MA: Kluwer Law International.

Dangendorf, Sarah. 2012. *Kleine Mädchen und High Heels: über die visuelle Sexualisierung frühadoleszenter Mädchen*, 1. Aufl. Gender Studies (Bielefeld, Germany). Bielefeld: Transcript.

Daniels, E.A. 2009. Sex Objects, Athletes, and Sexy Athletes: How Media Representations of Women Athletes Can Impact Adolescent Girls and College Women. *Journal of Adolescent Research* 24(4): 399–422. 10.1177/0743558409336748.

Daversa, Maria T., und Raymond A. Knight. 2007. A Structural Examination of the Predictors of Sexual Coercion against Children in Adolescent Sexual Offenders. *Criminal Justice and Behavior* 34(10): 1313–1333. 10.1177 /0093854807302411.

de Graaf, Hanneke, und Jany Rademakers. 2006. Sexual Development of Prepubertal Children. *Journal of Psychology & Human Sexuality* 18(1): 1–21. 10.1300/J056v18n01_01.

de Graaf, Hanneke, Ine Vanwesenbeeck, Liesbeth Woertman, und Wim Meeus. 2011. Parenting and Adolescents' Sexual Development in Western Societies: A Literature Review. *European Psychologist* 16(1): 21–31. 10.1027/1016-9040/a000031.

Dill, Karen E., Brian P. Brown, und Michael A. Collins. 2008. Effects of Exposure to Sex-Stereotyped Video Game Characters on Tolerance of Sexual Harassment. *Journal of Experimental Social Psychology* 44(5): 1402–1408. 10.1016/j.jesp.2008.06.002.

Dixon, Rosalind, und Martha Nussbaum. 2011. Abortion, Dignity and a Capabilities Approach. University of Chicago Public Law Working Paper No. 345, Chicago, IL. http://www.law.uchicago.edu/files/file/345-rd-mn-abortion.pdf

Dunne, Michael P., David M. Purdie, Michelle D. Cook, Frances M. Boyle, und Jake M. Najman. 2003. Is Child Sexual Abuse Declining? Evidence from a Population-Based Survey of Men and Women in Australia. *Child Abuse & Neglect* 27(2): 141–152. 10.1016/S0145-2134(02)00539-2.

Egan, R. Danielle, und Gail L. Hawkes. 2008. Endangered Girls and Incendiary Objects: Unpacking the Discourse on Sexualization. *Sexuality & Culture* 12(4): 291–311. 10.1007/s12119-008-9036-8.

Elkovitch, Natasha, Robert D. Latzman, David J. Hansen, und Mary Fran Flood. 2009. Understanding Child Sexual Behavior Problems: A Developmental Psychopathology Framework. *Clinical Psychology Review* 29(7): 586–598. 10.1016/j.cpr.2009.06.006.

Esnard, Catherine, und Rafaele Dumas. 2013. Perceptions of Male Victim Blame in a Child Sexual Abuse Case: Effects of Gender, Age and Need for Closure. *Psychology, Crime & Law* 19(9): 817–844. 10.1080/1068316X.2012.700310.

Ey, Lesley-anne, und Elspeth McInnes. 2015. Sexualised Music Videos Broadcast on Australian Free-to-Air Television in Child-Friendly Time Periods. *Children Australia* 40(1): 58–68. 10.1017/cha.2014.39.

Fergusson, David M., Geraldine F.H. McLeod, und L. John Horwood. 2013. Childhood Sexual Abuse and Adult Developmental Outcomes: Findings from a 30-Year Longitudinal Study in New Zealand. *Child Abuse & Neglect* 37(9): 664–674. 10.1016/j.chiabu.2013.03.013.

Finkelhor, David. 2009. The Prevention of Childhood Sexual Abuse. *The Future of Children* 19(2): 169–194. 10.1353/foc.0.0035.

Finkelhor, David, und Angela Browne. 1985. The Traumatic Impact of Child Sexual Abuse: A Conceptualization. *American Journal of Orthopsychiatry* 55(4): 530–541. 10.1111/j.1939-0025.1985.tb02703.x.

Finkelhor, David, und Lisa Jones. 2012. *Have Sexual Abuse and Physical Abuse Declined Since the 1990s?* Durham, NH: Crimes Against Children Research Center.

Ford, Hannah. 2006. *Women Who Sexually Abuse Children*, 1. Aufl. The NSPCC/Wiley Series in Protecting Children. Chichester/Hoboken, NJ: Wiley.

Fortenberry, J. Dennis. 2013. Sexual Development in Adolescents. In *Handbook of Child and Adolescent Sexuality*, 1. Aufl., Hrsg. Daniel S. Bromberg und William T. O'Donohue, 171–192. Oxford: Academic Press http://linkinghub.elsevier.com/retrieve/pii/B9780123877598000076.

Gelles, R.J. 1992. Poverty and Violence toward Children. *American Behavioral Scientist* 35(3): 258–274. 10.1177/0002764292035003005.

Gill, Rosalind. 2012. Media, Empowerment and the 'Sexualization of Culture' Debates. *Sex Roles* 66(11–12): 736–745. 10.1007/s11199-011-0107-1.

Goodin, Samantha M., Alyssa Van Denburg, Sarah K. Murnen, und Linda Smolak. 2011. "Putting On" Sexiness: A Content Analysis of the Presence of Sexualizing Characteristics in Girls' Clothing. *Sex Roles* 65(1–2): 1–12. 10.1007/s11199-011-9966-8.

Goodman, Lisa A., Katya Fels Smyth, Angela M. Borges, und Rachel Singer. 2009. When Crises Collide: How Intimate Partner Violence and Poverty Intersect to Shape Women's Mental Health and Coping? *Trauma, Violence & Abuse* 10(4): 306–329. 10.1177/1524838009339754.

Goodyear-Brown, Paris, Abbe Fath, und Lori Myers. 2011. Child Sexual Abuse: The Scope of the Problem. In *Handbook of Child Sexual Abuse*, 1. Aufl., Hrsg. Paris Goodyear-Brown, 1–28. Hoboken, NJ: Wiley. http://doi.wiley.com/10.1002/9781118094822.ch1.

Graff, Kaitlin A., Sarah K. Murnen, und Anna K. Krause. 2013. Low-Cut Shirts and High-Heeled Shoes: Increased Sexualization across Time in Magazine Depictions of Girls. *Sex Roles* 69(11–12): 571–582. 10.1007/s11199-013-0321-0.

Gunter, Barrie. 2014. *Media and the Sexualization of Childhood*, 1. Aufl. London/New York, NY: Routledge.

Hald, Gert Martin, Lisette Kuyper, Philippe C.G. Adam, und John B.F. de Wit. 2013. Does Viewing Explain Doing? Assessing the Association between Sexually Explicit Materials Use and Sexual Behaviors in a Large Sample of Dutch Adolescents and Young Adults. *The Journal of Sexual Medicine* 10(12): 2986–2995. 10.1111/jsm.12157.

Harriger, Jennifer A., Rachel M. Calogero, David. C. Witherington, und Jane Ellen Smith. 2010. Body Size Stereotyping and Internalization of the Thin Ideal in Preschool Girls. *Sex Roles* 63(9–10): 609–620. 10.1007/s11199-010-9868-1.

Hartill, M. 2009. The Sexual Abuse of Boys in Organized Male Sports. *Men and Masculinities* 12(2): 225–249. 10.1177/1097184X07313361.

Hébert, Martine, Francine Lavoie, Christiane Piché, und Michèle Poitras. 2001. Proximate Effects of a Child Sexual Abuse Prevention Program in Elementary School Children☆,☆☆. *Child Abuse & Neglect* 25(4): 505–522. 10.1016/S0145-2134(01)00223-X.

Heiman, Marissa L., Sandra Leiblum, Susan Cohen Esquilin, und Laura Melendez Pallitto. 1998. A Comparative Survey of Beliefs about 'Normal' Childhood Sexual Behaviors. *Child Abuse & Neglect* 22(4): 289–304.

Helmer, Janet, Kate Senior, Belinda Davison, und Andrew Vodic. 2015. Improving Sexual Health for Young People: Making Sexuality Education a Priority. *Sex Education* 15(2): 158–171. 10.1080/14681811.2014.989201.

Herdt, Gilbert H. 1994. *Guardians of the Flutes: Idioms of Masculinity: With a New Preface*, 1. Aufl. Chicago, IL: University of Chicago Press.

Herrenkohl, Todd I., und Roy C. Herrenkohl. 2007. Examining the Overlap and Prediction of Multiple Forms of Child Maltreatment, Stressors, and Socioeconomic Status: A Longitudinal Analysis of Youth Outcomes. *Journal of Family Violence* 22(7): 553–562. 10.1007/s10896-007-9107-x.

Hirst, Julia. 2013. 'It's Got to Be about Enjoying Yourself': Young People, Sexual Pleasure, and Sex and Relationships Education. *Sex Education* 13(4): 423–436. 10.1080/14681811.2012.747433.

Hlavka, Heather R. 2014. Normalizing Sexual Violence: Young Women Account for Harassment and Abuse. *Gender & Society* 28(3): 337–358. 10.1177/0891243214526468.

Honneth, Axel. 2004. Organized Self-Realization: Some Paradoxes of Individualization. *European Journal of Social Theory* 7(4): 463–478. 10.1177/1368431004046703.

Hornor, Gail. 2010. Child Sexual Abuse: Consequences and Implications. *Journal of Pediatric Health Care* 24(6): 358–364. 10.1016/j.pedhc.2009.07.003.

Hughes, Ieuan A. 2001. Minireview: Sex Differentiation. *Endocrinology* 142(8): 3281–3287.

Ingham, Roger. 2005. 'We Didn't Cover That at School': Education against Pleasure or Education for Pleasure? *Sex Education* 5(4): 375–388. 10.1080/14681810500278451.

Irish, Leah, Ihori Kobayashi, und Douglas L. Delahanty. 2010. Long-Term Physical Health Consequences of Childhood Sexual Abuse: A Meta-Analytic Review. *Journal of Pediatric Psychology* 35(5): 450–461. 10.1093/jpepsy/jsp118.

Jewell, Jennifer A., und Christia Spears Brown. 2013. Sexting, Catcalls, and Butt Slaps: How Gender Stereotypes and Perceived Group Norms Predict Sexualized Behavior. *Sex Roles* 69(11–12): 594–604. 10.1007/s11199-013-0320-1.

Jongenelis, Michelle I., Susan M. Byrne, und Simone Pettigrew. 2014. Self-Objectification, Body Image Disturbance, and Eating Disorder Symptoms in Young Australian Children. *Body Image* 11(3): 290–302. 10.1016/j.bodyim.2014.04.002.

Katz-Wise, S.L., S.L. Budge, S.M. Lindberg, und J.S. Hyde. 2013. Individuation or Identification? Self-Objectification and the Mother-Adolescent Relationship. *Psychology of Women Quarterly* 37(3): 366–380. 10.1177/0361684312468425.

Kellogg, N. 2005. The Evaluation of Sexual Abuse in Children. *PEDIATRICS* 116(2): 506–512. 10.1542/peds.2005-1336.

Kenny, Maureen C., Vjolca Capri, R. Reena, Thakkar-Kolar, Erika E. Ryan, und Melissa K. Runyon. 2008. Child Sexual Abuse: From Prevention to Self-Protection. *Child Abuse Review* 17(1): 36–54. 10.1002/car.1012.

Kreager, Derek A., und Jeremy Staff. 2009. The Sexual Double Standard and Adolescent Peer Acceptance. *Social Psychology Quarterly* 72(2): 143–164. 10.1177/019027250907200205.

Lalor, Kevin, und Rosaleen McElvaney. 2010. Child Sexual Abuse, Links to Later Sexual Exploitation/High-Risk Sexual Behavior, and Prevention/Treatment Programs. *Trauma, Violence, & Abuse* 11(4): 159–177. 10.1177/1524838010378299.

Lamb, Sharon. 2010. Feminist Ideals for a Healthy Female Adolescent Sexuality: A Critique. *Sex Roles* 62(5–6): 294–306. 10.1007/s11199-009-9698-1.

———. 2013. Toward a Healthy Sexuality for Girls and Young Women: A Critique of Desire. In *The Sexualization of Girls and Girlhood*, 1. Aufl., Hrsg. Eileen L. Zurbriggen, und Tomi-Ann Roberts, 278–301. New York, NY: Oxford University Press.

Lamb, Sharon, und Zoë D. Peterson. 2012. Adolescent Girls' Sexual Empowerment: Two Feminists Explore the Concept. *Sex Roles* 66(11–12): 703–712. 10.1007/s11199-011-9995-3.

Larsson, Ingbeth. 2000. Differences and Similarities in Sexual Behaviour among Pre-Schoolers in Sweden and USA. *Nordic Journal of Psychiatry* 54(4): 251–257. 10.1080/080394800448110.

LaSala, Michael C. 2015. Condoms and Connection: Parents, Gay and Bisexual Youth, and HIV Risk. *Journal of Marital and Family Therapy* 41(4): 451–464. 10.1111/jmft.12088.

Lee, Joseph K.P., Henry J. Jackson, Pip Pattison, und Tony Ward. 2002. Developmental Risk Factors for Sexual Offending. *Child Abuse & Neglect* 26(1): 73–92. 10.1016/S0145-2134(01)00304-0.

Lemieux, Suzanne R., und E. Sandra Byers. 2008. The Sexual Well-Being of Women Who have Experienced Child Sexual Abuse. *Psychology of Women Quarterly* 32(2): 126–144. 10.1111/j.1471-6402.2008.00418.x.

Lerum, Kari, und Shari L. Dworkin. 2009. "Bad Girls Rule": An Interdisciplinary Feminist Commentary on the Report of the APA Task Force on the Sexualization of Girls. *Journal of Sex Research* 46(4): 250–263. 10.1080/00224490903079542.

Luder, Marie-Thérèse, Isabelle Pittet, André Berchtold, Christina Akré, Pierre-André Michaud, und Joan-Carles Surís. 2011. Associations between Online Pornography and Sexual Behavior among Adolescents: Myth or Reality? *Archives of Sexual Behavior* 40(5): 1027–1035. 10.1007/s10508-010-9714-0.

Maniglio, Roberto. 2013. Child Sexual Abuse in the Etiology of Anxiety Disorders: A Systematic Review of Reviews. *Trauma, Violence, & Abuse* 14(2): 96–112. 10.1177/1524838012470032.

McCloskey, Laura Ann, und Jennifer A. Bailey. 2000. The Intergenerational Transmission of Risk for Child Sexual Abuse. *Journal of Interpersonal Violence* 15(10): 1019–1035. 10.1177/088626000015010001.

McKenney, Sarah J., und Rebecca S. Bigler. 2014. High Heels, Low Grades: Internalized Sexualization and Academic Orientation among Adolescent Girls. *Journal of Research on Adolescence*, October. 10.1111/jora.12179.

McKenney, S.J., und R.S. Bigler. 2016. Internalized Sexualization and Its Relation to Sexualized Appearance, Body Surveillance, and Body Shame among Early Adolescent Girls. *The Journal of Early Adolescence* 36(2): 171–197. 10.1177/0272431614556889.

McLaren, Helen Jaqueline. 2013. (Un)-Blaming Mothers Whose Partners Sexually Abuse Children: In View of Heteronormative Myths, Pressures and Authorities: (Un)-Blaming Mothers. *Child & Family Social Work* 18(4): 439–448. 10.1111/j.1365-2206.2012.00863.x.

Melrose, Margaret, und Jenny Pearce (Hrsg). 2013. *Critical Perspectives on Child Sexual Exploitation and Related Trafficking*, 1. Aufl. Basingstoke: Palgrave Macmillan.

Meston, Cindy M., Alessandra H. Rellini, und Julia R. Heiman. 2006. Women's History of Sexual Abuse, Their Sexuality, and Sexual Self-Schemas. *Journal of Consulting and Clinical Psychology* 74(2): 229–236. 10.1037/0022-006X.74.2.229.

Miller, Audrey K., Keith D. Markman, und Ian M. Handley. 2007. Self-Blame among Sexual Assault Victims Prospectively Predicts Revictimization: A Perceived Sociolegal Context Model of Risk. *Basic and Applied Social Psychology* 29(2): 129–136. 10.1080/01973530701331585.

Najman, Jake M., Michael P. Dunne, David M. Purdie, Francis M. Boyle, und Peter D. Coxeter. 2005. Sexual Abuse in Childhood and Sexual Dysfunction in Adulthood: An Australian Population-Based Study. *Archives of Sexual Behavior* 34(5): 517–526. 10.1007/s10508-005-6277-6.

Noll, Jennie G. 2005. Does Childhood Sexual Abuse Set in Motion a Cycle of Violence Against Women?: What We Know and What We Need to Learn. *Journal of Interpersonal Violence* 20(4): 455–462. 10.1177/0886260504267756.

Paine, Mary L., und David J. Hansen. 2002. Factors Influencing Children to Self-Disclose Sexual Abuse. *Clinical Psychology Review* 22(2): 271–295. 10.1016/S0272-7358(01)00091-5.

Papadopoulos, Linda. 2010. *Sexualisation of Young People*. London: Home Office http://webarchive.nationalarchives.gov.uk/+/http:/www.homeoffice.gov.uk/documents/sexualisation-of-young-people.pdf.

Pardun, Carol J., Kelly Ladin L'Engle, und Jane D. Brown. 2005. Linking Exposure to Outcomes: Early Adolescents' Consumption of Sexual Content in Six Media. *Mass Communication and Society* 8(2): 75–91. 10.1207/s15327825mcs0802_1.

Polusny, Melissa A., und Victoria M. Follette. 1995. Long-Term Correlates of Child Sexual Abuse: Theory and Review of the Empirical Literature. *Applied and Preventive Psychology* 4(3): 143–166. 10.1016/S0962-1849(05) 80055-1.

Priebe, Gisela, und Carl Göran Svedin. 2008. Child Sexual Abuse is Largely Hidden from the Adult Society. *Child Abuse & Neglect* 32(12): 1095–1108. 10.1016/j.chiabu.2008.04.001.

Purcell, Natalie J., und Eileen Zurbriggen. 2013. The Sexualization of Girls and Gendered Violence: Mapping the Connections. In *The Sexualization of Girls and Girlhood*, 1. Aufl., Hrsg. Eileen L. Zurbriggen und Tomi-Ann Roberts. New York, NY: Oxford University Press.

Purvis, Mayumi, und Tony Ward. 2006. The Role of Culture in Understanding Child Sexual Offending: Examining Feminist Perspectives. *Aggression and Violent Behavior* 11(3): 298–312. 10.1016/j.avb.2005.08.006.

Quiles Marcos, Y., M.J. Quiles Sebastián, L. Pamies Aubalat, J. Botella Ausina, und J. Treasure. 2013. Peer and Family Influence in Eating Disorders: A Meta-Analysis. *European Psychiatry* 28(4): 199–206. 10.1016/j.eurpsy. 2012.03.005.

Roberts, Tomi-Ann, und Eileen L. Zurbriggen. 2013. The Problem of Sexualization: What is It and How Does it Happen? In *The Sexualization of Girls and Girlhood*, 1. Aufl., Hrsg. Eileen L. Zurbriggen und Tomi-Ann Roberts, 3–21. New York, NY: Oxford University Press.

Robinson, Kerry H. 2005. Reinforcing Hegemonic Masculinities through Sexual Harassment: Issues of Identity, Power and Popularity in Secondary Schools. *Gender and Education* 17(1): 19–37. 10.1080/0954025042000301285.

Savin-Williams, Ritch C., und Kara Joyner. 2014. The Dubious Assessment of Gay, Lesbian, and Bisexual Adolescents of Add Health. *Archives of Sexual Behavior* 43(3): 413–422. 10.1007/s10508-013-0219-5.

Schweiger, Gottfried, und Gunter Graf. 2015. *A Philosophical Examination of Social Justice and Child Poverty*, 1. Aufl. Basingstoke: Palgrave Macmillan http://www.palgraveconnect.com/doifinder/10.1057/9781137426024.

Smith, Clarissa, und Feona Attwood. 2011. Lamenting Sexualization: Research, Rhetoric and the Story of Young People's 'Sexualization' in the UK Home Office Review. *Sex Education* 11(3): 327–337. 10.1080/14681811.2011.590314.

Starr, Christine R., und Gail M. Ferguson. 2012. Sexy Dolls, Sexy Grade-Schoolers? Media & Maternal Influences on Young Girls' Self-Sexualization. *Sex Roles* 67(7–8): 463–476. 10.1007/s11199-012-0183-x.

Stirpe, Tania S., und Lana E. Stermac. 2003. An Exploration of Childhood Victimization and Family-of-Origin Characteristics of Sexual Offenders against Children. *International Journal of Offender Therapy and Comparative Criminology* 47(5): 542–555. 10.1177/0306624X03253316.

Stoltenborgh, Marije, Marinus H. van IJzendoorn, Eveline M. Euser, und Marian J. Bakermans-Kranenburg. 2011. A Global Perspective on Child Sexual Abuse: Meta-Analysis of Prevalence around the World. *Child Maltreatment* 16(2): 79–101. 10.1177/1077559511403920.

Suarez, Eliana, und Tahany M. Gadalla. 2010. Stop Blaming the Victim: A Meta-Analysis on Rape Myths. *Journal of Interpersonal Violence* 25(11): 2010–2035. 10.1177/0886260509354503.

Teschl, Miriam, und Flavio Comim. 2005. Adaptive Preferences and Capabilities: Some Preliminary Conceptual Explorations. *Review of Social Economy* 63(2): 229–247. 10.1080/00346760500130374.

Tiggemann, Marika. 2006. The Role of Media Exposure in Adolescent Girls' Body Dissatisfaction and Drive for Thinness: Prospective Results. *Journal of Social and Clinical Psychology* 25(5): 523–541. 10.1521/jscp.2006.25. 5.523.

Tiggemann, Marika, und Amy Slater. 2015. The Role of Self-Objectification in the Mental Health of Early Adolescent Girls: Predictors and Consequences. *Journal of Pediatric Psychology* 40(7): 704–711. 10.1093/jpepsy/jsv021.

Tolman, Deborah L. 2012. Female Adolescents, Sexual Empowerment and Desire: A Missing Discourse of Gender Inequity. *Sex Roles* 66(11–12): 746–757. 10.1007/s11199-012-0122-x.

Tolman, Deborah L., und Sara I. McClelland. 2011. Normative Sexuality Development in Adolescence: A Decade in Review, 2000–2009. *Journal of Research on Adolescence* 21(1): 242–255. 10.1111/j.1532-7795.2010.00726.x.

Trickett, Penelope K., Jennie G. Noll, und Frank W. Putnam. 2011. The Impact of Sexual Abuse on Female Development: Lessons from a Multigenerational, Longitudinal Research Study. *Development and Psychopathology* 23(2): 453–476. 10.1017/S0954579411000174.

Vandenbosch, Laura, und Steven Eggermont. 2013. Sexualization of Adolescent Boys: Media Exposure and Boys' Internalization of Appearance Ideals, Self-Objectification, and Body Surveillance. *Men and Masculinities* 16(3): 283–306. 10.1177/1097184X13477866.

Van Ouytsel, Joris, Koen Ponnet, und Michel Walrave. 2014. The Associations between Adolescents' Consumption of Pornography and Music Videos and Their Sexting Behavior. *Cyberpsychology, Behavior, and Social Networking* 17(12): 772–778. 10.1089/cyber.2014.0365.

Vitiello, Michael. 2008. Punishing Sex Offenders: When Good Intentions Go Bad. *Arizona State Law Journal* 40(2): 651–690.

Walker-Descartes, Ingrid, Yvette M. Sealy, Danielle Laraque, und Mary Rojas. 2011. Caregiver Perceptions of Sexual Abuse and Its Effect on Management after a Disclosure. *Child Abuse & Neglect* 35(6): 437–447. 10.1016/j.chiabu.2011.02.003.

Ward, L. Monique. 2003. Understanding the Role of Entertainment Media in the Sexual Socialization of American Youth: A Review of Empirical Research. *Developmental Review* 23(3): 347–388. 10.1016/S0273-2297(03)00013-3.

Welles, Caitlin E. 2005. Breaking the Silence Surrounding Female Adolescent Sexual Desire. *Women & Therapy* 28(2): 31–45. 10.1300/J015v28n02_03.

WHO. 2006. *Defining Sexual Health: Report on Technical Consultation on Sexual Health*. Geneva: WHO http://www.who.int/reproductivehealth/publications/sexual_health/defining_sexual_health.pdf.

Wilson, Debra Rose. 2010. Health Consequences of Childhood Sexual Abuse. *Perspectives in Psychiatric Care* 46(1): 56–64. 10.1111/j.1744-6163. 2009.00238.x.

Zhang, Xiaolu. 2010. Charging Children with Child Pornography—Using the Legal System to Handle the Problem of "Sexting". *Computer Law & Security Review* 26(3): 251–259. 10.1016/j.clsr.2010.03.005.

Körper und Gewalt

5

In diesem Kapitel werden wir einen genaueren Blick auf einige Formen von Gewalt werfen, die im Leben von Kindern vorkommen, insbesondere auf körperliche Misshandlung innerhalb der Familie und Gewalt zwischen Gleichaltrigen. Solche Gewalt wird weithin als Verletzung der körperlichen Integrität von Kindern angesehen, da sie beide Formen einer beabsichtigten und schädlichen Einmischung in den Körper eines Kindes gegen seinen oder ihren Willen darstellen. Schätzungen stehen jedoch vor dem Problem, dass das, was als körperliche Misshandlung gilt, zwischen Kulturen und Gesellschaften unterschiedlich ist. Dies spiegelt sich auch in der Gesetzgebung verschiedener Staaten wider, von denen einige sehr restriktiv in Bezug auf Gewalt gegen Kinder sind, während andere Eltern eine breite Palette erlaubter Formen von körperlicher Bestrafung einräumen. Wir werden unsere Untersuchung damit beginnen, das Konzept der körperlichen Misshandlung und seine Verbindung zur körperlichen Bestrafung und zur körperlichen Gewalt im Allgemeinen zu diskutieren. Dann werden wir unsere Aufmerksamkeit auf innerfamiliäre körperliche Misshandlung und deren Folgen für die Fähigkeiten der körperlichen Integrität und die damit verbundenen Verantwortlichkeiten, insbesondere des Staates und der Eltern, richten. Anschließend werden wir Gewalt zwischen Gleichaltrigen, deren Auswirkungen und Möglichkeiten der Prävention untersuchen.

Vorher möchten wir jedoch zwei allgemeine Bemerkungen zur Gewalt gegen Kinder machen. Erstens, wie wir zeigen werden, nimmt die Gewalt gegen Kinder in wohlhabenden Gesellschaften glücklicherweise ab. Die Gründe dafür sind vielfältig, einschließlich Gesetzen und Vorschriften gegen körperliche Bestrafung, sich ändernden Einstellungen und Normen oder einer allgemeinen Skepsis gegenüber Gewalt als Form der Konfliktlösung oder dem Anstieg des allgemeinen Wohlstandsniveaus. Auch wenn wir die wichtigen Unterschiede zwischen wohlhabenden Ländern anerkennen, insbesondere die Unterschiede in vielen Aspekten zwischen den USA und den meisten europäischen Ländern, sind solche positiven

G. Graf und G. Schweiger, *Ethik der körperlichen Integrität von Kindern,* Kindheit – Bildung – Erziehung. Philosophische Perspektiven,
https://doi.org/10.1007/978-3-031-75277-3_5

Entwicklungen mehr oder weniger allgegenwärtig und gehen Hand in Hand mit einer veränderten Wahrnehmung der Kindheit und des moralischen und politischen Status von Kindern im Allgemeinen, die wir im zweiten Kapitel dieses Buches untersucht haben. Wenn Kinder als besonders verletzlich und schutzbedürftig angesehen werden und gleichzeitig als Träger:innen bestimmter Rechte respektiert werden, wird Gewalt gegen Kinder, die bis vor wenigen Jahrzehnten als irgendwie normal angesehen wurde, inakzeptabel. Trotz dieser positiven Entwicklungen sind wir noch weit davon entfernt, das Ziel der Gerechtigkeit zu erreichen, dass die körperliche Integrität jedes einzelnen Kindes so geschützt wird, dass sie gewaltfrei aufwachsen. Zu viele Kinder erleben Gewalt in der Familie und werden dadurch von denen verraten und verletzt, die sie lieben, für sie sorgen und sie schützen sollten, und auch außerhalb der Familie bestehen alte Formen der Gewalt fort und neue entstehen. Wir werden uns auf körperliche Gewalt konzentrieren, aber es ist unzweifelhaft, dass technologische Entwicklungen wie Mobiltelefone, das Internet und soziale Medien die technische Basis für neue Formen von psychischer Gewalt und Mobbing bieten, die schwerwiegende Folgen haben können, die oft auch zu körperlicher Gewalt führen, die von den Opfern an sich selbst ausgeübt wird, einschließlich Suizid und selbstverletzendem Verhalten (siehe zum Beispiel Daine et al. 2013; Wade und Beran 2011). Darüber hinaus müssen wir anerkennen, dass zur Beendigung der Gewalt gegen Kinder die sozialen Faktoren berücksichtigt werden müssen, die ihre Verbreitung und Formen beeinflussen. Es gibt erhebliche Belege dafür, dass innerfamiliäre Gewalt gegen Kinder mit Formen von Stress und benachteiligten sozialen Bedingungen wie Arbeitslosigkeit oder Armut verbunden ist, obwohl diese Erkenntnisse auch Unterschiede basierend auf Geschlecht oder Ethnie zeigen (Brooks-Gunn et al. 2013; Conrad-Hiebner und Scanlon 2015). Gewalt zwischen Kindern sowie andere Formen von Gewalt, denen sie außerhalb der Familie begegnen, werden ebenfalls von solchen sozialen Faktoren beeinflusst (zum Beispiel McAra und McVie 2016; Hong und Espelage 2012), und Kinder sind sich dieser widrigen Bedingungen, die sie umgeben, oft bewusst (de Carvalho 2013). Es ist daher wichtig sicherzustellen, dass Kinder nicht in gewalttätigen Nachbarschaften ohne echte Chancen und Hoffnungen aufwachsen und den Kreislauf der Gewalt zu durchbrechen, der aus solchen widrigen Lebensbedingungen entstehen kann. Man sollte auch nicht vergessen, dass das Geschlecht eine entscheidende Kategorie ist, um Gewalt während der Kindheit zu verstehen (zum Beispiel Jewkes et al. 2015).

Zweitens möchten wir auch anerkennen, dass im globalen Maßstab die meiste Gewalt gegen Kinder in Entwicklungsländern stattfindet, wo Armut und Entbehrung weit verbreitet und schwerwiegend sind (Hillis et al. 2016; Meinck et al. 2015). Besonders besorgniserregend ist auch die Aussetzung von Kindern gegenüber Gewalt in Form von (Bürger-)Kriegen oder anhaltendem Terrorismus. Kinder sind besonders verletzlich gegenüber solchen Bedrohungen und haben nur sehr begrenzte Möglichkeiten, sich selbst zu schützen und ihr Wohlergehen und ihre Wohlentwicklung zu sichern. Zum Beispiel schätzte UNICEF im Februar 2016, dass etwa sechs Millionen Kinder allein vom Krieg in Syrien betroffen waren und dass fast 2,5 Mio. Kinder auf die Registrierung als Flüchtlinge warten (http://childrenofsyria.info.). World Vision berichtete im März 2016, dass etwa 12.000 Kinder in Syrien getötet wurden (https://www.worldvision.org/wv/news/Syria-war-refugee-crisis-FAQ.), während viele weitere verwundet wurden. Seit dem Ausbruch des Konflikts wurden insgesamt über 250.000 Menschen getötet und über eine Million verletzt. Weltweit werden immer noch Hunderttausende Kinder gezwungen, als Soldaten zu kämpfen, mit schweren traumatischen Erfahrungen, geschlagen und mit dem Tod bedroht, wenn sie nicht kämpfen, und sind in unmittelbarer Gefahr, verletzt oder getötet zu werden (Özerdem und Podder 2011). Unser Buch konzentriert sich auf die körperliche Integrität von Kindern, die in wohlhabenden Gesellschaften leben, aber wir sollten nicht vergessen, dass Schutzsysteme in vielen Ländern praktisch fehlen und dass Ungerechtigkeiten gegen Kinder weltweit vorherrschen.

5.1 Das Konzept des körperlichen Missbrauchs und der körperlichen Bestrafung

Eine weite Definition von körperlichem Missbrauch wird ihn als jede Handlung charakterisieren, die beabsichtigt, einem Kind körperlichen Schaden zuzufügen, unabhängig davon, ob dieser Schaden tatsächlich eintritt.[1] Dies würde eine breite Palette von Eingriffen in die körperliche Integrität von Kindern als körperlichen Missbrauch umfassen, einschließlich Schlagen, Ohrfeigen, Hauen, Würgen, Verbrennen oder Stechen eines Kindes, das Werfen von Gegenständen oder das Schubsen eines Kindes auf den Boden oder gegen andere Objekte. Drei Fragen stellen sich: Die erste bezieht sich auf die Absicht der handelnden Person, die zweite darauf, ob tatsächlicher Schaden notwendig ist, um körperlichen Missbrauch zu konstituieren, und die dritte darauf, ob einige Handlungen, die unter diese Definition fallen, gerechtfertigt sein können.

Erstens ist in vielen Fällen die Absicht, das Kind zu verletzen, eindeutig gegeben, zum Beispiel wenn eine Mutter ihr Kind als Form der Bestrafung schlägt. In einigen Fällen könnte jedoch die wahre Absicht nicht darin bestehen, das Kind zu verletzen, sondern etwas anderes zu erreichen, zum Beispiel wenn eine Mutter ihrem Kind einen Klaps gibt, um es davon abzuhalten, die Herdplatte zu berühren. Der körperliche Schmerz, der dem Kind zugefügt wird, ist keine Form der Bestrafung, sondern dient dem Schutz des Kindes. Diese Absichten sind offensichtlich etwas unterschiedlich. In anderen Fällen könnte der körperliche Schaden völlig unbeabsichtigt sein, basierend auf Unwissenheit oder tragischen Umständen, zum Beispiel wenn ein Vater nicht weiß, dass das Schütteln des Babys schlecht für die Gesundheit des Babys ist oder wenn ein Kind in einen Autounfall verwickelt ist. Der erste Fall des geschüttelten Babys wird sicherlich als körperlicher Missbrauch betrachtet werden; der Autounfall, obwohl er schwere oder sogar tödliche Folgen haben kann, wird nicht als solcher Fall betrachtet.

[1] Zum Beispiel definiert die U.S. National Library of Medicine es so: „Körperlicher Kindesmissbrauch liegt vor, wenn eine Person ein Kind körperlich verletzt. Der Missbrauch ist kein Unfall". https://www.nlm.nih.gov/medlineplus/ency/article/001552.htm

Zweitens haben wir in unserem ersten Ansatz zu körperlichem Missbrauch eingeschlossen, dass es keinen Unterschied macht, ob das Kind tatsächlich körperlich verletzt wird oder ob dies nur beabsichtigt war. Wir denken, dass es gute Gründe dafür gibt, erkennen aber auch Gründe dagegen an. Zum Beispiel, wenn ein Elternteil einen Gegenstand auf ein Kind wirft, es aber nicht trifft, möchten wir dies nicht aus unserem Konzept des körperlichen Missbrauchs ausschließen. Ebenso haben Kinder unterschiedliche Widerstandsfähigkeitsniveaus und auch Schmerzschwellen, was bedeutet, dass eine Ohrfeige von einem Kind als sehr schädlich empfunden werden kann, von einem anderen Kind jedoch nicht. In beiden Fällen ist die Absicht, das Kind mit körperlicher Gewalt zu verletzen, offensichtlich.

Drittens stehen wir vor ernsthaften konzeptionellen Problemen in Bezug auf die Frage, ob einige Arten von beabsichtigtem oder unbeabsichtigtem körperlichem Schaden gegen Kinder gerechtfertigt sein können oder nicht. Wenn ein Kind in Gefahr ist, von einem Auto angefahren zu werden, scheint es gerechtfertigt, ja sogar gefordert, dieses Kind zu schützen, indem man es aus dem Weg des Autos schubst, selbst wenn dies einige Prellungen oder Knochenbrüche bedeutet. Ebenso ist klar, dass eine Operation, die körperlichen Schaden und Schmerzen für das Kind beinhaltet, gerechtfertigt ist, wenn sie die Gesundheit insgesamt fördert oder eine Krankheit heilt. Es gibt auch eine weitreichende Debatte, auch unter Philosoph:innen (Lenta 2012), darüber, ob körperliche Bestrafung immer moralisch schlecht ist oder ob sie einige positive Konsequenzen haben kann. Ein Großteil dieser Debatte dreht sich um empirische Unsicherheiten über die Auswirkungen milder Formen der körperlichen Bestrafung, die noch nicht vollständig geklärt sind (Clark 2004). Tatsache ist, dass in einigen Gesellschaften körperliche Bestrafung weit verbreitet und praktiziert wird, wie in den USA, wo einige Studien sagen, dass bis zu 90 % der kleinen Kinder auf diese Weise bestraft werden (Schlagen oder Ohrfeigen), während in anderen Ländern wie Schweden alle Formen der körperlichen Bestrafung illegal sind und nur etwa 15 % der Kinder von ihren Eltern körperlich bestraft werden (Zolotor et al. 2008; Annerbäck et al. 2010). Diese Unterschiede beeinflussen offensichtlich die Daten zur Häufigkeit von körperlichem Missbrauch, da etwas, das in den USA als normale Erziehung angesehen wird, in Schweden und anderswo als missbräuchlich gemeldet würde. Im Allgemeinen glauben wir, dass das Argument gegen körperliche Bestrafung ein starkes ist und dass der Staat sie nicht zulassen sollte, aber wir werden später auf unsere Argumente dafür zurückkommen.

Basierend auf diesen Beobachtungen, wie sollte körperlicher Missbrauch definiert werden, um ihn als Verletzung der Fähigkeit der körperlichen Integrität zu erfassen? Wir möchten eine Antwort vorschlagen, die auf drei Grundlagen beruht: Erstens, wie wir anhand von Beweisen zeigen werden, haben fast alle Formen von körperlicher Gewalt einige negative Auswirkungen auf Kinder, und es wäre sicherlich besser, wenn jedes Kind ohne jegliche Erfahrungen von Schaden durch körperliche Gewalt aufwachsen könnte. Leider ist dies in der realen Welt nicht möglich, da Kinder Unfälle haben und krank werden, Operationen oder andere medizinische Behandlungen erhalten, die schädlich sind. Aber solche schädlichen

Ereignisse sollten auf das größtmögliche Maß beschränkt werden und nur auftreten, wenn es unvermeidlich ist oder das Wohlergehen und die Wohlentwicklung der Kinder erhöht. Das ist eindeutig der Fall bei Operationen, aber wir denken, dass es nicht für körperliche Bestrafung gilt und auch nicht für das Schlagen durch ein anderes Kind. Zweitens, die Absicht spielt eine Rolle, aber wir müssen auch Fahrlässigkeit einbeziehen. Kindlicher körperlicher Missbrauch muss nicht das Ergebnis der Absicht sein, dem Kind zu schaden, sondern kann auch vorliegen, wenn eine Person fahrlässig handelt und es versäumt hat, sich ausreichend Wissen darüber anzueignen, wie man ein Kind richtig behandelt. Das ist sicherlich ein Kriterium mit etwas unscharfen Grenzen, aber wir denken, dass es dennoch nützlich ist. Nehmen Sie zum Beispiel das Schütteltrauma-Syndrom, das die schweren Folgen für das Gehirn eines Babys beschreibt, die durch heftiges Schütteln verursacht werden (Duhaime et al. 1998). Es kann vernünftigerweise erwartet werden, dass ein Vater oder eine Mutter aufgrund des gesunden Menschenverstands von solchen Handlungen absieht. In jedem Fall hat er:sie die Pflicht, sich über die möglichen Folgen eines solchen Verhaltens zu informieren; dies nicht zu tun, ist eine Form von Fahrlässigkeit. Im Allgemeinen sollten Eltern Gesundheitsfachleute konsultieren, bevor sie ernsthafte Entscheidungen über die kindliche Gesundheit treffen. Drittens, körperlicher Missbrauch im Sinne, wie wir ihn hier betrachten, ist auf Handlungen beschränkt, die von anderen ausgeführt werden, und umfasst keine Vernachlässigung. Es gibt auch Grenzfälle für diese Unterscheidung, zum Beispiel wenn ein Kind sich selbst verletzt, aber nicht von seinen Eltern geholfen wird, aber der überwiegende Teil der Fälle von körperlichem Missbrauch bezieht sich auf Handlungen, die von Eltern absichtlich ausgeführt werden, um dem Kind zu schaden. Kindesvernachlässigung ist ein ernstes Problem und gefährdet das Wohlergehen und die Wohlentwicklung von Kindern in vielen verschiedenen Dimensionen, einschließlich ihrer Fähigkeit der körperlichen Integrität, aber in diesem Buch werden wir diese Themen nicht behandeln, wie zum Beispiel ein Kind für längere Zeit allein zu lassen, es nicht richtig zu ernähren oder zu waschen oder Krankheiten und Leiden, die ein Kind hat, zu ignorieren (Kerfoot et al. 2007).

Diese Überlegungen schließen nicht alle Handlungen aus, die Kindern körperlichen Schaden zufügen, weil das für sie gefährlich wäre und ihre körperliche Integrität bedrohen würde, da es verlangen würde, auf Handlungen zu verzichten, die ihnen zugutekommen. Auch scheinen einige Formen von körperlichen Verletzungen Teil des Lebens von Kindern zu sein, zum Beispiel Prellungen vom Fußballspielen oder Wandern durch den Wald oder Raufereien mit Gleichaltrigen. Solche Verletzungen sind kein körperlicher Kindesmissbrauch, und sie sind auch, wie wir argumentieren würden, keine Formen der Vernachlässigung, die eine Regulierung durch den Staat erfordern. Aber wir sind auch sehr zurückhaltend zu folgern, dass das Schlagen eines Kindes als Form der körperlichen Bestrafung zu solchen eher harmlosen Aktivitäten gehört oder dass es sogar vorteilhaft ist, wie seine Verteidiger:innen argumentieren. Dies ist eine Frage sowohl empirischer Beweise über die Auswirkungen körperlicher Bestrafung, selbst in ihren milden Formen, als auch normativer Werte, und wir werden dieses Thema in Kürze erneut aufgreifen.

Zwei weitere Punkte sind für uns wichtig, weil sie in vielen, wenn nicht den meisten Fällen von körperlichem Missbrauch vorkommen: Erstens, körperlicher Missbrauch geschieht fast immer zwischen einem Kind und einem Elternteil und ist somit in einen Kontext von Abhängigkeit und ungleichen Machtverhältnissen eingebettet. Zweitens beinhaltet körperlicher Missbrauch Elemente der Demütigung, Beschämung und Erniedrigung. Eltern sind ihren Kindern in physischer, sozialer, kognitiver und auch rechtlicher Hinsicht überlegen. Sie sind diejenigen, die entscheiden, warum, wann, wo und wie ein Kind missbraucht wird, und das missbrauchte Kind hat sehr wenig Macht, um irgendeine dieser Komponenten zu ändern. Wir werden später sehen, dass diese Machtlosigkeit erhebliche Auswirkungen auf Kinder hat, aber hier ist es ein wichtiger konzeptioneller Punkt, weil es körperlichen Missbrauch in gewissem Maße von anderen Formen von Gewalt im Leben von Kindern unterscheidet. Besonders die Abhängigkeit der Kinder von ihren Eltern und die Tatsache, dass sie oft nicht wissen, an wen sie sich wenden können, ist entscheidend. Körperlicher Missbrauch, wie alle anderen Formen von Misshandlung innerhalb der Familie, wird durch die Macht der Eltern als Eltern – und als solche von den Behörden anerkannt – ermöglicht und weil ihre Kinder ihnen gegenüber so verletzlich sind, eine Verletzlichkeit, die von den Eltern verlangt, dass sie ihre Verantwortung gegenüber dem Kind erfüllen, die sie aber keinesfalls ausnutzen sollten. Wir haben im zweiten Kapitel argumentiert, dass elterliche Rechte auf ihren Pflichten und Verantwortungen gegenüber der Erfüllung von Gerechtigkeit basieren, auf die ihre Kinder Anspruch haben, und körperlicher Missbrauch ist eine grobe Verletzung davon, weil elterliche Rechte – im Falle von körperlicher Bestrafung – und der Schutz der Privatsphäre der Familie gegen Kinder verwendet werden und ihre Fähigkeit der körperlichen Integrität verringern. Dies ist nicht immer der Fall, und nicht alle Eltern, die ihre Kinder missbrauchen, wollen einen so breiten negativen Effekt erzielen; vielmehr denken sie – fälschlicherweise aus unserer Sicht – dass körperlicher Schmerz einen erzieherischen Wert hat. Andererseits unterscheidet sich körperlicher Missbrauch von psychischem oder emotionalem Missbrauch, obwohl sie oft zusammen auftreten, aber körperlicher Missbrauch hat immer Auswirkungen sowohl auf den Körper als auch auf den Geist; tatsächlich ist der psychische Schaden oft viel schwerwiegender und schwieriger zu heilen. Darüber hinaus betreffen die meisten Fälle von körperlichem Missbrauch nicht nur den Geist und das Selbst des Kindes, sondern viele Täter:innen nutzen den körperlichen Missbrauch auch absichtlich, um das Kind zu unterwerfen oder sogar zu erniedrigen und zu demütigen und sich selbst als mächtig und kontrollierend zu etablieren. Ein sinnvolles Konzept von körperlichem Missbrauch muss dies berücksichtigen, und seine ethische Bewertung kann sich nicht nur auf die physische Seite des Missbrauchs konzentrieren. Wir müssen einen Blick auf die Einbettung des körperlichen Missbrauchs werfen: die Familie, die ein Raum des Schutzes und des Vertrauens sein sollte; den Täter:innen und deren Beziehung zum Kind, als jemand, denen das Kind vertraut, die für seine Erziehung verantwortlich sind und daher mächtiger sind; und auch die Absichten der Täter:innen, ob die Tat eine Disziplinarmaßnahme, Bestrafung, reine Aggression ist und ob sie auch dazu gedacht ist, dem Kind mental zu schaden. In der empirischen Forschung zu körperlichem Missbrauch ist es oft nicht möglich, diese Fragen zu beantworten, insbesondere in Bezug auf die Absichten.

5.1.1 Die Auswirkungen von körperlichem Missbrauch auf die Gesundheit, Handlungsfähigkeit und Selbstbeziehungen von Kindern

Körperlicher Missbrauch von Kindern in der Familie ist ein weit erforschtes Thema, und daher gibt es viele Daten. Dennoch weist dieses Wissen Lücken und Probleme auf. Ein Problem ist, dass Studien in verschiedenen Ländern durchgeführt werden können und daher unterschiedliche Definitionen von körperlichem Missbrauch verwenden, wie zum Beispiel den Ausschluss solcher Formen von körperlichem Missbrauch, die legale Formen der körperlichen Bestrafung sind und daher per Definition in diesem Land keine Formen des Missbrauchs darstellen. Das ist besonders wichtig für die USA, wie wir bereits erwähnt haben. Diese Lücke kann teilweise geschlossen werden, indem man sich auf Studien bezieht, die explizit die Auswirkungen von körperlicher Bestrafung untersuchen. Studien in Ländern, in denen körperliche Bestrafung illegal ist, verwenden in der Regel breitere Definitionen von körperlichem Missbrauch. Ein zweites Problem ist, dass bei allen Forschungen, die in die Privatsphäre der Familie eindringen, einige Forscher:innen eine hohe Anzahl unbekannter und nicht gemeldeter Fälle vermuten, bei denen Eltern sowie Kinder zögern, den körperlichen Missbrauch offenzulegen. Eine ähnliche Unsicherheit tritt in einigen retrospektiven Studien auf, die auf den Erinnerungen älterer Kinder oder Erwachsener basieren, die ungenau sein können. Ein drittes Problem bezieht sich auf die Erforschung der Auswirkungen von körperlichem Kindesmissbrauch, da im Falle von psychischem Schaden die kausale Beziehung nicht immer klar und eindeutig ist, insbesondere bei milderen Formen des Missbrauchs; einige Studien zeigen wenig oder keine Wirkung, während andere argumentieren, dass diese Formen des Missbrauchs dennoch schwerwiegende Auswirkungen haben können. Dies sind die Unsicherheiten, mit denen jede ethische und gerechtigkeitsbasierte Bewertung unter nicht-idealen und realen Umständen umgehen muss.

Eine Studie über die Häufigkeit von körperlichem Missbrauch während der Kindheit im Vereinigten Königreich ergab, dass 7 % der Befragten dies erlebten (May-Chahal und Cawson 2005). Interessanterweise fallen diese 7 % nur in die schwerwiegendste Kategorie des körperlichen Missbrauchs, die von den Autoren als schwerer/kontinuierlicher körperlicher Missbrauch definiert wird, bei dem gewalttätige Handlungen von Eltern oder Betreuern entweder Verletzungen verursachten oder „regelmäßig über die Jahre“ andauerten und normalerweise Spuren, Schmerzen oder Wundsein verursachten, die bis zum nächsten Tag oder länger anhielten. Wenn alle Formen von körperlichem Missbrauch ebenfalls betrachtet werden, steigt die Zahl der missbrauchten Kinder drastisch an, da fast drei Viertel eine körperliche Disziplinierung erfahren hatten, die meist als mild und selten beschrieben wurde und in Form eines Schlages auf das Bein, den Arm oder die Hand (59 %) oder das Gesäß (21 %) mit der bloßen Hand erfolgte. Wir haben bereits die Studie von Eva-Marie Annerbäck et al. (2010) zitiert, die für Schweden berichtet, dass 15,2 % der Kinder unter 18 Jahren von einem Elternteil oder einem:einer Betreuer:in geschlagen wurden und 6,4 % aller Kinder mehr als einmal geschlagen wurden. Die Zahlen variieren je nach Alter: 12,1 % der Kinder in der 7. Klasse (etwa 13 Jahre alt) wurden geschlagen, in der 9. Klasse (etwa 15 Jahre alt) 18,6 % und in der 12. Klasse (etwa 17 Jahre alt) 16 %. Der Unterschied zwischen Mädchen und Jungen war nicht signifikant, die leiblichen Eltern waren die häufigsten Täter:innen, und die Verteilung nach Geschlecht unter den Täter:innen war fast gleich, obwohl ein größerer Prozentsatz der Männer ein Kind mehr als einmal geschlagen hatte.

Es gibt nun auch überzeugende Beweise dafür, dass die Häufigkeit von körperlichem Missbrauch, wie auch andere Formen des Missbrauchs, in vielen wohlhabenden Ländern abnimmt. Ruth Gilbert und ihre Kollegen kommen zu dem Schluss, dass körperlicher und sexueller Missbrauch abnehmen, zum Beispiel sind in den USA die bestätigten Berichte über sexuellen und körperlichen Missbrauch von Mitte der 1990er Jahre bis 2005 um etwa 50 % zurückgegangen, und ein ähnlicher Trend ist in England zu beobachten (Gilbert et al. 2009). Eine aktuelle Analyse für die USA ergab, dass es zwischen 1975 und 2002 einen allgemeinen Rückgang von 18 % bei der Prügel- und Ohrfeigenstrafe von Kindern gab, aber immer noch mehr als 60 % der Kinder im Alter von 3 bis 11 Jahren solche körperliche Bestrafung erlebten. Auch in Bezug auf härtere Formen der körperlichen Bestrafung wurde ein Rückgang festgestellt, da die Raten von Eltern, die ihr Kind schlugen oder mit der Faust schlugen, zwischen 1975 und 2002 von über 4 % auf nahezu null zurückgingen. Studien aus Schweden zeigen, dass während 1960 fast alle Kinder körperliche Bestrafung erlebten, 1980 nur noch die Hälfte der Kinder und bis 2000 nur noch 14 %. Leider scheint es, dass die schwersten Formen von körperlichem Missbrauch nicht in ähnlicher Weise abnehmen (Annerbäck et al. 2010).

Der folgende Teil dieses Abschnitts ist den negativen Auswirkungen von körperlichem Missbrauch bei Kindern gewidmet, sowohl in seinen harten Formen als auch in milderen Formen der körperlichen Bestrafung, die in vielen Ländern noch legal sind. Gemäß unserem ethischen Rahmenwerk sind wir am meisten an der Fähigkeit der körperlichen Integrität und ihren drei Dimensionen Gesundheit, Handlungsfähigkeit und Selbstbeziehungen interessiert. Die meisten Studien, wie wir sehen werden, liefern uns Beweise dafür, dass körperlicher Missbrauch nicht nur eine einzige Auswirkung auf eine dieser Dimensionen hat, sondern alle drei schädigt und somit dreifach korrosiv ist.

Zunächst wollen wir feststellen, dass körperlicher Missbrauch bei Kindern, zusammen mit schwerer Vernachlässigung, eine der häufigsten Ursachen für den Tod von Säuglingen ist. Das US-amerikanische Ministerium für Gesundheit und Soziale Dienste, die Verwaltung für Kinder und Familien, schätzte 2014, dass 1580 Kinder durch Missbrauch und Vernachlässigung starben (was eine Rate von 2,13 Todesfällen pro 100.000 Kinder bedeutet). Fast drei Viertel (70,7 %) aller Kindstodesfälle betrafen Kinder unter drei Jahren, wobei Jungen (2,48 pro 100.000) eine höhere Kindstodesrate hatten als Mädchen (1,82 pro 100.000) und vier Fünftel (79,3 %) der Kindstodesfälle mindestens einen Elternteil betrafen ('Child Maltreatment 2014' 2016). Von den Kindern, die starben, litten 72,3 Prozent unter Vernachlässigung und 41,3 Prozent unter körperlichem Missbrauch entweder ausschließlich oder in Kombination mit einer anderen Misshandlungsart. Eine aktuelle Analyse von 685 Fällen von Kindstodesfällen aufgrund von Misshandlung in Oklahoma über einen Zeitraum von 21 Jahren (Damashek et al. 2013) zeigt, dass die Todesfälle durch eine Vielzahl von Handlungen verursacht wurden: Kopftrauma (21 %), unbeabsichtigtes Ertrinken (12 %), Rauchinhalation (9 %), Ersticken (8 %), Körpertrauma (5 %), absichtlicher Schusswaffengebrauch (5 %), medizinische Vernachlässigung (5 %), Schütteltrauma (5 %), Schütteltrauma + Aufprall-Kopftrauma (3 %), unbestimmt (9 %) und andere (einschließlich absichtliches Ertrinken, absichtliche Fahrzeugverletzung, Münchhausen-Stellvertretersyndrom, nicht spezifizierte Vernachlässigung, unbeabsichtigter Schusswaffengebrauch, Stromschlag, Aussetzung, Vergiftung, Suizid, Stichwunden und Verbrennungen/Verbrühungen, 18 %). Colin Pritchard und Richard Williams (Pritchard und Williams 2010) untersuchten kindesmissbrauchsbedingte Todesfälle im Vereinigten Königreich und berichteten, dass in England und Wales zwischen 1974 und 1976 die kombinierten Raten von gewalttätigen kindesmissbrauchsbedingten Todesfällen von 484 auf 492 pro Million bis 2004–2006 fielen. Die höchsten aktuellen Kindstodesraten sind in den USA, bei 355 pro Million, ein Rückgang von 28 %. Betrachtet man alle kombinierten gewalttätigen Todesfälle von Kindern, so lag die Rate für England und Wales 1974–1976 bei 223 pro Million, fiel aber bis 2004–2006 auf 54 pro Million. Dieser Rückgang der kindesmissbrauchsbedingten Todesfälle ist etwas höher als die allgemeine Rate der Kindstodesfälle, die zwischen 1974 und 1976 und 2004 und 2006 von 13.323 auf 4.528 Todesfälle fiel (ein Rückgang um insgesamt 66 %).

Glücklicherweise sind schwere Verletzungen und schwere langfristige körperliche Gesundheit Auswirkungen bei Kindern, die körperlich misshandelt werden, nicht sehr häufig, aber sie kommen dennoch vor. Die Verletzlichkeit des Kindes spielt hier eine Schlüsselrolle, ebenso wie seine oder ihre Entwicklungsbedürfnisse. Der Körper eines Kindes ist anfälliger für Verletzungen und weniger geschützt gegen Einwirkungen. Das wird durch Knochenbrüche, Kopftraumata und andere Verletzungen dokumentiert, die Kinder infolge von körperlicher Misshandlung erleiden können, die bei Erwachsenen oder älteren Kindern oft nicht so schwerwiegende Auswirkungen hätten. Es ist erneut notwendig zu betonen, dass alle Menschen zerbrechlich und verletzlich sind und dass Gewalt jeden bedroht, aber die Risiken für Kinder anders sind als für Erwachsene. Eine der Hauptfolgen von körperlicher Misshandlung bei Kleinkindern ist das sogenannte „Schütteltrauma-Syndrom" (oft auch als misshandlungsbedingtes Kopftrauma bezeichnet), das durch die Beschleunigung-Verzögerung des Kopfes des Säuglings beim Schütteln entsteht. Lori Frasier (2008) berichtet in ihrem umfassenden Überblick über misshandlungsbedingte Kopftraumata und Hirnverletzungen, dass diese am häufigsten bei den jüngsten und am meisten verletzlichen Säuglingen auftreten und zu schweren Entwicklungsstörungen, geistiger Behinderung, beeinträchtigter kognitiver Funktionsweise und erheblichen motorischen, emotionalen und Verhaltensbeeinträchtigungen im Laufe des Lebens misshandelter Kinder führen können. Die meisten Studien fanden eine Prävalenz des Schütteltrauma-Syndroms von etwa 10–15 Vorfällen pro 100.000 Kinder. Eine Studie in Kanada berichtet, dass die Inzidenz bei Kindern unter 12 Monaten zwischen 13,0 (enge Definition) und 15,5 (weite Definition) pro 100.000 Säuglinge liegt, und bei Kindern im Alter zwischen 12 und 23 Monaten lag die Inzidenz zwischen 2,4 und 2,8 pro 100.000 (Fujiwara et al. 2012). In der Schweiz wird eine Inzidenz von 14 pro 100.000 berichtet (Fanconi und Lips 2010) und in Neuseeland berichtet eine Studie Inzidenzen zwischen 14,7 und 19,6 pro 100.000. Interessanterweise ist die Inzidenz bei der Maori-Bevölkerung viel höher (zwischen 32,5 und 38,5 pro 100.000) (Kelly und Farrant 2008). Es ist bemerkenswert, dass die meisten Kinder keine Anzeichen äußerer Verletzungen zeigen, was es manchmal schwieriger macht, Kopftraumata zu erkennen, und es scheint, dass viele Kinder mehrere Episoden solcher schweren körperlichen Misshandlungen erleiden, bevor sie entdeckt werden, was das Risiko bleibender Schäden erhöht. Zum Beispiel fand Ewing-Cobbs heraus, dass in einer Gruppe von Kindern mit nicht zugefügten traumatischen Hirnverletzungen kein Kind eine frühere Hirnverletzung hatte, während in der Gruppe von Kindern mit zugefügten traumatischen Hirnverletzungen bei 45 % der Kinder Anzeichen für eine solche vorbestehende Hirnverletzung wie subdurale Hämatome, subdurales Hygrom und ex vacuo Ventrikulomegalie gefunden wurden (Ewing-Cobbs et al. 1998).

Übersichten über die allgemeinen Auswirkungen von körperlicher Misshandlung zeigen, dass neben drastischen Verletzungen, die bei jüngeren Kindern wahrscheinlicher sind, viele andere Gesundheits-Ergebnisse verändert sind. Die jüngste Überprüfung von Rosana Norman et al. (2012), die eine weite Definition von körperlicher Misshandlung verwendete, fand heraus, dass sie mit einer Vielzahl von langfristigen Gesundheits Konsequenzen verbunden war. Körperliche Misshandlung erhöht das Risiko, depressive Störungen, Angststörungen, posttraumatische Belastungsstörung (PTBS) und Panikstörungen zu entwickeln, signifikant. Körperliche Misshandlung kann zu Verhaltens- und Verhaltensstörungen im Kindesalter oder Alkoholproblemen (riskantes Trinken, Alkoholmissbrauch/-abhängigkeit, Komasaufen) führen, und körperlich misshandelte Kinder zeigen auch höhere Raten von suizidalem Verhalten. Sie berichten auch von einem signifikanten Zusammenhang zwischen körperlicher Misshandlung von Kindern und Fettleibigkeit und Rauchen sowie Gesundheits Problemen wie Arthritis, Geschwüren und Kopfschmerzen/Migräne im Erwachsenenalter. Für die meisten anderen Gesundheitsprobleme, einschließlich Typ-2-Diabetes, Bluthochdruck, wenig Bewegung, Herz-Kreislauf-Erkrankungen, Atemwegserkrankungen, neurologische Störungen und Krebs, waren diese Zusammenhänge jedoch meist schwach und inkonsistent. Eine weitere Studie zu den Auswirkungen von körperlicher Misshandlung auf die mentale Gesundheit in den USA berichtet ähnliche Ergebnisse (Sugaya et al. 2012). Diese Studie verwendete eine enge Definition von Misshandlung, die daran gemessen wurde, dass Kinder häufig oder sehr häufig geschubst, gegriffen, gestoßen, geohrfeigt oder derart stark geschlagen wurden, dass es zu Spuren, Blutergüssen oder manchmal Verletzungen führte, von Eltern oder Erwachsenen, die in ihrem Zuhause lebten. Basierend auf dieser Definition fanden sie heraus, dass 8 % der Befragten körperliche Misshandlung erlebt hatten, von denen die Mehrheit (84%) mindestens eine psychiatrische Störung in ihrer Lebensgeschichte aufwies. Körperliche Misshandlung war mit einer höheren Gesamtprävalenz psychiatrischer Störungen und höheren Raten von Suizidversuchen verbunden, und mit Ausnahme von Alkoholmissbrauch und Verhaltensstörungen blieben die Ergebnisse signifikant, nachdem soziodemografische Merkmale und andere Kindheitswidrigkeiten in das Modell einbezogen wurden. Mehrere Störungen blieben signifikant mit körperlicher Misshandlung von Kindern verbunden, selbst nach zusätzlicher Berücksichtigung lebenslanger psychiatrischer Komorbiditäten, einschließlich in absteigender Reihenfolge der Stärke des Zusammenhangs: ADHS, PTBS, bipolare Störung, Panikstörung, Drogenmissbrauch, Nikotinabhängigkeit, generalisierte Angststörung und schwere depressive Störung. Ähnliche Ergebnisse werden von einer Studie von Kristen Springer et al. (2007) berichtet, die sich auf körperliche und mentale Gesundheit konzentrierte. Elterliche körperliche Misshandlung, die in dieser Studie als manchmal oder häufiges Schlagen, Schubsen oder Werfen von Gegenständen definiert wurde, wurde von 11,4 % der Befragten berichtet (10,6 % der Männer und 12,1 % der Frauen). Sie fanden heraus, dass körperliche Misshandlung in der Kindheit eine 21 %ige Zunahme medizinischer Diagnosen, eine 22 %ige Zunahme der Anzahl körperlicher Symptome, eine 24 %ige Zunahme von Depressionen, eine 27 %ige Zunahme von Wut und eine 23 %ige Zunahme von Angstzuständen vorhersagte. Opfer von körperlicher Misshandlung während der Kindheit hatten signifikant höhere Risiken (zwischen 34 und 167 % höher als bei denen, die nicht körperlich misshandelt wurden) für Allergien, Arthritis/Rheuma, Asthma, Bronchitis/Emphysem, Kreislaufprobleme, Bluthochdruck, Herzprobleme, Leberprobleme und Geschwüre (nach Kontrolle von Geschlecht, Alter, Familien Hintergrund und Kindheitswidrigkeiten).

Diese Erkenntnisse deuten darauf hin, dass die körperlichen Verletzungen, obwohl manchmal schwerwiegend, oft nicht die problematischsten Auswirkungen von körperlichem Missbrauch sind, sondern dass die größten Auswirkungen darauf beruhen, was es mit dem Selbst der Kinder und ihrer Handlungsfähigkeit macht. Wir möchten damit beginnen, Letzteres genauer zu untersuchen. Körperlicher Missbrauch von Kindern wurde als Risikofaktor für verschiedene Arten von zwischenmenschlicher Gewalt identifiziert, einschließlich Aggression unter Gleichaltrigen, Gewalt in intimen Partnerschaften, schwere Jugenddelikte, Gewaltverbrechen und sexuelle Übergriffe im Erwachsenenalter. Wir werden einige dieser Formen von Gewalt, die zwischen Kindern auftreten, im nächsten Abschnitt besprechen. Darüber hinaus gibt es Hinweise darauf, dass Missbrauch in der Kindheit einen Kreislauf der intergenerationalen Übertragung von missbräuchlichem Verhalten in Gang setzt. In einer Studie in den USA fand Jinseok Kim (2009) heraus, dass Eltern, die berichten, in ihrer Kindheit vernachlässigt worden zu sein, 2,6-mal häufiger von ihrem eigenen vernachlässigenden Erziehungsverhalten berichten und doppelt so häufig von körperlich missbräuchlichem Erziehungsverhalten als diejenigen, die dies nicht taten. Ebenso berichten diejenigen, die sich an körperliche Viktimisierung in ihrer Kindheit erinnern, fünfmal und 1,4-mal häufiger von körperlich missbräuchlichem Erziehungsverhalten und vernachlässigendem Erziehungsverhalten als diejenigen, die dies nicht tun. Die Gründe dafür sind noch nicht vollständig verstanden: Eine kürzlich durchgeführte Studie legt nahe, dass Traumasymptome eine entscheidende Rolle spielen (Milner et al. 2010). Sie fanden eine starke Assoziation zwischen körperlichem Missbrauch in der Kindheit und körperlich missbräuchlichem Verhalten im Erwachsenenalter, selbst nach Kontrolle demografischer Variablen und der Exposition gegenüber anderen Formen von Gewalt in der Kindheit. Diese Assoziation wurde weitgehend, wenn auch nicht vollständig, durch psychologische Traumasymptome vermittelt, wie posttraumatische Belastungssymptome, Schwierigkeiten in der Selbst- und Affektregulation und negative Stimmungslagen. Eine andere Theorie, die zur Erklärung dieser intergenerationalen Übertragung herangezogen wird, ist die Theorie des sozialen Lernens (Wareham et al. 2009), wonach soziales Verhalten durch Beobachten und Nachahmen des Verhaltens von Modellen, wie Eltern, erlernt wird. Kinder, die verbalen und körperlichen Missbrauch durch Eltern ausgesetzt sind, können diese Verhaltensweisen erlernen und ähnliche Verhaltensweisen anwenden, wenn sie selbst Eltern werden. Aus der Perspektive der Bindungstheorie erfolgt die intergenerationale Übertragung von Kindesmissbrauch, weil misshandelte Kinder negative Modelle von sich selbst und/oder anderen entwickeln, was die Wahrscheinlichkeit erhöht, dass sie negative oder missbräuchliche Verhaltensweisen gegenüber anderen, einschließlich ihrer eigenen Kinder, zeigen (Bacon und Richardson 2001).

Neben gewalttätigem Verhalten zeigen Untersuchungen, dass körperlich misshandelte Kinder ein erhöhtes Risiko haben, sich an risikoreichen Verhaltensweisen zu beteiligen, wie Rauchen, übermäßiges Essen, Alkoholkonsum oder illegalen Drogenkonsum, riskantes Sexualverhalten und Weglaufen (zum Beispiel Grogan-Kaylor 2005; Farrington 2005; Rohde et al. 2008). Auch hier sind die Ergebnisse gemischt. Chantal Bourassa zeigte in ihrer Studie, dass das gleichzeitige Auftreten von interparentaler Gewalt und körperlichem Kindesmissbrauch einen signifikant größeren negativen Einfluss auf das Verhalten hat als die bloße Exposition gegenüber interparentaler Gewalt. Diejenigen, die sowohl misshandelt wurden als auch interparentaler Gewalt ausgesetzt waren, zeigen häufiger internalisierte (Rückzug, somatische Beschwerden und Angst/Depression) und externalisierte (delinquentes und aggressives Verhalten) Symptome als diejenigen, die weder körperlichem Missbrauch durch einen Elternteil ausgesetzt waren noch interparentaler Gewalt. Ein weiteres Beispiel ist eine Studie im Vereinigten Königreich (Lansford et al. 2010), die berichtet, dass körperlicher Missbrauch in den ersten fünf Lebensjahren den späteren Substanzkonsum bei Mädchen, aber nicht bei Jungen vorhersagte. Es wurde ein direkter Effekt von frühem körperlichem Missbrauch auf den Substanzkonsum von Mädchen im Alter von 12 Jahren und indirekte Effekte auf den Substanzkonsum im Alter von 16 und 24 Jahren durch den Substanzkonsum im Alter von 12 Jahren festgestellt. Bei Jungen sagte der Substanzkonsum im Alter von 12 Jahren den Substanzkonsum im Alter von 16 Jahren voraus, und der Substanzkonsum im Alter von 16 Jahren sagte den Substanzkonsum im Alter von 24 Jahren voraus, aber körperlicher Missbrauch in den ersten fünf Lebensjahren stand in keinem Zusammenhang mit dem späteren Substanzkonsum.

Diese Befunde deuten darauf hin, dass körperlicher Missbrauch in der Kindheit die Handlungsfähigkeit einiger Kinder verzerrt und sie auf falsche Wege und Bahnen bringt. Wie wir argumentiert haben, ist die Kindheit eine Entwicklungsphase, die das Erlernen von Einstellungen, sozialen Fähigkeiten und Verhaltensweisen umfasst, und diese sind ebenso verletzlich für Verzerrungen wie die physischen Körper der Kinder. Handlungsfähigkeit ist ein schwieriges Konzept für eine gerechtigkeitsbasierte Theorie der Kindheit, wie wir in Kap. 2 gesehen haben, weil Kinder sicherlich aktive Akteur:innen sind, aber ihnen auch die Kompetenzen fehlen, diese Handlungsfähigkeit autonom zu lenken, was paternalistische Eingriffe rechtfertigt. Die Auswirkungen von körperlichem Missbrauch sowie anderen Formen von Misshandlung wie Vernachlässigung, emotionalem und sexuellem Missbrauch beeinflussen das Verhalten der Kinder, und daher ist es nicht gerechtfertigt, bestimmte Verhaltensweisen als autonome Entscheidungen dieser Kinder zu betrachten, obwohl wir anerkennen müssen, dass sie nicht immer, insbesondere nicht ältere Kinder wie Teenager:innen, vollständig durch das bestimmt sind, was ihnen widerfahren ist. Einige Kinder sind widerstandsfähiger als andere, basierend auf angeborenen Faktoren und sozialen Faktoren, die auch heute noch kaum verstanden werden. Der Hauptpunkt ist, dass es scheint, als ob Kinder, die körperlich misshandelt werden, negativ von denen beeinflusst werden, die für ihr Wohlergehen und ihre Wohlentwicklung verantwortlich sind, und dass die Störung der Fürsorgebeziehung ihnen das Recht nimmt, mit ihrer körperlichen Integrität in all ihren Dimensionen aufzuwachsen, geschützt und unterstützt, sich richtig zu entwickeln. Sie werden nicht ihrer Handlungsfähigkeit beraubt, zumindest nicht langfristig, obwohl schwere Verletzungen diesen Effekt haben können, aber ihre Handlungsfähigkeit wird nicht richtig geleitet und stattdessen in problematische Verhaltensweisen gedrängt, die negative Auswirkungen haben. Es ist schwer, den genauen Einfluss solcher Erfahrungen wie körperlichem Missbrauch zu bestimmen und auch festzulegen, ab welchem Punkt im Leben Kinder, Teenager oder Erwachsene die Verantwortung für ihr Verhalten übernehmen müssen, unabhängig davon, wie sehr sie in ihrer frühen Kindheit gelitten haben. Sicherlich kann ein Kind entscheiden, ob es rauchen möchte oder ob es einen Streit anfangen möchte, aber einige Kinder benötigen die Unterstützung anderer, wie ihrer Eltern oder Fachleute, um die richtige Entscheidung zu treffen: weil sie dieses Verhalten als verzerrte Bewältigungsstrategie gewählt haben; weil sie nicht von anderen gelernt haben; weil sie ein geringes Selbstwertgefühl haben; oder aus anderen Gründen, die das Ergebnis von körperlichem Missbrauch sein können. Wir gehen davon aus, dass es falsch wäre, Kinder als übermäßig passiv zu konzeptualisieren, weil sie nicht ihrer Handlungsfähigkeit beraubt werden sollen, sondern in der Entwicklung ihrer Handlungsfähigkeit und auch in der Verwirklichung ihres Lebens, das sie aus guten Gründen wertschätzen, unterstützt werden sollen.

Ähnlich wie die problematischen Auswirkungen auf die Handlungsfähigkeit von Kindern, können ihre Selbstbeziehungen durch körperlichen Missbrauch geschädigt werden. Viel Forschung hat bewiesen, dass psychische Gesundheitsprobleme, Angst, Furcht und Probleme mit dem Selbstwertgefühl durch körperlichen Missbrauch verursacht werden können. Wir interessieren uns für zwei weitere Punkte: Erstens sind positive Selbstbeziehungen nicht nur etwas, das ursprünglich bei Kindern vorhanden ist, bevor es durch körperlichen Missbrauch beschädigt wird. Sie entwickeln sich in großem Maße durch die liebevolle und fürsorgliche Beziehung, die Kinder zu ihren Eltern oder Betreuer:innen haben. Wir haben im zweiten Kapitel argumentiert, dass Selbstvertrauen das Vertrauen in sich selbst (in den eigenen Körper und Geist) und auch in die nahe Umgebung beschreibt. Selbstrespekt beschreibt die Sicht auf sich selbst als ein Wesen von Würde und moralischem Wert, und Selbstwertgefühl beschreibt das Gefühl, ein besonderes und wertvolles Mitglied einer größeren Gemeinschaft zu sein, aufgrund seiner Eigenschaften und Beiträge. Körperlicher Missbrauch stört sicherlich das Vertrauen zwischen einem Kind und seiner nahen Umgebung, was ihm oder ihr Gefühle von Angst und Furcht hinterlässt. Dies verursacht auch Schwierigkeiten beim Aufbau und Erhalt von Selbstvertrauen und Vertrauen in andere. Körperlicher Missbrauch ist eine Erfahrung eines radikalen Mangels an Liebe und Fürsorge, und selbst wenn diese Erfahrung nur einen Moment andauert, bleiben die Erinnerungen länger und bilden den entwicklungspsychologischen Hintergrund, auf dem positive Selbstbeziehungen aufgebaut werden. Selbstrespekt und Selbstwertgefühl scheinen Konzepte zu sein, die weniger auf jüngere Kinder anwendbar sind, bei denen körperlicher Missbrauch am häufigsten vorkommt. Aber selbst wenn es wahr ist, dass Kindern die Kompetenzen fehlen, die Konzepte vollständig zu verstehen, sind die Konzepte dennoch für sie und die Gerechtigkeit relevant, die ihnen zusteht. John Clark hat ein ähnliches Argument vorgebracht:

> Finally, children cannot retain their dignity in the face of corporal punishment. Their self-respect and self-esteem are diminished by the pain meted out to them, for they are no longer being treated as embryonic moral agents, worthy of being respected as ends in themselves, but rather are regarded as objects to relieve adult irritations, annoyance, frustration, anger, rage. Rarely is corporal punishment inflicted after a reasonable period of calm and careful reflection. All too often it is given in the heat of the moment, where rational consideration of alternatives to achieve a better outcome does not even begin to get a look in. Such irrational behavior by adults is a heavy price to pay if our overall intent is to help our children to become rational. Moreover, such immoral conduct is inexcusable in the face of our eff orts to morally educate our young. (Clark 2004, 370)

Wir möchten den Hauptpunkt in diesem Argument klären. Selbstrespekt impliziert einerseits gleichen moralischen Wert und körperlicher Missbrauch verweigert dies dem Opfer. Das Kind wird als kategorisch niedriger und von geringerem Wert angesehen, vielleicht nicht als Objekt, wie Clark vorschlägt, aber zumindest als etwas, das geschlagen und verletzt werden kann und dessen körperliche Integrität nicht respektiert und geschützt werden muss. Das ist auch aufgrund der Ungleichheit der Macht möglich, die im Missbrauch vorhanden ist, was es dem Kind meist unmöglich macht, sich zu verteidigen oder die Situation zu verlassen. Es wird im Moment des Missbrauchs vollständig kontrolliert, und diese Kontrolle wird missbraucht. Selbstwertgefühl wird andererseits durch körperlichen Missbrauch geschädigt, weil es notwendigerweise mit der Botschaft verbunden ist, dass das Kind etwas getan oder gesagt hat, das solch harte Bestrafungen oder Reaktionen verdient. Kinder erleben oft Scham und Schuld, insbesondere um den Missbrauch zu verstehen, und beginnen, sich selbst, ihre Eigenschaften und ihr Verhalten in Frage zu stellen. Solche Gefühle könnten sogar durch die Missbraucher:innen verstärkt werden, die dem Kind fälschlicherweise die Botschaft vermitteln, dass es seine eigene Schuld war oder dass es den Missbrauch verdient hat. Das gibt den Kindern zumindest teilweise das Gefühl, dass sie wertlos, schlecht oder ohne Eigenschaften sind, die sie liebenswert machen. Die Botschaft, die körperlicher Missbrauch ihnen sendet, ist vielmehr, dass das, was sie sind oder getan haben, körperlichen Schmerz und Verletzung verdient. Als solche wird die Fähigkeit zu positiven Selbstbeziehungen durch körperlichen Missbrauch schwer verletzt, auch wenn glücklicherweise einige Kinder die Bewältigungsressourcen und Resilienzfaktoren haben, um sich gesund zu entwickeln, selbst nach schwerem körperlichen Missbrauch. Die Ungerechtigkeit des körperlichen Missbrauchs wird ausreichend durch die Tatsache konstituiert, dass einige Kinder leiden und geschädigt werden; und dass selbst diejenigen, die sich erholen, niemals in die Lage gebracht werden sollten, solche Widrigkeiten zu überwinden, insbesondere nicht von denen, die mit der Verantwortung ausgestattet sind, ihre Fähigkeit zur körperlichen Integrität zu schützen und ihnen zu helfen, sich ungestört und richtig zu entwickeln.

Es gibt auch Hinweise darauf, dass mildere Formen der körperlichen Bestrafung negative Auswirkungen haben, obwohl es einige Streitigkeiten innerhalb der Forschung gibt (Rosemond 2005; Zolotor et al. 2008). Zum Beispiel haben Murray A. Straus und Mallie J. Paschall (2009) die kognitive Fähigkeit von 806 Kindern im Alter von 2–4 Jahren und 704 Kindern im Alter von 5–9 Jahren in der National Longitudinal Study of Youth gemessen und festgestellt, dass Kinder von Müttern in beiden Kohorten, die wenig oder keine körperliche Bestrafung anwendeten, kognitive Fähigkeiten schneller entwickelten als Kinder, die nicht geschlagen wurden. Je mehr körperliche Bestrafung die Kinder erlebten, desto mehr fielen sie hinter die Kinder zurück, die nicht geschlagen wurden. Eine Überprüfung von Christopher Ferguson (2013) legt nahe, dass körperliche Bestrafung einen kleinen, aber statistisch signifikanten Einfluss auf einige negative Ergebnisse hat, zumindest für externalisierende und internalisierende Symptome und kognitive Leistung. Er fand auch keine Beweise dafür, dass körperliche Bestrafung im Vergleich zu anderen Formen der Disziplin bevorzugt werden sollte. Michele Knox (2010) präsentiert in einer aktuellen Überprüfung einige Beweise dafür, dass körperliche Bestrafung mit einigen negativen Ergebnissen verbunden ist. Sie argumentiert insbesondere, dass körperliche Bestrafung – wie die Forschung gezeigt hat (Zolotor et al. 2008) – eng mit härteren Formen des körperlichen Missbrauchs verbunden ist, weil sie den Eintritt in einen Teufelskreis des Missbrauchs ermöglicht:

> In the majority of child abuse cases, CP [corporal punishment] of children is the first step in the abuse cycle. That is, abusers rarely go into an abusive incident planning to abuse a child. In the majority of cases, the abuser enters the incident planning to discipline the

> child for a perceived wrong [...]. Typically, someone in charge of caring for the child tries to discipline the child, often using a socially sanctioned method, like spanking [...]. The caregiver starts spanking to teach the child a lesson, but as the disciplinary incident progresses, the adult's anger becomes stronger, the hitting becomes harder, and the child ends up seriously hurt. If spanking is often the first step in the cycle of child abuse, then it should be a primary target in abuse prevention efforts. (Knox 2010, 105)

Wir möchten nun ein weiteres Argument gegen körperliche Bestrafung vorbringen, das nicht primär in ihren (milden) negativen Auswirkungen auf die Gesundheit von Kindern verwurzelt ist, sondern vielmehr auf deren Selbstbeziehungen und Handlungsfähigkeit, die beide Dimensionen der körperlichen Integrität sind.[2] Ein solches Argument hat drei Teile: Erstens, wie wir bereits gesagt haben, teilt die körperliche Bestrafung mit allen Formen des physischen Missbrauchs, dass sie in einer Beziehung ungleicher Macht eingebettet ist, die mit Vertrauen und nicht mit Angst gefüllt sein sollte. Sicherlich werden in vielen Kindheiten Vorfälle auftreten, die erfordern, dass Eltern gegen den Willen ihrer Kinder in deren Handlungen eingreifen oder eine Bestrafung verlangen. Eine Eltern-Kind-Beziehung kann steinig sein. Aber die körperliche Gewalt, die bei der körperlichen Bestrafung angewendet wird, ist nicht vergleichbar mit anderen Formen der Kontrolle oder Bestrafung, da sie zumindest einige körperliche Schmerzen verursacht – sonst wäre es keine körperliche Bestrafung – und daher immer mit Erfahrungen von Angst und Furcht verbunden ist. Solche Angst und Furcht in Bezug auf die Sicherheit des eigenen Körpers verletzt das Recht der Kinder, dass ihre Körper von ihren Eltern geschützt werden. Wir gehen nicht davon aus, dass Eltern, die körperliche Bestrafung anwenden, ihre Kinder nicht lieben und sich nicht um sie kümmern, aber in den Vorfällen, in denen sie körperliche Gewalt gegen ihre Kinder anwenden, um ihnen weh zu tun, stören sie diese Fürsorge notwendigerweise auf fundamentaler Ebene. Positive Selbstbeziehungen werden durch Erfahrungen von Vertrauen, Unterstützung und Respekt aufgebaut, und körperliche Bestrafung stört diese nicht nur für den Moment, in dem die Bestrafung stattfindet, da die Erinnerung an die ausgenutzte Verletzlichkeit ebenfalls bleibt. Die Nutzung der elterlichen Macht sollte immer zugunsten des Kindes sein und sein oder ihr Wohlergehen und Wohlentwickeln unterstützen, was die Entwicklung positiver Handlungsfähigkeit und Selbstbeziehungen einschließt, und selbst wenn körperliche Bestrafung manchmal keinen schweren Schaden anrichtet, gibt es auch keine Beweise dafür, dass sie irgendeinen Nutzen bringt. Zweitens, wie wir gesehen haben, kann körperliche Bestrafung Kinder auf den falschen Weg bringen. Kinder lernen viele Dinge von ihren Eltern, und die Botschaft, dass physische Gewalt eine akzeptable Verhaltensweise ist, sei es als Bestrafung oder zur Lösung von Stresssituationen, ist problematisch. Es gibt nun einige Beweise dafür, dass körperliche Bestrafung, ähnlich wie härtere Formen des physischen Missbrauchs, die Handlungsfähigkeit von Kindern negativ beeinflusst, indem sie sie sozialisiert und

[2] Ein anderes Argument gegen körperliche Bestrafung und warum sie illegal sein sollte, wurde von Patrick Lenta (2012) vorgebracht.

gewalttätige Überzeugungen, Verhaltensweisen und Bewältigungsstrategien befürworten lässt. Forschung hat Beweise erbracht, dass selbst geringfügige Formen der körperlichen Bestrafung, wie das Schlagen, das Risiko für aggressiveres Verhalten bei Kindern erhöht (Taylor et al. 2010), oder dass in solchen Umgebungen, in denen die Rate der körperlichen Bestrafung, die von Universitätsstudent:innen erfahren wird, hoch ist, auch die Rate der Student:innen, die eine:n Dating-Partner:in angreifen und verletzen, hoch ist (Douglas und Straus 2006). Ein solcher Einfluss sollte aus vielen Gründen nicht befürwortet werden, unter anderem, dass Gewalt nicht als Form der Konfliktlösung akzeptabel ist und dass sie Gesundheitsrisiken für die Opfer darstellt. Die kindliche Handlungsfähigkeit sollte von Eltern unterstützt werden, um sich auf nicht-gewalttätigen Wegen zu entwickeln, die die körperliche Integrität aller respektieren. Zum Beispiel berichten Jennifer Lansford und Kenneth Dodge (2008), dass häufigere Anwendung körperlicher Bestrafung mit einer höheren Prävalenz von Gewalt und der Befürwortung von Gewalt auf gesellschaftlicher Ebene verbunden ist. Die Ergebnisse stimmen mit Theorien überein, dass Erwachsenengewalt in Kontexten häufiger wird, in denen körperliche Bestrafung häufig ist, dass die Anwendung körperlicher Bestrafung die Wahrscheinlichkeit erhöht, dass Kinder im Erwachsenenalter gewalttätige Verhaltensweisen annehmen, und dass Gewalt in einem sozialen Bereich das Verhalten in anderen Bereichen beeinflusst. Wenn körperliche Bestrafung zu höheren Ebenen gesellschaftlicher Gewalt führt, sollte die Reduzierung der Anwendung körperlicher Bestrafung durch Eltern zu einer Reduzierung der gesellschaftlichen Gewalt in anderen Formen führen. Vor dem Hintergrund solcher Erkenntnisse ist es auch nicht hilfreich zu argumentieren, dass körperliche Bestrafung völlig anders ist als andere Formen von – ungerechtfertigten – Verhaltensweisen, da diese Unterscheidung ein hohes Maß an Kompetenzen erfordert, die Kinder nicht haben, und daher kann nicht erwartet werden, dass sie solche Unterscheidungen treffen, wenn sie aufwachsen und erlernte Normen und Rollen internalisieren. Die Botschaft, die körperliche Bestrafung sendet, ist, dass physische Gewalt akzeptabel ist und dass Fehlverhalten durch Zufügung von körperlichem Schmerz und Angst bestraft werden sollte. Drittens, da körperliche Bestrafung zumindest einige Risiken für die Gesundheit und Entwicklung des Kindes darstellt und nachweislich eine Rutschbahn zu härteren Missbrauchsformen ist, muss ihre Rechtfertigung sehr stark sein, da es Alternativen gibt, die weniger gefährlich und ebenso effektiv sind. Wir sehen keine so guten Argumente, die für körperliche Bestrafung sprechen, weder auf empirischen Beweisen noch auf normativen Grundlagen. Das Hauptargument ihrer Verteidiger:innen ist, dass sie nicht schädlicher ist als nicht-gewalttätige Formen der Bestrafung, aber wir haben argumentiert, dass angesichts des Wissens über die potenziellen Risiken diese Verteidigung einfach nicht ausreicht. Schließlich sind wir auch nicht davon überzeugt, dass kulturelle Überzeugungen oder Traditionen ausreichende Gründe sind, körperliche Bestrafung zuzulassen, wenn es Beweise dafür gibt, dass sie das Wohlergehen und Wohlentwickeln des Kindes schädigt, ohne viel positiven Effekt zu haben. Wie wir im zweiten Kapitel dieses Buches argumentiert haben, ist unsere kinderzentrierte Sichtweise universell, und nur jene

Traditionen, die auch die Fähigkeit der Kinder zur körperlichen Integrität in all ihren Dimensionen respektieren und schützen, können Respekt und Schutz verlangen.

5.1.2 Verantwortlichkeiten und körperlicher Missbrauch von Kindern

In diesem Abschnitt werden wir zwei Fragen behandeln, die ebenfalls auf dem Wissen über die Gründe für körperlichen Kindesmissbrauch basieren: Welche Verantwortlichkeiten haben die Eltern – oder andere Betreuer:innen – insbesondere in Bezug auf milde Formen der körperlichen Bestrafung? Angesichts dessen, was wir über die sozialen Faktoren wissen, die das Risiko für körperlichen Missbrauch erhöhen, welche Verantwortlichkeiten hat der Staat?

Körperlicher Missbrauch tritt tendenziell innerhalb der Familie auf, wobei die Eltern die häufigsten Täter:innen sind. Basierend auf unserem Modell der Zuschreibung von Verantwortlichkeiten kommen wir zu einer ähnlichen Schlussfolgerung wie bei sexuellem Missbrauch. Eltern haben eine kausale Verantwortung, wenn sie die Täter:innen sind, was in den meisten Fällen der Fall ist, oder fahrlässig handeln, da es in den meisten Fällen in ihrer Macht liegt, den Missbrauch zu stoppen oder ihn von vornherein zu verhindern. Diese Verantwortung ist stark und eindeutig. Wir haben bereits über körperliche Bestrafung gesprochen, die oft als milde Form des körperlichen Missbrauchs angesehen wird (oder von ihren Verteidiger:innen als gar kein Missbrauch) und wir haben argumentiert, dass es gute Gründe gibt, auf solches Verhalten zu verzichten. Die Verantwortung der Eltern besteht darin, ihren Kindern ein Umfeld des Vertrauens, der Fürsorge und Sicherheit zu bieten, das ihre Fähigkeit zur körperlichen Integrität in all ihren Dimensionen schützt und ihnen ermöglicht, ohne unnötige und somit ungerechtfertigte Schäden an ihrer körperlichen Integrität aufzuwachsen (zum Beispiel sind medizinische Operationen gerechtfertigte Formen von Schäden und Verletzungen der körperlichen Integrität). Körperlicher Missbrauch ist eine Verletzung dieser Verantwortung, da Missbrauch die Entwicklung der körperlichen Integrität von vornherein verhindern kann. Eltern sind damit betraut, ihre Kinder zu schützen, und diese Fürsorgepflicht wird auch von den Behörden anerkannt. Diejenigen, die nicht nur versagen, dies zu erreichen, sondern absichtlich anders handeln – wie in der überwiegenden Mehrheit der Fälle von körperlichem Missbrauch – verstoßen gegen ihre Pflichten. Darüber hinaus findet der körperliche Missbrauch meist im geschützten Raum der Familie statt, und der Elternteil missbraucht somit das Kind und die Beziehung, die er:sie zu dem Kind hat, indem er:sie das ungleiche Machtverhältnis zwischen ihnen nutzt, um ihm oder ihr zu schaden.

Die Verantwortung der Eltern kann dennoch begrenzt sein, da andere Faktoren eine gewisse – indirekte – kausale Rolle beim körperlichen Missbrauch spielen. Hauptsächlich, wie wir gezeigt haben, ist die intergenerationale Übertragung von missbräuchlichem Verhalten ein solcher Faktor, der berücksichtigt werden muss. Sicherlich werden nicht alle missbrauchten Kinder zu missbrauchenden Eltern, aber das Risiko ist höher, und die Forschung legt nahe, dass Missbrauch in der Kindheit die Handlungsfähigkeit in einer Weise beeinflusst, dass es vielen schwerfällt, missbräuchliches Verhalten zu unterlassen. In dieser Hinsicht ist es nicht wichtig, ob dies besser durch Trauma, soziales Lernen oder Bindungstheorie erklärt werden kann, da alle in die gleiche Richtung weisen, nämlich dass körperlicher Kindesmissbrauch einen Kreislauf von Gewalt und anderem verzerrten Verhalten in Gang setzt, der im späteren Leben schwer zu durchbrechen ist. Die Handlungsfähigkeit missbrauchender Eltern ist nicht vermindert, aber sie ist durch ihre eigenen Missbrauchserfahrungen oder andere Formen von Misshandlungen in die falsche Richtung verzerrt. Wir schlagen nicht vor, dass Eltern nicht anders handeln könnten – sie könnten es sicherlich, wie die vielen Beispiele guter und nicht missbrauchender Eltern, die Missbrauch erlitten haben, zeigen – aber wir müssen anerkennen, dass es für einige sehr schwer zu sein scheint, den Lauf ihres Lebens zu ändern und Einstellungen, Überzeugungen, Rollen und Normen hinter sich zu lassen, mit denen sie in ihrer Kindheit sozialisiert wurden und die sie gelernt haben. Dies führt uns zu einer Verantwortung, die für die Eltern gilt, nämlich dass diejenigen, die einem Risiko für missbräuchliches Verhalten ausgesetzt sind oder es einmal gezeigt haben, professionelle Behandlung und Unterstützung suchen, wenn sie es schwer finden, ihr Verhalten allein zu ändern. Eltern, die das Recht und die Pflicht haben, Kinder zu erziehen, haben auch eine gewisse Verpflichtung, das Wissen und die Fähigkeiten zu erwerben, dies richtig zu tun. Dieses Wissen und diese Fähigkeiten sollten ihnen sicherlich zur Verfügung gestellt werden, eine Verantwortung des Staates ihnen und ihren Kindern gegenüber, aber sie haben auch die Verantwortung, diese Angebote anzunehmen und Hilfe und Unterstützung zu suchen, wenn sie Fragen oder Schwierigkeiten haben. Dies gilt auch für Überzeugungen über körperlichen Missbrauch und Bestrafung, die die Wahrscheinlichkeit ihres Auftretens prägen und oft mit Mythen und ungenauen Überzeugungen gefüllt sind. Zum Beispiel zeigte eine kürzlich durchgeführte Studie aus dem Jahr 2015, dass Mythen über die Wirksamkeit und Harmlosigkeit körperlicher Bestrafung eine wahrscheinliche Erklärung für deren Anwendung sind (Kish und Newcombe 2015).

Wir haben bereits das Thema sozialer Faktoren bei der Häufigkeit von körperlichem Kindesmissbrauch angesprochen und dass einige von ihnen die Verantwortung einschränken, die wir den Eltern zuschreiben können. Welche Rolle spielen der Staat und die Gesellschaft in dieser Hinsicht? Wir möchten eine vierfache Antwort geben: Erstens sollte der Staat Gesetze gegen körperlichen Missbrauch von Kindern umsetzen und durchsetzen, einschließlich aller Formen der körperlichen Bestrafung. Es gibt einige Streitigkeiten über die Auswirkungen solcher Gesetze, aber im Allgemeinen scheinen sie einen gewissen positiven Einfluss zu haben und die Häufigkeit von körperlichem Kindesmissbrauch zu verringern. Ein oft zitiertes Beispiel ist das von Schweden, wo 1979 jegliche körperliche Bestrafung von Kindern verboten wurde. Eine Studie berichtet, dass infolgedessen die Gewaltakte gegen Kinder in Schweden in den letzten Jahrzehnten dramatisch zurückgegangen sind, körperliche Bestrafung selten ist, schwere Übergriffe unüblich sind und Todesfälle durch Kindesmissbrauch äußerst selten sind (Durrant und Janson 2005). Zweitens sind solche Gesetze sicherlich nicht alles, was der Staat tun kann und sollte. Er muss auch weitere präventive Maßnahmen ergreifen, einschließlich der Unterstützung von Eltern, um missbräuchliches Verhalten zu vermeiden und einen anderen, besseren Erziehungsstil zu übernehmen. Dies wird insbesondere die Identifizierung von Risikogruppen und die Ergreifung von Maßnahmen umfassen, um sie mit passenden Angeboten und Programmen zu erreichen (Klevens und Whitaker 2007). Solche Risiken sind unter anderem Armut, Arbeitslosigkeit, anderes gewalttätiges Verhalten, Drogen- und Alkoholmissbrauch oder psychische Störungen. Darüber hinaus müssen Programme auch kulturelle Vielfalt widerspiegeln (Elliott und Urquiza 2006), die den körperlichen Missbrauch aufgrund unterschiedlicher Überzeugungen über seine Angemessenheit und die Rolle von Eltern und Kindern beeinflusst. Wir haben argumentiert, dass Kultur und Tradition keine ausreichenden Gründe sind, um körperlichen Kindesmissbrauch zuzulassen, aber dennoch, wenn man Veränderungen in Traditionen herbeiführen möchte, die zu solchem missbräuchlichen Verhalten neigen, muss dies auf eine sorgfältige Weise geschehen, da sonst die Zielgruppe schwerer zu erreichen und zu überzeugen ist. In schweren Fällen von körperlichem Missbrauch ist der Staat sicherlich auch berechtigt, weitreichende Maßnahmen zu ergreifen, die in das Privatleben derFamilie eingreifen, einschließlich obligatorischer Untersuchungen, Überwachung durch Sozialarbeiter:innen oder andere Fachkräfte und, als letztes Mittel, die Herausnahme des Kindes aus seinem Zuhause (Corcoran 2000). Solche Entscheidungen müssen von Fall zu Fall getroffen werden, wobei das Wohlergehen und die Wohlentwicklung des Kindes als Hauptmaßstab dienen, was auch die Betrachtung aller möglichen Schäden einschließt, die oft die Folge der Entfernung des Kindes von seinen Eltern sind, die das missbrauchte Kind oft noch liebt. Alle diese Maßnahmen sollten regelmäßig evaluiert und evidenzbasiert sein. Zum Beispiel zeigte eine Studie, dass Hausbesuche von Krankenschwestern positive Ergebnisse als Frühpräventionsstrategie haben, aber diese besuchsbasierte Strategie scheint nicht wirksam zu sein bei der Prävention von Rückfällen von körperlichem Missbrauch und Vernachlässigung in Familien, die mit dem Kinderschutzsystem in Verbindung stehen (MacMillan et al. 2005). Drittens hat der Staat eine Verantwortung gegenüber den missbrauchten Kindern, Maßnahmen zu ergreifen, die die Früherkennung des Missbrauchs und wirksame Hilfe für die Kinder unterstützen. Dies beinhaltet eine entscheidende Rolle für Fachkräfte, die regelmäßig mit Kindern in Kontakt kommen, insbesondere Lehrer und Gesundheitsfachkräfte (Hornor 2005). Es ist ein ernstes Problem, das behoben werden muss, wenn, wie eine Studie nahelegt, die meisten Lehrer:innen die Anzeichen und Symptome von Kindesmisshandlung und die Meldeverfahren nicht kennen und auch das Gefühl haben, dass die Verwaltung nicht unterstützend wäre und mit ihrer gesetzlichen Rolle als verpflichtete Melder:innen nicht übereinstimmt (Kenny 2004). Solche Wissenslücken sowie Ängste und Sorgen können als Barrieren wirken, um Missbrauch zu erkennen und zu melden, und dies wird auch für Gesundheitsfachkräfte berichtet (Lazenbatt und Freeman 2006). Aber die Identifizierung von Missbrauch ist nur der erste Schritt. Kinder müssen professionell unterstützt werden, auch gegen den Willen ihrer Eltern, wenn nötig. Solche

Unterstützung kann helfen, die Auswirkungen von körperlichem Missbrauch zu verringern und ihnen zu helfen, die Fähigkeit zur körperlichen Integrität wiederherzustellen, insbesondere ihre mentale Gesundheit, eine positive Handlungsfähigkeit und Selbstbeziehungen. Da in den meisten Fällen das Kind bei seiner Familie und somit auch bei der:dem Täter:in bleibt, müssen diese therapeutischen Interventionen auch mit den Eltern arbeiten und insbesondere darauf abzielen, eine gesunde, gewaltfreie und vertrauensvolle sowie unterstützende Eltern-Kind-Beziehung wiederherzustellen, die, wie wir gesehen haben, oft durch den Missbrauch beschädigt wird. Wiederum gibt es eine Vielzahl von Therapien und Ansätzen, und was wir aus einer Gerechtigkeitsperspektive verlangen können, ist, dass der Staat alle diejenigen, die sich als wirksam erwiesen haben, für Kinder verfügbar macht und Barrieren des Zugangs aufgrund der sozioökonomischen Position des Kindes und seiner Eltern minimiert. Die Behandlung der Traumata des körperlichen Missbrauchs darf keine Frage des Geldes sein. Es ist auch wichtig zu beachten, dass die Behandlung von Kindern eine präventive Maßnahme ist, da wir über die intergenerationale Übertragung von Missbrauch Bescheid wissen. Kendal Maxwell und seine Kollegen (Maxwell et al. 2016) veröffentlichten eine der ersten Studien, die den Einfluss therapeutischer Interventionen auf die intergenerationale Übertragung von körperlichem Missbrauch untersuchten. Sie fanden heraus, dass Beratungs-/Psychotherapiebehandlungen ein signifikanter Vermittler zwischen dem Erleben von körperlichem Missbrauch in der Kindheit und dem Ausüben von körperlicher Gewalt im Erwachsenenalter waren, selbst nach Kontrolle des Geschlechtseffekts der Opfer. Diese Ergebnisse deuten darauf hin, dass psychotherapeutische Interventionen nach dem Erleben von körperlichem Missbrauch die Wahrscheinlichkeit verringern können, im Erwachsenenalter Gewalt auszuüben. Der vierte und letzte Punkt, den wir in Bezug auf die Verantwortung des Staates ansprechen möchten, ist, dass er in die Veränderung der gesellschaftlichen Akzeptanz von gewalttätigen Verhaltensweisen investieren sollte, gegen Kinder, aber auch allgemein. Gesetze und die damit verbundenen Informationskampagnen sind ein Weg, um die öffentliche Meinung zu beeinflussen, aber es gibt auch andere Ansätze, die ergriffen werden können und sollten. Informationen über die schwerwiegenden negativen Auswirkungen von körperlichem Missbrauch, die erhöhte Verletzlichkeit von Kindern, insbesondere sehr jungen, und die Widerlegung von Mythen über körperliche Bestrafung und über gewaltfreie Erziehung sollten allen Eltern unabhängig von Alter, Klasse, *race* oder Religion weitgehend zugänglich gemacht werden. Eine Gesellschaft, die den Schutz der körperlichen Integrität aller, einschließlich der Kinder, hoch schätzt, wird eine sein, in der körperlicher Missbrauch weniger wahrscheinlich vorkommt und stillschweigend oder offen toleriert wird.

5.2 Gewalt Zwischen Gleichaltrigen

Wir haben gesehen, dass körperlicher Missbrauch innerhalb der Familie für viele Kinder eine Realität ist, mit einer Vielzahl negativer Auswirkungen auf ihre körperliche Integrität. Zweifellos gibt es auch andere Kontexte, in denen

Kinder Opfer von körperlichem Missbrauch durch Erwachsene werden, die es wert wären, genauer untersucht zu werden, zum Beispiel Kinderbetreuungseinrichtungen oder Organisationen, Schulen oder Gemeinschaften, mit denen das Kind interagiert. Wir werden jedoch nun den Fokus verschieben und uns auf Gewalt konzentrieren, wie sie zwischen Gleichaltrigen auftritt. Im gesamten Buch haben wir betont, dass Kinder eigenständige Akteur:innen sind und oft auf die positiven Aspekte ihrer Handlungsfähigkeit verwiesen. Das Thema Gewalt zwischen Gleichaltrigen erinnert uns jedoch eindringlich daran, dass Kinder ihre Handlungsfähigkeit auch auf eine Weise nutzen können, die anderen schadet. Es gibt verschiedene Beispiele für solche Fälle, wie Straßenbandengewalt, Gewalt im Zusammenhang mit Drogenmissbrauch, Dating-Gewalt oder Gewalt, die aus politischen Aktivitäten resultiert, zum Beispiel wenn eine linke Jugendgruppe mit einer rechten in Konflikt gerät, und all diese Formen von Gewalt verdienen eine gründliche ethische Analyse. Dies werden wir jedoch in diesem Abschnitt nicht leisten können. Stattdessen werden wir alle möglichen Formen von Gewalt zwischen Gleichaltrigen auf eine spezifische Institution eingrenzen: die Schule. Es gibt drei Gründe für diesen Fokus. Erstens ist Gewalt in der Schule ein weit verbreitetes Phänomen, mit dem viele Kinder als Opfer, Täter:in oder Zuschauer:in konfrontiert sind. Die moderne Kindheit wird in hohem Maße durch die Schulbildung geprägt und beeinflusst, und systematische Gewalt in diesem Umfeld wird sich auf eine beträchtliche Anzahl von Kindern ausbreiten und erheblichen Schaden anrichten. Zweitens sind Schulen (oftmals öffentliche) Institutionen, die die Aufgabe haben, Kinder zu erziehen und ihnen eine Vielzahl von Kompetenzen zu vermitteln. Sie sind eng mit den Normen einer Gesellschaft verbunden, die mit ihrem Kindheitsregime verknüpft sind, und sollten die Bedingungen bieten, dass Kinder sich in einer einigermaßen sicheren und stabilen Umgebung zu autonomen Wesen entwickeln können. Gewalt, die in ihren Strukturen auftritt, ist daher qualitativ anders als Fälle von Banden- und Jugendstraßengewalt, die „draußen" passieren und oft außerhalb des direkten Einflussbereichs der Erwachsenen liegen, die für die Sicherheit, das Wohlergehen und die Entwicklungsbedürfnisse der Kinder verantwortlich sind. Drittens gibt es Belegedafür, dass nicht nur die Schule und ihr Umgang mit Gewalt einen Einfluss darauf haben, was tatsächlich innerhalb ihrer Räumlichkeiten und Reichweite passiert, sondern dass sie eine Schlüsselrolle bei der Bekämpfung von Jugendgewalt im Allgemeinen spielt, insbesondere durch die Fokussierung auf positive Jugendentwicklung (Andreou 2015). Sie ist eine Institution, die fruchtbare Funktionen für Kinder sichern und eine Grundlage für ihr Wohlergehen und Wohlentwickeln sein sollte. Wenn sie dieses Ideal nicht erreicht, kann sie ein korrosiver Nachteil im Leben der Kinder sein, und Gewalt zwischen Gleichaltrigen, die innerhalb ihrer Grenzen auftritt, ist hier relevant.

Schul gewalt zwischen Gleichaltrigen ist seit vielen Jahren der Fokus von Forscher:innen, und es gibt wiederum viele verschiedene Formen von Gewalt mit unterschiedlichem Schweregrad, die im Schulkontext auftreten (Griffin und Gross 2004; Page et al. 2015; Finkelhor et al. 2014). Es gibt Kämpfe auf dem Spielplatz; sporadische verbale oder körperliche Auseinandersetzungen, die von eher harmlosen Vorkommnissen bis hin zu ernsthaften Vorfällen reichen können; Übergriffe, sexuelle Viktimisierungen, Eigentumsdelikte und Verbrechen gegen die Schule wie Vandalismus und Bombendrohungen; und natürlich gibt es tödliche Fälle von Schulgewalt, am bekanntesten sind Schulschießereien wie in Columbine, wo zwei Schüler 12 Schüler:innen und einen Lehrer ermordeten und viele weitere Menschen verletzten (Schildkraut und Hernandez 2014). Solche Schießereien passieren am häufigsten in den USA, sind aber nicht auf dieses Land beschränkt, wie ähnliche tragische Ereignisse, zum Beispiel in Deutschland, zeigen (Leuschner et al. 2011).

5.2.1 Mobbing

Alle erwähnten Formen von Gewalt, die in Schulen vorkommen, beeinträchtigen die körperliche Integrität von Kindern und sind besorgniserregend. Aber es gibt eine Form von Gewalt, die besonders weit verbreitet ist und auch die meiste Aufmerksamkeit in der Forschung zu Schulgewalt erhalten hat: Schul-Mobbing (Cook et al. 2010). Laut den verfügbaren Daten ist es die häufigste Form von Schul-Gewalt mit schwerwiegenden Folgen, und wir werden uns daher nun darauf konzentrieren (Page et al. 2015; CDC 2012). Weitere Details zu seiner Verbreitung werden wir später präsentieren. Wir wollen jedoch mit einigen Bemerkungen zur Definition von Mobbing beginnen. Wie bei den meisten Phänomenen, die wir in diesem Buch untersuchen, ist Mobbing ein irgendwie unscharfes Konzept. In der Literatur finden sich unterschiedliche Konzeptualisierungen und Operationalisierungen, und es scheint auch Unterschiede zwischen den Ländern zu geben (Espelage und Swearer 2003; Hong und Espelage 2012). In vielen Sprachen gibt es beispielsweise keine genaue Übersetzung für den englischen Begriff „bullying", was einige Herausforderungen für internationale Vergleiche mit sich bringt, da die in Fragebögen verwendeten Übersetzungen möglicherweise umfassender oder ausschließender sind als der Originalbegriff (Smorti et al. 2003). In der akademischen Diskussion sind sich die meisten Forscher:innen jedoch einig, dass Mobbing auf einer allgemeinen Ebene am besten als eine Form von Gewalt definiert wird, die zwischen Gleichaltrigen in der Schule auftritt und ein Verhalten impliziert, das „(1) aggressive or intended to harm; (2) carried out repeatedly and over time; and (3) occurs in an interpersonal relationship where a power imbalance exists" (Eisenberg und Aalsma 2005, 88; Olweus 2011). Zu dieser Definition möchten wir zwei Beobachtungen machen. Erstens ist das hier verwendete Konzept von Gewalt breiter als das rein physische, das im vorhergehenden Kapitel im Fokus stand. Physische Gewalt spielt auch beim Mobbing eine wichtige Rolle, aber das aggressive Verhalten, das Schaden verursacht, umfasst auch emotionale und psychologische Formen von Gewalt als wesentlichen Bestandteil, und wie wir gleich sehen werden, werden oft Verhaltensweisen eingesetzt, um eine Person sozial auszuschließen, was ebenfalls als eine besondere Art von Gewalt betrachtet werden kann. Zweitens ist, wie in unserer Definition von körperlichem Missbrauch, die *Absicht* entscheidend. Mobbing geschieht nicht zufällig, sondern es ist eine systematische Handlung, die darauf abzielt, jemanden absichtlich über einen bestimmten Zeitraum hinweg zu verletzen, der:die sich schwer verteidigen kann. Es beinhaltet daher typischerweise Elemente proaktiver Aggression und unterscheidet sich an diesem Punkt von Fällen sporadischer Gewalt und gelegentlicher Konflikte zwischen Gleichaltrigen. Ein Streit, weil ein:e Mitschüler:in ein geliehenes Buch verloren hat, wäre beispielsweise ein Fall von reaktiver Aggression, nämlich ein Verhalten, das nicht vorher geplant ist und nicht darauf abzielt, das Opfer in Bezug auf die gesamte Klassengruppe zu demütigen, auch wenn das Opfer absichtlich verletzt wird. Reaktive Aggressionen geschehen tendenziell ungeplant als Reaktion auf etwas, das den Aggressor wütend, frustriert usw. macht. Proaktive Aggressionen, wie Mobbing, hingegen werden nicht impulsiv wie der vorherige Typ ausgeführt. Vielmehr sind sie kalkuliert und entstehen mit dem Ziel, ein anderes Ziel zu erreichen (Raine et al. 2006; Baron und Richardson 1994; Berkowitz 1993). Diese Eigenschaft wirft knifflige Fragen zur Verantwortung der Täter:innen auf, die offensichtlich ihre Handlungsfähigkeit nutzen, um anderen absichtlich Schaden zuzufügen, was am Ende dieses Kapitels diskutiert wird.

Um ein besseres Verständnis von Mobbing und den vielen damit verbundenen Aspekten zu bekommen, ist es in der Literatur üblich geworden, zwischen direkten und indirekten Formen von Mobbing zu unterscheiden (Carbone-Lopez et al. 2010; Hopkins et al. 2013). Direktes Mobbing umfasst zwei Formen. Einerseits besteht es aus körperlichen Angriffen wie Schlagen, Schubsen oder Treten, die natürlich körperlichen Schaden und Verletzungen am Körper verursachen (Wang et al. 2012). Andererseits gibt es verbales Mobbing, das darin besteht, gemeine Namen auf verletzende Weise zu nennen oder bedrohliches Verhalten, das durch den Gebrauch von Sprache ausgeübt wird; es ist daher mit Angriffen auf einer anderen Ebene als der körperlichen verbunden. Indirektes Mobbing ist subtiler und komplexer in seinem Charakter. Es umfasst die Manipulation sozialer Beziehungen, um das Opfer sozial zu isolieren. Es ist somit eine Art psychologisches Mobbing und umfasst Verhaltensweisen wie das Verbreiten von Gerüchten, sexuelle Gesten und verbalen Missbrauch. Es wird innerhalb der sozialen Gruppe des Opfers ausgeführt und ist als eine Form der relationalen Aggression bekannt. Mit dem Aufkommen der elektronischen Kommunikation und des Internets hat indirektes Mobbing seinen Umfang erweitert. Durch Textnachrichten, E-Mails oder soziale Medien wurden neue Wege geschaffen, um Schaden zuzufügen, die auch in der Forschung zu den Phänomenen zunehmendes Interesse gefunden haben. Die Kategorie des Cybermobbing wurde eingeführt und Studien zeigen, dass es heute in vielen Kontexten, in denen Mobbing auftritt, eine große Rolle spielt (Smith et al. 2008; Wade und Beran 2011).

Wenn Mobbing passiert, ist es natürlich, die dyadische Typologie der Täter:innen auf der einen Seite und des Opfers auf der anderen Seite zu verwenden, und viele, insbesondere ältere Studien haben diese statische Beziehung zwischen diesen beiden Akteur:innen untersucht (Hong und Espelage 2012). Neuere Studien legen jedoch nahe, dass ein solcher Ansatz zu einfach ist und die Dynamik des Mobbings aus mindestens drei Gründen nicht erfasst. Erstens ist es wichtig, die

Kategorie der Zuschauer:innen im Mobbingprozess zu berücksichtigen, da es in einem sozialen Kontext stattfindet und niemals ein Ereignis ist, das von den direkten sozialen Kontakten der Kinder isoliert werden kann (Thornberg und Jungert 2013; Salmivalli et al. 1996). Die Zuschauer:innen können eine Reihe von verschiedenen Rollen übernehmen, die mit dem, was dem Opfer passiert, verknüpft sind, und sie beeinflussen und lenken daher das Mobbing bis zu einem gewissen Grad: Sie können „Assistent:innen" sein und sich dem:der Mobber:in anschließen, sie können das Mobbing durch Anfeuern und Lachen unterstützen, sie können passiv und unbeteiligt bleiben oder sie können die Seite des Opfers einnehmen und gegen den:die Mobber:in und die Dynamik von Aggression und Demütigung vorgehen. Zweitens muss das Verständnis von Mobbing in der Schule für noch mehr Umgebungen und Akteur:innen geöffnet werden. Die direkt beteiligten Personen – das Opfer, der:die Aggressor:in und die Zuschauer:innen – sind wiederum Teil komplexer und miteinander verbundener Systeme und werden von ihnen geformt. Daher kann ein ökologisches Modell wie das von Bronfenbrenner vorgeschlagene, das Mikro-, Meso-, Exo-, Makro- und Chronosystem-Ebenen berücksichtigt, interessante Einblicke in den Prozess des Mobbings geben, es kontextualisieren und Perspektiven für die Prävention eröffnen (Bronfenbrenner 1979; Hong und Espelage 2012). Drittens ist die Gruppe der Opfer eine heterogene. Die klassische Ansicht ist, dass sie eine nicht-aggressive, schüchterne, passive und unterwürfige Gruppe sind und Schikanen und Angriffe ohne Vergeltung akzeptieren – und es gibt Hinweise darauf, dass die meisten Opfer tatsächlich diese Eigenschaften zeigen (Salmivalli und Nieminen 2002). Neuere Beweise zeigen jedoch, dass es auch eine Gruppe von Kindern gibt, die in einer Doppelrolle in das Mobbing verwickelt sind: Sie werden selbst gemobbt und schikanieren gleichzeitig andere. Die Prävalenz dieser sogenannten Mobber:innen-Opfer variiert enorm zwischen verschiedenen Studien, mit einer Konzentration von zwischen 4 und 8 Prozent der Schulkinder (Salmivalli 2010; Yang und Salmivalli 2013). Es scheint jedoch, dass sie von besonderem Interesse sind, da sie signifikant mehr physisches und verbales Mobbing begehen als reine Mobber:innen, während sie häufiger Opfer von Viktimisierung sind als reine Opfer (Yang und Salmivalli 2013). Dies deutet darauf hin, dass die Dichotomie zwischen Opfern und Täter:innen nicht immer so klar ist, wie es oft scheint; später, wenn wir die Situationen der Mobber:innen selbst genauer betrachten und wie Aspekte ihrer körperlichen Integrität in Gefahr sind, wird dieses Argument weiter untermauert (Cowie und Colliety 2016).

Wie bei praktisch allen Phänomenen, die wir in diesem Buch behandeln, ist die Erforschung von Mobbing mit einigen Schwierigkeiten verbunden, was auch die Schätzungen der Prävalenz betrifft. Die Anzahl der Fälle, die tatsächlich den Schulbehörden oder anderen Beamt:innen gemeldet werden, ist wahrscheinlich zu niedrig, um darauf vertrauen zu können, da viele Opfer nicht offenlegen, was ihnen passiert. Aber auch allgemeine Umfragen unter Kindern, ihren Eltern oder Lehrer:innen sind mit Schwierigkeiten verbunden. Gleichaltrige könnten die Situation falsch einschätzen (z.B. weil Mobbing auf subtile Weise geschieht) und Lehrer:innen oder Eltern könnten nicht wissen, dass jemand dieses Problem in der Schule hat (Olweus 2013; Finkelhor et al. 2014). Darüber hinaus gibt es einige konzeptionelle Probleme, da der Begriff Mobbing in viele Sprachen nicht leicht übersetzbar ist und manchmal Konzepte in Fragebögen verwendet werden, die semantisch vom englischen Begriff abweichen, was es wahrscheinlich macht, dass die Ergebnisse der relevanten Studien ebenfalls beeinflusst werden (Smorti et al. 2003). Und nicht zuletzt kommt Mobbing in verschiedenen Formen (z.B. physisch, verbal, relational, Cybermobbing) und Schweregraden vor, und je nach Fokus der Studie und ihrem Design sind unterschiedliche Ergebnisse zu erwarten.

In jedem Fall deuten die verfügbaren Daten darauf hin, dass Mobbing ein sehr weit verbreitetes Phänomen ist und es wurde als öffentliches Gesundheitsproblem bezeichnet (Elgar et al. 2013).

Für die USA wurde in einer nationalen Haushalts-Telefonumfrage unter Jugendlichen und Eltern zur Bewertung der Exposition gegenüber einer breiten Palette von Viktimisierungen in der Schule unter einer repräsentativen Stichprobe von 3391 Kindern und Jugendlichen im Alter von 5 bis 17 Jahren festgestellt, dass 29,8 Prozent aller Kinder Einschüchterung/Mobbing ausgesetzt waren, was bei weitem die häufigste Viktimisierung in der Schule war (Finkelhor et al. 2014). In Bezug auf das Alter wurde festgestellt, dass Kinder zwischen 10 und 17 Jahren ein viel höheres Risiko hatten, von Mobbing betroffen zu sein (zwischen 34,1 % und 38,1 %) im Vergleich zur Altersgruppe 5–9 (19,6 %). Dies könnte jedoch auch darauf hinweisen, dass Kinder unter 10 Jahren durch Berichte von Betreuer:innen vertreten wurden, was auf ein mangelndes Wissen der Eltern hinweisen könnte. Dennoch ist 19,6 % eine hohe Zahl, die darauf hinweist, dass die Prävalenz auf allen Bildungsebenen besorgniserregend ist, eine Erkenntnis, die auch durch andere Studien gestützt wird (z.B. Glew et al. 2005). Die höchsten Raten von Mobbing scheinen während der Mittelschule stattzufinden, was mit der frühen Adoleszenz zusammenfällt, einer kritischen Phase, in der neue soziale Rollen erkundet und sozialer Status unter Gleichaltrigengruppen angestrebt wird (LaFontana und Cillessen 2010).

Um diese Daten in einen Kontext zu setzen, ist es aufschlussreich, internationale Vergleiche anzustellen. Eine kürzlich durchgeführte Studie mit national repräsentativen Stichproben von 11-, 13- und 15-Jährigen aus 33 Ländern und Regionen ergab, dass im Schuljahr 2009–2010 ein Drittel der Schulkinder in Europa und Nordamerika angaben, in den letzten zwei Monaten Opfer von Mobbing geworden zu sein (Chester et al. 2015). Dieselbe Studie zeigt, dass es große Unterschiede beim Mobbing zwischen den Ländern gibt, die von 8,6 % in Schweden bis 45,2 % in Litauen bei Jungen und von 4,8 % in Schweden bis 35,8 % in Litauen bei Mädchen reichen; es gibt daher enorme geografische Unterschiede bei diesem Problem. Darüber hinaus können zeitliche Veränderungen beobachtet werden, die jedoch ebenfalls erheblich variieren. In einem Drittel der an der Studie beteiligten Länder nahm das Mobbing ab, während es in den übrigen Ländern stabil blieb oder von 2001–2002 bis 2009–2010 zunahm.

Die Häufigkeit und Intensität von Mobbing ist daher lokal unterschiedlich, mit Spitzenwerten in den baltischen Ländern und den niedrigsten Raten in den nordeuropäischen Ländern, was sicherlich auf politischer Ebene von großer Bedeutung ist. Darüber hinaus, und vielleicht noch wichtiger für unser Konzept der körperlichen Integrität von Kindern, hat Mobbing auch eine Geschlechterdimension.

Beim traditionellen Mobbing im Sinne von Mobbing ohne elektronische Mittel sind Jungen eher Täter oder Opfer von direktem körperlichem Mobbing (Wang et al. 2009). Beim verbalen Mobbing scheint es keinen solchen Unterschied zu geben, und es gibt Hinweise darauf, dass Mädchen eher zu indirektem relationalem Mobbing neigen. In Bezug auf die Wahrscheinlichkeit, Opfer zu werden, sind die Ergebnisse gemischt; jedoch sind Mädchen einem höheren Risiko sexueller Mobbing-Opfer ausgesetzt, was durch eine Kultur hegemonialer Männlichkeit erklärt werden könnte (Shute et al. 2008). Für Cybermobbing sind weitere Forschungen erforderlich, um verlässliche Ergebnisse zu erzielen. Es gibt jedoch einige Hinweise darauf, dass Mädchen genauso wahrscheinlich wie Jungen Cybermobber:innen sind und häufiger Cyberopfer sind, wenn gelegentliches Cybermobbing als Grenzwert verwendet wird (Beckman et al. 2013). Es gibt noch eine weitere wichtige Geschlechterdimension: Menschen, die sexuellen und geschlechtlichen Minderheiten angehören (z:b. lesbische, schwule, bisexuelle und trans Personen) haben ein besonders hohes Risiko, gemobbt zu werden, und berichten häufig, dass sie sich in der Schule nicht sicher fühlen (Schuster et al. 2015; Kosciw et al. 2014). Darüber hinaus gibt es Forschungen zu anderen Risikofaktoren, die in unterschiedlichem Maße und mit unterschiedlicher Sicherheit mit der Wahrscheinlichkeit, gemobbt zu werden, verbunden sind, darunter *race*/Ethnizität, Gesundheitszustand (z.B. Adipositas), Depression und Angst, Lern-/Entwicklungsstörungen, Intelligenz und Armutsstatus (Hong und Espelage 2012). Wir wollen nun einige Aspekte untersuchen, wie die körperliche Integrität von Kindern durch Mobbing gefährdet wird.

5.2.2 Mobbing und die körperliche Integrität von Kindern

Es gibt viele Studien über die negativen Auswirkungen von Mobbing, und wie bereits erwähnt, wird es als ein öffentliches Gesundheitsproblem betrachtet, das ernst genommen werden muss. Angesichts der umfangreichen Belege für die Häufigkeit und Schwere der Auswirkungen von Mobbing möchten wir vorschlagen, dass diese Einschätzung korrekt ist und dass wir nicht von einer „moralischen Panik" sprechen, sondern von realen Gefahren für das Wohlergehen und die Wohlentwicklung einer großen Anzahl von Kindern. Die Fähigkeit zur körperlichen Integrität mit ihren miteinander verbundenen Dimensionen von Gesundheit, Handlungsfähigkeit und positiven Selbstbeziehungen bietet ein hilfreiches konzeptionelles Werkzeug zur Untersuchung einiger der wichtigsten Schäden. Im gesamten Buch haben wir die entwicklungsbedingte Natur von Kindern, ihre besondere Verletzlichkeit und die Notwendigkeit, ihr aktuelles und zukünftiges Wohlergehen für Fragen der Gerechtigkeit in Einklang zu bringen, betont. Dieser Punkt ist auch hier gültig. Kinder, die Mobbing erleben, leiden nicht nur in ihrer aktuellen Situation in ihrem Wohlergehen. Oft haben sie nicht die Ressourcen, um mit ihren Schwierigkeiten angemessen umzugehen, und infolgedessen haben sie auch langfristig eine Reihe von Problemen und Nachteilen – ihre Wohlentwicklung ist gefährdet. Mobbing kann daher als ein korrosiver Nachteil mit einem besonders starken zeitlichen Aspekt angesehen werden, wie wir im Folgenden darlegen werden. Bevor wir darstellen, wie die körperliche Integrität von Kindern durch Mobbing beeinträchtigt wird, ist ein letzter Punkt erwähnenswert. Die meisten Literaturquellen konzentrieren sich verständlicherweise auf die *Opfer* von Mobbing und nicht auf die Täter:innen. Wir werden jedoch auch einige Aspekte des Wohlergehens und der Wohlentwicklung der *Mobber:innen* diskutieren, da auch sie Schwierigkeiten erleben – und als Kinder fallen sie offensichtlich in den Geltungsbereich unserer Theorie der Gerechtigkeit. Ihr Wohlergehen und ihre Wohlentwicklung und ihre gerechtigkeitsbasierten Ansprüche müssen ebenfalls ernst genommen werden.

Substantielle Forschung wurde aus einer Gesundheitsperspektive durchgeführt, und es gibt schlüssige Beweise für die gesundheitlichen Auswirkungen auf eine Vielzahl von physischen und psychischen Gesundheitsproblemen während der Adoleszenz. Zum Beispiel zeigte ein groß angelegter internationaler Vergleich zu Mobbing und Gesundheit unter Jugendlichen, der von Pernille Due und Kollegen mit Jugendlichen in 28 Ländern durchgeführt wurde, dass die Risiken, dass ein Kind an physischen und psychischen Symptomen leidet, mit zunehmender Mobbing-Exposition steigen, ein Ergebnis, das in allen Ländern gilt. Zu den Symptomen gehörten Kopfschmerzen, Bauchschmerzen, Rückenschmerzen, Schlafstörungen, Müdigkeit am Morgen, Schwindel, Niedergeschlagenheit, Reizbarkeit/Schlechte Laune, Nervosität, Einsamkeit, das Gefühl, ausgeschlossen zu sein, und Hilflosigkeit, und sie können am besten als psychosomatischer Natur verstanden werden (Due et al. 2005). Solche Zusammenhänge zwischen Mobbing und Gesundheit wurden seitdem in vielen Studien gefunden, einschließlich der Metaanalysen von Gini und Pozzoli (2013). In diesen Analysen wurden Längsschnittstudien einbezogen, die ebenfalls bestätigten, dass gemobbte Kinder ein signifikant höheres Risiko für psychosomatische Probleme haben als nicht gemobbte Gleichaltrige. In einem kürzlich erschienenen Übersichtsartikel von Dieter Wolk und Suzet Tanya Lereya finden sich weitere Beweise für die mentalen und physischen Gesundheitsrisiken von Kindern, die in der Kindheit gemobbt wurden (Dieter Wolke und Lereya 2015). Sie berichten, dass die jeweiligen Kinder höhere Raten von Kopfschmerzen, Bauchschmerzen oder Schlafproblemen hatten als ihre Gleichaltrigen und dass sie eher dazu neigen, internalisierende Probleme und Angst sowie Depressionen zu entwickeln, was den Fokus auf die mentale Gesundheitsseite des Problems verlagert. In dieser Hinsicht treten bei den Opfern von Mobbing noch ernsthaftere Probleme häufiger auf als in Kontrollgruppen: Sie haben ein signifikant erhöhtes Risiko für Selbstverletzungen, denken häufiger an Suizid oder zeigen suizidales Verhalten, und es gibt Hinweise darauf, dass Mobbing in der Grundschule mit Borderline-Persönlichkeitssymptomen und psychotischen Erfahrungen verbunden ist, sobald das Kind die Adoleszenz erreicht, die in den gegebenen Studien als ab einem Alter von 11 oder 12 Jahren definiert wurde (Dieter Wolke et al. 2012; Schreier et al. 2009; Winsper et al. 2012).

Bereits diese Fakten beinhalten neben der Wohlergehenperspektive auch eine Wohlentwickelnperspektive, da die Mobbingerfahrungen in einer Phase der Kindheit sich auf spätere Phasen ausdehnen. Der Aspekt des Wohlentwickelns und damit die Zersetzlichkeit von Mobbing im Laufe der Zeit kann jedoch weiter untermauert werden, indem man sich die Gesundheitsergebnisse im Erwachsenenalter ansieht. Beweise aus einer fünf Jahrzehnte umfassenden britischen Geburtskohortenstudie zeigen, dass Menschen, die in der Kindheit gemobbt wurden, im Alter von 23 und 50 Jahren höhere Raten von Depressionen, Angststörungen und Suizidalität aufwiesen als ihre nicht viktimisierten Gleichaltrigen (Takizawa et al. 2014). Aber nicht nur mentale Gesundheitsprobleme werden ins Erwachsenenalter übertragen. Eine norwegische Studie mit einer großen repräsentativen Stichprobe ($N = 2.464$) fand beispielsweise, dass diejenigen, die gemobbt wurden und Mobbing-Opfer waren, ein erhöhtes Risiko für schlechte allgemeine Gesundheit und hohe Schmerzpegel im Alter von 26–27 Jahren hatten (Sigurdson et al. 2014). Zusammenfassend lässt sich sagen, dass sowohl in Bezug auf die physische als auch die mentale Gesundheit die Opfer von Mobbing wahrscheinlich negativ in ihrem Wohlergehen und Wohlentwickeln betroffen sind und alle negativen Folgen, die dies mit sich bringt. Die Kausalitäten hinter diesen Zusammenhängen sind schwer zu entwirren, und es ist auch wichtig zu beachten, dass nicht jedes Kind als Opfer von Mobbing die gleichen schweren Folgen erleidet. Dennoch zeigt die Forschung überzeugend, dass Mobbing für viele schädliche Auswirkungen hat und ihre Gesundheit auf vielfältige Weise beeinträchtigt, sowohl aus kurz- als auch aus langfristiger Perspektive.

Eine Gesundheitsperspektive auf Mobbing ist wichtig, und wir haben gesehen, dass eine Vielzahl von physischen und psychischen Gesundheitsproblemen involviert ist. Besonders die mentalen Aspekte der Gesundheit sind eng verknüpft, wie wir im Buch betont haben, mit der sich entwickelnden Identität des Kindes und den Beziehungen, die es zu sich selbst und seinem Körper hat und entwickelt. Diese Perspektive der positiven Selbstbeziehungen ist besonders erhellend, um den Schaden zu verstehen, den Mobbing den Opfern zufügt. Wir haben bereits oben festgestellt, dass die typischsten Opfergruppen unterwürfig sind; sie sind ängstlich, unsicher und sensibel und sind daher die „einfachsten" Ziele für Mobber:innen (Olweus 1993; Juvonen und Graham 2014). Darüber hinaus haben sie typischerweise bereits vor Beginn des Mobbings internalisierende Probleme und zeigen ein mangelndes Selbstvertrauen in sozialen Interaktionen, Eigenschaften, die durch das Mobbing verstärkt werden (Hodges und Perry 1999; Salmivalli und Isaacs 2005). Forscher:innen sprechen daher von zyklischen Prozessen zwischen Risikofaktoren und den Folgen der Viktimisierung (Juvonen und Graham 2014). Die Selbstkonzepte der Opfer spielen hier eine große Rolle. Forschungsergebnisse deuten darauf hin, dass negative Selbstwahrnehmungen mit Verhaltensweisen und Interaktionsstilen verbunden sind, die es schwierig machen, positive Beziehungen zu Gleichaltrigen zu entwickeln; wiederum machen diese Formen negativer Selbstbeziehungen es wahrscheinlicher, dass man in seiner Peer-Gruppe negativ behandelt wird (Salmivalli und Isaacs 2005). Diese sozialen Probleme könnten somit Auswirkungen auf die Entwicklung positiver Selbstwahrnehmungen haben; die Erfahrung, ein Außenseiter zu sein, viktimisiert zu werden und Demütigungen und Ablehnungen zu erleben, ist nicht leicht zu ertragen. Die Rolle des Opfers scheint besonders nachteilige Auswirkungen auf das Selbst zu haben, wenn ein Kind eines von wenigen Opfern oder das einzige Opfer überhaupt ist. In solchen Situationen ist Selbstbeschuldigung weit verbreitet, was bedeutet, dass das Opfer sein Leid persönlichem Versagen zuschreibt, was normalerweise Gefühle der Minderwertigkeit impliziert (Graham und Juvonen 1998). Wenn es mehr Opfer gibt, ist es häufiger, dass sie externe Faktoren als Grund für ihre schwierige Situation sehen („Die Mobber:innen sind schuld, da sie fast jeden ins Visier nehmen"), was unterschiedliche Auswirkungen auf ihr Selbstkonzept hat (Salmivalli 2010). Dies kann jedoch auch nachteilige Folgen haben. Die feindseligen Absichten der Gleichaltrigen zuzuschreiben, könnte beispielsweise erklären, warum einige gemobbte Kinder im Laufe der Zeit vermehrt externalisierende Probleme und aggressives sowie delinquentes Verhalten zeigen (Perren et al. 2013).

Eine weitere wichtige Dimension der Beziehung zwischen Mobbing und positiven Selbstbeziehungen und deren Bedingungen für die Entwicklung des Opfers bezieht sich auf die doppelte Viktimisierung, der viele betroffene Kinder ausgesetzt sind. Wir haben gesehen, dass besonders diejenigen mit besonderen Verletzlichkeiten die Ziele von Mobbing sind, das im sozialen Umfeld der Schuleoder des Klassenzimmers stattfindet (Hong und Espelage 2012). Einerseits beziehen sich diese Verletzlichkeiten auf individuelle Charaktereigenschaften oder psychologische Merkmale. Andererseits gibt es Merkmale wie sexuelle Orientierung, Zugehörigkeit zu gesellschaftlichen Minderheiten oder Übergewicht, die eine Rolle spielen können. In jedem Fall haben diese Kinder typischerweise bereits viele Herausforderungen bei der Entwicklung von Selbstwertgefühl, Selbstvertrauen und Selbstrespekt aufgrund ihrer Verletzlichkeit, was kaum eine rein individuelle Angelegenheit ist, sondern eine, die von der Umgebung unterstützt werden muss. Je nach Alter des Kindes gibt es verschiedene Akteur:innen, die eine Rolle spielen, aber sicherlich sind die Schule und Gleichaltrige in dieser Hinsicht entscheidend, und sie können sicherlich dazu beitragen, dass Kinder mit den genannten Eigenschaften und Merkmalen vollständig integriert werden und eine solide Basis für die Entwicklung positiver Beziehungen zu sich selbst finden. Mit Mobbing passiert jedoch genau das Gegenteil. Kinder, die bereits besondere Verletzlichkeiten haben, werden angegriffen, abgelehnt und gedemütigt, oft ausdrücklich dafür, „anders zu sein", und finden sich daher in einem Kontext wieder, der dem Ideal der unverzerrten Selbstverwirklichung entgegenwirkt. Wir haben bereits festgestellt, dass das Alleinsein als Opfer mit Selbstvorwürfen als eine wichtige Dimension einer negativen Beziehung zu sich selbst verbunden ist. Darüber hinaus ist es interessant zu beobachten, dass emotionale Unterstützung, die die Bereitstellung von Liebe, Empathie, Vertrauen und Respekt von Freunden und Familie umfasst, positive Auswirkungen auf Kinder und Jugendliche hat, die Opfer von Mobbing sind (Yeung Thompson und Leadbeater 2013). Besonders Freundschaften, die Hilfe und Sicherheit bieten, scheinen gegen Viktimisierung und Depressionen zu schützen, und sie können die Verbindung zwischen Viktimisierung durch Gleichaltrige und internalisierenden Symptomen mildern (Schmidt und Bagwell 2007). Es scheint daher, dass emotional unterstützende Freundschaften den Kontext bieten, den gemobbte Kinder benötigen, um das Selbstvertrauen und den Selbstrespekt zu finden, den sie benötigen, um mit den Widrigkeiten in der Schule umzugehen. Die richtige elterliche Unterstützung scheint ebenfalls ähnliche Auswirkungen zu haben (Yeung und Leadbeater 2010). Wir sehen also, wie entscheidend unterstützende zwischenmenschliche Beziehungen für die Fähigkeit zu positiven Selbstbeziehungen von gemobbten Kindern sind.

Wir werden nun unsere Aufmerksamkeit auf den Aspekt der Handlungsfähigkeit als Teil der Fähigkeit der körperliche Integrität richten. Zunächst sollte offensichtlich sein, dass Handlungsfähigkeit eng mit dem, was wir bereits über positive Selbstbeziehungen und Gesundheit, insbesondere die mentalen Aspekte davon, gesagt haben, zusammenhängt. Wenn Mobbing bei einem Kind oder dem Erwachsenen, zu dem es wird, psychische Gesundheitsprobleme auslöst und wenn es kein Selbstwertgefühl, keinen Selbstrespekt oder kein Selbstvertrauen hat, ist es sehr wahrscheinlich, dass seine Handlungsfähigkeit schwach oder vermindert ist, sowohl in der Kindheit als auch im Erwachsenenalter. In Bezug auf die Ergebnisse von Mobbingopfern im späteren Leben haben wir bereits Daten präsentiert, die die gesundheitlichen Auswirkungen von Mobbing zeigen, und es ist aufschlussreich zu sehen, dass die Opfer nicht nur negative gesundheitliche Ergebnisse im Erwachsenenalter haben, sondern dass sie auch in Bezug auf finanzielle, verhaltensbezogene und soziale Indikatoren schlecht abschneiden, zum Beispiel haben sie mehr Probleme im Job, Schwierigkeiten in romantischen und familiären Beziehungen und Probleme, Freunde zu finden oder zu behalten (D. Wolke et al. 2013). Dies sind sicherlich Indikatoren dafür, dass diese Personen im Durchschnitt Schwierigkeiten hatten, wertvolle Ziele im Leben zu erreichen, was auf Probleme mit ihrer Handlungsfähigkeit hinweist. Natürlich muss man in einer ethischen Theorie wie dem Fähigkeitenansatz, der einen hohen Wert auf Autonomie und individuelle Wahl legt, vorsichtig mit voreiligen Schlussfolgerungen in Bezug auf die Bewertung des Lebens eines Erwachsenen sein, da es der Fall sein könnte, dass eine Person gute Gründe hat, keinen Job zu haben oder es vorzieht, als Single oder in kurzfristigen Beziehungen zu leben. Es scheint jedoch, dass Mobbingopfer diese Ziele oft nicht aufgrund einer bewussten Entscheidung und weil es Teil ihrer Vorstellung vom guten Leben ist, realisieren, sondern weil sie es nicht anders geschafft haben oder weil es ihnen „passiert" ist. Dies würde zumindest zu unseren bisherigen Analysen der Auswirkungen von Mobbing passen.

Die Dimension der Handlungsfähigkeit als Teil der Fähigkeit der körperliche Integrität ist nicht nur relevant wegen der Herausforderungen, denen Mobbingopfer im Erwachsenenalter gegenüberstehen. Unsere Theorie der Gerechtigkeit für Kinder betont die Handlungsfähigkeit von Kindern von Anfang an, und die Schule ist eine der Umgebungen, in denen sie ausgeübt, praktiziert und entsprechend ihrer Reife trainiert werden sollte. Mobbing zeigt eindringlich, wie dieses Ziel oft nicht erreicht wird und wie viele Gesellschaften ihre Kinder in dieser Hinsicht im Stich lassen. Wie die Opfer von Mobbing ihrer Handlungsfähigkeit beraubt werden, wird deutlich, wenn wir den Prozess des Mobbings und die Handlungen der mobbenden Person im Kontext der Klasse oder Schule genauer betrachten.

Die Mobber:innen zeigen typischerweise unprovoziertes und absichtliches Verhalten und richten ihre Aggression absichtlich auf ihre Opfer. Es ist daher nicht der Fall, dass sie sozial ungeschickt oder emotional dysreguliert sind; im Gegenteil, sie nutzen ihre Handlungen, um ihre Ziele zu erreichen, und besonders in indirekten und relationalen Formen des Mobbings sehen wir, dass dies komplexe

Pläne und Handlungen erfordert (Garandeau und Cillessen 2006; Salmivalli 2010). Forschung zeigt, dass ein Hauptbestandteil von Mobbing das Streben nach einem hohen Status und einer mächtigen Position in der Peer-Gruppe ist, die Mobber:innen versuchen zu erlangen, indem sie ihre Opfer angreifen, die oft in einer Position geringer Macht sind, wie wir bereits gezeigt haben. Oft, wenn Mobber:innen ihre Ziele erreichen, werden sie als cool wahrgenommen und gewinnen Ansehen. Was hat das alles mit der Handlungsfähigkeit der Opfer zu tun? Wir möchten vorschlagen, dass sie in ihrer Rolle als Opfer gefangen sind und dass ihre Umgebung, die am wichtigsten durch die „Zuschauer:innen" repräsentiert wird, es ihnen sehr schwer macht, nach ihren eigenen Ideen und Werten zu handeln. In Kombination mit den Problemen in ihren positiven Selbstbeziehungen führt dies leicht zu Erfahrungen von Hilflosigkeit und Passivität, was wiederum oft zu internalisierenden (z.B. Depression, Rückzug, Angst und Einsamkeit) oder externalisierenden (z.B. antisoziales Verhalten und Aggression) Problemen führt. Dies entfernt die Opfer weit von dem Ideal der Handlungsfähigkeit, das wir in Kapitel 2 vorgestellt und als zentrales normatives Ziel definiert haben. Dass die Opfer gefangen sind, sollte nicht suggerieren, dass nichts dagegen unternommen werden kann. Die Zuschauer:innen können handeln und das Opfer unterstützen, aber wie Studien zeigen, tun sie dies viel zu selten (Thornberg und Jungert 2013). Und wir haben auch gesehen, dass Freundschaften und elterliche Unterstützung in der Lage sind, das Selbstwertgefühl der Kinder zu stärken, was ihre Handlungsfähigkeit erhöht. Aber dennoch haben Mobbingopfer oft nicht diese Ressourcen und reagieren, wie wir gesehen haben, entweder mit Rückzug oder aggressiven Gegenreaktionen.

Bisher standen die Opfer von Mobbing im Zentrum unserer Analysen. Allerdings verdienen auch die Mobber:innen Aufmerksamkeit. Wir wollen diesen Abschnitt abschließen, indem wir kurz einige Aspekte bewerten, wie ihre körperliche Integrität gefährdet ist, indem wir zunächst einige individuelle Merkmale der Mobber:innen betrachten und dann einige breitere soziale Faktoren, die für das Verständnis und die Bewertung wichtig sind (Cowie und Colliety 2016). Mobber:innen neigen dazu, Schwierigkeiten in ihren Peer-Beziehungen zu haben (Pepler et al. 2008), und Studien legen nahe, dass sie eine überdurchschnittlich hohe Inzidenz von psychischen Problemen haben (Kumpulainen und Räsänen 2000), und die Wahrscheinlichkeit, sich abweichend zu verhalten, ist ebenfalls höher. Ihre Handlungsfähigkeit ist stark und zielorientiert; jedoch haben sie oft unrealistische Bilder von sich selbst und ihrer sozialen Position – mit anderen Worten, ihre Selbstwahrnehmungen sind verzerrt und tatsächlich werden sie oft von anderen nicht gemocht, was bei näherer Betrachtung mit Popularität vereinbar ist (Rodkin et al. 2006). Ihre Handlungsfähigkeit zusammen mit ihren persönlichen Eigenschaften führt zu anderen Problemen für sie selbst: Es wurde berichtet, dass Mobber:innen anfälliger für übermäßigen Substanz- und Alkoholkonsum, psychiatrische Symptome im späteren Leben, Schwierigkeiten mit Regeln und schlechte schulische Anpassung sind (Stein et al. 2006). Darüber hinaus muss die Handlungsfähigkeit des Mobbings auch im Kontext gesehen werden, in dem es eingebettet ist, was uns zu Aspekten der Kultur moderner Gesellschaften bringt, die bereits im vorhergehenden Kapitel angesprochen wurden und die oft Männlichkeit mit Heterosexualität, Härte, Macht und Autorität sowie Wettbewerbsfähigkeit verbinden. Die Mobber:innen nutzen typischerweise diese vermeintlichen Werte in ihren Handlungen und nutzen sie als Mittel, um beliebt zu sein, was in vielen Fällen zu funktionieren scheint. Dies bedeutet auch, dass Mobber:innen in gewissem Sinne die dominante Kultur ihrer Gesellschaft widerspiegeln. Dass dies zu verzerrten Formen der Handlungsfähigkeit führt, wird besonders deutlich, wenn man sich Studien ansieht, die (direktes) Mobbing in der Schule mit verschiedenen Arten von missbräuchlichem Verhalten in sozialen Beziehungen in Verbindung bringen, wie ein erhöhtes Risiko für sexuelle Belästigung (Pellegrini 2002) oder Partnerschaftsgewalt (Foshee et al. 2014). Kurz gesagt, es gibt Probleme in allen drei Dimensionen der körperlichen Integrität, die die Mobber:innen selbst negativ betreffen, und es wäre falsch, sie nur als Täter:innen zu sehen. Mobbing zu reduzieren liegt daher auch in ihrem Interesse, was uns zur Frage bringt, was gegen Mobbing unter Gleichaltrigen unternommen werden kann und wer die Akteur:innen der Gerechtigkeit mit der höchsten Verantwortung sind.

5.2.3 Verantwortlichkeiten von Gleichaltrigen, Familien und dem Staat

Wir möchten im Detail drei verschiedene Akteur:innen der Gerechtigkeit diskutieren, die für Kinder relevant sind, die unter zwischenmenschlicher Gewalt unter Gleichaltrigen leiden, insbesondere in Bezug auf Mobbing. Diese Akteur:innen sind erstens die Gleichaltrigen selbst, sowohl diejenigen, die Mobbing und Belästigung betreiben, als auch die Zuschauer:innen; zweitens die Familien dieser beiden Gruppen von Kindern, aber auch die Familien derjenigen, die Opfer von Gewalt durch Gleichaltrige sind; und drittens der Staat, insbesondere in Bezug darauf, was Schulen tun sollten und können. Wir werden nur kurz auf die Verantwortlichkeiten anderer beteiligter Akteure eingehen, wie z.B. den Medien, die ständig gewalttätige Botschaften an Kinder senden und somit zumindest eine gewisse Verantwortung tragen, insofern sie zur Akzeptanz von Gewalt und Viktimisierung beitragen. Die Beteiligung vieler Akteur:innen der Gerechtigkeit kann es schwierig machen, den genauen Anteil der Verantwortung zu bestimmen, und es zeigt auch erneut, wie die Fähigkeit der Kinder zur körperlichen Integrität in verschiedene soziale Schichten und Umgebungen eingebettet ist, wie ein ökologischer Ansatz zu Mobbing in der Tradition von Bronfenbrenner nahelegt.

Das Thema Gewalt unter Kindern sagt viel über ihre Handlungsfähigkeit und andere Konzepte der Kindheit aus, insbesondere über ihre Unschuld und Verletzlichkeit. Die Tatsache, dass Kinder andere absichtlich verletzen, manchmal über einen längeren Zeitraum und mit schweren und chronischen Folgen, zeigt deutlich, dass Kinder nicht passiv sind und nicht notwendigerweise unschuldig. Es zeigt auch, dass die Verletzlichkeit von Kindern nicht nur von Erwachsenen, sondern auch von anderen Kindern ausgenutzt wird, die mächtiger sind, manchmal körperlich, aber oft sozial und in Bezug auf ihre Position in der Peer-Gruppe. Diese Aspekte der Intentionalität, Macht und Kontrolle sind für die Zuschreibung von

Verantwortung von großer Bedeutung, aber es besteht die Notwendigkeit, unser Verständnis von Verantwortlichkeiten hier zu vertiefen. Wir möchten diese Frage in drei Punkten ansprechen: Erstens sind Kinder, die andere Kinder mobben oder verletzen, sicherlich kausal verantwortlich. Darüber hinaus befinden sie sich in fast allen Fällen in der Position, dass sie die Wahl hatten, sich anders zu verhalten. Folglich sind sie tatsächlich mächtige Akteur:innen der Gerechtigkeit, und es wäre inkonsequent, unserer Meinung nach einer Person starke Handlungsfähigkeit und Intentionalität zuzuschreiben, ohne sie als Subjekt von Verantwortlichkeiten zu betrachten; dies gilt auch für Kinder. Zweitens, obwohl Kinder als Täter:innen für ihre Handlungen verantwortlich gemacht werden müssen, muss das Ausmaß und die Art und Weise, wie wir dies tun, auch den Status des Kindes und den sozialen Status der Kindheit widerspiegeln. Wie wir in Kap. 2 argumentiert haben, sind Kinder aktive Akteur:innen, aber sie sind noch keine Erwachsenen und sollten nicht auf demselben Niveau wie Erwachsene verantwortlich gemacht werden. Kinder haben besondere Verletzlichkeiten, da sie sich noch entwickeln und nicht vollständig entwickelte Wesen sind, und sie sind anfällig für äußere Einflüsse in ihren Überzeugungen und Verhaltensweisen, und es besteht immer die Möglichkeit, dass andere – Erwachsene wie Eltern oder Lehrer:innen zum Beispiel – ihre Verantwortlichkeiten vernachlässigen und das Kind im Stich lassen. Wir haben auch die Idee eines Kindheitsregimes eingeführt und verteidigt, das durch andere Normen als die Phase des Erwachsenseins strukturiert ist, einschließlich der Argumente, dass Kinder nicht vollständig für ihre Handlungen verantwortlich sind und dass es mehr Raum für Versuch, Irrtum und Vergebung geben sollte. Darüber hinaus werden die Handlungen von Kindern oft durch die Handlungen anderer und Lernprozesse während der Kindheit beeinflusst. Basierend auf überzeugender Forschung haben wir im Abschnitt über körperlichen Missbrauch argumentiert, dass gewalttätige Erfahrungen während der Kindheit und das Beobachten von gewalttätigem Verhalten einen „Kreislauf der Gewalt" in Gang setzen können, in dem Kinder lernen, Gewalt als eine Form der Konfliktlösung, Bewältigungsmechanismus oder normales Verhalten zu betrachten. Das bedeutet nicht, dass Kinder, die in der Schule, auf dem Spielplatz oder bei einem Date gewalttätig handeln, nur durch das geleitet werden, was sie gesehen, gehört und erlebt haben, aber es gibt zumindest einen Einfluss, der wissenschaftlich plausibel belegt und erklärbar ist. Gewalttätiges Verhalten ist oft eine Externalisierung von Traumata, die viele verschiedene Quellen haben können. Die zugrunde liegenden Ursachen sind daher manchmal so beschaffen, dass sie Therapie und Beratung erfordern und nicht einfach Bestrafung. Darüber hinaus ist die Kindheit eine Phase, in der Fehler machen häufiger und leichter zu überwinden ist als im späteren Erwachsenenleben. Das ist ein Merkmal des Kindheitsregimes als Phase des besonderen Schutzes der Handlungsfähigkeit von Kindern. Dies spiegelt sich beispielsweise im Gesetz wider, das Altersgrenzen für die strafrechtliche Verantwortlichkeit festlegt, aber das ist nur ein Aspekt davon. Drittens ist die Handlungsfähigkeit von Kindern, die andere Kinder verletzen, aus mehreren Gründen verzerrt und problematisch, und die Perspektive auf die weitere Entwicklung der Täter:innen muss ebenfalls berücksichtigt werden. Kinder sind noch nicht mit ihrer Entwicklung fertig, und sie müssen lernen, wie man mit Stress- und Konfliktsituationen umgeht, wie man in Situationen ungleicher Macht handelt und dass der Fähigkeitenansatz der körperlichen Integrität anderer respektiert werden muss. Das ist nichts, was wir von Kindern erwarten können, dass sie es einfach von selbst wissen. Vielmehr ist es Teil ihrer Erziehung und sie haben das Recht, die Unterstützung zu erhalten, um dies zu erreichen. Der Erfolg bestimmter Interventionsformen in Bezug auf Schul gewalt und Mobbing, die sowohl den Opfern als auch den Täter:innen helfen, zeigt, dass, noch viel mehr Forschung erforderlich ist, um diese Programme zu optimieren (Olweus und Limber 2010; Bradshaw 2015).

Aber die Täter:innen sind nicht die einzigen Kinder, die an Gewalt zwischen Gleichaltrigen beteiligt sind. Es gibt meistens Zuschauer:innen, die aus verschiedenen Gründen nicht eingreifen und die Gewalt geschehen lassen (Salmivalli 2010). Sie haben Verantwortlichkeiten von mindestens zwei verschiedenen Typen: Einerseits sind einige Kinder mächtig genug, um selbst einzugreifen, die Gewalt anderer zu stoppen und das Opfer zu unterstützen und zu schützen. Sicherlich ist eine solche Verantwortung zum Eingreifen begrenzt, basierend auf potenziellen Gefahren, zum Beispiel selbst Opfer zu werden oder während des Eingreifens verletzt zu werden; außerdem kann von Kindern nicht erwartet werden, dass sie auf ein Unrecht, das sie beobachten, auf demselben Niveau reagieren wie Erwachsene, und sie wissen möglicherweise nicht über ihre Verantwortung zum Eingreifen oder sind unsicher, was getan werden könnte. Dies ist teilweise auch eine Frage der Erziehung und des Aufwachsens, bei der Kinder lernen können, wie sie auf bestimmte Situationen reagieren (Thornberg und Jungert 2013). Andererseits, und dies ist mit dem letzten Punkt verbunden, sind Kinder dafür verantwortlich, die Gewalt, die sie beobachten, offenzulegen und die Unterstützung von Fachleuten wie Lehrer:innen zu suchen. Auch diese Verantwortung ist begrenzt, basierend auf dem, was wir zuvor gesagt haben: Sie könnten Angst vor Vergeltung haben, sie selbst finden gewalttätiges Verhalten normal, sie wissen nicht, an wen sie sich wenden sollen, oder haben Angst, dass ihre Meldung die Situation für das Opfer noch schwieriger machen wird. Diese Hindernisse können durch das Umfeld, in dem Kinder handeln, erheblich reduziert werden. Zum Beispiel sollten Kinder wissen, dass sie offenlegen können und sollen, und die Sicherheit haben, dass sie selbst unterstützt werden, wenn sie melden, dass ein:e Gleichaltrige:r Opfer von Mobbing geworden ist. Dafür ist es notwendig, dass zuverlässige professionelle Strukturen vorhanden sind, an die sich Kinder wenden können, wenn sie Hilfe benötigen.

Das bringt uns zum nächsten Akteur der Gerechtigkeit, der Familie. Die Familie, und insbesondere die Eltern, ist in zweierlei Hinsicht relevant. Erstens, wie wir argumentiert und anhand von Forschung gezeigt haben, beeinflussen Eltern das Verhalten ihrer Kinder, und als ihre Betreuer:innen sind sie auch teilweise für deren Verhalten verantwortlich; dies gilt auch für Mobbing und gewalttätiges Verhalten (Duncan 2011). Daher müssen sie eine gewisse Last und Verantwortung tragen. Dies kann wie folgt erläutert werden: Eltern sollten selbst davon absehen, einen Kreislauf der Gewalt in Gang zu setzen, der ihre Kinder negativ beeinflussen könnte, selbst gewalttätig zu werden; dies haben wir bereits im vorhergehenden Abschnitt angesprochen (Bowes et al. 2009; Duke et al. 2010). Darüber hinaus sollten sie nicht die Augen vor dem gewalttätigen Verhalten ihrer Kinder verschließen und es sicherlich nicht gutheißen, zum Beispiel indem sie es loben und wie männlich es sei, sich zu prügeln und zu zeigen, wer mit den Fäusten das Sagen hat. Vielmehr sind Eltern, wenn sie von externalisierendem gewalttätigem Verhalten ihrer Kinder erfahren, dafür verantwortlich, zu versuchen, einzugreifen und auch professionelle Hilfe zu suchen, die ihr Kind in irgendeiner Weise unterstützen kann, es zu überwinden ein:e Mobber:in oder Täter:in zu sein. Die Eltern müssen eine aktive Rolle übernehmen und zeigen, dass sie für ihr Kind verantwortlich sind, was auch Wiedergutmachung für das Opfer einschließen kann, wenn dies angemessen ist. Eltern von Täter:innen sind zweitrangige Akteur:innen der Gerechtigkeit für die Opfer, weil sie ihre Kinder teilweise für ihre Handlungen verantwortlich machen und sie anleiten können. Zweitens spielen auch die Familien der Opfer eine Rolle. Am wichtigsten ist, dass sie Anzeichen dafür, dass ihr Kind unter Gewalt durch Gleichaltrige leidet, nicht ignorieren oder herunterspielen. Oftmals offenbaren sich Kinder nicht und sprechen nicht mit ihren Eltern, und dies kann zumindest teilweise durch ein liebevolles und fürsorgliches Familienleben verändert werden, das den Kindern die Sicherheit gibt, dass sie ihren Eltern alles anvertrauen können und dass es auch nichts ist, wofür man sich schämen muss, wenn man Opfer wird (Bowes et al. 2010). Dies beinhaltet, dass Eltern nicht das Opfer beschuldigen und ihren Kindern den Eindruck vermitteln, dass sie etwas falsch gemacht haben. Darüber hinaus sind auch die Eltern der Opfer dafür verantwortlich, ihre Kinder so gut wie möglich zu unterstützen, einschließlich der Zusammenarbeit mit Fachleuten und auch den Behörden und nicht die negativen Auswirkungen zu ignorieren, die Gewalterfahrungen auf ihre Kinder haben können. Eine Haltung, die die Schwere der Gewalt durch Gleichaltrige herunterspielt, ist nicht gerechtfertigt und kann den Kindern noch mehr Schaden zufügen. Diese beiden Arten von Verantwortlichkeiten, eine, die den Eltern der Täter:innen und eine, die den Eltern der Opfer zugeschrieben wird, sind auch durch äußere und soziale Faktoren begrenzt, obwohl diese Begrenzung nicht so weitreichend ist wie bei Kindern. Eltern von Täter:innen und Opfern haben meist schon vor einiger Zeit das Schutzregime der Kindheit verlassen. Nichtsdestotrotz handeln einige Eltern, die gewalttätiges Verhalten gutheißen, so, weil sie selbst nie etwas anderes gelernt haben, als Kinder Opfer waren oder Gewalt miterlebt haben. Andere stehen unter erhöhtem Stress, leben in prekären Verhältnissen und zeigen vernachlässigendes Verhalten gegenüber ihren Kindern auch deshalb, und sind nicht in der Lage, sich ausreichend um sie zu kümmern und sie zu schützen. Besonders wenn der familiäre Hintergrund eines Kindes, das andere Kinder gewaltsam verletzt, selbst von innerfamiliärer Gewalt geprägt ist, ist dies ein Hinweis darauf, dass nicht nur das Kind, sondern auch die Eltern selbst Hilfe benötigen, die in extremen Fällen darin bestehen kann, den missbrauchenden und gewalttätigen Elternteil aus dem Haus zu entfernen, was meist der Vater ist. Solche Faktoren müssen angesprochen werden, und es kann nicht erwartet werden, dass alle Familien von Täter:innen gleichermaßen in der Lage sind, sich zu engagieren und daran teilzunehmen, ihm zu helfen, sein aggressives Verhalten zu überwinden und Respekt vor anderen zu lernen.

Der letzte Akteur, den wir im Zusammenhang mit Gewalt durch Gleichaltrige diskutieren möchten, ist der Staat, insbesondere als der Hauptakteur, der für das Bildungs- und Schulsystem verantwortlich ist. Der Staat ist auf viele verschiedene Arten in die Gewalt unter Gleichaltrigen involviert. Er muss Unterstützungssysteme für Opfer und Präventionsprogramme einrichten und die Eltern mit Unterstützung und Informationen versorgen, um sie dabei zu unterstützen, gute Eltern zu sein. All diese Interventionen sind gerechtfertigt, weil sie dazu beitragen, den Kreislauf der Gewalt und Aggression zu verhindern, wodurch die Wahrscheinlichkeit erhöht wird, dass Kinder ein Leben in Wohlergehen und Wohlentwicklung führen. Wir möchten etwas über eine Umgebung und Institution sagen, die im Leben von Kindern von großer Bedeutung ist, nämlich Schulen. Schule ist in den Ländern, die wir betrachten, für alle Kinder obligatorisch (wir lassen das Thema Heimunterricht hier beiseite); es ist eine Umgebung, die sie nicht vermeiden können.

Schulen sind in mindestens drei Dimensionen wichtig: Erstens sind Schulen Orte des Lernens und der Bildung, Orte, an denen Kinder in ihrer Entwicklung unterstützt und nicht behindert oder verletzt werden sollten. Sie haben daher die Pflicht, an einem guten Schulklima zu arbeiten, was sicherlich keine oder zumindest sehr niedrige Raten von Gewalt auf ihrem Gelände impliziert. Leider ist Gewalt in vielen Schulen immer noch eine weit verbreitete Realität, was den dringenden Handlungsbedarf umso mehr unterstreicht. Zweitens sind Schulen mächtig, weil sie viel Kontrolle über das Leben der Kinder und darüber haben, was sie lernen und reflektieren müssen. Für Schulen ist es daher möglich, Programme zur Gewaltprävention umzusetzen und diesem Thema genügend Raum und Zeit zu geben. Kinder müssen über Gewalt lernen, warum sie passiert und was dagegen unternommen werden sollte. Dieses Lernen darf nicht nur auf einer rein kognitiven Ebene stattfinden, sondern muss auch emotionale Aspekte und Dimensionen der mentalen Gesundheit einbeziehen (Cabezas 2015). Dieses Lernen ist nicht auf Programme beschränkt, die auf Schulgewalt oder Mobbing abzielen, sondern auf Gewalt im Allgemeinen, sei es in Beziehungen, bei Verabredungen, auf dem Spielplatz oder in anderen öffentlichen Räumen. Dass solche Programme erfolgreich sein können, wurde durch Evaluierungen bewiesen, obwohl jedes Umfeld in gewissem Maße unterschiedlich ist und daher einen maßgeschneiderten Ansatz erfordert (Botvin et al. 2006; Schonert-Reichl et al. 2012; Cornelius und Resseguie 2007). Darüber hinaus ist eine wertvolle Erkenntnis aus der Forschung, dass diese Programme früh beginnen sollten, da jüngere Kinder effektiver und nachhaltiger darauf reagieren.

Drittens ist die Schule ein Ort, an dem Fachleute arbeiten: Lehrer:innen, Sozialarbeiter:innen, Ärzt:innen und Krankenpfleger:innen. Sie können und müssen geschult werden, um als Barrieren gegen Mobbing und peer-to-peer Gewalt zu agieren und eine Atmosphäre zu schaffen, in der solche Verhaltensweisen nicht akzeptiert werden. Wenn es jedoch passiert, muss Unterstützung und Hilfe verfügbar sein – nicht nur auf dem Papier, sondern tatsächlich in der Reichweite der Kinder. Diese Verantwortung, Bildungseinrichtungen mit solchen Umgebungen zu schaffen, liegt beim Staat, der den Schulen und den dort arbeitenden Fachleuten das notwendige Wissen und die Ressourcen zur Verfügung stellen muss.

Das gesagt, ist die Schule nicht allein verantwortlich und auch kein Super-Akteur der Gerechtigkeit in Bezug auf die Fähigkeiten der Kinder zur körperlichen Integrität. Es gibt viele Grenzen dessen, was Schulen und insbesondere ein:e Lehrer:in tun und erreichen können, Grenzen, die durch finanzielle Einschränkungen, die Zeit, die für soziale Themen aufgewendet werden kann, oder den begrenzten Einfluss auf Kinder und ihre Eltern auferlegt werden. Schulen sind daher auch nur ein Teil des Puzzles, ein wichtiger, aber einer, der auf die Unterstützung durch den Staat und auch auf die Einbindung der Familien angewiesen ist.

Literatur

Andreou, Eleni. 2015. School Violence Prevention: The Youth Development Perspective. *British Journal of Education, Society & Behavioural Science* 5(4): 389–395. 10.9734/BJESBS/2015/13265.

Annerbäck, E.-M., G. Wingren, Cg Svedin, und Pa Gustafsson. 2010. Prevalence and Characteristics of Child Physical Abuse in Sweden—Findings from a Population-Based Youth Survey: Prevalence and Characteristics of Child Physical Abuse. *Acta Paediatrica* 99(8): 1229–1236. 10.1111/j. 1651-2227.2010.01792.x.

Bacon, Heather, und Sue Richardson. 2001. Attachment Theory and Child Abuse: An Overview of the Literature for Practitioners. *Child Abuse Review* 10(6): 377–397. 10.1002/car.718.

Baron, Robert A., und Deborah S. Richardson. 1994. *Human Aggression*. 2. Aufl. Perspectives in Social Psychology. New York, NY: Plenum Press.

Beckman, Linda, Curt Hagquist, und Lisa Hellström. 2013. Discrepant Gender Patterns for Cyberbullying and Traditional Bullying—An Analysis of Swedish Adolescent Data. *Computers in Human Behavior* 29(5): 1896–1903. 10.1016/j.chb.2013.03.010.

Berkowitz, Leonard. 1993. *Aggression: Its Causes, Consequences, and Control*. McGraw-Hill Series in Social Psychology. New York, NY: McGraw-Hill.

Botvin, Gilbert J., Kenneth W. Griffin, und Tracy Diaz Nichols. 2006. Preventing Youth Violence and Delinquency through a Universal School-Based Prevention Approach. *Prevention Science* 7(4): 403–408. 10.1007/s11121-006-0057-y.

Bowes, Lucy, Louise Arseneault, Barbara Maughan, Alan Taylor, Avshalom Caspi, und Terrie E. Moffitt. 2009. School, Neighborhood, and Family Factors Are Associated With Children's Bullying Involvement: A Nationally Representative Longitudinal Study. *Journal of the American Academy of Child & Adolescent Psychiatry* 48(5): 545–553. 10.1097/CHI.0b013e31819cb017.

Bowes, Lucy, Barbara Maughan, Avshalom Caspi, Terrie E. Moffitt, und Louise Arseneault. 2010. Families Promote Emotional and Behavioural Resilience to Bullying: Evidence of an Environmental Effect: Families Promote Resilience to Bullying. *Journal of Child Psychology and Psychiatry* 51(7): 809–817. 10.1111/j.1469-7610.2010.02216.x.

Bradshaw, Catherine P. 2015. Translating Research to Practice in Bullying Prevention. *American Psychologist* 70(4): 322–332. 10.1037/a0039114.

Bronfenbrenner, Urie. 1979. *The Ecology of Human Development: Experiments by Nature and Design*. Cambridge, MA: Harvard University Press.

Brooks-Gunn, Jeanne, William Schneider, und Jane Waldfogel. 2013. The Great Recession and the Risk for Child Maltreatment. *Child Abuse & Neglect* 37(10): 721–729. 10.1016/j.chiabu.2013.08.004.

Cabezas, Mar. 2015. Children's Mental Well-Being and Education. In *The Well-Being of Children*, Hrsg. Gottfried Schweiger, und Gunter Graf. Warsaw, Poland: De Gruyter Open http://www.degruyter.com/view/books/9783110450521/ 9783110450521-012/9783110450521-012.xml.

Carbone-Lopez, K., F.-A. Esbensen, und B.T. Brick. 2010. Correlates and Consequences of Peer Victimization: Gender Differences in Direct and Indirect Forms of Bullying. *Youth Violence and Juvenile Justice* 8(4): 332–350. 10.1177/1541204010362954.

CDC. 2012. Youth Risk Behavior Surveillance—United States, 2011. [*Surveillance Summaries*] Mortality and Weekly Report, 61(4). Atlanta: U.S. Department of Health and Human Services, Centers for Disease Control and Prevention.

Chester, K.L., M. Callaghan, A. Cosma, P. Donnelly, W. Craig, S. Walsh, und M. Molcho. 2015. Cross-National Time Trends in Bullying Victimization in 33 Countries among Children Aged 11, 13 and 15 from 2002 to 2010. *The European Journal of Public Health* 25(Suppl. 2): 61–64. 10.1093/eurpub/ckv029.

'Child Maltreatment 2014'. 2016. U.S. Department of Health & Human Services Administration for Children and Families Administration on Children, Youth and Families Children's Bureau. http://www.acf.hhs.gov/programs/cb/resource/child-maltreatment-2014.

Clark, John. 2004. Against the Corporal Punishment of Children. *Cambridge Journal of Education* 34(3): 363–371. 10.1080/0305764042000289974.

Conrad-Hiebner, Aislinn, und Edward Scanlon. 2015. The Economic Conditions of Child Physical Abuse: A Call for a National Research, Policy, and Practice Agenda. *Families in Society: The Journal of Contemporary Social Services* 96(1): 59–66. 10.1606/1044-3894.2015.96.8.

Cook, Clayton R., Kirk R. Williams, Nancy G. Guerra, Tia E. Kim, und Shelly Sadek. 2010. Predictors of Bullying and Victimization in Childhood and Adolescence: A Meta-Analytic Investigation. *School Psychology Quarterly* 25(2): 65–83. 10.1037/a0020149.

Corcoran, Jacqueline. 2000. Family Interventions with Child Physical Abuse and Neglect: A Critical Review. *Children and Youth Services Review* 22(7): 563–591. 10.1016/S0190-7409(00)00103-1.

Cornelius, Tara L., und Nicole Resseguie. 2007. Primary and Secondary Prevention Programs for Dating Violence: A Review of the Literature. *Aggression and Violent Behavior* 12(3): 364–375. 10.1016/j.avb.2006.09.006.

Cowie, Helen, und Pat Colliety. 2016. Who Cares about the Bullies? *Pastoral Care in Education* 34(1): 24–33. 10.1080/02643944.2015.1119880.

Daine, Kate, Keith Hawton, Vinod Singaravelu, Anne Stewart, Sue Simkin, und Paul Montgomery. 2013. The Power of the Web: A Systematic Review of Studies of the Influence of the Internet on Self-Harm and Suicide in Young People. Edited by Antonio Verdejo GarcÃa. *PLoS ONE* 8 (10): e77555. 10.1371/journal.pone.0077555.

Damashek, Amy, Melanie McDiarmid Nelson, und Barbara L. Bonner. 2013. Fatal Child Maltreatment: Characteristics of Deaths from Physical Abuse versus Neglect. *Child Abuse & Neglect* 37(10): 735–744. 10.1016/j.chiabu.2013.04.014.

de Carvalho, Maria João Leote. 2013. Children's Perspectives on Disorder and Violence in Urban Neighbourhoods. *Childhood* 20(1): 98–114. 10.1177/0907568212447236.

Douglas, Emily M., und Murray A. Straus. 2006. Assault and Injury of Dating Partners by University Students in 19 Countries and Its Relation to Corporal Punishment Experienced as a Child. *European Journal of Criminology* 3(3): 293–318. 10.1177/1477370806065584.

Due, Pernille, Bjørn E. Holstein, John Lynch, Finn Diderichsen, Saoirse Nic Gabhain, Peter Scheidt, und Candace Currie. 2005. Bullying and Symptoms among School-Aged Children: International Comparative Cross Sectional Study in 28 Countries. *European Journal of Public Health* 15(2): 128–132.

Duhaime, Ann-Christine, Cindy W. Christian, Lucy Balian Rorke, und Robert A. Zimmerman. 1998. Nonaccidental Head Injury in Infants—The "Shaken-Baby Syndrome". *New England Journal of Medicine* 338(25): 1822–1829. 10.1056/NEJM199806183382507.

Duke, N.N., S.L. Pettingell, B.J. McMorris, und I.W. Borowsky. 2010. Adolescent Violence Perpetration: Associations with Multiple Types of Adverse Childhood Experiences. *PEDIATRICS* 125(4): e778–e786. 10.1542/peds.2009-0597.

Duncan, Renae. 2011. Family Relationships of Bullies and Victims. In *Bullying in North American Schools*, 2nd edn, Hrsg. Dorothy Espelage, und Susan Swearer, 191–204. New York, NY: Routledge.

Durrant, Joan E., und Staffan Janson. 2005. Law Reform, Corporal Punishment and Child Abuse: The Case of Sweden. *International Review of Victimology* 12(2): 139–158. 10.1177/026975800501200203.

Eisenberg, Marla E., und Matthew C. Aalsma. 2005. Bullying and Peer Victimization: Position Paper of the Society for Adolescent Medicine. *Journal of Adolescent Health* 36(1): 88–91. 10.1016/j.jadohealth.2004.09.004.

Elgar, Frank J., Kate E. Pickett, William Pickett, Wendy Craig, Michal Molcho, Klaus Hurrelmann, und Michela Lenzi. 2013. School Bullying, Homicide and Income Inequality: A Cross-National Pooled Time Series Analysis. *International Journal of Public Health* 58(2): 237–245. 10.1007/s00038-012-0380-y.

Elliott, Katherine, und Anthony Urquiza. 2006. Ethnicity, Culture, and Child Maltreatment. *Journal of Social Issues* 62(4): 787–809. 10.1111/j.1540-4560.2006.00487.x.

Espelage, Dorothy, und Susan Swearer. 2003. Research on School Bullying and Victimization: What Have We Learned and Where Do We Go from Here? *School Psychology Review* 32: 365–383.

Ewing-Cobbs, L., L. Kramer, M. Prasad, D.N. Canales, P.T. Louis, J.M. Fletcher, H. Vollero, S.H. Landry, und K. Cheung. 1998. Neuroimaging, Physical, and Developmental Findings after Inflicted and Noninflicted Traumatic Brain Injury in Young Children. *Pediatrics* 102(2 Pt 1): 300–307.

Fanconi, Manuela, und Ulrich Lips. 2010. Shaken Baby Syndrome in Switzerland: Results of a Prospective Follow-up Study, 2002–2007. *European Journal of Pediatrics* 169(8): 1023–1028. 10.1007/s00431-010-1175-x.

Farrington, David P. 2005. Childhood Origins of Antisocial Behavior. *Clinical Psychology & Psychotherapy* 12(3): 177–190. 10.1002/cpp.448.

Ferguson, Christopher J. 2013. Spanking, Corporal Punishment and Negative Long-Term Outcomes: A Meta-Analytic Review of Longitudinal Studies. *Clinical Psychology Review* 33(1): 196–208. 10.1016/j.cpr.2012.11.002.

Finkelhor, David, Jennifer Vanderminden, Heather Turner, Anne Shattuck, und Sherry Hamby. 2014. At-School Victimization and Violence Exposure Assessed in a National Household Survey of Children and Youth. *Journal of School Violence* 15(1): 67–90. 10.1080/15388220.2014.952816.

Foshee, Vangie A., Heath Luz McNaughton Reyes, Alana M. Vivolo-Kantor, Kathleen C. Basile, Ling-Yin Chang, Robert Faris, und Susan T. Ennett. 2014. Bullying as a Longitudinal Predictor of Adolescent Dating Violence. *Journal of Adolescent Health* 55(3): 439–444. 10.1016/j.jadohealth. 2014.03.004.

Frasier, Lori D. 2008. Abusive Head Trauma in Infants and Young Children: A Unique Contributor to Developmental Disabilities. *Pediatric Clinics of North America* 55(6): 1269–1285. 10.1016/j.pcl.2008.08.003.

Fujiwara, Takeo, Ronald G. Barr, Rollin F. Brant, Fahra Rajabali, und Ian Pike. 2012. Using International Classification of Diseases, 10th Edition, Codes to Estimate Abusive Head Trauma in Children. *American Journal of Preventive Medicine* 43(2): 215–220. 10.1016/j.amepre.2012.04.028.

Garandeau, Claire F., und Antonius H.N. Cillessen. 2006. From Indirect Aggression to Invisible Aggression: A Conceptual View on Bullying and Peer Group Manipulation. *Aggression and Violent Behavior* 11(6): 612–625. 10.1016/j.avb.2005.08.005.

Gilbert, Ruth, Cathy Spatz Widom, Kevin Browne, David Fergusson, Elspeth Webb, und Staffan Janson. 2009. Burden and Consequences of Child Maltreatment in High-Income Countries. *The Lancet* 373(January): 68–81. 10.1016/S0140-6736(08)61706-7.

Gini, G., und T. Pozzoli. 2013. Bullied Children and Psychosomatic Problems: A Meta-Analysis. *PEDIATRICS* 132(4): 720–729. 10.1542/peds.2013- 0614.

Glew, Gwen M., Ming-Yu Fan, Wayne Katon, Frederick P. Rivara, und Mary A. Kernic. 2005. Bullying, Psychosocial Adjustment, and Academic Performance in Elementary School. *Archives of Pediatrics & Adolescent Medicine* 159(11): 1026. 10.1001/archpedi.159.11.1026.

Graham, Sandra, und Jaana Juvonen. 1998. Self-Blame and Peer Victimization in Middle School: An Attributional Analysis. *Developmental Psychology* 34(3): 587–599. 10.1037/0012-1649.34.3.587.

Griffin, Rebecca S., und Alan M. Gross. 2004. Childhood Bullying: Current Empirical Findings and Future Directions for Research. *Aggression and Violent Behavior* 9(4): 379–400. 10.1016/S1359-1789(03)00033-8.

Grogan-Kaylor, Andrew. 2005. Corporal Punishment and the Growth Trajectory of Children's Antisocial Behavior. *Child Maltreatment* 10(3): 283–292. 10.1177/1077559505277803.

Hillis, Susan, James Mercy, Adaugo Amobi, und Howard Kress. 2016. Global Prevalence of Past-Year Violence against Children: A Systematic Review and Minimum Estimates. *Pediatrics* 137(3): 1–13. 10.1542/peds.2015-4079.

Hodges, Ernest V.E., und David G. Perry. 1999. Personal and Interpersonal Antecedents and Consequences of Victimization by Peers. *Journal of Personality and Social Psychology* 76(4): 677–685. 10.1037/ 0022-3514.76.4.677.

Hong, Jun Sung, und Dorothy L. Espelage. 2012. A Review of Research on Bullying and Peer Victimization in School: An Ecological System Analysis. *Aggression and Violent Behavior* 17(4): 311–322. 10.1016/j.avb.2012.03.003.

Hopkins, Lisa, Laura Taylor, Erica Bowen, und Clare Wood. 2013. A Qualitative Study Investigating Adolescents' Understanding of Aggression, Bullying and Violence. *Children and Youth Services Review* 35(4): 685–693. 10.1016/j.childyouth.2013.01.012.

Hornor, Gail. 2005. Physical Abuse: Recognition and Reporting. *Journal of Pediatric Health Care* 19(1): 4–11. 10.1016/j.pedhc.2004.06.009.

Jewkes, Rachel, Michael Flood, und James Lang. 2015. From Work with Men and Boys to Changes of Social Norms and Reduction of Inequities in Gender Relations: A Conceptual Shift in Prevention of Violence against Women and Girls. *The Lancet* 385(9977): 1580–1589. 10.1016/S0140-6736(14) 61683-4.

Juvonen, Jaana, und Sandra Graham. 2014. Bullying in Schools: The Power of Bullies and the Plight of Victims. *Annual Review of Psychology* 65(1): 159–185. 10.1146/annurev-psych-010213-115030.

Kelly, Patrick, und Bridget Farrant. 2008. Shaken Baby Syndrome in New Zealand, 2000–2002. *Journal of Paediatrics and Child Health* 44(3): 99–107. 10.1111/j.1440-1754.2007.01234.x.

Kenny, Maureen C. 2004. Teachers' Attitudes toward and Knowledge of Child Maltreatment. *Child Abuse & Neglect* 28(12): 1311–1319. 10.1016/j.chiabu.2004.06.010.

Kerfoot, Michael, Vira Koshyl, Oleksandr Roganov, Kateryna Mikhailichenko, Irina Gorbova, und David Pottage. 2007. The Health and Well-Being of Neglected, Abused and Exploited Children: The Kyiv Street Children Project. *Child Abuse & Neglect* 31(1): 27–37. 10.1016/j.chiabu.2006.07.003.

Kim, Jinseok. 2009. Type-Specific Intergenerational Transmission of Neglectful and Physically Abusive Parenting Behaviors among Young Parents. *Children and Youth Services Review* 31(7): 761–767. 10.1016/j.childyouth. 2009.02.002.

Kish, Antonia M., und Peter A. Newcombe. 2015. "Smacking Never Hurt Me!". *Personality and Individual Differences* 87(December): 121–129. 10.1016/j.paid.2015.07.035.

Klevens, John, und Daniel J. Whitaker. 2007. Primary Prevention of Child Physical Abuse and Neglect: Gaps and Promising Directions. *Child Maltreatment* 12(4): 364–377. 10.1177/1077559507305995.

Knox, Michele. 2010. On Hitting Children: A Review of Corporal Punishment in the United States. *Journal of Pediatric Health Care* 24(2): 103–107. 10.1016/j.pedhc.2009.03.001.

Kosciw, Jospeh, Emily Greytak, Neal Palmer, und Madelyn Boese. 2014. *The 2013 National School Climate Survey*. New York, NY/Chicago, IL: GLSEN.

Kumpulainen, Kirsti, und Eila Räsänen. 2000. Children Involved in Bullying at Elementary School Age: Their Psychiatric Symptoms and Deviance in Adolescence. *Child Abuse & Neglect* 24(12): 1567–1577. 10.1016/S0145-2134(00)00210-6.

LaFontana, Kathryn M., und Antonius H.N. Cillessen. 2010. Developmental Changes in the Priority of Perceived Status in Childhood and Adolescence. *Social Development* 19(1): 130–147. 10.1111/j.1467-9507.2008.00522.x.

Lansford, Jennifer E., und Kenneth A. Dodge. 2008. Cultural Norms for Adult Corporal Punishment of Children and Societal Rates of Endorsement and Use of Violence. *Parenting* 8(3): 257–270. 10.1080/15295190802204843.

Lansford, Jennifer E., Kenneth Dodge, Gregory S. Pettit, und John E. Bates. 2010. Does Physical Abuse in Early Childhood Predict Substance Use in Adolescence and Early Adulthood? *Child Maltreatment* 15(2): 190–194. 10.1177/1077559509352359.

Lazenbatt, Anne, und Ruth Freeman. 2006. Recognizing and Reporting Child Physical Abuse: A Survey of Primary Healthcare Professionals. *Journal of Advanced Nursing* 56(3): 227–236. 10.1111/j.1365-2648.2006.04030.x.

Lenta, Patrick. 2012. Corporal Punishment of Children. *Social Theory and Practice* 38(4): 689–716. 10.5840/soctheorpract201238437.

Leuschner, Vincenz, Rebecca Bondü, Miriam Schroer-Hippel, Jennifer Panno, Katharina Neumetzler, Sarah Fisch, Johanna Scholl, und Herbert Scheithauer. 2011. Prevention of Homicidal Violence in Schools in Germany: The Berlin Leaking Project and the Networks against School Shootings Project (NETWASS). *New Directions for Youth Development* 2011(129): 61–78. 10.1002/yd.387.

MacMillan, Harriet L., B. Helen Thomas, Ellen Jamieson, Christine A. Walsh, Michael H. Boyle, Harry S. Shannon, und Amiram Gafni. 2005. Effectiveness of Home Visitation by Public-Health Nurses in Prevention of the Recurrence of Child Physical Abuse and Neglect: A Randomised Controlled Trial. *The Lancet* 365(9473): 1786–1793. 10.1016/S0140-6736(05)66388-X.

Maxwell, Kendal, Jennifer L. Callahan, Camilo J. Ruggero, und Beth Janis. 2016. Breaking the Cycle: Association of Attending Therapy Following Childhood Abuse and Subsequent Perpetration of Violence. *Journal of Family Violence* 31(2): 251–258. 10.1007/s10896-015-9765-z.

May-Chahal, Corinne, und Pat Cawson. 2005. Measuring Child Maltreatment in the United Kingdom: A Study of the Prevalence of Child Abuse and Neglect. *Child Abuse & Neglect* 29(9): 969–984. 10.1016/j.chiabu.2004. 05.009.

McAra, Lesley, und Susan McVie. 2016. Understanding Youth Violence: The Mediating Effects of Gender, Poverty and Vulnerability. *Journal of Criminal Justice*, February. 10.1016/j.jcrimjus.2016.02.011.

Meinck, Franziska, Lucie D. Cluver, Mark E. Boyes, und Elsinah L. Mhlongo. 2015. Risk and Protective Factors for Physical and Sexual Abuse of Children and Adolescents in Africa: A Review and Implications for Practice. *Trauma, Violence, & Abuse* 16(1): 81–107. 10.1177/1524838014523336.

Milner, Joel S., Cynthia J. Thomsen, Julie L. Crouch, Mandy M. Rabenhorst, Patricia M. Martens, Christopher W. Dyslin, Jennifer M. Guimond, Valerie A. Stander, und Lex L. Merrill. 2010. Do Trauma Symptoms Mediate the Relationship between Childhood Physical Abuse and Adult Child Abuse Risk? *Child Abuse & Neglect* 34(5): 332–344. 10.1016/j.chiabu.2009. 09.017.

Norman, Rosana E., Munkhtsetseg Byambaa, Rumna De, Alexander Butchart, James Scott, und Theo Vos. 2012. The Long-Term Health Consequences of Child Physical Abuse, Emotional Abuse, and Neglect: A Systematic Review and Meta-Analysis. *PLoS Medicine* 9(11): e1001349. 10.1371/journal.pmed.1001349.

Olweus, Dan. 1993. *Bullying at School: What We Know and What We Can Do*. Understanding Children's Worlds. Oxford, UK/Cambridge, MA: Blackwell.

———. 2011. Bullying at School and Later Criminality: Findings from Three Swedish Community Samples of Males. *Criminal Behaviour and Mental Health* 21(2): 151–156. 10.1002/cbm.806.

———. 2013. School Bullying: Development and Some Important Challenges. *Annual Review of Clinical Psychology* 9(1): 751–780. 10.1146/annurev-clinpsy-050212-185516.

Olweus, Dan, und Susan P. Limber. 2010. Bullying in School: Evaluation and Dissemination of the Olweus Bullying Prevention Program. *American Journal of Orthopsychiatry* 80(1): 124–134. 10.1111/j.1939-0025.2010.01015.x.

Özerdem, Alpaslan, und Sukanya Podder (ed). 2011. *Child Soldiers: From Recruitment to Reintegration*, 1. Aufl. Basingstoke/New York, NY: Palgrave Macmillan.

Page, Jonathan, Jeffrey A. Daniels, und Steven J. Craig. 2015. *Violence in Schools SpringerBriefs in Psychology*. Cham: Springer International Publishing http://link.springer.com/10.1007/978-3-319-13912-8.

Pellegrini, A.D. 2002. Bullying, Victimization, and Sexual Harassment during the Transition to Middle School. *Educational Psychologist* 37(3): 151–163. 10.1207/S15326985EP3703_2.

Pepler, Debra, Depeng Jiang, Wendy Craig, und Jennifer Connolly. 2008. Developmental Trajectories of Bullying and Associated Factors. *Child Development* 79(2): 325–338. 10.1111/j.1467-8624.2007.01128.x.

Perren, Sonja, Idean Ettekal, und Gary Ladd. 2013. The Impact of Peer Victimization on Later Maladjustment: Mediating and Moderating Effects of Hostile and Self-Blaming Attributions: Peer Victimization, Attributions and Maladjustment. *Journal of Child Psychology and Psychiatry* 54(1): 46–55. 10.1111/j.1469-7610.2012.02618.x.

Pritchard, Colin, und Richard Williams. 2010. Comparing Possible "Child-Abuse-Related-Deaths" in England and Wales with the Major Developed Countries 1974–2006: Signs of Progress? *British Journal of Social Work* 40(6): 1700–1718. 10.1093/bjsw/bcp089.

Raine, Adrian, Kenneth Dodge, Rolf Loeber, Lisa Gatzke-Kopp, Don Lynam, Chandra Reynolds, Magda Stouthamer-Loeber, und Jianghong Liu. 2006. The Reactive–Proactive Aggression Questionnaire: Differential Correlates of Reactive and Proactive Aggression in Adolescent Boys. *Aggressive Behavior* 32(2): 159–171. 10.1002/ab.20115.

Rodkin, Philip C., Thomas W. Farmer, Ruth Pearl, und Richard Van Acker. 2006. They're Cool: Social Status and Peer Group Supports for Aggressive Boys and Girls. *Social Development* 15(2): 175–204. 10.1111/ j.1467-9507.2006.00336.x.

Rohde, Paul, Laura Ichikawa, Gregory E. Simon, Evette J. Ludman, Jennifer A. Linde, Robert W. Jeffery, und Belinda H. Operskalski. 2008. Associations of Child Sexual and Physical Abuse with Obesity and Depression in Middle-Aged Women. *Child Abuse & Neglect* 32(9): 878–887. 10.1016/j.chiabu.2007.11.004.

Rosemond, John. 2005. Proper Socialization Requires Powerful Love and Equally Powerful Discipline. In *Current Controversies on Family Violence*, 1st edn, Hrsg. Donileen Loseke, Richard Gelles, und Mary Cavanaugh, 131–136. Thousand Oaks, CA: SAGE http://sk.sagepub.com/books/current-controversies-on-family-violence/n8.xml.

Salmivalli, Christina. 2010. Bullying and the Peer Group: A Review. *Aggression and Violent Behavior* 15(2): 112–120. 10.1016/j.avb.2009.08.007.

Salmivalli, Christina, und Jenny Isaacs. 2005. Prospective Relations among Victimization, Rejection, Friendlessness, and Children's Self- and Peer-Perceptions: Peer Adversities and Self- and Peer-Perceptions. *Child Development* 76(6): 1161–1171. 10.1111/j.1467-8624.2005.00841.x-i1.

Salmivalli, Christina, Kirsti Lagerspetz, Kaj Björkqvist, Karin Österman, und Ari Kaukiainen. 1996. Bullying as a Group Process: Participant Roles and Their Relations to Social Status within the Group. *Aggressive Behavior* 22(1): 1–15. 10.1002/(SICI)1098-2337(1996)22:1<1::AID-AB1>3.0.CO;2-T.

Salmivalli, Christina, und Eija Nieminen. 2002. Proactive and Reactive Aggression among School Bullies, Victims, and Bully-Victims. *Aggressive Behavior* 28(1): 30–44. 10.1002/ab.90004.

Schildkraut, Jaclyn, und Tiffany Cox Hernandez. 2014. Laws That Bit The Bullet: A Review of Legislative Responses to School Shootings. *American Journal of Criminal Justice* 39(2): 358–374. 10.1007/s12103-013- 9214-6.

Schmidt, Michelle E., und Catherine L. Bagwell. 2007. The Protective Role of Friendships in Overtly and Relationally Victimized Boys and Girls. *Merrill-Palmer Quarterly* 53(3): 439–460. 10.1353/mpq.2007.0021.

Schonert-Reichl, Kimberly A., Veronica Smith, Anat Zaidman-Zait, und Clyde Hertzman. 2012. Promoting Children's Prosocial Behaviors in School: Impact of the "Roots of Empathy" Program on the Social and Emotional Competence of School-Aged Children. *School Mental Health* 4(1): 1–21. 10.1007/s12310-011-9064-7.

Schreier, Andrea, Dieter Wolke, Kate Thomas, Jeremy Horwood, Chris Hollis, David Gunnell, Glyn Lewis, et al. 2009. Prospective Study of Peer Victimization in Childhood and Psychotic Symptoms in a Nonclinical Population at Age 12 Years. *Archives of General Psychiatry* 66(5): 527. 10.1001/archgenpsychiatry.2009.23.

Schuster, Mark A., Laura M. Bogart, David J. Klein, Jeremy Y. Feng, Susan R. Tortolero, Sylvie Mrug, Terri H. Lewis, und Marc N. Elliott. 2015. A Longitudinal Study of Bullying of Sexual-Minority Youth. *New England Journal of Medicine* 372(19): 1872–1874. 10.1056/NEJMc1413064.

Shute, Rosalyn, Larry Owens, und Phillip Slee. 2008. Everyday Victimization of Adolescent Girls by Boys: Sexual Harassment, Bullying or Aggression? *Sex Roles* 58(7–8): 477–489. 10.1007/s11199-007-9363-5.

Sigurdson, J.F., J. Wallander, und A.M. Sund. 2014. Is Involvement in School Bullying Associated with General Health and Psychosocial Adjustment Outcomes in Adulthood? *Child Abuse & Neglect* 38(10): 1607–1617. 10.1016/j.chiabu.2014.06.001.

Smith, Peter K., Jess Mahdavi, Manuel Carvalho, Sonja Fisher, Shanette Russell, und Neil Tippett. 2008. Cyberbullying: Its Nature and Impact in Secondary School Pupils. *Journal of Child Psychology and Psychiatry* 49(4): 376–385. 10.1111/j.1469-7610.2007.01846.x.

Smorti, Andrea, Ersilia Menesini, und Peter K. Smith. 2003. Parents' Definitions of Children's Bullying in a Five-Country Comparison. *Journal of Cross-Cultural Psychology* 34(4): 417–432. 10.1177/0022022103034004003.

Springer, Kristen W., Jennifer Sheridan, Daphne Kuo, und Molly Carnes. 2007. Long-Term Physical and Mental Health Consequences of Childhood Physical Abuse: Results from a Large Population-Based Sample of Men and Women. *Child Abuse & Neglect* 31(5): 517–530. 10.1016/j.chiabu.2007.01.003.

Stein, J.A., R.L. Dukes, und J.I. Warren. 2006. Adolescent Male Bullies, Victims, and Bully-Victims: A Comparison of Psychosocial and Behavioral Characteristics. *Journal of Pediatric Psychology* 32(3): 273–282. 10.1093/jpepsy/jsl023.

Straus, Murray A., und Mallie J. Paschall. 2009. Corporal Punishment by Mothers and Development of Children's Cognitive Ability: A Longitudinal Study of Two Nationally Representative Age Cohorts. *Journal of Aggression, Maltreatment & Trauma* 18(5): 459–483. 10.1080/10926770903035168.

Sugaya, Luisa, Deborah S. Hasin, Mark Olfson, Keng-Han Lin, Bridget F. Grant, und Carlos Blanco. 2012. Child Physical Abuse and Adult Mental Health: A National Study. *Journal of Traumatic Stress* 25(4): 384–392. 10.1002/jts.21719.

Takizawa, Ryu, Barbara Maughan, und Louise Arseneault. 2014. Adult Health Outcomes of Childhood Bullying Victimization: Evidence from a Five-Decade Longitudinal British Birth Cohort. *American Journal of Psychiatry* 171(7): 777–784. 10.1176/appi.ajp.2014.13101401.

Taylor, Catherine A., Jennifer A. Manganello, Shawna J. Lee, und Janet C. Rice. 2010. Mothers' Spanking of 3-Year-Old Children and Subsequent Risk of Children's Aggressive Behavior. *PEDIATRICS* 125(5): e1057–e1065. 10.1542/peds.2009-2678.

Thornberg, Robert, und Tomas Jungert. 2013. Bystander Behavior in Bullying Situations: Basic Moral Sensitivity, Moral Disengagement and Defender Self-Efficacy. *Journal of Adolescence* 36(3): 475–483. 10.1016/j.adolescence. 2013.02.003.

Wade, A., und T. Beran. 2011. Cyberbullying: The New Era of Bullying. *Canadian Journal of School Psychology* 26(1): 44–61. 10.1177/08295 73510396318.

Wang, Jing, Ronald J. Iannotti, und Jeremy W. Luk. 2012. Patterns of Adolescent Bullying Behaviors: Physical, Verbal, Exclusion, Rumor, and Cyber. *Journal of School Psychology* 50(4): 521–534. 10.1016/j.jsp.2012.03.004.

Wang, Jing, Ronald J. Iannotti, und Tonja R. Nansel. 2009. School Bullying among Adolescents in the United States: Physical, Verbal, Relational, and Cyber. *Journal of Adolescent Health* 45(4): 368–375. 10.1016/j.jadohealth.2009.03.021.

Wareham, Jennifer, Denise Paquette Boots, und Jorge M. Chavez. 2009. A Test of Social Learning and Intergenerational Transmission among Batterers. *Journal of Criminal Justice* 37(2): 163–173. 10.1016/j.jcrimjus. 2009.02.011.

Winsper, Catherine, Tanya Lereya, Mary Zanarini, und Dieter Wolke. 2012. Involvement in Bullying and Suicide-Related Behavior at 11 Years: A Prospective Birth Cohort Study. *Journal of the American Academy of Child & Adolescent Psychiatry* 51(3): 271–282.e3. 10.1016/j.jaac.2012.01.001.

Wolke, D., W.E. Copeland, A. Angold, und E.J. Costello. 2013. Impact of Bullying in Childhood on Adult Health, Wealth, Crime, and Social Outcomes. *Psychological Science* 24(10): 1958–1970. 10.1177/ 0956797613481608.

Wolke, Dieter, und Suzet Tanya Lereya. 2015. Long-Term Effects of Bullying. *Archives of Disease in Childhood* 100(9): 879–885. 10.1136/archdischild-2014-306667.

Wolke, Dieter, Andrea Schreier, Mary C. Zanarini, und Catherine Winsper. 2012. Bullied by Peers in Childhood and Borderline Personality Symptoms at 11 Years of Age: A Prospective Study: Peer Victimisation and Borderline Personality Disorder Symptoms. *Journal of Child Psychology and Psychiatry* 53(8): 846–855. 10.1111/j.1469-7610.2012.02542.x.

Yang, An, und Christina Salmivalli. 2013. Different Forms of Bullying and Victimization: Bully-Victims versus Bullies and Victims. *European Journal of Developmental Psychology* 10(6): 723–738. 10.1080/17405629.2013.793596.

Yeung, Rachel, und Bonnie Leadbeater. 2010. Adults Make a Difference: The Protective Effects of Parent and Teacher Emotional Support on Emotional and Behavioral Problems of Peer-Victimized Adolescents. *Journal of Community Psychology* 38(1): 80–98. 10.1002/jcop.20353.

Yeung Thompson, S. Rachel, und Bonnie J. Leadbeater. 2013. Peer Victimization and Internalizing Symptoms from Adolescence into Young Adulthood: Building Strength through Emotional Support. *Journal of Research on Adolescence* 23(2): 290–303. 10.1111/j.1532-7795.2012.00827.x.

Zolotor, Adam J., Adrea D. Theodore, Jen Jen Chang, Molly C. Berkoff, und Desmond K. Runyan. 2008. Speak Softly—and Forget the Stick. *American Journal of Preventive Medicine* 35(4): 364–369. 10.1016/j.amepre. 2008.06.031.

6 Schlussfolgerungen: Ethische Richtlinien zum Schutz von Kindern

In diesem Buch haben wir versucht, empirische Forschung und ethische Überlegungen zusammenzuführen, mit dem Ziel, Gerechtigkeit für Kinder unter Verwendung des Fähigkeitenansatzes zu analysieren. In diesem abschließenden Kapitel werden wir nun auf sieben zentrale Erkenntnisse und Themen reflektieren, die sich im Laufe dieses Buches entwickelt haben.

(1) *Körperliche Integrität von Kindern ist multidimensional, entwicklungsbezogen und eine Frage von Natur und Erziehung, eingebettet in soziale Normen und Regeln und das Verständnis davon, was ein Kind ist.*

Wir sind mit dieser Annahme zu Beginn unseres Buches gestartet, und wie wir denken, wurde ihre Bedeutung durch unsere Diskussionen über ihre verschiedenen Aspekte in Bezug auf Essen, Sexualität und Gewalt untermauert und bereichert. Alle Dimensionen der körperlichen Integrität und ihr Verständnis werden durch natürliche Fakten über Kinder und durch die sozialen Normen und Regeln und Interpretationen der Kindheit als eine besondere Phase, mit Kindern als besonderen Akteur:innen in der Gesellschaft, geprägt. Daher gibt es kein universell geteiltes Verständnis von Kindheit, ebenso wenig wie es ein solches universelles Verständnis der körperlichen Integrität von Kindern gibt. Die kindliche Sexualität ist ein starkes Beispiel dafür: Wenn sie auf heterosexuellen Geschlechtsverkehr beschränkt ist, zeigen Kinder sehr spät in ihrer Entwicklung Sexualität. Wenn es bedeutet, ein sexuelles Wesen zu sein, das ein Geschlecht und Gender hat und Gefühle, Emotionen, Verhaltensweisen usw. in Bezug darauf hat, dann ist kindliche Sexualität von Anfang an vorhanden. Offensichtlich beginnt die Entwicklung der Sexualität sehr früh und umfasst biologische und psychosoziale Prozesse und Lernen. Das ist auch das Verständnis der WHO, die Sexualität als einen zentralen Aspekt des Menschseins während des gesamten Lebens betrachtet (WHO 2006). Aber was normal oder nicht normal ist, was gesunde und was ungesunde Sexualität während der Kindheit ist, wird auch innerhalb der medizinischen Wissenschaft diskutiert (Vosmer

G. Graf und G. Schweiger, *Ethik der körperlichen Integrität von Kindern,* Kindheit – Bildung – Erziehung. Philosophische Perspektiven,
https://doi.org/10.1007/978-3-031-75277-3_6

et al. 2009). Kate Drury und William Bukowski heben vier Punkte in Bezug auf Sexualität hervor, die ebenso auf andere Dimensionen der Fähigkeit der körperlichen Integrität zutreffen (Drury und Bukowski 2013): (a) Sexualität sowie körperliche Integrität umfassen viele verschiedene Aspekte von Gefühlen, Emotionen, Interaktionen, Verhaltensweisen, Selbstkonzepten, Entwicklungsprozessen usw. (b) Es geht um die Integration dieser vielen verschiedenen Aspekte, die während der kindlichen Entwicklung geschehen, um eine Person zu werden, die mit sich selbst in Einklang steht. (c) Kindliche Sexualität—und körperliche Integrität—ist entwicklungsbezogen und umfasst verschiedene Dinge in verschiedenen Stadien, und diese Stadien bauen aufeinander auf. Hier finden wir erneut die äußerst wichtige Beziehung von Wohlergehen und Wohlentwickeln, eine Perspektive auf die Lebensspanne einer Person. Oder um es anders auszudrücken: Wenn wir die körperliche Integrität von Erwachsenen schützen wollen, müssen wir bei jener der Kinder anfangen. (d) Es ist sehr schwer, eine Norm oder einen Standard zu definieren, und das Beste, was wir erreichen können, ist nur eine Annäherung, die auf verschiedenen Wissensquellen basiert. Die Unsicherheit, die wir im einleitenden Kapitel dieses Buches diskutiert haben, ist auch im Wissen über körperliche Integrität vorhanden, und einige ihrer Aspekte wie die kindliche Sexualität sind Themen, die mehr tabuisiert sind als andere, mit großen Variationen über Kulturen, Zeiten und Orte hinweg. Und nicht alles, was in einer Gesellschaft als normal angesehen wird, muss gesund sein, und umgekehrt muss nicht alles, was als abnormal angesehen wird, ungesund sein. Dafür brauchen wir ethische Rahmenwerke und Maßstäbe wie unseren Ansatz zur Gerechtigkeit für Kinder, der es uns ermöglicht, zu bewerten, was an bestimmten Verhaltensweisen, Überzeugungen und Normen, die mit der körperlichen Integrität von Kindern verbunden sind, falsch ist.

(2) *Körperliche Integrität von Kindern ist ein umstrittenes Thema, umstritten in Bezug auf ihr Verständnis und in Bezug auf ihre Regulierung.*

Es gibt viele verschiedene Überzeugungen über bestimmte Aspekte der Fähigkeiten von Kindern in Bezug auf körperliche Integrität, wie zum Beispiel, was gesunde Sexualität oder gesundes Essen ist oder in welchem Maße sie durch körperliche Bestrafung und Erziehung verletzt werden, und einige davon sind sicherlich unsicher—und die empirischen Erkenntnisse widersprüchlich—aber auch schwer zu überwinden. Solche Überzeugungen sind die Grundlage für die verschiedenen Verhaltensweisen, sozialen Normen und Praktiken in Bezug auf die körperliche Integrität von Kindern. Zum Beispiel glauben viele Eltern sowie politische Entscheidungsträger:innen oder Fachleute immer noch, dass Sexualität sehr spät in der Kindheit, während der Pubertät, beginnt und dass Sexualität nur für Erwachsene relevant ist. Dass diese Annahmen über das asexuelle Kind nicht wahr sind und dass Kinder sexuelle Wesen sind, anders als Erwachsene, aber dennoch sexuell und an Sexualität interessiert, ist mittlerweile eine vielfach belegte Erkenntnis (Bancroft 2003). Ebenso könnten einige hoffen, dass die kindliche Unschuld Kinder davon abhält, sich gegenseitig Gewalt anzutun, oder dass bestimmte Essgewohnheiten nicht auf psychische Gesundheitsprobleme zurückzuführen sind, aber einige sind es. Solches Wissen ist notwendig, um zu verstehen, was die richtige und angemessene Regelung ist, um den Schutz der körperlichen Integrität von Kindern zu gewährleisten, aber es ist nicht alles, was hierfür benötigt wird. Jedes empirische Wissen erfordert Interpretation, und um eine Regelung vorzuschlagen—sei es auf der Ebene des elterlichen Verhaltens, ihrer Rechte und Pflichten oder auf der politischen Ebene—erfordert auch einen ethischen, einen gerechtigkeitsbasierten Rahmen. Und auch hier finden wir viel Uneinigkeit in der Öffentlichkeit, Handlungen und Regelungen, die problematisch sind, obwohl sie zum Schutz der Kinder gedacht sind und die Menschen, die sie vorbringen, das Beste für die Kinder im Sinn haben. In Bezug auf unser Interesse an Bedrohungen der körperlichen Integrität von Kindern ist das Konzept der moralischen Panik in gewisser Hinsicht nützlich: Eine moralische Panik ist per Definition eine unverhältnismäßige Reaktion auf eine wahrgenommene Bedrohung (Critcher et al. 2013). In modernen und hochentwickelten Gesellschaften werden Kinder heutzutage wie nie zuvor in der Menschheitsgeschichte geschützt und bewacht; einige Eltern implantieren sogar ihren Kindern Ortungsgeräte zu deren Sicherheit. Ein Grund dafür ist die ständige Sorge, dass Kinder unschuldig, verletzlich und hilflos sind, insbesondere als Opfer von (sexuellem Missbrauch und Gewalt—eine Angst, die auch von den Medien geschürt und ausgenutzt wird (Critcher 2002). Solche Unterschiede sind auch deshalb vorhanden, weil die körperliche Integrität von Kindern relativ ist, relativ in Bezug auf ihr soziales Verständnis und ihre Konstruktion durch soziale und kulturelle Normen, die sich erheblich über Zeit und Ort hinweg unterscheiden können. Hinweise für diese Unterschiede liefern sowohl die Geschichtsschreibung als auch die Ethnographie (Kehily und Montgomery 2009). Zum Beispiel haben sich die Ansichten über kindliche Sexualität, die Arbeitsfähigkeit von Kindern oder wie sie bestraft werden sollten, im Laufe der Zeit verändert, und was vor einigen Jahrzehnten oder Jahrhunderten normal erschien, wird heute als abnormal oder unangemessen angesehen. Das Alter der Zustimmung und das Alter, in dem Kinder arbeiten dürfen, haben sich in vielen westlichen Ländern im Laufe der Zeit verschoben, wobei letzteres nach oben und ersteres interessanterweise nach unten verschoben wurde—was einen Teil der sexuellen Aktivitäten von Jugendlichen im zwanzigsten Jahrhundert illegal machte. Die Zeit hat auch verändert, welche Verhaltensweisen von Kindern als normal angesehen werden und welche eingeschränkt sind, und insbesondere welche ihrer Interaktionen mit älteren Kindern und Erwachsenen akzeptiert werden und warum.

All diese Fragen sind auch eingebettet in das komplexe Verhältnis von Eltern und Staat, den Schutz des privaten Familienlebens und staatliche Eingriffe sowie die elterlichen Rechte und die Rechte ihrer Kinder. Wir haben die Ansicht vertreten, dass elterliche Rechte hauptsächlich auf den Rechten der Kinder basieren, und unsere kinderzentrierte Sichtweise befürwortet im Allgemeinen, die Regulierung der Kindheit auf den Ansprüchen der Kinder auf Gerechtigkeit und nicht auf elterlichen oder gesellschaftlichen Wünschen zu basieren. Alle Regelungen des Verhaltens von Kindern, insbesondere die vom Staat, aber auch die von den Eltern getroffenen, bedürfen einer Rechtfertigung, und das Maß der Rechtfertigung entspricht dem Maß der Einschränkung. Dennoch erkennen wir an, dass Kinder Führung und Schutz benötigen und dass sie manchmal nicht durch Vernunft überzeugt werden können oder zu jung oder unreif sind, um mit Vernunft angesprochen zu werden. Die körperliche Integrität von Kindern, die ihre Handlungsfähigkeit einschließt, verlangt Respekt, aber Kinder sind aufgrund ihrer Besonderheit nicht in allen Dimensionen gleichberechtigt mit Erwachsenen, einschließlich ihrer Eltern. Formen des Paternalismus, in Qualität und Quantität, die im Falle von Erwachsenen höchst problematisch wären, sind für Kinder gerechtfertigt, auch um ihre Kindheit als eine Phase zu schützen, in der sie nicht die volle Verantwortung für alle Bereiche ihres Lebens übernehmen müssen, selbst wenn sie das gleiche Autonomie Kompetenzniveau wie Erwachsene haben. Dennoch erfordern solche paternalistischen Eingriffe und Politiken auch eine Rechtfertigung im Lichte der Öffentlichkeit und auf politischer Ebene. Wir haben manchmal auf die Grenzen dessen hingewiesen, was Eltern erreichen können, sei es aufgrund gesellschaftlicher Umstände, weil ihnen Wissen oder Fähigkeiten fehlen oder weil sie selbst während ihrer eigenen Kindheit bestimmte Schäden erlitten haben, die sie dazu veranlasst haben, falsche Überzeugungen und Verhaltensweisen zu übernehmen. Diese Gründe zeigen, dass Eltern nicht immer diejenigen sind, die am besten wissen, was ihre Kinder brauchen oder tun dürfen, auch wenn Eingriffe in die Familie sorgfältig gegen ihre Rechte auf Familienautonomie und die Opportunitätskosten, die durch Eingriffe entstehen könnten, abgewogen werden müssen.

(3) *Körperliche Integrität von Kindern ist teilweise ein Tabuthema.*

Solche Tabus über bestimmte Dimensionen der körperlichen Integrität von Kindern sind sowohl im öffentlichen Diskurs als auch innerhalb von Familien präsent. Das beste Beispiel dafür ist sicherlich die Sexualität. Oft fühlen sich Eltern unwohl, wenn ihre Kinder sexuelles Verhalten zeigen, und wissen nicht, wie sie reagieren sollen. Sie selbst sehen ihre Kinder als nicht-sexuell an oder hoffen zumindest, dass sie dies für einen langen Zeitraum ihrer Kindheit bleiben. Aber Kinder werden nicht über Nacht zu sexuellen Wesen, wenn die Pubertät beginnt. Eltern sind oft selbst nicht darauf vorbereitet, mit der sexuellen Entwicklung ihrer Kinder umzugehen und darüber mit ihnen zu sprechen, was das Kind negativ beeinflussen kann, da es sich abgelehnt fühlt oder wichtige Kenntnisse fehlen (Stone et al. 2013; de Graaf et al. 2011; Hyde et al. 2010). Das Tabu der kindlichen Sexualität ist auch bei Personen verbreitet, die beruflich mit Kindern zu tun haben, wie Lehrer:innen, Sozialarbeiter:innen und sogar Gesundheitsfachkräfte. Ein Mangel an Wissen oder Unsicherheiten darüber, was normal und was nicht normal ist, welche Verhaltensweisen toleriert werden können – zwischen Kindern, aber auch zwischen Kindern und Erwachsenen, wie das Berühren der Brüste von Frauen, die nicht die Mutter sind – im privaten oder öffentlichen Raum, ist stark präsent. Die zuvor beschriebene Auseinandersetzung und das Tabu der kindlichen Sexualität betreffen hier die politische Ebene, zum Beispiel, was Kindern in der Schule oder im Kindergarten beigebracht wird, wie die jüngsten Diskussionen über frühe sexuelle Aufklärung und die Angst vieler Eltern, dass ihre Kinder dadurch „übersexualisiert" werden, zeigen. Aber Tabus sind auch bei anderen Bedrohungen der körperlichen Integrität präsent. Essstörungen wie Anorexia nervosa oder Bulimia nervosa, die mit verzerrten Formen von Selbstbeziehungen und psychischen Gesundheitsproblemen verbunden sind, werden immer noch oft ignoriert, und viele Eltern haben Schwierigkeiten zu akzeptieren, dass ihr Kind solche Schwierigkeiten hat und die entsprechenden Verhaltensweisen zeigt. Auch hier spielen Annahmen über das unschuldige Kind eine Rolle und führen dazu, dass Kinder mit Essstörungen oft kein Mitgefühl und Verständnis von ihren Betreuer:innen und dem weiteren sozialen Umfeld finden.

(4) *Körperliche Integrität von Kindern ist eine geschlechtsspezifische Angelegenheit.*

Wir haben darauf hingewiesen, dass die Fähigkeit der körperlichen Integrität immer auf natürliche und soziale Dimensionen des menschlichen Seins und Verhaltens verweist, und das noch vorherrschende Verständnis ist das der Existenz von zwei Geschlechtern mit den dazugehörigen Normen, Regeln und Rollen. Dies hat drei Implikationen:

Erstens lernen und übernehmen wir während der Kindheit diese Rollen, Regeln und Normen, und unsere Identität als männlich oder weiblich (oder als Person, die nicht in dieses binäre Schema passt) wird geformt. Zum Beispiel, dass Mädchen sich mehr um ihren Körper sorgen, dass Jungen als gewalttätiger akzeptiert werden oder dass die Sexualität von Mädchen eingeschränkt werden sollte, während die von Jungen gefördert werden sollte. Die Bedeutung der Entwicklung eines gesunden Verständnisses und der Zufriedenheit mit der eigenen Geschlechtsidentität (die Selbstrepräsentation einer Person als männlich oder weiblich, mit dem Vorbehalt, dass sich einige Individuen nicht ausschließlich mit einem der beiden identifizieren), der Geschlechterrolle und geschlechtstypischen Verhaltensweisen sowie der sexuellen Orientierung (die Richtung(en) des erotischen Interesses wie heterosexuell, bisexuell oder homosexuell, die Verhalten, Fantasien und Anziehungen einschließt) für die Identität und das Wohlergehen jedes Menschen ist unbestritten und wird auch als Teil des Rechts auf sexuelle Gesundheit anerkannt (WHO 2006).
Zweitens werden die Überzeugungen, Rollen und das Verhalten eines Kindes unterschiedlich entlang von Geschlechterstereotypen bewertet, anerkannt und reguliert. Mädchen werden als besonders verletzlich in Bezug auf ihre Sexualität angesehen, als mögliche Opfer von sexueller Gewalt. Das alte Sprichwort, dass ein Junge mit vielen Mädchen ein Frauenheld oder ein Casanova ist, während ein Mädchen mit vielen Jungen eine Schlampe oder Hure ist, ist immer noch präsent (Kreager und Staff 2009). Eine Grundlage dafür wird auch in der Kindheit gelegt, in der Rollen wie aktiv und passiv und die soziale Ordnung der Geschlechter

den Kindern beigebracht werden. In dieser Hinsicht ist die Kindheit von Anfang an geschlechtsspezifisch: Kinder werden je nach Geschlecht unterschiedlich behandelt, sie zeigen einige Unterschiede in ihrem Verhalten und ihren Eigenschaften je nach Geschlecht, und eine eindeutige geschlechtliche Identifikation wird von vielen, einschließlich Eltern (Gough et al. 2008), als der einzige normale und akzeptable Status eines Kindes angesehen. Intersexuelle Kinder, die mit uneindeutigen Genitalien, Sexualorganen oder Geschlechtschromosomen geboren werden, deren Geschlecht nicht in dieses binäre Schema passt, sind Korrekturoperationen und Behandlungen unterworfen, von denen einige auf fragwürdigen medizinischen Hinweisen basieren und unsichere Ergebnisse haben, was zur Vorsicht mahnt (Creighton et al. 2001; Thyen et al. 2005). Es würde den Rahmen dieses Buches sprengen, die vielen medizinischen, sozialen und ethischen Fragen, die Intersexualität umgeben und ihre Beziehung zu dem, was einige eine dominante Kultur der Heteronormativität nennen, detaillierter zu untersuchen, aber es zeigt deutlich, wie wichtig solche sozialen Normen für unser Verständnis dessen sind, was wir als natürlich und normal betrachten. Es muss auch darauf hingewiesen werden, dass geschlechtsuntypische sowie transgender Kinder und Jugendliche besondere Herausforderungen in ihrem Leben haben, die sich aus diesem vorherrschenden binären Schema der Geschlechter ergeben.

Drittens zeigen viele Bedrohungen eine Abstufung entlang von Geschlecht und sexueller Orientierung. Es kann nicht genug betont werden, dass Mädchen tatsächlich häufiger Opfer von Bedrohungen der Fähigkeit zur körperlichen Integrität sind, einschließlich Belästigung, Übergriff und Missbrauch – eine Erkenntnis, die weltweit zutrifft (Pinheiro 2006). Wir haben gesehen, dass Essstörungen, Sexualisierung und sexueller Missbrauch ein klares Muster zeigen, dass sie häufiger bei Mädchen zu finden sind, und wir haben auch einige Gründe dafür diskutiert, die zumindest teilweise in sexistischen Überzeugungen und patriarchalen kulturellen Normen und Rollen begründet sind, die immer noch wohlhabende Gesellschaften (und weltweit) dominieren. Aber auch Jungen haben spezifische Risiken für ihre Fähigkeit zur körperlichen Integrität, die nicht ignoriert oder heruntergespielt werden sollten. Nicht nur sind sie auch verletzlich gegenüber Gewalt und Missbrauch, sondern in der Tat können Normen der Männlichkeit in dieser Hinsicht hochproblematisch sein, weil sie Jungen, die Opfer sind, als schwach und wehrlos stigmatisieren (Cossins 2000). Auch andere Kinder, die Angehörige bestimmter Minderheiten sind, homosexuelle, bisexuelle oder intersexuelle Kinder, sind einem viel größeren Risiko der Viktimisierung ausgesetzt, und wesentliche Teile ihrer körperlichen Integrität, die einschließt, wer sie sind und wie sie sexuell sein wollen, werden durch Stigma und Tabu verletzt (Flynn et al. 2016; Mustanski et al. 2016; Zou und Andersen 2015). Das muss auf politischer Ebene angegangen werden, denn angesichts der Unterschiede zwischen Kindern, von denen das Geschlecht ein wichtiger ist, gibt es einfach keine Einheitslösung. Mädchen haben andere Bedürfnisse als Jungen, und nicht-konforme Kinder haben andere Bedürfnisse als heteronormative, die in das binäre Schema der Geschlechter fallen.

(5) *Erkenntnisse über die Verletzungen der* körperlichen Integrität *von Kindern sind oft umstritten und nicht eindeutig, was entscheidende Auswirkungen auf die Politikgestaltung hat.*

In der Einleitung dieses Buches haben wir verschiedene Arten von Unsicherheiten diskutiert, mit denen wir bei der Anwendung einer ethischen Theorie auf reale Probleme umgehen müssen. Wir glauben immer noch, dass wissenschaftliche Erkenntnisse uns einen sehr wichtigen Zugang zur realen Welt bieten und uns notwendige Informationen über die Prävalenz, Tiefe und Ursachen der Probleme liefern können, die wir lösen wollen. Wir haben versucht zu zeigen, wie solches empirisches Wissen die Grundlage für eine ethische Bewertung bildet, die etwas Nützliches über die Welt aussagen will, und die vielen verschiedenen Studien und Berichte und anderen Wissensquellen, die wir in diesem Buch zitiert haben, zeigen die Breite und Tiefe der verfügbaren Forschung, die die richtigen Entscheidungen, insbesondere auch auf politischer Ebene, informieren kann. Es gibt keinen direkten Weg vom empirischen Wissen zu politischen Maßnahmen, weil wir wissen müssen, was wir erreichen wollen, um das Wissen angemessen zu interpretieren. Wollen wir die körperliche Integrität von Kindern schützen? Wenn die Antwort ja lautet, dann erst werden wir Orientierung haben und können fragen, was die Wissenschaft uns über Verletzungen der Fähigkeit der körperlichen Integrität von Kindern sagt. Wir denken, dass zwei Punkte in dieser Hinsicht von besonderer Bedeutung sind: Erstens, selbst wenn wir einen starken normativen Rahmen haben, wie den Fähigkeitenansatz zur Gerechtigkeit für Kinder, den wir in diesem Buch verwendet haben, ist die Evidenz offen für Interpretationen, nicht in alle Richtungen, aber zumindest in einige. Es ist sicherlich möglich, dass andere Philosoph:innen, selbst solche, die innerhalb desselben normativen Rahmens wie wir arbeiten, zu einigen unterschiedlichen Schlussfolgerungen kommen und einige andere Lösungen auf politischer Ebene vorschlagen. Das bedeutet nicht, dass alles relativistisch ist, und einige Argumente sind sicherlich besser als andere, und einige Schlussfolgerungen sind besser begründet als andere, aber Meinungsverschiedenheiten werden bestehen bleiben und sind ein wesentlicher Bestandteil des öffentlichen und politischen Lebens.

Wir können bestimmte Argumente, Schlussfolgerungen und Politiken vorschlagen, aber damit beginnt die eigentliche Diskussion erst. Eine Diskussion, die wir nicht in einem Buch führen können, sondern die in der realen Welt stattfinden muss, unter Einbeziehung verschiedener Interessengruppen, einschließlich Fachleuten, Eltern, Politiker:innen und auch Kindern. Ob das durch öffentliche Deliberation erreichte reflektive Gleichgewicht unsere Schlussfolgerungen stützen wird, ist noch nicht entschieden, wir sind offen für Kritik und Gegenargumente.[1] Was am Ende zählt, ist nicht, ob wir es absolut richtig gemacht haben, sondern ob wir gemeinsam die beste Lösung für die anstehenden Probleme finden, und wir hoffen, dass die meisten mit uns übereinstimmen, dass die Verletzungen der Fähigkeit

[1] Öffentliche Deliberation ist besonders wichtig für den Fähigkeitenansatz, obwohl noch nicht klar ist, wie ein solcher Prozess effektiv etabliert werden könnte.

der körperlichen Integrität schwerwiegend sind und angegangen werden müssen. Zweitens, da empirische Erkenntnisse und wissenschaftliche Theorien von solcher Bedeutung sind, ebenso wichtig wie ethische Theorien und Argumente, impliziert dies auch zwangsläufig zwei Dinge: Erstens muss daran erinnert werden, dass empirische Erkenntnisse sich ändern und durch verbessertes Wissen ersetzt werden können, das frühere Schlussfolgerungen als falsch erweisen könnte. Unser Versuch in diesem Buch und in der Tat jeder Versuch, Ethik und Gerechtigkeit auf die reale Welt anzuwenden, ist in dieser Hinsicht fehlbar. Zweitens erkennen wir an, dass nicht alles ausreichend erforscht ist, und für einige Probleme können wir nicht wirklich die beste Lösung empfehlen, weil einfach noch nicht genügend Wissen darüber verfügbar ist. Das bedeutet, dass die heute getroffenen Politiken nur Annäherungen daran sind, was getan werden sollte. Sie erfordern regelmäßige Überprüfung und Diskussion. Dies ist etwas, das auch politische Entscheidungsträger:innen lauter anerkennen sollten, dass es oft keine einfachen Lösungen für Probleme gibt. Wenn eine neue Bedrohung auftaucht, wie zum Beispiel die Sexualisierung, ist es sicherlich eine schwierige Aufgabe, das Gleichgewicht zwischen Handeln—weil es einige Hinweise gibt, dass das Problem schwerwiegend ist und Eingreifen erfordert, oder weil die Öffentlichkeit oder die Medien nach Maßnahmen rufen—und dem Warten auf bessere Erkenntnisse und deren Diskussion und Verbindung zu normativen Zielen und Werten zu finden. Es besteht immer das Risiko, eine Politik zu implementieren, die mehr Schaden als Nutzen anrichtet oder ein Problem aufgrund des derzeitigen Wissensstandes über- oder unterschätzt. Zum Beispiel wurde lange Zeit der Missbrauch zwischen Kindern und der Missbrauch von Kindern durch Frauen vernachlässigt, und seine Erkennung und Prävention wurde durch die Überzeugung getrübt, dass Frauen und Kinder zu solchen schrecklichen Dingen nicht fähig sind (Ford 2006). Heute wissen wir es besser. Andererseits kann es auch Überreaktionen geben, wie die moralische Panik, die Politiken dazu drängt, Teenager:innensex als große Gefahr zu betrachten, obwohl natürlich Sex unter Teenager:innen riskant sein kann und das nicht ignoriert werden sollte (Best und Bogle 2014).

(6) *Der Schutz der* körperlichen Integrität *von Kindern wird am besten durch einen facettenreichen und multilateralen Ansatz erreicht.*

Da die körperliche Integrität multidimensional ist und die Bedrohungen aus allen Richtungen vielfältig sind, ist ihr Schutz nicht leicht zu erreichen und über die Zeit aufrechtzuerhalten. Das ist sowohl in horizontaler als auch in vertikaler Richtung wichtig: Neue Bedrohungen tauchen auf, wenn Kinder sich entwickeln und die Gesellschaft sich verändert. Bedrohungen können auch gleichzeitig verschiedene Dimensionen anvisieren. Drei Beispiele können das deutlicher machen. Die körperliche Integrität von Kindern entwickelt sich so, dass einige Formen von körperlichem Schaden für jüngere Kinder gefährlicher sind als für ältere, wie zum Beispiel von einem Erwachsenen geschlagen zu werden. Der Körper eines Kleinkindes ist anfälliger für solche Gewalt als der Körper von Teenager:innen. Oder betrachten Sie die Pubertät, die viele neue gute Dinge, aber auch Risiken in das Leben von Kindern bringt. Das Aufkommen neuer Technologien wie das Internet, Smartphones und die allgegenwärtige Verfügbarkeit von Pornografie ist ein drittes Beispiel. Leider für diejenigen, die an dem Schutz der körperlichen Integrität von Kindern interessiert sind, reduziert die Entwicklung vom Kleinkind zum Erwachsenen bestimmte Risiken, lässt aber auch neue Risiken entstehen. Für ein Kleinkind ist es unmöglich, seine eigene Gesundheit durch freiwilliges Eingehen von Risiken zu gefährden, sei es ungeschützter Sex oder Fahrradfahren ohne Helm. Das Kleinkind kann auch nicht auf das Internet auf seinem Smartphone zugreifen und es kann nicht suizidgefährdet werden, weil es auf dem Schulhof gemobbt wird, weil es den Schönheits- und Athletikstandards, die in den Medien propagiert werden, nicht entspricht. Die Entwicklung und Erweiterung der Handlungsfähigkeit und der Kompetenzen, Entscheidungen zu treffen, verändert, welche Arten von Interventionen oder Schutzmaßnahmen notwendig sind. Kleine Kinder können von Orten ferngehalten werden, an denen geraucht wird, während Teenager:innen, wenn sie wollen, immer einen Weg finden werden, zu rauchen, zumindest solange die Eltern ihnen etwas Privatsphäre gewähren, auf die:sie auch ein Anrecht haben. Daher müssen wir uns mehr mit älteren Kindern durch Bildung auseinandersetzen, ihnen Informationen zur Verfügung stellen, mit ihnen sprechen, ihnen zuhören, ihnen sichere Formen des Fragens geben und ihnen auch genug Raum geben, um die Fähigkeiten zu verwirklichen, die sie erreichen wollen, und ein Leben zu führen, das sie wertschätzen, sicherlich innerhalb gewisser Grenzen.

Ein facettenreicher Ansatz zum Schutz der Fähigkeit der Kinder zur körperlichen Integrität muss drei weitere Dinge anerkennen: Erstens, das Leben der Kinder wird niemals völlig risikofrei sein, und einige Risiken sind es wert, eingegangen zu werden. Tatsächlich haben Kinder das Recht, verschiedene Formen und Grade von Risiken einzugehen. Sie müssen eigene Erfahrungen machen und Privatsphäre haben, die nicht vollständig von ihren Eltern kontrolliert wird. Sie müssen mit verschiedenen Lebensstilen experimentieren, um ihren eigenen zu finden, sich verlieben, auch wenn das gelegentliche Ablehnung und Herzschmerz bedeutet, sie können sich entscheiden, risikoreiche Sportarten auszuüben, und so weiter. Es ist klar, dass das Gleichgewicht zwischen Risiken und Schutz ein schwieriges ist, das wahrscheinlich auch auf einigen kulturellen, religiösen oder politischen Überzeugungen basiert, und eine gewisse Variabilität fällt in die elterlichen Rechte. Wenn wir uns auf die politische Ebene konzentrieren, bedeutet dies erneut eine öffentliche Diskussion über normative Argumente, die auf Erkenntnissen basieren und die auch diejenigen nicht ausschließen sollten, die von solchen Politiken am meisten betroffen sind, nämlich die Kinder und ihre Eltern. Der Schutz der körperlichen Integrität der Kinder sollte ihre Handlungsfähigkeit so weit wie nötig einschränken, ihnen aber auch so viel Freiheit wie möglich geben, diese auszudrücken. Und beides beinhaltet erneut die Notwendigkeit, sich mit den Kindern auseinanderzusetzen und ihnen zu helfen, sich richtig und sicher zu entwickeln, damit die Freiheit, die ihnen gegeben wird, wirklich ihre eigene ist und nicht nur die Freiheit, den in den Medien, von Gleichaltrigen oder ihren Eltern vorgezeichneten Wegen zu folgen. Zweitens impliziert ein multilateraler Ansatz auch, dass verschiedene Interessengruppen zusammenarbeiten müssen. Ein einseitiger Fokus auf die Eltern ist aus vielen Gründen falsch, unter anderem, weil Eltern Unterstützung brauchen, um gute Eltern zu sein, weil Eltern in dem, was sie tun können, um ihre Kinder zu schützen und ihre Entwicklung zu fördern, begrenzt sind, weil Eltern nicht unbedingt am besten wissen, was ihre Kinder brauchen und welche Bedrohungen in ihrem Leben vorhanden sind, und weil eine Überlastung der Eltern den Kindern sicherlich nicht helfen wird. Wir haben solche Schuldzuweisungen und Beschämungen diskutiert, die meist an Mütter gerichtet sind, die ihr Bestes versuchen, aber manchmal aus Gründen, die außerhalb ihrer Kontrolle liegen, den Erwartungen nicht gerecht werden (Friedman 2015; McLaren 2013). Eine kinderzentrierte Sichtweise, die wir in diesem Buch übernommen haben, wird sich am meisten damit beschäftigen, wie das Leben der Kinder verbessert werden kann, und wenn dies bedeutet, Familien in Gefahr erheblich zu unterstützen, weil dies das beste Ergebnis für das Kind bringt, dann sollte dies getan werden. Die Eltern sind entscheidend, aber der Staat sowie andere Akteur:innen der Gerechtigkeit müssen ebenfalls einspringen und das tun, was in ihren Verantwortungsbereich fällt. Daher sollten Politiken zum Schutz der körperlichen Integrität der Kinder, einschließlich der von uns diskutierten, aber auch anderer, so gestaltet sein, dass sie klar machen, warum andere Akteur:innen relevant sind und was sie tun müssen. Drittens muss anerkannt werden, dass es keine Einheitslösung für Kinder gibt. Wir haben bereits die unterschiedlichen Risiken in Bezug auf Geschlecht und sexuelle Orientierung erwähnt. Das ist ein sehr wichtiger Unterschied zwischen Kindern, der in der Politikgestaltung berücksichtigt werden muss. Wenn die Forschung zeigt, wie es der Fall ist, dass für einige Dimensionen der körperlichen Integrität bestimmte Risiken mit anderen Faktoren wie *race*, ethnischer Zugehörigkeit, sozioökonomischem Status oder Behinderung korrelieren, erfordert dies die Gestaltung von Programmen und Politiken entsprechend den spezifischen Bedürfnissen dieser Kinder. Einige dieser maßgeschneiderten Maßnahmen sind sicherlich leichter umzusetzen als andere. Zum Beispiel kann ein Informationsblatt, das über sexuellen Missbrauch informiert und auf Anzeichen hinweist, auf die Eltern achten sollten, ohne großen Aufwand und Kosten in viele verschiedene Sprachen übersetzt werden, wenn bekannt ist, dass viele Migrant:innen in diesem Gebiet leben. Es ist komplizierter, Muster sexueller Diskriminierung und Gewalt zu ändern, die in sexistischen Normen verwurzelt sind (Robinson 2005; Cornelius und Resseguie 2007) oder zu entwirren, warum einige Minderheitenkinder ein höheres Risiko haben, fettleibig zu werden, und wie ein Präventionsprogramm speziell für diese Kinder gestaltet werden kann (Caprio et al. 2008).

(7) *Der Schutz der Fähigkeit der Kinder zur* körperlichen Integrität *ist nur ein Teil des Puzzles.*

Als eine Frage der Gerechtigkeit haben Kinder Anspruch auf mehr als nur ihre körperliche Integrität—das scheint klar. Das hat drei Implikationen: Erstens müssen wir untersuchen, wie die körperliche Integrität der Kinder mit anderen Ansprüchen, die sie haben, interagiert und verbunden ist, was zwei Seiten hat. Einerseits müssen wir untersuchen, wie die Stärkung anderer Fähigkeiten die körperliche Integrität stärken kann und umgekehrt. Andererseits müssen wir erforschen und verstehen, wie bestimmte Verletzungen der körperlichen Integrität andere Fähigkeiten beeinflussen und umgekehrt. Wir haben im Laufe dieses Buches einige Faktoren diskutiert, teils weil sie konzeptionell mit der körperlichen Integrität verbunden sind (wie Gesundheit, Handlungsfähigkeit und das Selbst), teils weil wir die Verbindungen direkt untersucht haben (wie die Fähigkeiten des Essens und der Ernährung und der Sexualität) oder weil die untersuchten Hinweise in solche Richtungen wiesen (zum Beispiel die Beziehung zwischen Bildung oder Lebensstandard und Ernährung). Zweitens wird der Schutz der körperlichen Integrität oft Hand in Hand gehen oder auf der Erfüllung anderer Ansprüche der Kinder basieren, wie frei von Armut zu sein, Zugang zu Spielplätzen und Freiräumen zu haben oder geliebt zu werden, die alle wichtige Dimensionen des Wohlergehens und der Wohlentwicklung der Kinder sind (Bagattini und Macleod 2014; Graf und Schweiger 2015). Diese sind alle wertvoll, weil sie die Fähigkeit zur körperlichen Integrität positiv beeinflussen. Zusammenfassend hoffen wir gezeigt zu haben, dass in einer Gesellschaft, die gerecht für Kinder ist, ihre körperliche Integrität geschützt wird, aber dass eine solche Gesellschaft leider noch weit vor uns liegt. Die Bedrohungen, die wir diskutiert haben, und die Lösungen, die wir vorgeschlagen haben, zielen darauf ab, diesen Weg voranzutreiben.

Literatur

Bagattini, Alexander, und Colin M. Macleod, Hrsg. 2014. *The Nature of Children's Well-Being: Theory and Practice*, 1. Aufl. New York, NY: Springer.

Bancroft, John, Hrsg. 2003. *Sexual Development in Childhood*. The Kinsey Institute Series, Bd. 7. Bloomington: Indiana University Press.

Best, Joel, und Kathleen A. Bogle. 2014. *Kids Gone Wild: From Rainbow Parties to Sexting, Understanding the Hype over Teen Sex*, 1. Aufl. New York, NY: New York University Press.

Caprio, S., S.R. Daniels, A. Drewnowski, F.R. Kaufman, L.A. Palinkas, A.L. Rosenbloom, und J.B. Schwimmer. 2008. Influence of Race, Ethnicity, and Culture on Childhood Obesity: Implications for Prevention and Treatment: A Consensus Statement of Shaping America's Health and the Obesity Society. *Diabetes Care* 31(11): 2211–2221. 10.2337/dc08-9024.

Cornelius, Tara L., und Nicole Resseguie. 2007. Primary and Secondary Prevention Programs for Dating Violence: A Review of the Literature. *Aggression and Violent Behavior* 12(3): 364–375. 10.1016/j.avb.2006.09.006.

Cossins, Anne. 2000. *Masculinities, Sexualities, and Child. Sexual Abuse*, 1. Aufl. The Hague/Boston, MA: Kluwer Law International.

Creighton, Sarah M., Catherine L. Minto, und Stuart J. Steele. 2001. Objective Cosmetic and Anatomical Outcomes at Adolescence of Feminising Surgery for Ambiguous Genitalia Done in Childhood. *Lancet (London, England)* 358(9276): 124–125. 10.1016/S0140-6736(01)05343-0.

Critcher, Chas. 2002. Media, Government and Moral Panic: The Politics of Paedophilia in Britain 2000-1. *Journalism Studies* 3(4): 521–535. 10.1080/14616700220000191 82.

Critcher, Chas, Jason Hughes, Julian Petley, und Amanda Rohloff, Hrsg. 2013. *Moral Panics in the Contemporary World*, 1. Aufl. New York, NY: Bloomsbury.

de Graaf, Hanneke, Ine Vanwesenbeeck, Liesbeth Woertman, und Wim Meeus. 2011. Parenting and Adolescents' Sexual Development in Western Societies: A Literature Review. *European Psychologist* 16(1): 21–31. 10.1027/1016-9040/a000031.

Drury, Kate Mills, und William M. Bukowski. 2013. Sexual Development. In *Handbook of Child and Adolescent Sexuality*, Hrsg. Daniel S. Bromberg and William T. O'Donohue, 115–144. Oxford: Academis Press http://linkinghub.elsevier.com/retrieve/pii/B9780123877598000052.

Flynn, Anna B., Renee M. Johnson, Shay-Lee Bolton, und Ramin Mojtabai. 2016. Victimization of Lesbian, Gay, and Bisexual People in Childhood: Associations with Attempted Suicide. *Suicide and Life-Threatening Behavior*, January. 10.1111/sltb.12228.

Ford, Hannah. 2006. *Women Who Sexually Abuse Children*, 1. Aufl. The NSPCC/Wiley Series in Protecting Children. Chichester/Hoboken, NJ: Wiley.

Friedman, May. 2015. Mother Blame, Fat Shame, und Moral Panic: 'Obesity' and Child Welfare. *Fat Studies* 4(1): 14–27. doi:10.1080/21604851.2014.927209.

Gough, Brendan, Nicky Weyman, Julie Alderson, Gary Butler, und Mandy Stoner. 2008. 'They Did Not Have a Word': The Parental Quest to Locate a 'True Sex' for Their Intersex Children. *Psychology & Health* 23(4): 493–507. doi:10.1080/14768320601176170.

Graf, Gunter, und Gottfried Schweiger, Hrsg. 2015. *The Well-Being of Children: Philosophical and Social Scientific Approaches*, 1. Aufl. Berlin: De Gruyter.

Hyde, Abbey, Marie Carney, Jonathan Drennan, Michelle Butler, Maria Lohan, und Etaoine Howlett. 2010. The Silent Treatment: Parents' Narratives of Sexuality Education with Young People. *Culture, Health & Sexuality* 12(4): 359–371. 10.1080/13691050903514455.

Kehily, Mary Jane, und Heather Montgomery. 2009. Innocence and Experience: A Historical Approach to Childhood and Sexuality. In *An Introduction to Childhood Studies*, 2. Aufl., Hrsg. Mary Jane Kehily, 57–74. Maidenhead/New York, NY: Open University Press/McGraw-Hill. http://www.ECU.eblib.com.au/EBLWeb/patron/?target=patron&extendedid=P_409764_0.

Kreager, Derek A., und Jeremy Staff. 2009. The Sexual Double Standard and Adolescent Peer Acceptance. *Social Psychology Quarterly* 72(2): 143–164. 10.1177/019027250907200205.

McLaren, Helen Jaqueline. 2013. (Un)-Blaming Mothers Whose Partners Sexually Abuse Children: In View of Heteronormative Myths, Pressures and Authorities: (Un)-Blaming Mothers. *Child & Family Social Work* 18(4): 439–448. 10.1111/j.1365-2206.2012.00863.x.

Mustanski, Brian, Rebecca Andrews, und Jae A. Puckett. 2016. The Effects of Cumulative Victimization on Mental Health Among Lesbian, Gay, Bisexual, and Transgender Adolescents and Young Adults. *American Journal of Public Health* 106(3): 527–533. 10.2105/AJPH.2015.302976.

Pinheiro, Paulo Sérgio. 2006. *World Report on Violence against Children*. Geneva: United Nations Publ.

Robinson, Kerry H. 2005. Reinforcing Hegemonic Masculinities through Sexual Harassment: Issues of Identity, Power and Popularity in Secondary Schools. *Gender and Education* 17(1): 19–37. 10.1080/0954025042000301285.

Stone, Nicole, Roger Ingham, und Katie Gibbins. 2013. 'Where Do Babies Come From?' Barriers to Early Sexuality Communication between Parents and Young Children. *Sex Education* 13(2): 228–240. 10.1080/14681811.2012.737776.

Thyen, Ute, Hertha Richter-Appelt, Claudia Wiesemann, Paul-Martin Holterhus, und Olaf Hiort. 2005. Deciding on Gender in Children with Intersex Conditions: Considerations and Controversies. *Treatments in Endocrinology* 4(1): 1–8. 10.2165/00024677-200504010-00001.

Vosmer, Susanne, Simon Hackett, und Margie Callanan. 2009. 'Normal' and 'Inappropriate' Childhood Sexual Behaviours: Findings from a Delphi Study of Professionals in the United Kingdom. *Journal of Sexual Aggression* 15(3): 275–288. 10.1080/13552600902915984.

WHO. 2006. *Defining Sexual Health: Report on Technical Consultation on Sexual Health*. Geneva: WHO http://www.who.int/reproductivehealth/ publications/sexual_health/defining_sexual_health.pdf.

Zou, Christopher, und Judith P. Andersen. 2015. Comparing the Rates of Early Childhood Victimization across Sexual Orientations: Heterosexual, Lesbian, Gay, Bisexual, and Mostly Heterosexual. Hrsg. James G. Scott. *PLoS ONE* 10 (10): e0139198. 10.1371/journal.pone.0139198.

GPSR Compliance

The European Union's (EU) General Product Safety Regulation (GPSR) is a set of rules that requires consumer products to be safe and our obligations to ensure this.

If you have any concerns about our products, you can contact us on ProductSafety@springernature.com

In case Publisher is established outside the EU, the EU authorized representative is:

Springer Nature Customer Service Center GmbH
Europaplatz 3
69115 Heidelberg, Germany

Batch number: 08718421

Printed by Printforce, the Netherlands